L'HOMME ALÉATOIRE

불확실한 인간

프랑크 텡랭 지음

이경신 옮김

울력

불확실한 인간

지은이 | 프랑크 텡랭
옮긴이 | 이경신
펴낸이 | 강동호
펴낸곳 | 도서출판 울력
1판 1쇄 | 2003년 10월 20일
등록번호 | 제10-1949호(2000. 4. 10)
주소 | 152-894 서울시 구로구 오류1동 63-11
전화 | (02) 2614-4054
FAX | (02) 2614-4055
E-mail | ulyuck@hanafos.com
값 | 19,000원

ISBN | 89-89485-25-8 03160

· 잘못된 책은 바꾸어 드립니다.
· 옮긴이와 협의하여 인지는 생략합니다

강에서 맴도는 소용돌이를 보라.
그것이 사태의 첫걸음이다

— 미셸 세르, 『창세기』

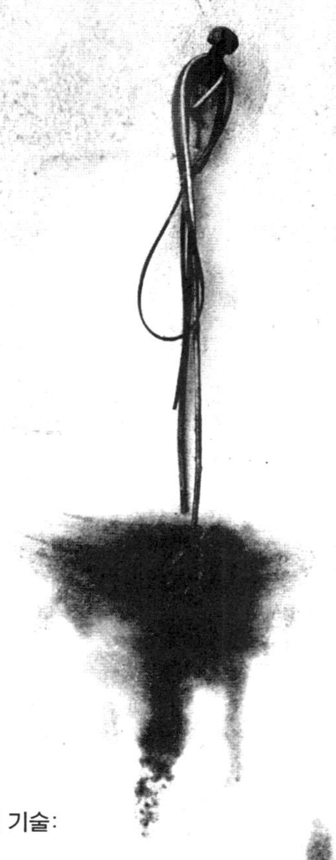

제 3 부 감시와 향로

일러두기

1. 이 책은 *L'homme aléatoire* (PUF, 1997)를 완역하였다. "한국인 독자를 위한 서문"은 한국인 독자들의 독서를 돕기 위해 지은이가 따로 준비한 글로서 원서에는 없는 글이다.

2. 원서에서 이탤릭체로 표시된 것을 이 책에서는 중고딕체로 표시하였고, 원어를 병기할 경우 이탤릭체로 표시하였다.

3. 원서에서 각주로 처리된 원주를 이 책에서는 각 장 끝부분에 함께 편집하였고, 옮긴이의 주는 원주와 함께 순서대로 편집하였다. 그리고 옮긴이의 요구에 따라 지은이가 보충 설명한 주들은 "보주"라 하여 원주 다음에 편집하였다.

4. 본문에서 원주와 옮긴이의 주는 1), 2)... 등으로 표시하였고, 보주는 *1, *2... 등으로 표시하였다.

5. 번역을 좀더 명확하게 하기 위해 옮긴이가 본문의 내용에 덧붙인 것은 [ ] 안에 처리하였다.

6. 본문 중에서 단행본과 잡지, 신문 등은 『 』로 표시하였고, 논문 등은 「 」로 표시하였다. 원어만을 표기할 경우 단행본과 잡지, 신문 등은 이탤릭체로 표시하였고, 논문 등은 " "로 표시하였다.

한국인 독자를 위한 서문

　이 책은 세 부분으로 나뉘어져 있으며 각 부분의 제목은 항해 용어에서 따온 것이다. '항로 표지amers'란 해안선을 따라 항해하거나 해안에 도착하는 선원들에게 해안의 자연적 지표들을 제공하는 주요 위치를 항해 지도에 표시하기 위해 사용되는 용어이다. 바람에 따라 움직이는 바다와 거대한 존재로 여겨지는 대지의 경계에서, 그 표지들은 두 요소의 만남이 성립되는 구원의 공간과 위험의 공간 사이의 경계선을 긋는 항구들과 암초들을 가리킨다. 정박 위치를 결정하기 위한 '위치 측정' 역시 중요한 행위이다. 해안에서 멀리 떨어져 있는 선장은 별들과 태양 또는 항로 표지들과 인공위성들처럼 원거리에 있는 지표점들로부터 자기 위치를 파악하기 위해 몇 가지 기구들만을 사용할 뿐이다. 그렇게 지도상의 위치를 파악하면서, 가까운 주변에서부터 지구가 분리되는 지평선들의 가장 먼 곳까지 확장되는, 자신의 세계 내 상황 재현에 접근해 간다. 그리고 자신이 떠나온 항구로부터의 항해 거리를 측정한다. '감시'와 '항로'는 두 가지의 지상명령, 즉 주변 요소들(바다, 대기, 하늘)의 상태에 대한 철저한 주의와 선박의 움직임이 조절되는 기수의 고정뿐만 아니라 선박이 따르는 해류들에 대한 세심한 주의를 가리킨다.

사실, 인류는 아주 오래 전부터 인간 삶의 보편적인 측면들을 설명하기 위해 해양 은유를 사용해 왔다. 최근 양육gouvernance이라는 용어에 결합되어 쓰이고 있는 통치gouvernement라는 용어 역시 키gouvernail와 키를 잡고 있는 자, 키잡이 또는 키를 조종하는 자를 지시하는 그리스어에서 유래한 것이다. 본래 키베르네트Kybernetes라는 그리스어에서 파생된 그 어원 관계는, 노버트 위너Norbert Wiener가 의사소통과 명령의 과학으로 정의했던, 사이버네틱스의 창안자들에 의해 분명하게 주장된 바 있다.

인간들 각자는 상황이 허용하는 한 자신의 삶에 스스로가 부여할 의미를 선택하면서 그 고유한 현존의 조정자가 되어야 한다는 사실, 또 인간 공동체(특히 정치 공동체)의 모든 구성원은 집단적 선택에 그리고 모두의 운명에 있어 결정적이며 다소 최종적이기까지 한 사회적 선택의 결정에 참여해야 할 의무가 있다는 사실을 굳이 명확히 해야 할 필요가 있을까? 그것들은 바로 자유의 훈련, 즉 장 자크 루소가 언급했던 자유의 훈련에 내재하는 요구들이다. 그는 자신의 자유를 거부하고자 하는 것은 인간적 자질을 거부하는 것[1]이라고 말한 적이 있다.

대부분의 사회에서 그리고 최근까지도 개인적이거나 집단적인 선택들은 어떤 전통에 의해 상대적이나마 잘 구획된 경계 내에서 이루어져 왔다. 그리고 그 전통은 공통 문화의 원천인 과거의 유산과 영원한 세계, 아니 적어도 안정적인 세계 사이에 다리를 놓아왔다. 후자의 경우는 자연 환경, 즉 지질학적이고 기후학적이며 생물학적인 환경, 게다가 별이 총총한 하늘 또는 대를 이어가는 세대들이 공유하고 있는 가치들이나 목적들에 기초해서 이러저러한 존재 조건들에 속하는 강제들의 변화에 따라 서서히 형성되어 온 주거지와 관련이 있다.

　모형들과 지표들은 가능성들과 열망들의 범위를 정의해 왔고, 따라서 인간 사회들의 미래 및 그 사회 구성원들 각자의 미래를 약속하는 선택들의 범위를 정의해 왔다. 그리고 그것들은 어떤 공동의 공간 속에서 함께 머무르는 법의 토대, 공존하는 법의 토대를 구성해 왔다. 가치와 공통된 관점에서 볼 때 그 분배는 갑갑하게 느끼는 자들, 즉 기존 질서 또는 분명하게 자리잡은 규율들과 단절하려는 의지를 내보인 자들조차 어느 정도 안도하게 만들 만한 특징을 갖고 있었다. 위반은 이미 정의된 한계들을 더 뛰어넘는 만큼 더욱더 매혹적이다.

　이제 더 이상은 그런 식이 아니다. 언제부터인지는 중요하지 않다. 또 경우에 따라서는, 특히 변화 요인들의 확산에 따라서는 관련 장소들에 예정된 날짜들을 조정하는 것도 그리 중요하지 않다. 결국, 그 변화의 기원은 (간략히 말하면) 17세기 서구 유럽에서 생산되었던 것과 같은 어떤 합리성의 형태의 출현과 관계가 있는 것이다. 그리고 그것이 유라시아 대륙의 서방 지역 전통들에 속하는 사회들의 위기뿐만 아니라 점차적으로는 지구 표면에 있는 모든 인간 정착 형태의 위기를 낳았다.

　그 위기의 여파들은 항상 진행중에 있고, 아마도 그 결과들은 항상 더 불투명해지고 있지만, 여기서 우리는 우리 주장에 유의미한 두 가지 측면을 그 위기로부터 이끌어 내고자 한다.

　첫번째는 어떤 과거로부터 상속받은 지표들의 소멸이라는 측면이다. 더 급작스런 혼란 역시 고려해야 하겠지만, 과거의 전승 재산들은 느린 리듬으로 변화하는 중에도 서로 겹치고 서로 뒤섞인다. 즉 정신 상태는 사건이 이어지는 것보다 느리게 진화한다는 것이다. 아무튼 결코 종결되지 않는 그 소멸에는 다양한 이유가 있지만, 때때로 예측치 못했던 그 결과들이 그런 과정에서 '근대Temps modernes'²⁾의 출현

이래 포착된 사회들과 최근에 '근대화modernisation'라는 형태를 갖는 것에 의해 근대의 속도에 이끌려 들어간 사회들에 항상 영향을 끼쳐왔다. 그 결과들은 '위기들' ─ 경제 영역뿐만 아니라 수많은 영역에 적용되는 용어 ─ 로 체험되는 그 무엇인가를 배가시킨다. 기호들, 상징들 그리고 의사소통 방식들을 위태롭게 하는 것이 여기서는 문화 기준들, 풍속들 및 제도들의 혼란과 관련된 불안감을 이해하기 위해 아주 중요하다.

두 번째 측면은 '근대화'라는 용어에 의해 환기될 수 있을 것이다. 재화와 서비스 교환의 망 그리고 지불 수단의 망의 전 지구적 확장을 이야기할 때는 그것을 다시 언급하지 않겠다는 조건 하에서 말이다. 환경 변화의 여파들뿐만 아니라 시장과 교환이라는 순환의 연계에 의해 나날이 분명해져 가는 지구 환경의 일체성은 모든 인간을 같은 세계 속에서 살아가고 있다는 사실에 더 민감하게 만든다. 그 민감화는 최근까지는 상상할 수도 없었던 이 세계 ─ 외관상 인간 행위와는 가장 동떨어져 있고 개인적이고 집단적인 전략들에 의해 가장 고려되지 않는 물리적이고 생태적 균형들을 포함하는 세계 ─ 의 나약성을 알아채는 것과 그 행보를 함께한다.

최선뿐만 아니라 최악 ─ 도래할 흐름이 19세기 철학이 예감할 수 있었던 것보다 훨씬 더 불투명한 변동들의 연쇄 속에 우리가 들어섰다는 이유에서 ─ 을 위해서도, 모든 인간 집단의 일반화된 상호 작용성에 기초한 인간성의 통일화는 처음으로 모두의 공동 터전인 지구 차원으로 확장된 어떤 유일한 역사 자체라는 관념에 부당하지 않은 의미를 부여했다. 지금까지 상대적으로 무질서했던 지역사나 지방사의 그 통일화는, 비록 식민 제국들의 지배 하에서는 그렇지 않았다고 할지라도(그 식민 제국들 중 하나는 그것의 '속령들' 전체에서 해가 지지 않는다고 말했다), 역설적이지만 역사의 의미라는 개념 자체의 은폐와 함께 이루어져오지 않았던가 말이다.

대부분의 시대에서 그 통일화는 잘못 이해된 채로 있었다. 그것은 구성 체계들이 전 지구적 차원에서 뒤엉켜 있는 환경의 공동 의존, 증권 거래소의 상호 의존이 최선의 예증을 제공하는 경제적 교환들, 그리고 전 지구 표면에서의 순간적인 정보 전파(그와 더불어 전 지구적 포럼, 여론이나 압력의 움직임들의 구체화, 또 공식적인 국경의 범주를 넘은 사회들의 구조화 등의 출현을 포함한다)에 이르는 의사소통 능력들이라는 삼중의 기초 위에서 이루어진다.

그러나 이루어지고 있는 중인 그 역사의 사유, 특히 그것이 담지하고 있는 미래의 사유 역시 구성되어야 할 것이다. 그것이 복수적인 전체의 구성 요소들 가운데 한 요소의 헤게모니적 특징을 표현하는 것으로는 만족할 수 없는 한 말이다. 그리고 그 복수적인 전체는, 근본적으로 새롭고 모든 예측을 불확실하게 만드는 복잡성을 생성해 내는 몇몇 요소들을 위한 요소들의 개입에 복종한다는 모험에 참여하고 있다. 몇몇 사람들은 그렇게 말하고 있지만,[3] 사실적 연대화(또 한번 더 최선과 최악을 위해)에서 "역사의 종말"을 보는 것은 아주 중대한 오류일지도 모른다. 그들은 인간의 공존이라는 건축물이 세워지는 초석의 변화들과 대치뿐만 아니라 협조가 이루어지는 목표들의 방향 전환을 전혀 파악하지 못하고 있기 때문이다. 어떤 움직임과 그 방향은 미리 세워진 기준들의 체계에 대한 선택에서 이해될 수 있을 따름이다. 그리고 그 체계의 낙후성은, 다른 지표들을 고려할 때는 더욱 가시적일 수 있는 재조직을 감출 수도 있다.

위에서 이미 언급한 두 가지 측면 — 근대화와 세계화 — 보다 더 많은 측면들로 묘사[4]할 수 있을 지도 모르는 변화의 한복판에서, 17세기 서구 유럽에서 자리잡았던 실천적이고 인지적인 어떤 복합체의 거의 폭발적이라 할 만한 확장의 결과들을 특히 강조해야 할 것 같다. 조절된 실험과 수학적 연산이라는 두 가지 측면에 따라, 자연에 대한 분석 계획 주변에서 조직된 기술 도약과 자기 규범화된 인식 형태의 결합이 문제가 된다.

앞으로 이 책에서 간략한 요약을 시도할 이유들에 의하면, 그 결합은 처음부터 현대 과학 기술의 형태 하에 발전된 것을 맹아로서 품고 있었다. 다시 말해 사물들에 대한 영향력의 급속한 성장을 낳은 진리 기준들과 기술 수단들이 된 연산 방식들에 기초한 과학을 하나의 연대체 속에 아우르고 있었다. 자연 인식, 사물들에 대한 작용 그리고 경제적 교환들의 재구성을 결합시키고 있는 그 체계의 전적으로 독창적이고도 역사적인 발전 방식들은 우선 유럽 사회들을 생성해 내는 본질적인 동력들 가운데 하나가 되었다. 그렇게 자리잡은 추진력 안으로 편입된 사회들(그 추진력에 '사로잡힌' 사회들이라고 말하지는 말자) 전체에 있어서도 마찬가지이다.

과학들, 기술들 그리고 새로운 생산 방식들과 교환의 강화에 기초해 발전한 경제가 결집된 도약은 시대 의식에 일종의 혼란을 불러일으켰다. 그때까지 전통 안에서 추구해 온 기준들과 정당화들은 진보의 시대로, 또 인간 조건의 개선이라는 약속으로 기대되는 미래에도 그럴 것이다. 정체성, 다시 말하면 더 큰 집합들 속에서 자기 자신의 위치 설정을 기초짓는 어떤 과거의 연속보다 훨씬 더 어떤 미래에 의해 지배받는 것이 바로 현재이다. 그리고 미래란 그때까지 불가능했던 만족에 대한 욕망을 자극하는 움직임을 상기시키며, 오히려 저항할 수 없도록 그것을 유혹하는 소용돌이를 향한 다소 현기증 나는 이끌림의 수동성을 상기시킨다. 바로 이 두 가지 의미에서 미래는 분명 열망의 원천이다.

우리의 관점에 의하면, 여기서 본질적인 점은 인간들이 세계에 미치는 영향력의 상승의 리듬과 결과에 있다. 그 영향력은 인간들이 살아가고 있으며 또한 수많은 측면에서 자신들이 속한 환경을 구성하는 데 사용하는 변화 능력에 근거하는 것이다. 세계의 소유에 기여하는 그 강력한 이익의 결과들은 다양하다.

우리는 가능성의 지평, 따라서 계획들의 지평의 개방을 아주 특별히 염두에 둘 것이다. 그 계획들 주변에서는 욕망과, 자연적일 뿐만 아니라 인간적이거나 재정적인 자원들의 동원도 구체화된다. 적어도 몇 가지 점에서 그 가능성들은 인간들의 생성 속에서 절대적인 새로움을 만들어 낸다. 분명, 사람들은 그것이 바로 200만 년보다도 훨씬 더 전에 인간적인 현존 형태가 출현한 만큼 오래된 과정의 끝이라고 생각할 수 있다. 그럼에도 불구하고 그때까지는 상상도 할 수 없었던 가능성들(예를 들어 그때까지 결코 접근하지 못했던 수준에서의 다양한 에너지 원천들의 제어의 영역, 인류의 존재를 위기로 몰고 갈 수 있는 가공할 만한 파괴 수단들의 획득의·영역, 새로운 공간 정복의 전망들로 열려진 공간 탐사의 영역 그리고 인간의 것을 포함한 게놈에 대한 직접 개입의 영역에서의 가능성들)에 대한 그 갑작스러운 개방이 수많은 지표들의 소멸로 이끌고 간다. 개인들이나 사회들은 그 지표들에 따라 그들의 욕망들을 구조화하고 도달할 목적들을 고정하며 그들의 자원들을 동원하고 무시할 수 없는 한계들에 부딪혀 왔는데 말이다.

현실화가, 때때로는 생명의 무한 연장과 같은 낡은 꿈에 상응하는 가능성들의 폭을 열어준 것도 분명하다. 그러나 특히, 그때까지는 생각할 수도 없었던 만족들에의 열망을 갑작스레 등장하게 만든 것도 사실이다. 게다가 동시에 우리 조건의 새로움에는 지금까지 우주에 알려져 왔고, 믿어지지는 않지만 하나의 유일한 역사로부터 나온 유일한 '생명의 자리'인 지구의 현 상태가 얼마나 예외적이며 얼마나 취약한가에 대한 깨달음을 덧붙여야 할 것이다. 그렇게 해서 자명하던 것들이 부식해 간다. 그 자명성들 주변에서 상이한 사회들은 그 구성원들의 존재를 조직해 왔고, 그 자명성들에 따라 각자는 자신의 삶에 의미를 부여할 수 있었다고 할지라도 말이다. 그것은 우리가 더 이상 우리 선조들이 살아왔던 것과 같은 세계에 살고 있지 않으며 아무튼 더 이상 그런 세계에서 살 수도 없다고 말하는 것과 같은 일이다.

사실 '산다habiter'는 것이 무엇을 의미하는가? 근원적으로 그 용어는 '습관적habituelle' [5]으로 존재하는 방식, 즉 잘 확립되어 있는 관계들의 총체를 가리킨다. 그것에 따라 자기 삶의 일상적인 범주 안에서 개인들과 사회들의 태도가 질서잡힌다. 그러나 인간은 동물처럼 신호들에서부터 정의된 '생태적 둥지' 속에서 사는 것이 아니다. 동물은 자기 종의 특별한 환경 속에서 그 신호들을 이해할 수 있다. 인간은 물론 자신의 노동을 통해 형성된 세계이긴 하지만 우선은 근본적으로 자기 표상들에 따라 질서잡힌 세계 속에서 살아간다. 모든 인간은 세계의 거주자이지만 그가 살고 있는 세계(그것에 따라 그의 존재 방식이 결정된다)란 항상 그가 알고 있는(혹은 안다고 믿는) 것, 그의 믿음들, 그의 행동 수단들의 함수인 것이다. 그가 자기 주변에서 보고 있는 것이 가치들, 계획들, 공포들과 희망들의 지평에 자리잡음에 따라 그의 거주지는 그에게 있어 '기호'인 것의 집합으로까지 확장된다. 이때 '기호'인 것에는 하늘이 포함되고, 새의 비상이나 개미의 행렬도 포함된다. 이같은 세계는 어떤 문화의 지표이며, 장소와 시간에 따라 변화되는 것이다.

서구의 역사에서 포착한 사례로 만족하기 위해서는 ― 달리 내가 어떻게 할 수 있겠는가? ― 코페르니쿠스나 케플러, 게다가 뉴턴에 앞서 살았던 한 교양 있는 프랑스인이 살아왔던, 그리고 그의 주거지로 간주된 세계는 자신이 지구의 피조물로서의 그 중심을 점령해 왔던 세계이다. 영원한 구체인 그 세계의 주변을 달, 태양 그리고 천체가 돌고 있었다. 그 세계는 일상적인 경험의 세계였다. 즉 시각이 그 구조물을 드러냈다. 그리고 그 세계는 익숙한 텍스트들, 무엇보다도 신의 계시를 끊임없이 반복해 온 성서가 앞장서서 언급해 왔던 세계였다. 그 세계는 모든 구성 요소의 잘 질서잡힌 배열, 자연 속에서 실현되고 있는 어떤 목적성의 관념을 강제하는 배열이라는 관점에서 설명될 수 있었다. 그리고 그 세계에는 수직적인 질서에 따라 통합되어 있는 피조물들이 모여 살고 있으며, 자신의 창조주의 이미지로, 또 그와 닮게 만들어진 피조물[6]이 (적어도 가시적인 세계 안에서는) 그곳의 정상을 차지하고 있었다. 그 세계는 그 거주자들, 특히 그들 가운데 가장 탁월한 자들, 즉 인간들에 따라 질서잡힌 거주지였다.

그 세계는 근대 천문학의 탄생과 더불어 무너지고 말았다. 그 붕괴의 진동들이 문화와 정신이라는 면에 참된 지각 변동을 낳았다. 예를 들어 파스칼의 『팡세』[7]에서, 새로운 광학 기구와 더불어 발견된 무한히 작은 것과 새로운 천문학과 더불어 발견된 무한히 큰 것 사이에 서 있는 자가 느끼는 현기증을 상기시키는 이행들이나 우주의 중심에 지구를 놓는 지구 중심설이란 가설 포기에 근거하는 모든 것이 그러하다. 그때에는 세계 속에서 사는 모든 방식이 문제가 되며, 게다가 그것은 거주자들의 구성과 도시 계획에 어떤 결과들을 낳게 될 것이다.[8]

우리는 그처럼 급작스럽고 극적이며 또는 감탄스러운 방식으로 그것을 자각하지는 못했다. 하지만 우리는 20세기 전반부에 물리학이 겪은 혼돈을 통해서, 또 더 최근에는 우주 진화론과 천체 물리학의 부활과 더불어 약간은 유사한 일종의 우주 진동을 체험한 바 있다. 사실, 다윈과 진화론자들이 야기한 동요들은 상상 가능한 세계 속에 현대인이 자리잡는 방식을 이미 뒤흔들어 놓았지만 말이다.

그러나 이 모든 것은 우리의 행동 수단들의 발전과 마찬가지로 우리의 인식들의 발전을 뒤따라 온 우리의 세계 거주 방식의 갑작스런 변동을 준비할 수 있게 해주었을 따름이다. 이미 확립된 진리들의 초석 위에 보충적인 앎을 점차적으로 덧붙이거나 더 완벽한 기술 수단들에 더 큰 효율성과 가능성을 제공하는 질적 성장이 문제가 아니다. 물질과 생명체의 기본 구조들에 대해, 또 우주를 느리고 웅장한 불꽃놀이로 변화시키는 소란스런 역사를 우리 도구에 드러내 보이는 천체에 대해 우리가 이해할 수 있었던 것보다 더 멀리까지 우리의 인식들을 확장시키는 것은 테크놀러지의 도약에 의해 우리 손안에 총체적으로 놓인 힘의 초기하급수적인 성장과 함께 해온 것이다.[9] 단계들과 관점들의 그러한 변화는 세계에 대한 우리 표상의 근본 구조, 우리 행위가 자연 과정 속에 개입해 온 방식 그리고 우리 노력에 의미를 부여해 온 관점들을 심각하게 바꿔 놓았다.

그래서 본보기가 되는 사례 증명에 의하면 이론적 인식들과 테크놀러지적 수단들은 근본적인 에피스테메적 혁명, 다시 말해 합리성의 형태들에 대한 확률론적 모델과 통계적 접근의 반격을 인식하는 혁명에 기여하고 있다. 그 합리성의 형태들은 기하학적 연쇄들이나 미분 연산의 필요성에서부터 균열 없는 결정론을 따르는 세계의 법칙들의 탐색에 이르기까지 일련의 현상들 속에서의 새로움과 예측 불가능성의 원천으로서의 사건의 침투를 원칙상 배제시켜 왔다. 연속적인 사건들의 예측 불가능성과 우연적인 특징은 최근의 어느 시기까지도 인식과 분석의 어떤 패배로부터 결과한 것이었다. 사실 그 인식과 분석에 의하면 그들 선배들에 의해 관찰된 현상들을 상술하고 그 결과를 예측할 가능성을 결론짓는 이전의 모델을 의심하지 않으면서 개선할 수 있어야 했는데 말이다.[10] 동시에 그것은 바로 기술적 몸짓에서 나온 결과들의 연쇄들에 대한 제어의 조건이었다. 경우에 따라 인간의 자유만이 사태의 흐름 속에 진정한 새로움을 도입할 수 있었다. 그리고 그것은 동시에 각자의 책임성을 기초지웠다.

다윈이 살아 있는 존재들의 진화의 원리에 위치시킨 작은 변이들 이후, 양자론에서 나온 통계 물리학,[11] 자크 모노[12]나 프랑수아 자콥[13]과 같은 유전학자들의 생명의 기원 및 종의 다양화를 허용한 현상들에 있어서의 우연적 특징에 대한 강조, 19세기로부터 상속받은 역사 철학들에서 결과한 이데올로기들로 설명되던 것과 같은 인간사의 전개에 내재하는 논리의 쇠약 그리고 카오스의 낡은 개념을 재발견한 수학 이론과 물리 이론 따위는 사건의 역할을 복원시켰고, 자연적 과정이나 역사적 과정 동안 몇몇 상황들 속에서 분기의 가능성들이 생겨나도록 했다.

우리 세계에 대한 이해 가능성의 원리들 및 이곳에서의 거주 방식의 기초들의 부활로 보이는 것을 완성하기 위해, 생명의 출현과 생명 존재들의 연대 진화에서 도래하는 것과 같은 지구의 특이성에 대한 발견은 우주 안에서도 예외로 보이는 우리 거주지의 취약성을 두드러지게 만든다.

우리가 그 속에서 우리의 길을 그려나가는 세계에 대해 가질 수 있었던 표상들뿐만 아니라 우리를 둘러싸고 있는 것(게놈에서 수성까지)에 대한 작용 수단들(그 변화에 따라 우리의 욕망들, 계획들, 공포들이 재조직되어 왔다) 역시 심한 변화를 겪었다. 이미 언급했듯이, 그 변화들은 기준들, 그에 따라 인간의 주거지와 그것을 차지하는 방식들이 배치되는 그 기준들(더불어 구성해야만 했던 강제들, 극복해야 할 장애물들, 존중해야 할 사회 법규들, 자연이나 드러난 텍스트로부터 이끌어낸 규범들, 삶과 죽음과의 관계들의 전통적인 틀짓기, 성, 출산 및 친자 관계의 차이, 허용되는 것과 금지되는 것의 차이 등의 변화에 따른 인간 관계들의 조직)의 약화를 야기한다. 그 결과 방향 상실과 우연한 재난들이 초래된다. 그것은 아마도 바다 한복판에서 고장난 위치 측정 시스템으로부터 수신한 모순된 정보들에 의해 남과 북을 구분할 수 없게 되어버린 상황과도 비슷할 것이다.

아무튼, 우리 각자에게는 자신의 현 위치를 측정할 의무가 있다. 비록 그 때문에 우리의 의사소통망에 의해 가능해진 대토론, 즉 타당한 정보들의 수집과 동시에 관점들의 교환을 허용하고, 게다가 선택해야 할 진로, 나아가야 할 길에서 가능한 최선의 선택들에 있어 모순된 평가들의 대치마저 허용하는 대토론에 참여해야 할지라도 말이다.

이 책은 각각의 독자들에게 현대인들의 조건에 대한 관점들을 열어 보이는 것, 그래서 모두를 자신이 살고 있는, 또는 오히려 자신뿐만 아니라 필연적으로 자신과 공존해야 하는 이들도 살 만한 주거 형태를 만들어야 하는 그 세계 속에 위치하도록 인도하는 것 이외에는 어떤 다른 목적도 없다.

제1부에서는 개입된 변화들에도 불구하고 우리의 조건에 대한 해석의 요소들을 이끌어 내려고 애쓰면서, 동시에 근대성이 탄생한 토양 자체에서 펼쳐진 철학사 속에서 사유의 노력을 정착시키고자 한다.

제2부는 세계 내 삶으로 이해된 우리 현존의 구조화가 근거하고 있는 조건들의 세 가지 측면, 즉 우리의 삶의 영역에의 귀속, 그 영역 속에서의 우리의 특이성, 다시 말하면 다른 생명의 표현들로 환원 불가

능한 인간적 특징들을 기초짓는 인류학적 차이, 그리고 세계에 대한 증가하는 영향력뿐만 아니라 우리인 바나 우리가 되는 것의 재구조화 능력의 원천인 기술 수단들의 매개에 의해 성립되는 한에서의 세계와 우리의 복잡한 관계들이다.

제3부는 사용에 대한 사색, 즉 테크놀러지의 급속한 확장이 인간 노력들과 자원들을 자기 발전을 위해 동원하고자 우리 사회 내에서 압력을 가하고 있음에도 불구하고 우리의 손안에 다시 쥐어진 힘의 제어에 대한 사색으로 인도한다. 그 자체로 가치 있는 목적들로 강요되는 경향이 있는 수단들의 사용 및 조절에서의 어떤 제어에 대한 그 요구는 우리가 우리 자신의 운명에 대해 가지고 있는 책임성에 대한 자각의 징후 아래 놓여 있다. 우리 자신의 운명은 우리의 전 주거지의 운명과 분리된 것이 아니다. 우리 현존이 자연 세계이자 인간 세계인, 동일한 세계에 참여하고 있는 것들과의 공존으로서만 이해될 수 있는 한에서 말이다.

독자들이여, 만약 이 책이 당신에게 일상사로부터 어느 정도 거리를 두고 싶은 욕망, 현 위치를 측정하고 당신이 하고 있는 일과 당신이 참여하고 있는 일에 대한 보다 예민한 자각과 더불어 당신이 갈 길을 모색하는 데 있어 몇 가지 지표들을 찾기 위한 노력에 약간의 시간이나마 바치고 싶은 욕망을 불러일으킨다면, 지금까지 당신의 읽을 거리에 기여했을 다른 모든 저자들과 마찬가지로 이 저자의 소망에도 답하는 것이 될 것이다. 그러나 자신의 강독에 의미를 부여하게 될 해석, 동의하든 거부하든 아니면 오히려 가능한 여러 대답들로 열려 있는 의문들을 갖게 되든 간에 해석은 당신 자신의 몫이다.

주

1) J. J. Rousseau, 『사회계약론*Du Contrat social: ou principes du droit politique*』, 1762, 1권 4장.

2) 라틴어 *modo*에서 유래하며 시간적 의미 — 아주 최근에 — 로 포착되는 '근대의moderne' 라는 용어는 시대의 취향에 부합하는 것, 즉 유행하는 것을 가리키는 형용사이다. 또 그것은 오래된 것과의 대립 속에서 그 의미를 획득한다. 그러므로 전통과 연계된 권위를 향유하는 것과 관련해서, 좀더 현재적인 것을 특징짓는 일을 의미한다. 역사가들에게는 중세와 르네상스를 거쳐 17세기 말경에 시작되는 시대를 그렇게 부르는 습관이 있다. 그리스-로마의 고대에서 차용해 온 규범들과 모형들의 가치 부여와 이상화된 과거에 준거하지 않는 새로움에 상응하는 선호 사이의 갈등이 그 이후의 두 세기를 특징짓는다.

3) '역사의 종말' 이란 1989년 『비평*Commentaire*』이라는 잡지에 프랜시스 후쿠야마Francis Fukuyama가 같은 제목의 발표물을 게재한 이래 유명세를 탄 표현이다.

4) 현재의 의미에서 과학적 인식이란 17세기에 어떤 공동체 — 이 공동체의 회원들은 규칙적으로 그들의 발견과 비판을 교환했다 — 내부에서 진술들의 타당성의 기준을 채택함으로써 구체화된 것이다. 이후부터 그 진술들은 참으로 간주되었다. 한편으로 그 기준들은 현상들의 관계들의 수학적 관점에서의 강독(그것은 대수 연산의 부활된 형태들의 범위 안에서 실시된 연산들을 허용했다)의 채택을 가리켜 왔고, 또 한편으로 그것들은 측정을 허용하고 연산을 초래하는 결과들을 제공하는 조건들 속에서 그 현상들의 상관관계 속에 있는 변화들의 조절을 가정하는 실험을 가리켜 왔다. 그로부터 실험 방식의 원리에 속하는 실증 가능성이 결과한다. 또한 연산 과정의 체계화에 의해, 그 집단적 기획에 참여하는 각자에 의해 조절 가능한 인식체의 구성이 가능해진다. 따라서 그 인식체는 보편적일 수 있으며, 그것이 발전하는 문화들 속에서 어떤 강력한 정체성을 획득한다. 그 체계화

는 과학 발전에 고도의 자율성을 부여하고, '과학의 진보'에 헌신하는 모든 이에 의해 공동 승인된 규범들을 참고하게 된다.

5) 산다habiter라는 용어는 습관habitude이라는 용어와 동일한 어원에서 나왔다. 비록 오늘날에는 그 친족 관계가 잊혀져 있다 할지라도 말이다. 라틴어로 *habitus*는 어떤 존재 방식, 즉 공공연하게 채택된 태도들을 가리킨다. 또 사람들이 머무르고 있는 장소, 그들이 '습관들'을 가지고 있는 장소와 결부될 수 있는 항상적인 성향을 가리키기도 한다.

6) 성서의 첫번째 텍스트인 「창세기」에는 신이 '인간을 자신의 모습으로 창조했다'(「창세기」 1장 27절)고 씌어 있다.

7) 파스칼(Pascal, 1623-1662)은 철학자이자 물리학자이고 수학자였다. 이『팡세*Pensées*』는 그가 쓴 여러 텍스트들을 묶은 것으로, 두 무한들과 관련되는 이행은 가장 유명한 구절들 가운데 하나이다.

8) 17세기의 철학자이자 수학자인 데카르트(Descartes, 1596-1650)는 그의 유명한『방법서설*Discours de la méthode*』에서 자신의 이성을 인도하고 과학에서 진리를 추구하기 위해 도시를 구성하는 기술에 지표를 둔 어떤 메타포를 사용했다. "그래서 단 한 명의 건축가가 기획하고 완성한 건축물들은 다른 목적에서 세워진 낡은 성벽을 이용해서 여럿이서 고쳐온 건축물들보다 더 아름답고 더 질서 잡혀 있는 것이 보통이다. 그래서 처음에는 단지 촌락이었다가 시간이 지나면서 대도시가 된 오래된 도시들은 한 엔지니어가 평원에 자기 환상과 더불어 제도해 낸 규칙적인 장소들에 비해 대개 너무 잘못 측량되어 있다(거의 자와 콤퍼스를 사용해 정돈된 것이 아니다). […] 하지만 그것들을 그처럼 배치한 것은 이성을 사용하는 몇몇 사람들의 의지라기보다 오히려 행운이라고 사람들은 말할 지도 모르겠다." 역사가 흐르는 동안 실현된 우연적 일치들은 어떤 새로운 합리성의 징후 아래 존재하는 방법론적 재구성에 그 자리를 양보해야 한다.

9) 기하급수적 성장이라는 용어로 기술 발전을 분석했던 로마 클럽의 첫번째 보고서의 작성자들보다 더 멀리 나아가면서, 프랑수아 마이어François Meyer는

『성장의 과열. 진화의 동력학에 대한 시론*La surchauffe de la croissance. Essai sur la dynamique de l'évolution*』(Paris, éd. Fayard, 1974)에서 현대 기술력 성장의 초기하급수적인 팽창의 위험을 고발한 바 있다.

10) 1814년 수학자이자 물리학자인 라플라스는 수수께끼 같은 텍스트에서 다음과 같이 적고 있다. "어떤 주어진 순간에 자연이 생기를 얻는 모든 힘들과 그것을 구성하는 존재들 각각의 상황을 인식할 지도 모르는 지성은, 만약 그 데이터들을 분석에 맡기기에는 자연이 너무 광범위하다고 할지라도, 우주의 가장 큰 물체들의 운동들과 가장 가벼운 원자의 운동들을 동일한 정식 속에 포괄할 것이다. 그것에게는 그 어떤 것도 불확실하지 않을 것이고 과거뿐 아니라 미래도 그것의 눈앞에 현전할 것이다. […] 인간 정신의 모든 노력은 우리가 상상한 지성에 그것을 끊임없이 근접시키려 하는 경향이 있다."

11) 1932년 라플라스의 텍스트와는 전혀 달리, 폰 노이만Von Neumann은 마리오트의 법칙들을 입증하는 기체 입자들의 무질서 운동 및 친액성 콜로이드 입자들의 무질서 운동뿐만 아니라 양자 물리학과도 양립 가능한 고전 물리학의 규칙성을 확률적 관점에서 해석했다. "거시 세계의 분명한 인과 질서는 대다수의 법칙과 다른 기원을 갖고 있는 것이 아니다. 그리고 그것은 (참된 물리적 과정들인) 기본 과정들이 인과 법칙을 따르느냐 아니냐의 사실과는 완전히 별개이다. 거시적으로 유사한 대상들이 동일하게 움직인다는 것은 바로 인과성과는 별 관계가 없다는 것을 의미한다. 즉 그 대상들은 사실 동일하지 않다. 그것들의 원자 상태를 고정하는 좌표들이 결코 일치하지 않기 때문이다. 거시적으로 관찰 가능한 현상들은 그 좌표들에서 포착된 평균에 의한 것이다."

12) J. Monod, 『우연과 필연*Le hasard et la nécessité*』, Paris, éd. du Seuil, 1970.

13) F. Jacob, 『가능성들의 작동*Le jeu des possibles*』. 자크 모노와 프랑수아 자콥 그리고 앙드레 르보프는 1965년 노벨 생리 의학상을 공동으로 수상했다.

　근대의 탄생이란 인간의 세계 내 정착에서의 어떤 개혁, 세계 내 삶의 방식에 있어서의 어떤 단절, 말하자면 인간을 둘러싸고 있는 것과의 공존에 대한 사유 방식에서의 어떤 단절과 일치하는 것이었다. 이 개혁은 지구·인간 중심적 코스모스를 파괴한 균열들, 즉 인류가 신의 후원 아래 공공연히 받아들여온 종말론에 기초하여 자신의 특권적 위치 — 그리고 자신의 역할 — 를 확보해 왔던 주거 양식을 파괴한 균열들과 결부되어 있다.

　『방법서설』 및 『성찰』의 서두에 제시되어 있는 출발 상황이나 무한한 공간과 좀벌레 사이에 존재한다고 하는 파스칼의 공포 역시 콜럼버스로부터 코페르니쿠스까지의 표상과 태도 주변에 형성되어온 균열들과 친숙한 기준들까지를 다시 문제삼는 이 혼란과 분리될 수는 없다. 어떤 세계가 존재할 수 있는 심급과 세계 존재로서의 인간 사이의 분리를 받아들이는 근본적인 주관성 — 사유 실체에서부터 초험적 자아까지 — 의 주변에 우리 철학이 본질적으로 재집중된다는 것만 제외한다면, 인간 현존에게 어떤 틀과 전망들을 부여하기 위한 두 가지 수단, 즉 자연과 역사가 제공되어 왔다. 자연 혹은 역사, 이따금씩

양쪽 모두는 개인과 집단이 유의미한 질서 속에서 자신과 동일시해 온 것을 재통합할 수 있도록 해주었다.

자연과 역사가 사유될 수 있었던 형태의 다양성을 넘어, 그리고 "무화néantisation"의 힘에 의해 개방된 거리두기에 기초한 자유에의 만취가 순간의 무거운 강제들로부터 해방된 대중을 잠시나마 유혹할 수 있었을 때조차, 인간 조건에 내재해 있는 강인성과 나약성을 무한히 극복해 왔던 것의 질서에 삶의 우연성과 그 삶의 근본적인 선택들을 의지할 수 있다는 것은 우리에게 위안이 되는 것이었다. 그 질서가 생성중이냐 아니냐에 상관없이 말이다.

마르크스가 변증법을 역설적인 배후 세계로, 즉 인간과 인간의 대화해大和解와 인간과 자연의 대화해의 배후 세계로 펼쳐 보였을 때보다 이 사실이 더 명백했던 적이 없었음에는 의심의 여지가 없다. 1844년 『경철수고』를 상기해 보자. "종결된 자연주의인 한에서, 공산주의는 자연주의에 속한다. 그것은 인간과 자연, 인간과 인간 사이의 적대성의 참된 해결책이다. […] 어느 지점까지 인간 존재가 인간의 자연이 되었는지, 혹은 어느 지점까지 자연이 인간의 인간적인 존재가 되었는지가 […] 그 관계 속에서 두드러지게 드러난다." 그리 추상적이지 않은 관점에 따라 『독일 이데올로기』는 "사적 관심과 공동 관심"의 분열과 노동 분업에 근거한 사회들과 공산 사회를 대립시키면서 보다 구체적인 내용을 제공하고 있다. 공산 사회에서는 "각자가 활동의 독점적 영역을 가지고 있지는 않지만, 어느 분야에서나 자신을 완성할 수 있다. 사회는 일반적인 생산을 조절하기에, 결코 사냥꾼, 낚시꾼, 목동, 혹은 비평가가 되지 않으면서 — 단지 나의 쾌락을 추구하면서 — 나에게 오늘은 이것, 내일은 저것을, 아침에는 사냥하고 오후에는 낚시를 하며, 저녁에는 목축을 할 가능성을 제공하고 식사 후에는 비평 활동에 종사할 가능성까지 제공한다."

물론 이 약속된 땅으로의 접근에는 고통스러운 변화가 내포되어 있지만, 극복되어야 할 대립에 내재해 있는 논리는 도래할 조화의 이름으로 오늘의 희생을 받아들이는 현실을 정당화했으며 역사에 방향을 제시해 주었다.

동시대에 『레미제라블』의 작가가 혁명의 희망을 대변하는 인물로 등장시킨 앙졸라라는 학생이 했던 연설을 생각해 보자. "시민들이여, 19세기는 위대하지만 20세기는 행복하리라. 그때는 낡은 역사와 닮은 어떤 것도 존재하지 않을 것이다. 사람들은 오늘날처럼 손에 무기를 든 국가들간의 정복, 침략, 경쟁, 왕들의 결혼에 의존하고 있는 문명화 중단, 사형대와 검 그리고 사건의 숲에서 마주치게 되는 우연이라는 이름의 모든 강탈과 전투를 더 이상 두려워하지 않을 것이다. 사건 따위는 더 이상 존재하지 않으리라고 말할 수도 있을 것이다. 사람들은 행복하리라."

이 말이 우리에게는 낯설기만 하다. 하지만 이후에 이루어진 역사와 그 예언들의 거리를 측정해 보기 위해 『부정의 변증법』에서의 아도르노의 말을 이 말에 대비시켜볼 수는 있겠다. "야만에서 인간성으로 가는 보편사는 존재하지 않지만, 투석기에서 수소 폭탄으로 가는 보편사는 존재한다. 그것은 불연속성의 절정으로 구성된 인간성이 인간들에게 재현해 보여 주는 전면적 위협으로 끝난다."

그사이에, 세계 최초의 대전쟁과 소비에트 체험의 파란곡절, 아우슈비츠, 히로시마, 프라하가 있었다. 그리고 왜 더 없겠는가? 아틀란티스 대륙은 우리 도시들 바로 옆에 잠재하고 있는 폭력의 상징이다. 르완다의 참화는 다른 무수한 비극들을 상기시키는 사례를 하나 인용해 본 것에 불과하다. 게다가, 아모코-카디즈호와 악손-발데즈호,[1] 미나마타, 체르노빌도 있었고, 아랄해의 사막, 오존층의 파괴 등도 있다. 이런 회고에 하잘것없는 주석을 약간 덧붙이는 것을 허용할지는 모르겠지만, 역사의 종말의 선언[1]과 결부된, 감미롭지만 일시적인 전율을 왜 스스로에게 금지하는가 하면 민주주의는 족쇄 없는 시장의 분배, 조건, 결과를 무시한 채 통치하는 데에 헌신하고 있기 때문일 것이다….[2]

암울한 그림을 그리기는 쉽다. 하지만, 그것이 우리에게 아무런 도움도 되지 못할 것이다. 게다가, 삶의 희망의 연장에서, 데카르트가 소중히 생각했던 희망을 그 점에서 현실화하고 있는 의학적 효과 덕에 감소된 고통에서, 특히 자연 재해에 직면해 분명하게 드러나는 연대의 표현들에서, 그리고 무수한 다른 경우들에서 빌려온 색깔들로 그림을 채색하는 것이 공정하겠다. 그렇게 하는 것이 제아무리 이 속세에서의 우리 인간의 정착의 기초들을 보증해 준다고 할지라도, 우리의 자유가 작동하도록 내버려둘 만큼 유연한 어떤 필연성의 형태들, 혹은 미리 그려진 어떤 질서의 형태들에 대한 (법령화되지 않는)[3] 신뢰를 전혀 회복시키지는 못할 것이다.

이 점에 관해서 사람들은 이런 생물학자를 생각해 볼 수 있을 것이다. 그는 우주라는 양탄자 위에 주사위를 던지는 것에 비교할 만한 불확실한 사건들의 결실이 우리 인간이었음을 입증하려 하면서[2] 이렇게 결론지었다. "인간은 자신의 전면적인 고독과 철저한 낯섦을 발견하기 위해 천 년의 꿈에서 깨어나야만 했다. 인간은 이제 떠돌이 집시처럼 살아가야 하는 우주의 주변부에 자신이 서 있다는 것을 안다… 과거의 동맹은 깨어졌다. 결국 인간은 자신이 우주의 무심한 광활함 속에 우연히 나타났으며 혼자 존재할 뿐임을 알게 되었다. 자신의 운명도 의무도 그 어디에도 기술되어 있지 않다." 그럼에도 불구하고… "우리는 예로부터 언제나 우리 자신이 필연적이고 불가피하며, 질서 정연하기를 원해 왔다. 모든 종교, 거의 모든 철학 그리고 심지어는 일부의 과학조차도 인간 본래의 우연성을 필사적으로 부인하는 것으로 인류의 지치지 않는 영웅적 노력을 보여 주고 있다."

물론 그것이 절대적 진리는 아니다. 뿐만 아니라 응답은 『새로운 동맹 *Nouvelle Alliance*』[*4]의 신호에 따라 재빨리 주어졌고, 그 새로운 동맹은 인간사에서 종種들의 연속을 거쳐 최초의 성운[*5]의 구조화까지 발전하는 질서의 "근대적인" 관점을 역행하는 일종의 "시간의 화살"의 열역학적 역전과 더불어, 물리계 생성의 불가역성을 이론화시켰던 최초의 형태들이 낳은 확대 적용을 무력화시키는 방향으로 나아갔다.

그중에서도 베르그송의 사유에 숨겨져 있는 투쟁, 시간의 두 방향의 충돌은 우리가 살고 있는 세계의 해체에 중요한 의미를 가진다. 엔트로피를 포함한 물리적 원리들과 복잡성으로의 상승 간의 양립 가능성이 증대하는 복잡성의 축을 따른 조직화 과정의 모든 모형화를 가로질러 추구될 때조차, 『새로운 동맹』은 자연과 우리 관계들에 대한 평화적인 관점을 넘어 "우리는 절대적으로 우연적인 세계, 가역성과 결정론이 특별한 경우로 보이는 세계, 불가역성과 미시적 비결정론이 규칙인 세계 안에 있다"[3]는 확증에 도달하지 않을 수 없었다. 양자적 단계에서의 현상들의 결정론에 대한 반대들이, 생성중에 있는 정신의 모험과 자연을 포함해서 우리 사유의 지평에서 우주에 대한 라플라스적 관점이나 차이를 생성하고 극복하는 운동에 대한 헤겔적 관점이라는, 자연과 역사라는 두 차별자의 통합 형식과 관련해서 취해진 거리에서 볼 때 크게 변화한 것은 아니라는 것을 덧붙이자.

『새로운 동맹』 이래, 카오스 이론의 평가와 최초 조건에 민감한 체계들 — 태양계도 포함된다. 안될 이유가 어디 있겠는가? — 의 불안정성에 대한 주장은 우리를 안도하게 해주었던 어떤 질서에 의해 예전에 보장되었던 표상들을 또한 약화시킬 뿐이었다.

조절된 기능을 보장하는 천체 역학의 생각 자체에 부합하는 시계형 구조가, 우리 표상들을 조직하는 이미지 복합 l'*imagerie*[*6]에 따라, 마리

오트Mariotte[7] 이래로 자연의 진로의 단순성과 규칙성을 의미하는 단순한 법칙들과 지속성을 기체 운동론에 따라 설명하는 분자의 무질서 운동을 표현하는 구조로 대체되었다.

뿐만 아니라 대치하는 양 진영의 소멸에 따라 전통적 혹은 시대착오적 지표들에 힘입은 국지전의 증가에 직면하여, 또 테크놀러지의 그물망이 불러일으키는 상황 개선에의 희망에 비례하는 위협, 그 위협을 양산하는 테크놀러지의 그물망의 기하급수적 증가를 수반한 세계화에 직면해서 공공연하게 방치되고 있는 역사 철학들의 해빙은 불확실한 세계관과 갑작스레 공격받은 나약한 본성의 폭로와 일치한다.

물론 이 새로운 세계, 우리가 갇혀 있던 틀 밖을 향한 이 세계의 화려한 범람, 그것의 예측 불가능성, 그리고 그때 "사태들의 흐름"이 둘러싸고 있는 가능성들을 노래하는 것은 가능하다. 그러니 불과 안개의 조짐들[8]처럼 바다 거품의 향수에 젖은 철학자가, 우리가 길을 모색해야 하는 그 새로운 공간을 축하하는 걸 본다 해도 그다지 놀랄 일은 아니다.

가정된 또는 소원된 질서 속에 있는 지구와 준안정적métastable 균형 속에 있는 행성계, 혹은 태양계 사이에서 이론의 집합들에 의해 망각된 유성들은 화려한 무질서를 이해하도록 만든다. 철학은 하늘을, 일식이나 월식을 살펴왔지만, 때때로 구름이 그것들을 살펴보는 데에 방해가 된다는 점에 대해서는 결코 아무 말도 하지 않았다. 또 철학은 지구에서 질서가 변화하는 것을 연구했으며, 먹구름 속에서 생각해 낸 듯한 모든 것을 의심했다. 안정적인 하나의 질서가 존재했다. 코페르니쿠스는 그것에 몰두했다. 여기서 혹은 역사 속에서 변화할 궤도들과 질서들의 혁명 […] 그런데 갑자기 여기에 새로운 시작이 있다. 사람들이 이야기하 듯 세계관이 전복된다 […] 분명한 무질서 속에 있는 유성들은 법칙들이 지배하는 두 질서들 사이에서 드문 예외인 것만 같았다. 전복. 반대로, 질서잡힌 오랜 체계들은 정지하지 않는 바다의 진기한 존재들일 따름이 다. 가장 작은 세계에서 가장 큰 세계까지, 수정, 유기체, 혹은 행성, 여 기저기에서 바람에 날리는 구름을 출현시키는 몇몇 사람들만의 정상, 몇몇 사람들만의 올림푸스가 여기 있다. 질서란 무질서가 통상적인 곳 에서의 희소성에 불과하다.[4)]

그래서 아폴로에 대한 디오니소스의 복수가 있었고, 형태를 낳고 구조를 와해시키는 소립자들의 춤 앞에서의 만취가 있었다. 그렇다 하 더라도, 나침반이 망망대해에서 길을 열었던 이래로 어떤 선원도 앞선 여정의 흔적이 전혀 남아 있지 않은 그곳에서 하나의 길을 지시해 줄 수 있는 지표 없이 그같은 항해 조건에 맞부딪힐 수는 없었다. 오늘날 에도 여전히 바다에는 철저히 지표가 주어져 있고 사람들은 일시적인 풍랑을 인식할 뿐이다. 우리는 물론 일시성과 유동성이 그 세력을 확 장했던 — 그러나 극복되기를 기다리지만 위기의 순간으로 생각되도 록 내버려두지는 않으면서 — 세계 속에서 우리의 길을 찾아내야만 한다. 지평이 불확실한 만큼, 방향을 더 제대로 잡아나가기 위해서는 더 많은 사색의 시간을 가져야만 할 것이다….

물론 겸손한 자에게 그것은 현상을 명확히 보고, 우리의 위치를 정 의하며, "알맞은" 방향을 잡아 나가자고 주장하는 일일 것이다. 어쨌 든 우리의 선택에 의미를 제공하는 가능성들과 강제들의 토대 위에서, 우리의 개인적이거나 집단적인 실천들을 회복하기 위해 우리 자신을 사유하고 이 회귀를 이용하는 조건들을 향해 다시 되돌아오는 것이 모든 인간의 책임인 것 같다.

그러므로 독자는 이 책 속에서 몇몇 참고들이나 전망들을 발견하게 될 것이다. 물론 삶의 방식이, 즉 우리에게 있어 하나의 세계를 구성하는 모든 것과 더불어 공존하는 방식이 질서지어지는 지표들 가운데 이 책의 지표들과 다른 지표들을 통합하는(혹은 하지 않는) 것은 독자의 몫이다. 하나의 세계는 우리의 공통된 주거지이다. 그러나 우리의 현존이 그 속에 자리잡는 데에는 무수한 방식이 존재한다. 모든 철학은 하나의 주거 양식을 제안한다. 즉 그리스인들의 **코스모스**_Cosmos_, 창세기 속에 묘사된 **창조**_Création_, 데카르트가 개론_Traité_을 쓰려고 기획했을 때의 **세계**_Monde_, 칸트의 묘비명이 도덕 법칙과 맺어준 별들이 "세계들에 더해진 세계들"의 기초 위에 빛나던 바로 그 지구, 마르크스에 따르면 인간과 그들의 관계를 변화시키면서 노동에 의해서 변화된 자연 등. 또 "에너지의 저장고"이며 "힘의 계산 가능한 복합체로 드러나도록" 독촉했던 것과는 반대로, "시인으로서의 삶"이기도 했던 하이데거의 자연도 잊지 말자.

보다 평이하게 말하면, 우리의 세계는 우연과 돌발성의, 우발적인 분기점과 연속의, 단순함에 대한 복잡함의, 유일 체계에 대한 체계들의, 상태들과 사물들에 대한 흐름과 파동 등의 보복을 인식했다. 세계가 우리에게 대항하기만 하는 것은 아니다. 오히려, 우리 앞에 펼쳐져 있는 한에서는 우리가 참여하고 있는 것으로부터, 우리 현존 조건들이 연계되어 있던 가운데서 파생되는 것이다. 어떤 초월적인 관점의 축제장에 피신해 있는 경우를 제외하면, 우리는 더 이상 우리를 둘러싸고 있고 그로부터 분리될 수 없는 것의 바깥에서, 또는 그것과 무관하게 우리 자신을 사유할 수는 없다. 그 속에서는 더 이상 우리가 우리로서 존재할 필연성의 지시나 우리가 현재 그렇게 되어야만 하는 것(혹은 앞으로 되어야만 할 것)으로 생성될 숙명의 지시를 전혀 발견할 수 없다.

『창공의 인내』[9]가 요구하는 만큼의 오랜 생성 이래, 우리의 가능성의 세계로서 이 세계는, 또한 우리에게 의존하고 있는 가능성들의 폭을 열어 주는 것이다. 동시에 그 가능성들은 그 변화[10]의 법칙까지의 비시간적이고, 우리 자유와의 구성에 이르기까지의 필연적인 질서의 표상이 파괴되었던 그 균열들을 분출시키는 위협들로 가득 차 있다.

그러므로 우리의 결정에 앞서서만이 아니라 우리의 현존에 뒤이어서도 가능성들의 지평이 열리며, 그 지평들에 기초하여 실제적인 것이 구체화되고 현실화의 책임성이 윤곽을 드러낸다. 우리의 역사, 우리 각자의 역사, 우리가 참여하는 집단의 역사, 우리 테크놀러지의 힘 자체에 의해 새로운 현실에 투자된 인류의 역사는 모험이다. 즉 우리가 취하는 불확실한 인간의 모험이며, 때로는 주저할 줄도 아는 존재 의식이다.

필연적인 것의 영향력을 더 잘 보장하기 위해 가능한 것과 실제적인 것의 차이를 부정하는 어떤 철학에 대한 탐구와 더불어 이 여정을 시작하는 것을 보고 놀랄 사람은 없을 것이다. 이 출발점 역시 거리를 측정하고 거리를 부각시키도록 허용하는 지표라고 말한다면 지나치게 단순한 것이리라. 스피노자 철학을 상기하는 것이 오늘날 우리 조건의 윤곽들을 더 잘 그릴 수 있도록 하는 대조로 바로 환원될 수 없는 것은 그 철학의 현실성 때문이다. 틀림없이 독자 스스로가 『윤리학』에서 착수한 테마들을 갈라놓는 모든 것을 넘어, 우리 시대에 부합하는 무수한 점에서 이 텍스트들이 어떤 철학에 빚지고 있는지를 간파하게 될 것이다.

주

1) 프랜시스 후쿠야마Francis Fukuyama의 『역사의 종말과 최후의 인간*The End of History and The Last Man*』을 겨냥하고 있다 ― 옮긴이.

2) "그 자체로서 우리들로 하여금 모든 인간 중심주의를 경계하게 만든 너무나도 특별한 사건. 그것이 유일했다면 아마도 생명 자체의 출현이 그랬기 때문이고, 출현하기 전에는 거의 아무것도 아니었기 때문이다. 우주는 생명을 내포하고 있지도 않았으며 인간의 생물계도 아니었다. 우리의 번호는 몬테-카를로의 도박에서 나온 것이다." J. Monod, *Le hasard et la nécessité*, Paris, Seuil, 1970, p. 161.

3) I. Prigogine et I. Stengers, *La Nouvelle Alliance*, Paris, Gallimard, 1979, p. 19.

4) M. Serres, 『분배. 헤르메스 4*La distribution. Hermès IV*』, Paris, Éd. de Minuit, 1977, pp. 9-10.

보주

*1. 아모코-카디즈Amoco-Cadiz호와 악손-발데즈Axxon-Valdez호는 유조선의 이름들로서, 그 유조선들의 난파는 오늘날의 에리카Erika호 난파와 마찬가지로 해양 오염을 야기했다. 전자는 프랑스의 브르타뉴에서, 후자는 캐나다에서 일어났으며 아모코-카디즈호의 난파는 최초의 생태학적 재난으로 이야기된다.

*2. 이 구절은 후쿠야마가 옹호한 전망에 대한 (아이러니한) 암시이다. 그에 의하면, (자유) 시장의 모든 힘과 정치 영역에서 드러난 민주주의 모델의 보편적인 재인식으로 특징지을 수 있는 실제 상황에는 극복 가능성이 없기 때문에 역사는 끝이 났다. 달리 말하면, 분쟁이 있다 해도 그 분쟁들은 인간 역사 속에 진실로 새로운 어떤 것의 출현 가능성을 그 속에 담지하고 있지 못하다는 것이다. 내 생각

에 이런 전망에는 아무런 의미도 없다는 것을 굳이 말할 필요는 없을 것이다.

*3. 법령(혹은 법)을 강요하기 위해서는 그것을 취하는 것으로는 충분하지가 않다. 이것은 미셸 크로지에Michel Crozier에 대한 암시인데, 그에 따르면 사람들은 법령에 의해 사회를 변화시키는 것이 아니다. 다시 말해 그것은 정치적 결정과 사법적 활동이 영향을 끼치지 못하는 사회적인 자발성에 속한다는 뜻이다.

*4. "옛 동맹은 깨어졌다"라는 모노Jacques Monod의 생각에 대한 대답이 되길 원하면서 프리고진Ilya Prigogine과 스텐저Isabelle Stengers가 공동 작업한 저서의 제목이다. 여기서 문제가 되고 있는 동맹은 인간과 자연의 동맹이지만, 본래 동맹alliance이라는 말은 성서에서 신과 헤브루 민족 간의 동맹의 재구성과 관련된 용어이다.

*5. 성운이란 오늘날 태양계가 속해 있는 은하계라고 부르는 것을 가리키는 용어로서, 분명한 위치를 형성하지 않는 것으로 나타나기에 구름의 이미지를 연상시키는 별들의 무리와 관련된다. 우선 칸트와 라플라스에서 발견된 최초의 성운 가설은 우리의 태양계가 포함된 별의 체계들을 낳았을지도 모르는 최초의 무질서에 대한 가설이다. 달리 말하면, 일종의 최초의 혼돈에서 하늘이 질서 잡혔다는 우주 발생론과 연관이 있다.

*6. 이미지 복합은 우리 세계의 표상이 구조화되는 이미지의 복합과 관련이 있다. 예를 들어 17세기의 태양 중심설은, 태양 주변을 돌고 있는 하늘의 이미지(상상력의 산물)로 우주에 대한 기존 표상의 개조를 야기했다.

*7. 온도와 부피의 변화에 따른 기체 반응을 지배하는 법칙들(온도가 일정할 때 압력에 의한 부피의 산물 자체 역시 일정하다. 즉 $V \times P = C$)을 진술했던 17세기의 물리학자. 마리오트의 법칙들은 간단한 수학적 도식으로 표현되므로, 수학적 개념으로 표현되는 자연 법칙의 단순성에 대한 생각을 굳건히 하는 데 공헌했다고 하겠다.

*8. 과거 해군 장교였던 저자는 해양 교육집에서 영감을 받아, 졸라Emile Zola에 대해 쓴 책에 『불과 안개의 조짐들』이라는 제목을 달았다.

*9. 천체 물리학자인 리브스H. Reeves의 저서. 그는 현대 우주 발생론에 대한 연구에 몰두했으며, 그 출발은 빅뱅Big Bang이었다. 물론 이것은 우리 세계의 형성을 시적으로 묘사하기 위한 제목이다.

*10. 질서의 변화, 그 질서의 진화가 문제가 된다. 라플라스의 관점에서 그것은 비시간적인 법칙 자체를 따랐다. 물리 체계의 진화, 한 상태에서 다른 상태로의 이행은 항상적인 기능들 속에서 표현될 수 있는 법칙들에 복종한다.

제1부

지표들 그리고 항로 표지들

1

『윤리학』에 따른 인간 정신론 속에서의
신체에 의한 우회

Le détour par le corps
dans la théorie de l'esprit humain selon l'Éthique

신에 대해서라는 부분의 자신만만한 진행에 매료된 『윤리학』의 독자라면 [저자의] 충실한 의도를 좇아 "정신의 본성과 기원"에 바쳐진 2부의 첫 부분에서 신체를 대상으로 하는 첫번째 정의를 발견하고 조금 놀랄지도 모르겠다. 그리고 이 놀라움은, 명제 13을 넘어서면서 증명되지 않은 원리들로부터 연역된 명제들의 선형성을 중단시키는 몇몇 페이지들을 발견할 때 더욱 커질 것이다. 사실상 명제 13과 명제 14 사이에는 필연적 귀결corollaire과 비평적 주석scolie만이 아니라, 공리 둘, 정의 하나, 그리고 여섯 개의 가정들이 갑작스럽게 도입되어 있다. 이 진술들 사이에는 증명, 그리고 경우에 따라서 비평적 주석들이 뒤따르는 일곱 개의 보조 정리들lemme이 첨가되어 있다.

이 놀라운 이행은, 신중한 전개 과정을 따라 "인간 정신의 현실 존재는 활동 중에 있는 개별적인 것에 대한 관념과 다른 무엇도 아니"라고 주장했던 명제 11을 명확히 해주고 있는 한 명제 다음에 위치하고 있다. 명제 13에 의해 우리는 그 개별적인 것이 "신체, 즉 연장의 어떤 양태이며 그와 다른 그 무엇도 아닌 것"임을 알고 있다. 스피노자는 거기서 하나의 필연적 귀결을 이끌어 내는데, 그것은 데카르트적인 독자라면 그다지 재언급할 필요도 느끼지 못할 용어들로 표현된 총합이다. 그러나 비평적 주석이 제공하는 비평 이후는 달라질 것이다. 논의를 계속 펼쳐 나가기 위해서는 우선 "신체의 본성과 관련한 최초의 전제들"을 놓는 것이 필연적이라는 결론으로 비평적 주석이 끝이 난다.

그리고 바로 신체론이야말로 그 말에서 명제들의 사슬의 "재결합"을 분리시키는 간격을 메우러 올 것이다. 그 명제들 가운데 명제 14는 "인간 정신은 엄청난 수의 대상들을 지각할 수 있으며, 그의 신체는 보다 더 많은 수의 양상에 따라 이용될 수 있기 때문에 그 만큼 더 많은 것을 지각할 수 있다"고 주장할 것이다.

신체가 정신을 구성하는 관념의 대상이라는 주장에 모든 중요성을 부여하는 신체론은 인간 정신이 "개별적인 것"의 관념일 때 그 개별적인 것의 신체로의 한정이 제기했던 의문에 대답할 수 있게 해준다.

문제는 인간 정신이 어떤 점에서 "다른 정신들esprits과 다르고 어떤 점에서 그것들을 능가하는지"[1]를 아는 것이다. 보다 익숙한 번역어 ― *mens*를 영혼âme으로 번역하는 아푼Ch. Appuhn의 번역 ― 로 표현된 의문은 인간 영혼과 말이나 녹색 식물의 영혼들 사이에 존재하는 차이의 기초를 탐색하기에 이른다. 말이나 녹색 식물의 영혼들은 『윤리학』에서는 더 나중에 출현하지만 물론 부수적인 출현일 뿐이고, 윤리학은 말이나 녹색 식물의 소관이 아니다.

그러므로 정신의 기원이나 본성을 탐구하기 위해서, 게다가 특히 이 탐구가 우리에게 중요한 것의 적합한 인식, 즉 인간 정신의 인식으로 인도할 수 있도록 하기 위해서 우리는 신체[2]가 어떤 점에서 서로 다를 수 있는지, 또 그때 어떤 점에서 인간의 신체가 다른 것들과 다를 뿐 아니라 보다 더 "탁월한praetantior" 것으로 이해될 수 있는지를 살펴보기 위해서 신체론을 전개시켜 나가야 할 것이다. 따라서 이 구절에 의미를 부여하는 것은 동일하고 유일한 실체의 다른 양태들을 인간 양태가 "완전성"에서 "능가"하도록 만드는 것에 대한 탐구이다. 스피노자가 직면했던 도전을 이해하기 위해서는 그가 데카르트의 실체 이원론에서 나온 문제 — 아,『성찰』의 상속자들에게 있어 이는 얼마나 큰 관심사였는지 — 에 제공한 해답의 본질을 상기해야만 한다.

생각할 것도 없이 그때는 철학의 원리의 제1부 51항으로 거슬러 올라가는 것이 좋다. 데카르트는 거기서 "실체인 것"을 언급하려 애썼고, 그것을 언급했으며, 곧장 실체라는 명칭이 "신에게, 또 같은 의미에서 피조물들에게" 귀속될 수 있음을 덧붙이면서 자신의 말의 한계를 지적했다.

사람들은 용어의 애매함에 대한 이러한 조롱을 쉽게 알아차린다. 사실상 "우리가 실체를 이해할 때, 그것이 존재하기 위해서는 단지 자기 자신만이 필요한 것처럼 존재하는 어떤 것이라고만 이해"한다면 위험은 크다.

엄밀하게, 데카르트 자신도 주목했듯이, "자기 자신만이 필요하다는 그 단어의 설명을 접할 때에는 모호함이 있을 수 있는데, 분명히 말해서 그렇게 존재하는 것은 신 이외에는 없기 때문이다."

용어의 일의성에 만족하고 그친다는 것은 실체성으로부터 그것의 고유한 원리를 자기 속에 가지고 있지 못한 것 — 자기 원인이 아닌 것 — 을 배제하는 것이다. 그러므로 창조된 실체, 다시 말하면 신의 능력에 의해 "지지되고 보존되었기에" 현존 속에서 유지되는 실체는 존재할 수 없을 것이다. 실체들은 존재하고 그 자신 속에 원리들을 가지고 있으며, 다른 곳에서 도래한 피아트 *fiat*[1] 로부터 독립적이고, 영원히 존재하지 못할 이유가 없다. 우리에게 의존적으로 드러나는 것은 실체의 위상에 접근할 수 없을 것이다. 그때 자기 자신과 다른 것에서부터 근거를 대야만 하는, 한정되고 차별화된 실재 — *res*[3] — 로 나타나는 것은 실체로서 고려될 수 있는 유일한 것의 변형, 차별화, 특별한 한정일 뿐이다. 따라서 그것은 속성이나 우연을 통해 신 자체에 관련될 수도 있을 것이다.

유한하고 한정된 것으로 제시되는 것과 자신에게 있어 자기의 고유한 원인인 것, 즉 본질이 현존을 포함하고 있는 것의 관계는, 창조주가 자신의 고유한 존재로부터 분리된 것으로 그것들을 현존 속에 놓는 활동이라는 이유 그 자체 때문에, 창조주와 구별되는 실체들의 창조라는 모델에 의해서는 사유될 수 없을 것이다.

그러므로 창조된 것을 현존 속에서 지지하는 힘과 관련하여 그래도 역시 그것의 매 순간의 의존을 가정하는 그 분리를 보장하기 위해, 창조된 것들 가운데 어떤 것들은 "어떤 다른 것들 없이는 존재할 수 없는" 본성에 속하는 반면, 다른 어떤 것들은 단지 "신의 보통의 도움"만이 필요하도록 하기 위해 그 창조된 것들을 구분해야만 한다. 전자가 후자의 성질이거나 속성이기만 할 때는 후자에게 실체의 이름을 마련해 주어야 한다.

그것은 우리를 사유와 연장의 이중성뿐만 아니라 영혼과 신체의 비대칭성으로도 인도한다.[4] 만약 모든 신체가 형태와 운동의 작용을 가리키는 양태적 차별화에 속하는 연장적 실체만 존재한다면, **코기토** *cogito*를 언급할 수 있는 **자아** *ego*만큼의 사유 실체도 존재한다는 것이 그 이유이다. 각각의 개별적 영혼[5]은 실체이고, 그것의 내적인 지속은 그 내부에서 연장이 윤곽을 갖고 있는 신체들의 파괴와 재구성에 의해 영향을 받지 않는다. 가열된 밀랍이 "본성"을 바꾸지 않고 겪는 변화들을 분석할 때 발견할 수 있는 바와 마찬가지로 모든 물체는 단지 내적 형성일 따름이다.

데카르트에서 스피노자까지가 좋은 결과를 얻었다면, [그것은] 데카르트가 스콜라 학파에게 경의를 표한 애매함을 스피노자는 인정하길 거부했다는 데 그 이유가 있을 것이다. 즉 실체를 즉자적으로 존재하고 스스로에 의해 인식될 수 있는 것으로 정의하고 있음을 문자 그대로 포착해야 한다. 요컨대 자기 원인, 즉 본질이 존재를 포함하고 있는 것으로서의 정의에 상응하지 않는 실체가 존재할 수는 없을 것이다.

『윤리학』의 목적은 신에서 출발하는 것이 아니라, 그처럼 제한되지 않은 개념적 공간에 신으로 하여금, 말하자면 "살러" 오도록 하기 위해 자기 원인과 실체에서 출발하는 것이다. 실체 개념은 신적 존재를 실체의 두 번째 자격 부여로서 맞이한다. 정의된 것처럼 유일하고 절대적으로 무한하며 영원할 수 있는 것만이 바로 실체이다.

같은 상황에서 그것은 오성의 포착을 회피하는데, 그 까닭은 그것이 모든 한정을 넘어선다는 데 있다. 무한 속성들이 각각의 유類에 있어 무한하고 상이한 방식으로 무한성에 의해서 영향받을 때, 실체가 그 무한 속성들의 무한성으로 표현될 때를 제외하면, 그것에 대해 그 어떤 다른 것도 언급할 수 없다.

단 하나의 실체만이 존재하고, ― 그 실체의 양태들인 ― 무한한 양태들이 존재한다. 왜냐하면 각각의 양태가, 각각의 속성에 영향을 끼치는 변화나 차별화라고 한다면, 그것은 근본적으로 실체의 한 양태이기 때문이다. 예를 들어 그것이 사유나 연장의 한정된 양상으로 환원될 수는 없다.

그러므로 한 신체를 특징짓거나 그것에 영향을 끼치는 모든 것에 그 신체의 관념, 즉 한 개별자의 정신 속에 상응하는 특징화나 영향이 대응됨을 확신할 수 있다. 때때로 평행론이라 불리는 것은 바로 동일한 실체가 단지 우리들에게는 사유와 연장이라는, 단지 이 두 속성만이 특권적인 위상을 갖는 그 무한한 속성들로 자신을 표현한다고 언급되는 사실에서 그 기초를 발견해 낸다. 말하자면, 그 두 속성은 동일한 실체를 함께 표현한다. 그것들은, 우리 오성이 실체로부터 얻는 두 표현들 가운데 한 표현 또는 다른 표현 하에서 고려되는 한에서만, 실체 그 자체이다.[6]

관념(정신, 영혼)이 신체에 영향을 끼칠 수 없다는 것, 즉 상호적으로, 정신에 속하는 것 속에 신체를 한정시킬 이유를 발견할 수 없다는 것은 바로 연장과 사유가 상이한 두 관점 아래 고려되는 동일한 것이 되게끔 하는 바로 그 공표현성coexpressivité을 설명해 준다. 바로 그 때문에, 우리에게 있어 그것들은 우리를 존재하는 것에 관계지우는 두 가지 방식, 존재하는 것과 관계 맺는 두 가지 방식을 의미한다. 우리가 실체를 표현하는 무한한 속성들 중에 그 두 속성들에 특권을 부여하게 하는, 우리의 존재로의 "개방"의 한정을 고려할 때는 말이다.

어떤 의미에서, 실체는 우리 오성의 포착과 관련해서는 초월적이라고 언급될 수도 있다. 그리고 우리는 그것의 통일성, 유일성, 무한성, 그리고 영원성을 주장하는 데에서 그쳐야만 한다. 저 세상에서 혹은 오히려 이 세상에서, 오성은 실체로부터 속성만 이해할 뿐이다. 물론 속성들은 실체의 본질을 구성하지만, 우리에게는 두 가지 속성만이 실체가 절대적으로 존재한다는 그 주장과 관련하여 보충적 명제들을 연계시키는 논증을 발전시킬 가능성으로 열려 있다.

속성에 해당되는 것은 양태에 해당된다. 그래서 우리가 두 영역, 즉 신체를 언급하도록 허용하는 것과 정신을 언급하도록 허용하는 것으로 조각나 있는 언어를 사용해야 인간에 대해 언급할 수 있을 때조차 인간 — 오히려 한 인간 — 은 근본적으로 하나이다. 인간에 대해 취하는 이런 관점들 각각은 근본적으로 구별되면서도 동시에 동등한, 즉 하나를 다른 하나로 해석 가능한 인과적 지표들로 귀착된다.

정신을 신체의 관념으로 정의하는 것과 신체를 정신인 관념의 대상으로 정의하는 것 사이의 상호성의 의미는 그와 같다.

인간 양태의 통일성, 인간 개체의 통일성이 "사유하는 실체와 연장된 실체는 한 속성 아래 혹은 다른 속성 아래 이해된 유일하고 동일한 실체이다. 마찬가지로 연장의 양태와 이 양태의 관념은 유일하고 동일한 것이지만 두 가지 방식으로 표현되어 있다"고 명시되어 있는 명제 7을 참조해 보자. 동시에, 『윤리학』 2부 명제 21의 비평적 주석 속에도 분명히 진술되어 있다. 그로부터 "정신과 신체는 사람들이 때로는 사유의 속성 아래에서, 때로는 연장의 속성 아래에서 이해하는 유일하고 동일한 개별자"라는 결론이 도출된다.

그래도 역시 공표현성의 관계는 모든 개별자들에게도 유효하다. 바로 그런 이유에서 우리는 이 분석에서 인간과 다른 모든 양태들 사이의 차이를 우리가 사유할 수 있도록 허용하는 어떤 점도 발견할 수가 없다. "정신의 본성과 기원"을 결정하는 과정에서 독특한 이행이 시작될 때, 놀라운 우회로를 도입하는 비평적 주석 속에서 스피노자에 의해 인정된 결과가 그렇다.

스피노자가 정신과 신체의 통일 문제를 해결했다고 주장하다니, 후기 데카르트주의자들에게는 이 얼마나 당혹스러운 일인가! 사실상 실체의 통일성은 양태들의 통일성을 포함하고 있고, 속성들의 구별은 신체와 정신을 구별할 가능성을 포함하고 있다. 그러나 문제는 자리만 바꾼 듯해 보이며, 해결책의 범위가 너무나 일반적이기 때문에 차별화의 원리들, 게다가 양태들의 위계화의 원리들의 문제로 갑자기 새롭게 전개된다. 모든 개체들이 동일한 분석에 속하는 것은 아니며 그것들에게 동일한 위상을 인정해서는 안 된다고 해야 할 것인가? 모든 개체에는 영혼이 부여되어 *animé* 있다[7]고 말해야만 하는 이 상황이 의심의 여지없이 *animata*라는 용어가 사용된 유일한 경우이다. 데카르트와 스피노자 자신에 의해서 금지된 단어인 anima에서 직접 끌어 온다. 왜냐하면 정신*mens*이라는 단어가 영혼*anima*이라는 단어를 거의 균열없이 대체하고 있기 때문이다. 그것은 분명 부주의한 부분을 포함하고 있기는 하지만 독특한 우연의 산물이 아닌 무의식적 오류의 일종이다. 그러나 이 구절의 의미는 분명하다. 연장된 속성 속에서 형성된 각각의 신체에는 사유된 속성 속에서의 동등한 형성이라고 할 수 있는 관념이 필연적으로 대응한다. 모든 경우에 신체의 관념과 관념의 대상인 신체는 실체의 감수성affection인 내적인 모든 차별화에 "해당되는" 동일한 구조를 생산해 낸다.

그럼에도 불구하고 스피노자는 이런 말을 덧붙인다. "우리는, 관념들이 대상들 자체만큼이나 서로 상이하다는 것과 하나의 대상이 다른 대상보다 우월하며 보다 더 많은 실재성을 포함하고 있음에 따라, 하나의 관념은 다른 관념보다 우월하고 보다 더 많은 실재성을 포함하고 있다는 사실을 부인할 수 없다."[8]

그러므로 자신 안에 더 많은 실재성을 포함하고 있는, 즉 실체에 더 참여하며 스피노자의 모든 존재론에 깔려 있는 내용을 더 분명히 표현하는, 다른 것들보다 더 탁월한 존재들 — 양태들 — 이 존재한다. 신이 가진 무한한 힘puissance[9]은 "실재성"에 비례해서 또 자연적 권리에 따라 존재하는 각각의 것 *res* 속에 있다.

인간 정신이 무엇인지, 또 그것이 어떤 점에서 말이나 녹색 식물, 게다가 광물의 (정신적) 능력과 다른 "능력"을 나타내는지를 알기 위해서는 신체를 탐구해야 한다. 신체 자체가 어떤 점에서 서로 다를 수 있고, 이 차이점들이 어떤 점에서 서열의 기초로 해석될 수 있는지를 이해하기 위해서는 신체의 공통 개념을 만들어 내야만 한다. 그리고 이 신체들이 어떤 점에서 다를 수 있고 어떤 점에서 그 서열이 등장하게 되는지를 연구하기 전에 모든 신체들에게 공통된 본성에 대해 사유해야만 한다. 우리는 "인간 정신이 어떤 점에서 다른 정신들과 다르고 인간 정신이 어떤 점에서 그것들을 능가하는지 결정하기 위해" 제2부

명제 13의 비평적 주석 속에서 이런 내용을 읽을 수 있다. "우리가 그 대상, 즉 앞서 제시했듯이 인간 신체의 본성을 인식하는 것은 필수적이다."

그러므로 인간적 삶이 가능한 존재들과 분명히 관련되는 이 윤리학의 기획을 현실화하기 위해서는 신체, 신체들 사이의 차이의 토대들, 또 인간 신체에 적용할 수 있는 것에 대해 인식해야만 한다. 그때의 신체론은 우리의 전통에서는 꽤나 낯선 방식으로 영혼론 혹은 정신론을 인도해 갈 것이다.

왜냐하면 인간 정신이 그것의 관념인 대상에 대해 우선 탐구할 때 인간 정신의 속성을 파악하기가 더 쉽기 때문이다. 그러나 더 쉽다는 것이 쉽다는 것을 의미하지는 않음을 말해 두어야 하겠다.

명제 13과 명제 14 사이에 삽입된 공리들, 가정들, 보조 정리들이 바로 이 기획에 기여하고 있다. 그리고 그것들에 너무나 중요한 정의를 하나 결부시켜야 한다. 왜냐하면 개체의 정의와 관계되어 있기 때문이다.

과제가 쉽지 않은 데에는 스피노자가 아리스토텔레스와 스콜라 학파의 가르침들과 단절하면서 근대 물리학 — 데카르트의 역학 — 을 비웃고 있다는 데에도 일부 원인이 있다.

달리 말하면, 『성찰』이 밀랍조각과 관련해서 제안하고 있는 분석으로부터 이끌어낸 원리들로 물체들간의 차이를 설명해야 하는 것이다. 물체는 형태와 운동에 의해서만 서로 차이를 보인다. 즉 운동 분포의 다양한 변화들을 관통한 운동량 보존과 관성의 법칙에 대한 주장이라는 이중의 토대 위에서 수학적으로 표현된 법칙에 따라 운동이 변화시키는 공간 내 배치에 의해 차이가 난다.

그때부터 어떤 형상적 원인과 자신의 본성을 어떤 식으로든 실현할 것 같다는 경향성이 물체들간의 차이들에 대해 어떤 조명을 비춰 주기를 기대한다는 것은 명백히 불가능한 일이다.

여기에서 첫번째 단계가 나온다. 즉 물체들을 구별하는 것은 그것들의 운동이나 정지의 상태를 [통해서] 이다. 빠른 결론을 내리기 위해 아무것도 아닐 수 있는 그것들의 속도를 언급해 보자. 그러나 그 결과는 크기에 달려 있다. 물체의 운동이나 정지 상태는 그것인 바 ─ 내적인 특징들이 관련되어 있을 "본성"이나 본질 ─ 에 전혀 의존하고 있지 않다. 왜냐하면 궤적의 방향 결정으로서의 속도는 운동하고 있는 모든 물체에게 양보되거나 수용된 "운동"에 의존하기 때문이다. 운동은 "전달되고" 궤적은 매순간 물체가 만나는 모든 것과 맺는 관계에 의해 휘어진다.

이렇게 되면, 신체들 사이의 차이의 원리에 속하는 것을 어떤 점에서 이해할 수 있는지, 또 신체들의 서열에 대한 인식이 어디에 근거하는지를 잘 이해할 수 없게 된다. 뿐만 아니라 인간의 "우월성"의 이유들을 다시 포착할 계획마저 사라지는 듯하다.

물체는 그것의 궤적이 시작되고 가속화되며 억제되고 굴절되는 외적 상황들에 따라서만 구별되는 역학적 특징들을 가지고 있다. 어쨌거나 보조 정리 2가 표현하는 결론은 이렇다. "운동중에 있거나 정지하고 있는 물체는 다른 물체에 의해 운동하도록 혹은 정지하도록 한정되어야 한다 ─ 그리고 그 다른 물체는 때가 되면 또 다른 물체에 의해서 그렇게 되며 무한히 그렇게 계속된다."

분명히 말해, 그런 물체는 다른 물체들과 맺고 있는 지속적인 관계들에 따라 운동을 받아들이거나 양보하는 속성과는 다른 속성을 가지고 있다. 엄밀히 말해서 그것은 고유한 "본성"을 가지고 있는 것이 아니다. 다른 물체들과 충격이나 마찰을 일으킴에 따라 움직이거나 움직이게 될 순수한 가능성을 가진 그것은 자신이 참여하게 되는 상황들이 그것에 각인하는 한정의 모습을 보일 뿐이다. 자기 자신 속에 한정을 품고 있지는 않은 것이다.

여기서 완전히 막다른 골목이 등장한다. 비평적 주석에서 제기된 의문에 대한 해답이, 새로운 물리학에 의해 직접적인 영감을 받은, "물체들의 본성과 관련된 전제들"로부터 얻어질 수는 없을 것이다. 그러나 그 새로운 물리학이 무엇이든 전혀 부인하지 않은 채, 스피노자는 물체들 상호간의 차별화에 대한 두 번째 관점을 열어 보이려 할 것이다. 느림과 빠름 사이에서 생각할 수 있는 속도의 모든 정도와 더불어 운동과 정지의 대립에 단순함과 복잡함의 대립 혹은 오히려 구성의 정도들간의 대립이 그 뒤를 따른다.

변화가 갑작스럽다. "가장 단순한 물체들에 있어, 운동과 정지, 가속과 느림으로 서로 구별되는 것들이 여기 있다"는 언급의 결론을 이용해서 "지금 구성된 신체로 옮겨가기로 하자"로 계속 이행해 가야만 하는 것이다.[10]

사람들은 이것이 아주 단순한 물체의 문제가 아님을 알고 있다. 하지만 여기까지는 가장 단순한 물체만이 관련된 문제였다. 구성은 연장의 토대 위에서 차별화되는 모든 것에, 무한한 연장의 상이한 양태로서 형성된 모든 신체에 본질적인 것으로 여겨진다. 이제 지체없이 모든 관점에서 중요한 개념, 즉 긴 비평의 가치가 있는 정의가 우리에게 제공하는 개별자 개념의 도입이 허용된다.

개별자는 "서로 결합된" 신체들로 형성된 하나의 신체이고 그것은 "신체들의 통일에 의해서" 다른 신체들로부터 구분된다. 그래서 명제 13의 비평적 주석의 처음부터 해결된 것으로 제시된 정신과 신체의 통일의 문제를, 모두 함께 "단 하나의 신체"를 구성하는 "그 신체들의 통일"의 문제로 대체한다.

스피노자는 연장적 세계에서 작동하는 역학적 인과성을 "완성하러" 오는 인과성의 어떤 형태에도 양보하지 않는다.'² 신체들은, 한편으로는 그것들이 서로에 대해 접촉하도록 강제하거나, 또 한편으로 "어떤 관계에 따라 그것들의 운동을 서로 전달하도록 강제하는 다른 신체들의 억압에 의해 하나의 동일한 개체 속에서 통일"된다. 그러므로 형상적 목적성이나 인과성을 무시하는 역학의 법칙들에 엄격하게 복종하는 운동 관계들 자체의 작동에 작용력efficience[3]을 중첩시키고자 하는 그 어떤 결합의 원리나 조직화의 원리도 존재하지 않는다.

그 대신, 구성은 복잡성의 정도에 근거하는 개별자들의 서열을 초래한다. 왜냐하면 한 개별자는 구성된 개별자들 자체에 의해서 형성될 수 있고 — 혹은 형성되고 — 그것은 무한히 확장될 수 있기 때문이다. 가장 복잡한 개별자는 보다 덜 복잡한 개별자들을 자신의 통일성 안에 통합시키고, 보다 덜 복잡한 개별자들은 다시 세 번째 등급의 개별자들의 통일체로서 스스로를 드러낸다.

구성은 한편으로는 모든 구성 요소가 서로 항상적인 관계들을 맺고 있는 전체의 안정성에 의해, 또 한편으로는 위치와 비례에 의해, 또 다른 한편으로는 운동들의 "전달"에 의해 표현된다. 그러므로 개별자를 특징짓는 것은, 자신의 동일성identité을 발견하고 자신을 자신의 외부에 머물러 있는 것으로부터 구별시키는 토대에 근거하여 자신의 부분들 사이에 항상적인 관계들을 조직한다는 점이다.

『윤리학』에 개별화를 도입한다는 점에서 이 정의의 목적은 중요하다. 분명 그것이 쉬운 일은 아니다. 인과성에 대한 아리스토텔레스의 이론[11]을 거부함으로써 새로운 자연 철학 속에 벌어져 있는 틈을 메우고, 어떤 조직화의 원리, 상이한 것의 순서화의 원리, 하나의 동일한 존재의 통일성 속에서의 재료들의 통합의 원리에 호소하지 않은 채 하나의 동일한 신체 속에 있는 다수의 연장적 요소들의 통일의 이유를 설명하는 것이 문제가 된다. "다른 신체들"의 강제에의 의존, 개별자가 구현되는 일종의 틀에의 의존은 가장 설득력 있는 것에 속하지 않는다. 어떤 자연적 체계의 이론은 여기서 충분치 않으며, 스피노자는 있는 그대로의 개별자의 "능력들"이 그 위에 이식되는 기하학적이고 역학적인 관계들의 안정을 인정하는 것에 만족한다.

개별자들이라는 이 복잡한 통일성에 대해『윤리학』이 제공하는 기술을 일단 타당한 것으로 인정하고, 그래서 상이한 복잡성의 정도들을 표현하는 구성된 물체들[이나 신체들]이 존재한다는 것을 인정하면서, 이 내용이 뒷받침하고 있는 것을 이해해야만 한다.

무엇보다도 우선 개별자들은 그것들의 구성의, 즉 그것들의 구조의 토대에 따라 서로 다르다.『윤리학』속에는 구성에 대한 의존 이외의, 인간 양태들과 구성하는 다른 모든 양태들 간의 차이의 토대에 대한 어떤 다른 분석도 존재하지 않을 것이다. 물론 구성이 그것의 신체적 "차원"으로 환원되어서는 안 되고 그렇게 되지도 않을 것이다. 왜냐하면 신체적 개별자 속의 상이한 것들의 통일성으로 표현되는 것이 다른 속성들에서 구현되는 것 — 이 경우에는 신체적 개별자의 관념, 즉 개별화된 정신 자체 — 속에서 그것의 정확한 상응물을 발견한다는 것은 지금부터 벌써『윤리학』의 분석에 부합하기 때문이다.

그러나 이 구절의 결론이 될 것의 저편에 — 즉 "인간 정신의 형식적 존재를 구성하는 관념이 단순하지 않으며, 엄청난 수의 관념으로 구성되어 있는" 까닭은 "신체를 구성하는 각 개별자의 관념이 필연적으로 신에게 주어져 있고, 그러므로 인간 신체의 관념은 구성 부분들의 엄청나게 많은 관념들로 구성되어 있다"는 데에 있다 — 개별자의 정의는 특히 명제 13의 비평적 주석에서 제기된 문제와 관련하여 그 범위를 측정하도록 만든다. 즉 인간은 어떤 점에서 유한한 다른 양태들과 구별되는가? 어떤 점에서 인간이 그것들을 "능가한다"고 말할 수 있는가?

개별자들은 동일한 실체의 모든 양태들이고, 그것들을 연장적 속성 속에서 또 연장적 속성에 의해 이루어진 것으로 고려하는 한에서 그 것들은 모든 신체들이다. 그러므로 그것들은 그 구성에 의해서만, 따라서 그 구조에 의해서만 구별될 수 있다. 스피노자는 개별자가 존재하는 조건들을 명시하면서 그 점을 강조하고 있다.

개별자는 요소들 — 즉 재료들 — 의 외부와의 교환을 통해 구성 부분들의 교체가 이루어질 때조차 존속한다. 그 요소들의 내적 관계들이 동일하게 존재한다는 조건 하에서는 그것이 크기를 교환하거나 증가할 때조차도 개별자는 존속한다. 결국 외부에서 도래한 활동이 그것의 신체들의 구성 요소들이 항상적 관계들에 따라 상호 작용하는 배경을 근본적으로 변화시키지 않는다는 조건에만 부합된다면, 외적 요인의 활동이 부분들의 운동 속에서의 굴절이나 그것들의 배열 속에서 제한된 변형들을 야기할 때조차도 개별자는 존속한다. 물론 모든 개별자의 이동의 경우에도 이 확고부동성은 보장된다.

요컨대 본질은 개별자를 특징짓는 질서와 항상성이 보존된다는 것이고, 그래서 부분들의 구성이 실현하는 통일성에 관계의 안정적 틀을 제공하는 형식적 특징들이 보존된다는 것이다. 이 구조는, 그것이 포함하는 것(그것이 통합하는 요소들)이 재생이나 발전에 종속될 때조차 유지되기 때문에, 개별자가 "신체의 지속적인 변화"에도 불구하고 그것의 "형태"를 보존하고 동일자로 존속하며, 그것의 본성을 보존한다는 점을 스피노자는 강조하고 있다.

누구도 이 형태와 개별자의 본성 사이의 관계를 더 잘 강조할 수는 없을 것이다. 그런데 사람들은 변형될 수 있는 기하학적 배열로서의 형태가 상기시키는 것보다 더 많은 것을 지적하기 위해, 스피노자가 여기서, 단지 여기서 "형태" — *forma* — 라는 단어를 여러 번 반복해서 사용하고 있는 것을 주목할 수 있을 것이다. 하나의 개별자의 본성, 즉 그의 개별적 본질의 원리에 놓여 있는 것이 문제가 된다. 이 형태는 그것의 개별성을 가장 단순한 물체들과 달리 하나의 본성 — 그것을 둘러싸고 있는 것과 계속되는 교환들(재료들의 교환, 운동의 교환)에도 불구하고 보존하고 있는 본성 — 을 가지고 있는 어떤 양태에게 제공하는 형식적 구조로서 사유된다. 그와 대조적으로, 미분화 경향이 있는 가장 단순한 물체들은 받아들인 특징들만 가지고 있다는 것, 즉 그 고유한 본성은 가지고 있지 않다는 것을 기억할 것이다.

그러므로 신체들은 실체(이 스피노자의 용어가 취하고 있는 엄밀한 의미)에서나 재료에서는 서로 차이가 없다. 그것들은 그 구성이나 복잡성의 정도에 근거해 차이가 나는 것이다.

따라서 신체들의 이해에 필수적인 "전제들"이 상정되고 우리가 그 신체들을(다른 것들 사이에서) 연장적인 한에서 실체에 영향을 끼치는 것으로 고려하는 한, 상이한 양태들에 공통적인 것에 대해 우리가 가질 수 있는 개념과 관련하여 몇 가지 결론들이 전개된다.

그때 또 명제 13에 이어 제기되는 문제, 즉 인간 정신은 어떤 대상의 관념인가 그리고 그 탁월성은 어떤 점에서인가 — 다시 말하면, 그것의 존재에의 참여, 그리고 그것의 힘인가? — 하는 문제에 답하기 위해 신체적 개별자로서의 그 양태론을 "활용하는" 것이 남아 있다. 그 활용 — 혹은 적용 — 은 최상급 표현을 과도하게 사용하게 만드는 여섯 가지 가정의 매개로 이루어진다.

이중 첫번째 가정은 인간 신체의 근본적인 특징을 도입한다. 즉 그것은 "(상이한 본성을 가진) 엄청난 수의 개별자로 구성되어 있으며 그것들의 각각도 엄청난 수로 구성되어" 있다. 그러므로 이후의 모든 내용은 신체로 간주되는 인간의 고도의 복잡성과 다양성을 긍정하는 것에 그 기초를 두게 될 것이다. 그 신체는 본성을 보존함에도 불구하고 외부 신체들에 의해 엄청난 수의 상이한 방식으로 영향을 받고 있다. 인간의 신체는 엄청난 수의 다른 신체들에 의해서 쇄신되기 때문에 현존 속에서 자신을 유지할 수 있을 만큼 많은 신체들을 필요로 한다.

인간의 신체는 자신 속에 각인된, 자신이 겪는 변형의 흔적을 자신의 구조를 대체하지 않고서도 보존할 수 있고, 마침내 다른 신체들을 이동시키고 재배치하면서 외적 실재에 엄청난 수의 상이한 방식으로 영향을 끼칠 수도 있다.

달리 말하면, 인간 신체는 내적인 고도의 다양성에 의해, 외부에 있는 것과의 교환에서의 고도의 강도에 의해 그리고 그것의 흔적이 그것들의 외적 원인들을 넘어서서 남아 있는 상이한 영향들의 원리 속에 있는 어떤 세계와 아주 다양화된 관계들을 맺을 수 있는 능력에 의해 [보다 우월한 존재로] 인정받을 수 있다는 말이다.

스피노자도 깨닫지 못한 듯한데, 구성된 무수한 개별자들 자체를 자기 속에 통합하고 있는 이 개별자도 때가 되면 전 자연la Nature entière인 완전한 개별자 속에 통합된다는 내용을 여기에 덧붙여야 할까?

아무튼 신체 개념의 설명과 인간 신체에의 적용에 의한 우회는 명제 14와 더불어 끝날 것이다. 그 명제는 앞에서 상기시킨 가정들을 바탕으로 인간 정신의 능력들에 대한 강독을 연계시키면서『윤리학』의 부분 제목에 의해 진술된 기획으로 되돌아온다. 여기에는 인간 정신이 소위 "무수한 대상을 지각할 수 있"으며 "자신의 신체가 더 많은 양상에 따라 배치될 수 있는 만큼 더 그렇게 할 수 있다"고 되어 있다.

정신 능력들은 직접적으로 신체 능력들의 함수이다. 더 분명히 말하면, 인간 양태의 탁월성이 근거하고 있는 차이는 신체와 정신의 유사한 복잡성을 뜻하는 것으로, 그 복잡성은 외부 실재와의 극히 다양화된 관계들을 가능하게 하기에 인간 개별자에게 엄청나게 상이한 방식으로 영향받는 것도 가능하게 만들며 따라서 "자연Nature"에 대해 얼마나 개방적인 태도로 임하는 가에 따라 상이한 대상들을 지각할 수 있도록 해준다.

그래서 또 "인간 정신의 형식적 존재를 구성하는 관념은 단순하지 않고 무수한 관념들로 구성되어 있다"라는 놀라운 명제 15가 나온다. 그 놀라움은 플라톤에서 데카르트에 이르기까지 영원의 단순성과 신체의 구성을 대립시키고, 경우에 따라서는 신체와 관련해서 취해지는 거리두기로 사유 능력을 추정해 왔던 모든 전통과 관계된다. 영혼과 신체의 능력들은, 다수이고 구성되기 위해서는 아무튼 하나여야 하는 것의 복잡성의 정도에 따라 동시에 증가된다.

『윤리학』의 흐름 속에서는 특별한 순간일까? 우선 사유와 연장을 유일하고 동일한 실체라는 같은 등급, 같은 품격을 나타내는 두 표현으로 만들고, 연장의 용어와 사유의 용어, 신체들의 용어와 관념들의 용어 사이에서의 어떤 "선택"에 근거하는 유일하고 동일한 실재의 이중적 강독을 제공하는 존재론과 그것의 정합성을 강조해야만 할 것이다.

특히, 아마도 훨씬 멀리서 — "인간의 자유"에 상응하는 것으로 주어진 "오성의 힘"에 바친 제5부에서 — 들려올 메아리를 들어야만 한다.

명제 39는 "인간 신체들은 무수한 능력들을 가지고 있기 때문에, 그것들이 자기 자신과 신에 대한 인식을 가지고 있는 정신들, 다시 말해 그것의 가장 큰, 즉 주된 부분이 영원한 정신들과 관계 맺고 있는 것과 마찬가지로 그것들이 어떤 본성에 속할 수 있으리라는 것에는 의심의 여지가 없다"는 것을 상기시키면서 시작하는 비평적 주석으로 이어진다. 그러나 우리에게 영향을 끼치는 변화들이 이루어지는 동안 신체의 능력들은 변형에 종속된다. 그때에는 신체의 능력들이 증가되는 변화들을 헤아려야만 한다. "사람들은 아이나 젊은이가 죽는 것을 불행하다고 말하고, 건강한 신체와 건강한 정신을 가지고 평생을 살 수 있었다는 사실을 행복으로 간주한다."

그런데 신의 지적 사랑과 지복la béatitude을 향한 그 진행이 지복들 *les Béatitudes*에서는 거의 영감을 얻은 것 같지 않다.[4] "어린이나 젊은이처럼 약간의 신체 능력만을 가지고 있는 자는 그 혼자만을 고려해 보면 자기 자신, 신, 사물들에 대해 거의 인식하지 못하는 정신의 소유자이다. 반대로, 다양한 신체 능력을 부여받은 자는 그 혼자만을 고려해 볼 때 자기 자신, 신, 사물들에 대해 충분히 인식할 수 있는 정신의 소유자이다."

그러므로 사유 능력은 개별자와 자연이 만나는 지점에서 발생하는 것의 풍부함, 신체와 세계의 "접촉면"에서 이루어지는 것의 풍부함과 밀접히 관련되어 있다.

분명히 이 구절을 강독할 때 너무 멀리, 너무 빨리 진행해서는 안될 것 같다. 여기서는 인식의 종류들을 구분하는 단절의 흔적을 오랫동안 찾아내야 할 것이다. 그리고 그 단절을 뛰어넘는 것은 오성의 힘을 향해 뻗어 있는 단계들과 발을 맞추는 것이다. 우선 세계의 다양성에의 신체의 노출 속에서 전개되는 것은 인식의 첫번째 장르, 즉 상상력의 장르인데, 거기서는 원인과 결과가 뒤엉키며 일단 정념 — 인간의 정념을 말하는 것이지 영혼의 정념이 아님을 주목해야 한다 — 의 노예 상태를 야기시킨다.

사건에 대한 무관심, 또 만남들의 우연성에 의해 야기될 결과들에 대한 무관심 속에서 자신의 고유한 규범, 즉 적합한 관념의 그것에 복종하는 어떤 사유의 자율성에 따라 관념들의 연쇄가 펼쳐질 수 있도록 해주는 오성의 힘이 표현되는 합리적 인식과, 경험론에 근거를 제공하는 이 몽타주 사이에는 불연속이 존재할 것이다. 그때 자유는 이해된 필연성도 필연성의 이해도 아니며, 단지 자신의 고유한 법칙에 복종하고 자신의 규범들, 즉 합리성의 규범들에 따라 펼쳐질 만큼 충분히 강력한 사유에 내재하는 어떤 필연성의 생산이다. 그때 개별자는

"자신의 고유한 본성에 따라 적합하게 인식 가능한 원인들에 의해 행동하도록 결정"된다.[12]

그러나 지속 속에서 정복된, 이성의 연쇄는 세계와의 만남에서 생겨난 것을 검토하고, 정념 그 자체는 그것의 적합한 관념을 형성하고, 오성의 힘이 증가하도록 하기 위한 기회가 된다. 신체들의 관계와 상호 작용의 관점에서 쉽게 언급되는 세계에의 노출은 또한 전 자연의 질서 위에, 또 그것의 인식이 미리 가정하는 것, 즉 자기 원인*causa sui*의 원리적 통일성의 발견과 존재하는 것이 차별화되는 모든 것의 생성 방식의 발견 위에 개별자의 개방을 조건지우는 것이다.

그때 실체의 무한성이 표현되는 그 차이들의 풍부함으로의 개방과, 자연의 공통 질서 속에서 한 복잡한 개별자의 끼여들기로부터 파생된 것을 정신의 법칙에 복종시키기 위한 사유의 자기 작업은 보완적이다. 『윤리학』이 인도하는 자기 자신, 신 그리고 사물들에 대한 최고도의 인식으로의 이행은 이런 것이라고 말할 수도 있을 것이다. 즉 자신으로서 그러나 자신의 밖에서 자연의 공통 질서에 속하는 것에 의해 조작되는 대신에 자신의 본성의 규범들에 따라 사유할 수 있는 개별자의 능력을 미리 가정하는 것이라고 말이다. 그 대가로 "겪는*pâtir*" 방식을 통해 겪고 체험된 것이 행동의 기회 그리고 행동 능력 강화의 기회가 된다.

그러나 『윤리학』의 힘든 강독이 강요하는 전제들 저편에서, 인간 오성에 접근할 수 있는 두 가지 측면에서 고찰된 개별자의 철학은 신체와 신체의 세계 속에서의 상황에 특권적인 역할을 일치시키는 것이 분명하기에 우리 사유 전통에서 볼 때는 놀라운 것이다. 신체의 고유한 조직화뿐만 아니라 신체들 사이로의 그것의 삽입과 세계에서의 노출이 실체론, 실체의 표현론, 혹은 실체의 영향론, 그래서 윤리학의 제1부에서 전개되는 하나의 존재론과 하나의 정신 — 즉 인식 능력이면서 동시에 윤리학으로 표현되는 것을 넘어선 어떤 삶의 방식의 추구 — 의 이론의 전환점에서 등장한다.

신체론은 존재의 절대성 속에서의 그 존재의 명증성과 인간 개개인이 자신의 현존에 대해 경험하는 체험 사이에서의 성찰을 보장한다. 이때 인간 개개인의 자기 현존에 대한 체험은 자신을 앞서고, 자신을 추월하며, 자신에게 한계를 강요하고, 자신의 유한성을 드러내 보이며, 그에게 자신의 가능성들의 지평을 열어 보이는 가운데 이루어지는 것이다. 자신인 바, 존재들 사이에서의 자기 상황 그리고 자기와 존재하는 것과의 관계에 대한 이해는 사유 능력에서와 마찬가지로 자신의 본성이 표현되는 신체에 대한 관심과 더불어 시작되는 것이다. 그리고 그것이 바로 유일하고 동일한 현존 능력의 두 측면이라고 스피노자는 우리에게 말하고 있다.

주

1) 사용된 번역은 R. Misrahi(PUF, 1990)의 것이다. 라틴어 원문은 "Ad determinandum quid Mens Humana reliquis intersit, quidque reliquis praestet..."이다.

2) 일단 신체라고 번역하고는 있지만, corps는 물체, 식물의 몸체, 동물의 몸, 인간의 신체 모두를 아우르는 용어이다. 그래서 경우에 따라서 신체 혹은 물체로 번역하였다 — 옮긴이.

3) 사물을 의미하는 라틴어이다 — 옮긴이.

4) 첫번째 판의 제목, 즉 "Meditationes de prima philosophia in qua Dei existentia et Animae immortalitas demonstratur"을 참조할 것.

5) 독자는 『성찰』의 원문을 소개하는 "다음의 여섯 성찰의 개요"를 특별히 참조할 것.

6) "나는 오성이 어떤 실체로부터 그것의 본질을 구성하는 것으로 지각하는 것을 속성으로 이해한다"(『윤리학』, 1부, 정의 4). "나는 절대적으로 무한한 존재, 즉 무한한 속성에 의해 구성된 실체를 신으로 이해한다. 그 속성들 각각은 영원하고 무한한 본질을 표현한다"(『윤리학』, 1부, 정의 6). "우리는 신체나 사유 양태와 다른 개별적인 것을 느끼지도 지각하지도 못한다"(『윤리학』, 2부, 공리 5).

7) "여기까지 우리가 제시한 것은 완전히 공통적이며 인간이나 영혼이 부여되어 있는 모든 다른 개체들에도 마찬가지로 관련된다."(···Omnia, quamvis diversis gradibus, animata tamen sunt)(『윤리학』, 2부, 명제 13, 비평적 주석)

8) "Nec etiam negare possumus ideas inter se, ut ipsa objecta, differre unamque alia praestantiorem esse, plusque realitatis continere prout objectum unius objecto alterius praestantius est, plusque realitatis continet"(『윤리학』, 2부, 명제 13, 비평적 주석).

9) "신의 힘은 그것의 본질 자체이다"(『윤리학』, 1부, 명제 34), "각각의 것은 그 힘 속에 존재하는 만큼 자신의 존재를 지속하려고 애쓴다. […] 개별적인 것들은 양태들이다 […] 즉 존재하고 행동할 때 의존하는 신의 힘을 표현하는 것들이다"(『윤리학』, 3부, 명제 6과 증명), "자연 속에는 보다 더 강력하고 보다 강한 다른 것이 주어지지 않는 한 어떤 개별적인 것도 주어지지 않는다. 그러나 어떤 것이든 주어진다면 그 힘에 의해 전자가 파괴될 수 있는 보다 강력한 다른 것도 주어진다"(『윤리학』, 4부, 공리).

10) 『윤리학』, 2부, 두 번째 계열의 공리, 공리 2.

11) 아리스토텔레스의 인과론과 관련해서는 『자연학』, 2권, 3절을 참조할 수 있다. 아리스토텔레스는 자신의 인과론을 통해 "무엇으로 인해 이러저러한 주체가 이러저러한 형상을 획득하고 환자가 회복되며 청동이 조각이 되는가?" 하는 질문에 대한 답을 제공한다. 그는 질료인, 형상인, 운동인, 목적인이라는 네 가지 원

인을 제시한다. **질료인**은 청동이나 환자를 말한다. 즉 무엇이 어떤 것으로 이루어져 있다고 할 때의 그 어떤 것이 바로 질료인이다. **형상인**은 형상, 모형 혹은 본질로 이해된다. 그것은 의사가 가진 건강의 관념이나 조각가가 가진 조각의 관념이다. **운동인**은 의사나 조각가를 뜻한다. 청동을 조각으로 만드는 자로서의 조각가, 환자를 회복시키는 자로서의 의사인 한에서 말이다. **목적인**은 잠재태인 존재가 현실태로 이행할 때 지향하는 최종 상태 혹은 완성된 상태를 의미한다. 즉 청동이 변화해서 도달할 조각의 형상, 유기 조직이 변화해서 도달할 건강의 형상이 바로 그것이다 ─ 옮긴이.

　12)『정치학 개론 *Traité politique*』, 2장, 11.

보주

　*1. 라틴어로서, 성경 창세기에서의 창조를 의미한다. 이때의 창조란 신의 로고스가 세상에 현존을 가져다준 행위이다.

　*2. 아리스토텔레스 식의 형상인이나 목적인에 대한 거부가 문제가 되는 부분이다.

　*3. 작용력 efficience은 결과를 낳는 능력, 즉 작용 능력인데, 메커니즘에 개입해서 메커니즘이 설명하지 못하는 결과를 야기한다.

　*4. 여기서 '지복들'이란 신약성서 누가복음의 "…자는 복이 있나니"란 구절들을 암시하고 있으며, 스피노자가 말하는 지복은 이 복음서의 지복과는 구분된다. 누가복음 18장 16절의 "어린아이들이 내게 오는 것을 용납하되 금하지 말라. 하느님의 나라는 이런 자의 것이니라"라는 구절을 참고하라.

2

힘[*1] 의 조직화

스피노자에 의한 폭력, 권리, 자유와 국가의 기초[1)]

L'organisation de la puissance:
violence, droit, liberté et fondation de l'État selon Spinoza

국가론과 권리론의 역사에서 스피노자는 특별한 위치를 점하고 있다. 그것은 자연권, 국가Cité[*2]에서 인정된 역할, 또 그것들과 하나의 『윤리학』으로 소개되고 있는 어떤 저서의 중추적 기획의 관계에 관한 입장에서 기인한다.

그 모든 것은 어떤 제일 철학, 말하자면 특별한 존재론 자체와 분리될 수 없다. 통일성 속에서, 또 전체적인 일관성이 본보기가 되는 어떤 사유의 조직성 속에서 그 유산이 거의 다시 취해진 과거의 전통이나 보다 최근의 전통 — 데카르트, 홉스 — 이 합류하는 지점에서, 스피노자는 기존의 사용법을 전복시킬 정도로 그 의미를 급진화시키는 어떤 논증의 틀 내에서 옛 단어들을 사용한다.

그러므로 실체론에, 또 자연의 공통 질서를 함께 구성하는 모든 실재 형태들과 실체의 관계론에 정치 질서를 관련시키지 않고서는 그것에 주어진 의미를 이해하는 것이 불가능할 것 같다. 그러면서도 국가론을 그것이 영양을 얻는 전체로부터 분리시키고자 하는 모든 의도가

『정치학 개론』의 첫 두 장章의 강독과 더불어 신속히 그 모습을 감추게 되는 것을 미심쩍어할 수도 있겠지만 말이다.

『윤리학』은 정의들로 시작하는데, 그중 세 번째 정의가 실체와 관련된다. 즉 "그 자체로 존재하고 스스로에 의해 이해되는 것"이 그것이다. 이 정의는 **자기 원인**causa sui, 즉 "본질이 존재를 포함하고," "현존하는 것으로서만 본성이 이해될 수 있는" 것으로서 앞서 — 그것은 첫번째 정의다 — 소개되었던 것에만 상응하는 것으로 바로 드러난다.

출발점에 동의하면 실체만이 존재할 수 있게 되는데, 그것의 개념은 자신 속에 신성의 개념을 거둔다. 실체가 유일신의 위대한 종교들에서 파생한 철학들 속에서 완성되었듯이 말이다. 실체의 그 통일성과 유일성에서, 모든 유한 실재는 양태의 지위 이외에는 어떠한 다른 지위도 가질 수 없다는 결론이 내려진다. 이때 양태란, 무한한 속성을 넘어 "무한 양태들로 무한한 것들"[2]을 생산하는 실체 자체의 변형이나 차별화를 뜻한다.

하나의 동일한 원리에서의 그런 다수가 "산출génération"되는 것이 상이한 두 영역에 따라 "해독解讀"될 수 있다. 『윤리학』은 두 관점을 교차시키고 있는데, 그 두 관점의 보완이 존재의 소위 스피노자적인 의미를 설명해 준다. 사실 존재는, 기하학이 모델을 제공하는 이성적 필연성의 논증을 통해 혹은 모든 현존를 기초짓는 힘puissance의 표현적 언어를 통해 언급될 수 있는 것이다.

첫번째 관점이 존재 이유를 자기 속에 가지고 있으면서 "본질이 존재를 포함하는" 것으로 주어지는 것에서 — 원리의 결과로서, 또 전제들의 결론으로서 — 파생되는 다양성의 산출을 진술하고 있다면, 두 번째 관점은 현존함이 행동함이라는 사실에 기초하고 있다. 이 "행동함agir"은 존재하는 힘을 가정함과 동시에 그 결과를 표현한다.

자기 원인인 것은 존재하는 모든 것 그리고 우선 절대적으로 존재하는 것이라는 두 가지 경향을 포함한다. 만약 "신, 즉 각각의 속성이 영원하고 무한한 본질을 표현하는 무한한 속성에 의해 구성된 실체가 필연적으로 존재한다"[3]면, "신은 어떠한 강제도 겪지 않고 자기 본성의 유일한 법칙들에 의해 행동할 것이며,"[4] 따라서 "신의 힘puissance은 자신의 본질 자체"[5]라는 것 또한 인정해야 할 것이다.

실체나 신, 즉 자신의 절대성 속에 있는 존재에게 있어 참된 것은, 유한성 속에 이를테면 "포함되어" 있다. 즉 다른 실재 형태들과 직면하고 있는 한계 속에 놓인 다른 모든 것들에도 참되다. "각각의 것이 지속적으로 존재하고자 하는 노력이 그 실제적 본질 밖에서는 아무것도 아니다."[6] 그리고 이 노력은 자연Nature 가운데에서 자신들의 본성nature (*in suo esse*)을 긍정하는 경향이 있는 다른 모든 것의 노력과 싸우고 있다. "자연 속에는 보다 강력하고 보다 강한 다른 것이 주어지지 않는 한 어떤 개별적인 것도 주어지지 않는다. 그러나 만약 어떤 것이든 주어진다면 그 힘에 의해 전자가 파괴될 수 있는 보다 강력한 다른 것도 주어진다"[7]는 것이 그 이유이다.

그러므로 산출하는 동력(능산적 자연*Natura naturans*)뿐만 아니라 그 결과이기도 한 양태들의 전체인 통일된 자연은 현존에 있어 양립 불가능성도 투쟁도 배제하지 않는다. 신의 존재 증명에 바쳐진 제1부의 명제 11은 "모든 것에 있어," "왜 그 모든 것들이 존재하거나 존재하지 않는지에 대한 원인이나 이유가 존재해야만 한다"는 것을 우리에게 예고했다. 존재와 비존재 사이의 낯설고도 명백한 대칭, 또 "왜 무無가 아니라 무엇인가가 존재할 것인가?"라는 의문을 보다 손쉽게 제기하는 사유의 현재의 양태성과 관련한, 대립적이고 실제적이며 훨씬 더 낯선 비대칭도 존재한다. 그처럼 현존에서 배제된 것으로서 존재하는 것을 방해하기 위해서는 어떤 원인이나 이유가 필요하다. 그 같은 방해의 원리에는 모순을 포함할 수 있는 것 ― 둥근 사각형처럼

― 에서 모든 현존 가능성을 박탈하는 내적 원천, 그리고 비록 자기의 고유한 일관성과 관련해서는 그 자체로 가능하다고 할지라도 다른 것들이 자연의 공통 질서 속에 공존하듯이 그 다른 것들과는 양립할 수 없는 것의 양립 불가능성, 즉 외적 원천이라는 두 가지 원천이 있다.

배제의 이유 중 어떤 것도 실체의 존재와는 대립할 수 없다. 대신 모든 유한 실재를 위해, 조건들 ― 내적 일관성, 외적 양립 가능성 ― 은 지속적으로 존재하기 위한 모든 노력이 위치할 수 있는 한계들을 결정한다. 모든 존재자에 내재하는 힘이 동원되는 **코나투스**는 다양한 형태를 띠거나 다양한 층위에서 재발견된다. 그것은 운동 상태나 정지 상태를 보존하려는 경향이 있는 단순한 운동체의 관성과 더불어 시작되며, 자신들의 고유한 본성과 더불어 그 구성 분자들이 결합해 있는 구조를 보존하려는 경향이 있는 개별자들의 구성 정도에 맞춰 발전된다. 그것은 자기의 고유한 본성에서[8] 적합하게 인식될 수 있는 법칙들에 의거해 그것이 행하는 것을 행하는 동작주의 자유로운 행위 속 ― 다시 말하면, 인간의 자유와 더불어『윤리학』의 제5부의 제목인 그 오성의 힘*potentia intellectus*[3]의 종류 아래 자신, 사물들, 그리고 신에 대한 적합한 인식에 도달하는 사유의 자기 규율적 발전 속 ― 에서 그 최종 지점을 발견한다.

물론 인간들은 그런 "완전함의 정도"에[9] 접근하도록 예정되어 있다. 그러나 자연의 질서를 따르는 인간들은 완전한 자연 한가운데에 "왕국 속의 왕국"을 전혀 건설하지 못한다. 그래서 우선은 그들을 모든 다른 유한 실재들과 동일한 존재 조건에 복종하는 양태로 다루어야만 한다.

자연권에 대한 스피노자의 입장은 이런 배경을 토대로 하고 있다. 뿐만 아니라 자연의 공통 질서에 대한 참여와 관련된 존재 조건의 토대 위에서 인간들이 서로 유지할 수 있는 전체 관계들에 대한 입장 역

시 이런 배경 위에 자리잡고 있다.[10]

실체와 양태들의 관계로부터 다음의 결과가 도출된다. 즉 모든 유한 실재의 현존이 기초하고 있는 힘은 자신의 무한성과 영속성 속의 현존 안에 실체 자체가 자리잡는 힘의 일부라는 점이다. 사람들은 이 힘의 행사에 있어 제한의 외적 원리, 즉 지속적으로 존재하기 위한 각각의 노력이 따라야 할 원리가 어디에서 유래할 것인지, 선과 악이 대립하는 욕망과 가치들 각각의 입장들 속에서 홉스가 이미 이뤄놓은 그 "코페르니쿠스적 혁명"[14]의 종류가 어디서 유래할 것인지를 제대로 이해하지 못한다. 사물들은 그것인 바이고, 거기에는 선하거나 악한 본성, 정의롭거나 부정의한 본성, 아름답거나 추한 본성에 속하는 그 어떤 것도 존재하지 않는다. 그것들은 바로 사물이나 행위에 대한 비본질적인 명칭이며, 그것이 자신의 고유한 본성을 보존하기 위한 어떤 존재의 노력에서부터 이러저러한 방식으로 그것에 유용하거나 해로운 것, **코나투스**를 돕거나 방해하는 것 — 혹은 그렇게 보이는 것 — 을 규정한다. 이런 평가는 단지 스스로의 판단에 속하고 여기서 외관과 본질 사이에는 무수한 차이가 존재한다. 그러나 무지와 정념에 기초한 판단 역시 적합한 인식과 이성에 근거하는 판단만큼이나 평가의 원천이 된다.

그 지점에서부터 자연권은 각각의 것들이 자신의 고유한 본성에 따라 존재하기 위해 자신의 힘을 사용할 권리로서 간주된다. 『정치학 개론』[11]은 이렇게 명시하고 있다. "그래서 자연의 존재들이 존재하고 행위하는 힘이 곧 신의 힘 자체라는 것을 알 때," "우리는 자연권이 무엇인지 쉽게 인식한다…. 자연 속의 모든 존재는 존재하고 행위하기 위한 힘에 대해서 그것이 가지고 있는 권리만큼 자연과 닮은 것이며… 따라서 전 자연의 자연권과 — 결과적으로 — 각 개별자의 자연권은 그 힘이 미치는 범위까지 확장된다."

그러므로 큰 물고기에게는 작은 물고기를 잡아먹을 권리가 있다.[12] 인간은 결코 왕국 속의 왕국으로서 이 자연 속에 존재하는 것이 아니다. 그래서 "자신의 고유한 본성의 법칙들에 따라 인간이 행하는 모든 것, 인간은 최고의 자연권에 근거해서 그것을 행하며, 힘에 대해 가지고 있는 그 만큼의 권리를 자연에서 소유하고 있다."[13] 획득할 수단을 전혀 가지고 있지 못한 것을 욕구하고 원하는 자만이 그러한 자연권의 한계를 넘게 된다. 인간이 중력 법칙으로부터 자유롭기를 원해 허공 속으로 뛰어드는 경우가 이에 해당할 것이다. 그때 인간은 자기 자신에 반하여, 사실상 자신의 행위들이 자기 자신에 반하도록 행위의 방향을 잡는… 과오를 범하게 될 것이다. 만약 그 사람이 자신의 동료에게 어떠한 경우에도 그 동료가 그 자신의 본성에 일치하지 않기를 요구한다면 그 경우 또한 마찬가지이다. 그 동료의 입장에서 본다면 자신의 고유한 힘에 반하는 저항을 불러일으킬 것이고, 그럼에도 불구하고 그의 요구의 기초가 되는 노력을 무력화시키는 원인이 될 것이다.

그런데 — 스피노자의 존재론이 표현하는 존재의 원리적principielle 통일[*5]과 긴밀한 관계에 있는 — 그 자연권의 정의는 보다 특수하게 고려된 인간 현존에 어떻게 적용되는 것일까?

인간은, 모든 것이 자신의 힘force의 노력들을 전개시키는 속에 그 현존을 위치시키는 힘의 영역인, 자연의 전 질서의 중심에서 존속해야만 한다. 인간의 힘은 외부 사물들의 힘에 의해 무한히 극복된다. 본성조차 생소한 이 실재의 작용에 의해 도처에서 억압되며 첫눈에도 그들에게 외적인 존재에 적응하면서 한편으로는 지속적으로 스스로 "갱생"[14]해야 할 필요가 있는 존재들인 인간들은 자기 노력을 돕거나 방해하는 외부 존재들에 대한 스스로의 의존성을 경험하고, 제어하기 불가능한 국면들의 우여곡절에 복종하는 삶의 덧없음을 체험한다.

실재성을 가지고 있는 모든 것과 동일한 이유에서 자연적인 생산 그 자체인 정념의 작용은 사랑, 증오, 공포, 그리고 희망이 그려내는 다양한 관계들을 외적 상황들의 압력에 부가한다. 자연의 흐름 속에서 포착되는 것에 대한 의존은 그만큼 강화되어 있다.

인간들과 자연의 공통 질서 속에서 직면하고 있는 실재 존재들 가운데 그의 동류들이 존재한다. 특수한 개별자에 불과할 때조차 그 유사성은 그들을 특권적인 파트너 혹은 적으로 만든다. 그들의 노력을 돕거나 방해할 수 있는 모든 것들 중에서도 인간들 사이에서의 협동이나 대립의 관계들은 큰 중요성을 갖는다. 정해지지 않은 다양화가 가능한 그것들은, 자기들이 행하는 것의 자유로운 원인이라며 인간들이 일상적으로 상상하는 것보다 훨씬 더 강한 강도에 속한다. 그런데 "같은 이유로 우리들이 자유롭다고 상상하는 어떤 것에 대한 사랑과 증오는 필연적인 것에 대한 그것보다 훨씬 더 크다." 상상이 허상의 원천이라는 것은 그다지 중요하지 않다.

그래서 만약 서로 도움을 주거나 서로 무력화시킬 수 있는 힘들 사이의 대치의 관점에서 사유된 어떤 본성 안에 모든 양태들이 공존한다면, 인간들 서로의 공존이 조직화되는 방식은 그들 자신에게 아주 특별한 중요성을 갖는다. 왜냐하면 인간 동료보다도 인간에게 더 이롭거나 더 해로운 존재는 있을 수 없기 때문이다. 그래서 이 조직화에 대한 사색의 중요성이, 따라서 정치 철학의 중요성이 생겨난다.

도시 국가의 기초와 그 존재 규범들을 발견하기 위해서는 자연의 공통 질서에 대한 인간들의 귀속의 토대 위에서 그들이 서로 맺을 수 있는 관계들을 가장 다양하게 사유할 수 있어야만 한다. 이 사유 형태는 이상적인 구분이 가능하다.[15]

첫번째 경우 —『윤리학』이 우리를 인도하는 것, 따라서 최초의 소여로서가 아니라 끝으로서 소개하는 것 — 에서, 자신들의 본성에 부합하는 것에 대한 명백한 인식에 도달했을 때 인간들은 스스로에게 참으로 유용한 것을 인식하고 이 인식에 따라 합리적으로 행동한다. 그때 그들이 행하는 것은 외적인 것들이 그들에게 가하는 행위라기보다는 그들이 존재하는 바에서 도래한다. 수단인 것과 목적인 것의 관계의 복잡한 작용에 의해 이성을 계발하는 것이 가장 유용하다. 이성은 인간 본성에 부합한다는 관점에서 우리에게 가장 유용한 것을 인식하게 해주기 때문이다. 그러므로 합리성은, 인간들의 본성을 전 자연 가운데에, 존재자들의 질서 속에 새겨 넣기 위한 인간의 노력에 도움이 되는 것을 추구하는 동시에 그들의 노력이 지향하는 것의 올바른 연장 속에 자리잡고 있는 것이다. 그런데 적합한 인식과 합리성을 추구할 때 인간은 인간에게 보다 더 이롭다. 즉 "인간은 인간을 위한 신이라고 거의 모든 이가 반복"[16]하기 때문에 그것의 무수한 증거들이 존재한다.

이 분석의 한계에 만족하기 위해서 이렇게 말하자. 한편으로는 모든 것과 신 사이의 관계의 발견과 진리가 서로 공유될 때, 한쪽 편이 가진 몫이 다른 편이 가진 몫을 감소시키지 않음에 따라, 그 공유는 경쟁적인 분할의 원천으로 제시되지 않고, 또 한편으로는 그것의 소유가 사유의 통일성에 근거하여 참된 공동체를 기초짓는 재산을 추구할 때 상호 부조하게 된다면, 이 영역에서의 발전은 모든 이의 노력에 근거하고 있다. (직관적 학문*scientia intuitiva* 속에서 합리적인 추론적 성격의 가능한 초월을 포함해서) 적합한 인식으로 접근한다는 것은 모든 이의 지지를 받으며 각자에 의해 현존이 최고 형태로 실현된 것이고, 따라서 인간들이 지향하는 최고의 형태이다.[17]

이런 완성에 아직 미치지 못한다 해도, 인간들이 이성적으로 — *ex*

ductu rationis[*6] ― 행동하거나, 상황과 외부 사물들에 대한 애착이 대립과 경쟁의 원천일 때, 그들은 자신들의 고유한 본성과의 관계에 따라, 즉 그들이 공통적으로 가지고 있는 것에 따라 행동한다.

그래서 "만약 인간들이 이성의 인도 아래 살 수 있다면, 타자에 대해 아무런 해를 끼치지 않고, 각자 자신에게 속하는 권리를 소유할 것"[18]이라고 결론지어야만 한다. 그들의 노력은 자발적으로 조정될 것이고 인간들은 추구된 목적들의 통일성에서뿐만 아니라 뒤따르는 방식들에서도 자연스럽게 서로에게 동의하게 될 것이다. 모든 이들이 쏟아 부은 노력의 공동 작용에 의거하여 참된 자유와 일체가 되는 그 오성의 힘의 최상위 지점을 지향하고, 한 인간이 행하는 것이 그의 본성에 의해 적합하게 설명되는 그 존재 형태에 접근할 수 있게 될 것이다.[19]

우정으로 굳건하게 만들어진 공동체 안에서 진리와 지혜를 추구하는 인간들의 조화로운 공존 양상들이 바로 그러하다. 그때, 지속적으로 존재하려는 각자의 노력이 모든 이들의 힘의 도움을 받음에 따라 사실상 인간은 인간을 위한 신이다.

그러나 무력force은 이성의 인도 아래 살아가는 자들이 별로 많지 않다는 증거가 된다. 스피노자가 인정하길, "인간들은 이성의 인도 아래 살아가는 경우가 드물다. 그들의 경향이 그러하기 때문에, 대부분의 인간들은 시샘이 많고 서로에게 고통의 원인이다."[20] 그러므로 대부분은 오히려 맹목적 욕망에 의해 인도되며 그들의 정념은 인간들을 서로에게 반대하게 만든다.

그것이 인간의 본성에 대한 비방을 야기해서도, 무분별한 태도들에 대한 관찰을 야유의 기회로 삼게 해서도 안 된다. 정념 그 자체는 그 무엇도 거역할 수 없는 공통 질서에 부합하는 자연적 결과들이다. 그것들이 다른 영역에서는 그 타당성을 입증하는 방식에 따라 인식될 수도 있다. 그래서 "동일한 방법에 따라 감정들과 그 힘의 본성, 영혼이 본성에 끼치는 힘"을 다루어야만 하고, "나는 마치 선, 표면, 고체의 문제라도 되는 듯이 인간의 활동과 욕구를 고려할 것이다."[21]

인간을 동요시키는 정념들은 지속적으로 존재하기 위한 그들의 노력과 외부 사물들의 압력의 구성에서 초래된 것이다. 외부 사물들은 사랑과 증오가 부가되는 기쁨과 슬픔의 연속이 동반되는 현존의 변조를 결정한다. 성공하게 하고 장애물에 부딪히게 만드는 외부의 원인들이 다른 사람들인 경우에 이 모든 감정이 훨씬 더 강력하다는 것을 살펴보았다. 그리고 이 다른 사람들과 더불어 경쟁, 공포, 시샘의 경우들이 늘어난다.[22]

타자와의 "부정적인" 관계들에게 스스로 발전할 기회가 더 많이 주어진다. 인간 개인이 자신의 현존을 보장하기 위해 자기 자신의 힘만을 사용함에 따라 삶의 모든 순간을 덧없는 것으로 만드는 나약한 상황에 처해 있기 때문이다. 인간은 매순간 자신이 전혀 지배할 수 없는 상황들의 압력에 직면하도록 강제된다. 왜냐하면 "인간이 지속적으로 존재하는 힘은 외부 원인들의 힘에 의해 무한히 제한되고 초월되기 때문이다."[23] 그래서 오성의 힘이 나타나는 합리성의 중심을 개발시키는 것이 가능할 때조차도 전적으로 정념으로부터 벗어날 수 있는 이는 없다.[24] 그러나 그 가능성은 선행적 조건들, 즉 실체의 직접적 관심에서 나온 사유가 발전하도록 해주는 어느 수준의 힘으로의 접근을 미리 가정하고 있다.

감정들의 힘과 결부되어 있는 노예 상태로부터 해방되기 위해서는[25] 극단적인 나약성과 연결되어 있는 정념들과 염려들로부터 어떤 해방의 실마리를 제공하는 수단들을 이용해야 한다. 감정의 힘은 개인이 약하면 약할수록 그만큼 더 커지고, 개인은 "인간들이 서로 돕지 않을 경우 아주 불행하게 살아야 하기"[26] 때문에 그만큼 더 약하다.

왜냐하면, "만약 기술뿐 아니라 과학의 무엇을 언급하지 않은 채, 노역을 하고, 씨를 뿌리고, 추수를 하고, 곡식을 찧고, 음식물을 익히고, 베를 짜고, 바느질을 하며, 생의 유지를 위해 유용한 다른 많은 일들을 실행해야만 한다면, 그 누구에게도 시간이 없을 뿐 아니라 필요한 힘도 갖지 못할 것이다 […] 문명 없이 야만적으로 살아가는 자들이 얼마나 불행하고 거의 동물적인 삶을 영위하고 있는지를 볼 수 있지만, 그들이 가지고 있는 너무나 보잘것없고 조잡한 것조차도, 어떤 식으로든 서로 협력하지 않고서는 마련할 수 없다."[27]

그 어떤 것도 인간보다 인간에게 더 유용하지 않다는 주장은 그의 현존의 모든 측면과 연결되어 있으며, "인간들은 그들의 결합된 힘에 의해서만 도처에서 그들을 위협하는 위험들을 피할 수 있다"[28]는 것을 사람들은 이해한다.

그러므로 인간 개개인들은 "개별성"[29]의 어떤 새로운 단계를 설정하면서 전체 속으로 통합되는 데 가장 큰 관심 — 그리고 미덕은 유용한 것을 추구하는 법칙에 따라 행동하는 데 있다 — 을 가지고 있다. "만약 전적으로 동일한 본성의 두 개별자가 서로 결합된다면, 각각이 분리되어 있을 때보다 두 배 더 강한 개별자를 구성한다[…] 나는 감히 말한다. 모든 이의 영혼들과 신체들이 하나의 영혼과 신체를 구성할 정도로 인간 모두가 모든 상황에서 일치하는 것보다, 또 그들 존재를 보존하는 데 있어 모두 함께 노력하는 것보다 그리고 그들 존재를 모두 함께 보존하려고 애쓰는 것보다 더 그들 존재의 보존에 부합되는 그 어떤 것도 바랄 수 없다."[30]

물론 이성의 명령들은 그러하다… 그러나 우리는, 단지 외부 자연에 내재하는 힘들에 직면해 분명히 자신들의 나약함에서 생겨나는 대립적인 정념에 의해 동요하는 인간들에게는, 그 명령들이 그다지 큰 중요성을 갖지 못한다는 것을 살펴보았다.

그래서 그들 노력의 필요 불가결한 조정에 대립해서 생겨나는 것이 바로 정념들의 전면화되고 무분별한 대치 속에서 그 힘의 상호적인 무력화에 기초하는, 토마스 홉스가 묘사한 자연 상태를 재생산하는, 박탈당한 인간들의 불행하고 번민하는 상황이다.

자연권의 유일한 법칙 아래 지속적으로 존재하려는 모든 이의 노력이 무질서하게 작용하는 것은, 어떤 이들과 다른 이들의 자연권을 대립하게 하는 것이 아니라, 각각의 인간을 모든 이에 대한 위협으로 만든다.

그때, 사람들은 합리적 인간들의 이성적 공동체와 개별적 노력들의 혼돈적 분산 사이에서 공존의 세 번째 유형 ― 인간 관계들이 구체화되는 유형의 세 번째 경우 ― 을 구상할 수 있는가? 그렇다. 즉 국가의 호위 아래 도시 안에서 이루어지는 것이 바로 그것이다.

그러므로 정치 질서는 인간들로 하여금, 자연 상태에서 그들이 보이는 나약성에 그 힘의 상호적인 무력화를 더하게 하는 상황들로부터 생겨나는 적대감과 같이 일반화된 적대감과, 이성에 의해 인도되는 자들이 가능한 한 현존의 최고 형태를 실현하고자 하는 노력들의 공동체로부터 생겨나는 조화와 같이 자발적인 조화 사이에서 중간 역할을 해야만 한다.

그러나 국가는 아주 엄격한 몇 가지 조건을 전제할 때만 그 역할을 해낼 수 있다. 그 조건에 대한 진술에 따르면, 스피노자의 정치 철학은 홉스에서 루소까지의 어떤 계약적 기초 위에 사회 질서를 정초시키는 궤적 위에 자리잡고 있다. 그리고 그것은 『리바이어던』이 첫 줄에서부터 인간 **기술**_Art_ humaine로 지적했던 것을 가리킨다.

그럼에도 불구하고 기술과 자연의 대립은 스피노자의 존재론과는 잘 부합되지 않는다. 만약 『신정론』이 군주를 위한 개인들의 권리 이전移轉에 근거하여 국가의 토대가 되는 계약에 준거하고 있다고 한다면, 『정치학 개론』에는 그런 흔적이 나타나지도 않는다.

토론의 범위를 더 이상 넓히지 않기 위해서는 다음 내용을 기억해야만 한다. 스피노자는 자연적 사회성과 정치적 동물*zoon politicon*[31]의 전통과는 전혀 합치하지 않으면서도,[32] 인간이란 고독하게는 거의 살아갈 수 없다는 사실을 홉스나 루소보다 훨씬 더 강하게 주장하고 있다. 인간들은 고독하게 살 수 없기 때문에 "필연적으로 하나의 몸체 corps 안으로 결합되기를 열망할 수밖에 없었다."[33] 사람들이 그 점에 대해 너무 깊이 파고들지 않아도 "인간이 사회적 동물이라는 정의에 대부분 충분히 동의한다"[34]는 것을 이해할 수 있도록 말이다.

아무튼 정치체 형성의 경향이 객관적 조건들에 대한 승인으로 인도하는 것은 분명하다. 모든 집단적 삶은 그 객관적 조건들의 현실화를 가정한다. 이 조건들의 첫번째 줄에 통치권 ― 모든 이의 노력들의 조정이 근거하는, 다시 말해 각자에 의한 규칙들의 존중을 보장하기 위해 모든 이의 힘을 이용할 수 있는 권력 ― 소유의 심급에 대한 설정이 등장한다. 왜냐하면 인간은 "시민 상태뿐만 아니라 자연 상태에서도 자기 본성의 법칙에 따라 행동하고 자기 관심들에 신경을 쓴다 […] 두 상태 사이의 중요한 차이는, 시민 상태에서는 삶의 법칙이 공통적인 것과 마찬가지로 모든 이가 동일한 공포를 가지고 있으며, 안전이 모든 이에게 있어 동일한 요구라는 점이다."[35]

『신정론』이 묘사하고 있듯이, 결과적으로 국가는 탄생하고 있는 시민 공동체를 위한 자연권의 이전에 그 기초를 두고 있다. 그리고 이 이전은 개별적 힘들을 하나의 통일체 속에서 재결합하는 것으로 나타난다. 그 통일체가 우월한 등급의 개별성 ― 신적인 속성들의 구별의 연장 속에서 국가의 혼이 상응하는 정치체 ― 을 낳는다. 그 결과, 국가

의 권리는 "소위 동일한 사유에 의해 인도되는 대중의 힘에 의해 정의"된다.[36]

우월한 등급의 이 개별성은 물론 그것의 힘과 동등한 권리를 이용한다. 그 힘은 통치 의지의 지도 아래 모든 주체들의 힘의 통일로부터 나온 듯하다.

이 조건은, 이성보다는 정념에 의해 자극받는 일이 훨씬 더 많은 인간들 사이에서 각자가 "타인의 권리를 자기 권리처럼 견지할 것"[37]을 약속할 수 있도록, 동시에 타자들을 상호 승인에 속박시키는 약속들을 믿을 만한 것으로 간주할 수 있도록 실현되어야만 한다. 바로 그 때문에, 모두의 재산을 위해 "불안정하고 변화하는 감정들에 종속되어 있는 사람들은 서로 상호 보증을 할 수 있어야 하고, 서로 믿음을 가져야만 한다" — 그것은 경쟁을 부추기는 감정보다 더 강한 감정이 그 경쟁을 약화시키는 바로 그 지점에서만 가능할 것이다.

그러므로 이렇게 말할 수 있게 된다. 이성이 무능력한 바로 그곳에서는, 권력의 소유자이기에 권리의 소유자인 군주의 힘이 불러일으키는 공포, 즉 공통의 법을 위반하는 자에게 "사형"[38]을 언도하리라는 공포에 도박을 할 수밖에 없다고 말이다.

왜냐하면 그때부터 공통 법칙이 존재하기 때문이다. 자연 상태에서는 각자 자신의 고유한 기질에 따라 좋고 나쁜 것을 판단하기 때문에 "정의롭다거나 부정의하다고 말할 수 있는 그 무엇도 존재하지 않는" 반면, 시민 상태에서는 사회가 "사회 자체를 위해 각자 선과 악을 판단하고 복수할 권리를 요구한다."[39] 그래서 그것은 "삶의 공통 규칙"을 명령하고 법률을 제정하며 그것들을 "감정들을 약화시킬 수 없는 이성에 의해서가 아니라," 위협에 의해서 유지해 나간다.

국가는 감정들의 지배를 없애는 임무를 부여받은 존재가 아니라, 그 감정들이 형성되고 발전될 배경을 바꾸어 나가는 것이다. 왜냐하면 자연 상태의 일반적인 무질서 속에서 두려워하고 갈망하는 것과 공적 힘이 지켜지도록 보장하는 규칙이 존재하는 시민 사회에서 두려워하고 갈망하는 것은 결코 동일하지 않기 때문이다. 각자 — 현명하건 무분별하건 — 자기 자신의 실리에 따라 판단하고 행동하기를 계속 하지만, 그때 가장 이득이 되는 것은 공통 법령이 정의롭다고 판정하거나 혹은 부정의하다고 판정하는 것, 또 국가가 위반을 금하는 것에 따르는 일이다.

이성이 아닌 감정의 왕국에서 살고 있는 자들 — 그들이 다수를 차지한다 — 에게 군주는 공포를 불러일으켜야만 한다. 물론 형벌의 공포 때문에 법을 준수하는 자는 미덕이라고는 조금도 갖추고 있지 못하고, 정념에 의해 복종과 굴욕으로 이끌릴 때조차 자기 정념의 힘에 얽매인 노예인 채로 있다. 그러나 그는 자신의 동료들에 대한 위협이기를 그만두고 다른 방식의 삶이 펼쳐질 수 있는 토대 위에서 객관적 질서에 참여한다. 그 이유는 이렇다. "굴욕과 참회 그리고 희망과 공포는 손실이 되기보다는 오히려 유용한 것이다. 그래서 오히려 그런 의미에도 불구하고 죄를 범할 수밖에 없다면, 그 때문에 내면적으로 무능한 인간들이 모두 비슷하게 오만하다면, 만약 그들이 그 무엇에서도 수치심을 느끼지 않고, 그 무엇도 두려워하지 않는다면, 어떻게 그들이 결합되고 규율 바르게 있을 수 있겠는가? 공포가 없는 대중은 끔찍한 존재이다."[40] 만약 선지자들이 굴욕, 참회, 존중을 충고했다면 그것은 공통의 이익 때문이고, "그 감정들에 복종하는 자들은 다른 사람들보다 훨씬 더 쉽게 이성의 명령 아래 살도록, 즉 자유롭게 될 수 있다"는 점을 고려해서이다.

또 이렇게 말할 수도 있다. 이성에 의한 삶과 자유를 가까이하는 자들은 절대로 공포에 의해 인도되는 것이 아니다. 그들은 자기 자신을 스스로 인도한다. 즉 제아무리 국가가 그 해방에 필수 불가결한 조건들을 확립해 준다 할지라도 국가의 압력 아래 정념의 노예 상태를 벗어나는 것은 아니다. 인간이 해방되는 것은 바로 자기 자신의 노력에 의해서이고, 마찬가지로 오성의 힘을 자기 속에서 발전시키는 다른 이들의 노력과 연대해서이다.

이미 정념에서 참된 행동으로 이행한 사람들에게, 이성에 합치하는 현존을 살고 자신의 행동이 그들 고유의 본성에서 인식 가능하도록 행동하는 사람들에게, 도시 국가의 법령에 대한 복종과 참된 자유가 양립 가능함은 ― 몇 가지 예외는 제외하더라도 ― 당연한 일이다. 즉 "이성에 의해 인도되는 인간은 스스로에게만 복종하는 고독 속에서보다 자신이 공통 법령에 따라 살아가는 국가 안에서 더 자유롭다."[41] 왜냐하면 항상 가장 이익이 되는 것을 충고하는 이성은 우리에게 "최선을 다해 (국가의) 설립을 유지하라고 설득"하기 때문이다.

그러므로 그것은 이성이 우리에게 두 가지 악들 가운데서 덜 해악이 되는 것을 선택하라고 가르치기 때문이고, 우리에게 "군주의 명령보다 더 부조리한 것이 없을지라도 우리가 군주의 모든 명령을 절대적으로 실행하는 경향이 있다"[42]는 것을 인정하게 만들기 때문이다.

사실상 스피노자에게 그러한 부조리는 결코 있을 수 없다.[43] 그러나 더 중요한 사실은 확립된 질서와 주어진 질서에의 복종이 국가에 대한 이 성찰의 마지막 발언은 아니라는 점이다. 왜냐하면, "하나의 권리를 위해 밭을 가는 것과 가능한 한 최선을 다해 밭을 가는 것은 다른 것"[44]이기 때문이다. 그러나 이 차이를 분명히 하기에 앞서, 우리는 일단 시민 국가*Status Civilis*의 건설로 간단히 되돌아와야 할 것 같다.

어떤 동일한 의지의 인도 아래 모든 이의 힘의 연합 덕분에 자연권은 공동체적 힘으로 고양될 수 있게 된다. 따라서 자연 속에서 각자가 지속적으로 존재하기 위해 하는 노력을 가능하게 해주는 수단들이 생겨난다. 왜냐하면 인간들이 서로 두려워하는 것을 중단하고, 자연의 공통 질서 속에서 그들에게 행사되는 압력들에 맞서기 위해 그들이 이용하는 힘을 경쟁과 투쟁으로 고갈시켜 버리는 행위를 중단하기 때문이다.

정념에서 생겨나고 정념을 발생시키는 대치들의 혼돈 위에 공통 규칙과 통치 의지의 존중의 징표 아래 인간 관계들의 조직이 이어진다. 그것은 적대 관계들을 협동 관계들 — 인간보다 인간에게 더 유용한 것은 없다 — 로 변화시킨다.

화합은 슬픔의 기회나 증오의 원천을 줄인다. 그것은 자연 질서 속에서 자신의 본성을 위치지우기 위한 각자의 노력과 일치하면서 모든 이의 성숙을 가능하게 만든다.

그 모든 것 속의 그 무엇도 자연 질서의 정의에 따라 함축된 관계 방식과 관련된 단절을 보이지 않는다. 토마스 홉스와의 차이가 무엇인지 분명히 밝히라고 요구했던 친구 야리히 엘레스Jarig Jelles에게 스피노자는 이렇게 대답한다. "그 차이는 내가 항상 자연권을 주장한다는 점과, 어떤 국가에 있어서건 군주가 종복들에게 힘puissance으로 승리하는 경우에만 종복들에 대한 권리를 군주에게 일치시킨다는 점에 있다. 즉 그것은 자연 상태의 보존이다."[45]

틀림없이 이 평가에 대해서는 논평의 여지가 있다. 왜냐하면, 『리바이어던』의 군주 역시 진정 자연권의 보유자이기 때문이다. 그 자연권은 결코 힘에 의해서가 아니라 욕망에 의해 — 그렇게 말할 수 있다면 — 제한되어 있다. 즉 그는 종복들이 서로 그것을 결정짓는 사회 계약의 수취인이 아니다. 따라서 그는 그들의 이름으로 말하고 행동하기 위한 권한을 수용하면서도 자연권에 대해서는 그 어떤 것도 거부하지 않는다. 그러나 이런 논평은 별도로 하더라도, 스피노자에게 있어 시민 국가 내에서 자연권의 유지란 힘의 관계들의 어떤 재조직, 군주를 위한 개인들의 자연권의 이전과 더불어 개입하는 것이고 힘과 권리의 적합성을 보존하는 어떤 재조직에 근거하고 있음을 강조해야만 한다. 그 이전은 시민이라는 이름으로 불리는 모든 자들에 의해서 그들의 자연적 힘을 공동으로 놓음으로써 이루어진다. 그리고 이 과정은 주체들이 통합되는 우월한 등급의 개별성을 낳는다.

자연 상태의 일반적 무질서로 환원될 수 없을 뿐만 아니라, 이성의 인도 아래 살아가면서 오성의 힘을 추구하는 데 헌신하는 인간들 사이에서 자발적으로 건설되는 공동체로도 환원될 수 없는, 시민 국가로 한정되는 공존의 형태가 그러하다.

국가는 사람들의 동의가 당연시되는 공동체의 대체물로 등장할 뿐만 아니라, 참된 사유를 위한 노력이 자유로운 인간들의 변치 않는 우정을 맹세토록 하는 모임들의 형태를 띤 그 공동체의 존재 조건으로 등장한다. 그 이유는 다음과 같다. "만약 사람들이 참된 이성이 가르치는 것에만 욕망을 갖도록 자연에 의해 배열되었다고 한다면, 물론 사회에는 아무런 법도 필요하지 않았을 것이다. 그리고 인간들이 참으로 유익한 것을 그들 스스로, 또 자유로운 영혼에 의해 행하도록 도덕적 가르침에 따라 그들을 계발하는 것만으로 충분할 것이다. 그러나 인간 본성의 배열은 전혀 다르다. 모두들 자기 관심에 대해서는 잘 알고 있지만, 그것은 결코 올바른 이성의 가르침을 따르고 있지 않다. 그것은 흔히 그들이 어떤 것을 욕구하고 그것이 유익하다고 판단하는 […] 영혼의 정념과 그들의 쾌락의 욕구에 의해 이끌리고 만다. 따라서 어떤 사회라도 명령과 힘없이 살아남을 수는 없게 된다."[46]

그렇다면 인간들인 바와 그들이 행하는 바에 의해 생겨나는 국가의 위치는 현실과 양립하지 않는, 환상을 품게 하는 말로 기술되어서는 안 된다. 국가에 대한 학문은 "인간 본성의 연구에서 나와야"[47] 하고,

"유토피아 나라" 혹은 가설의 "황금 시대"[48]를 기술해서는 안 된다. 분명, 감정을 악덕으로서가 아니라 인간 본성의 재산으로, "뜨거움, 차가움, 태풍, 천둥, 그리고 모든 기상 현상이 대기의 본성에 속하듯이 그에게 속하는 존재 방식들로"[49] 고려해야만 한다.

국가 안에서 인간 관계들의 조직이 부응해야만 하는 요구들은 필연적으로 거기에서 나온다. 공통 규칙의 제정에 선행해서 개인들의 대치가 지배하는 그곳에서 저절로 생겨나는 폭력들을 시민들 상호간의 평화, 상부상조, 화합으로 대체하기를 원하는 자라면 누구에게나 본래적인 강제들을 강요하는 시민 질서의 내적 논리가 존재한다.

이 강제들 가운데 타인들을 조건지우는 강제가 존재한다. 즉 군주의 힘이 근거하는 자연권의 이전의 범위이다. 『신정론』에서, "사회가 자연의 어떤 지상권, 즉 각자 자유로이 혹은 사형의 공포 때문에 복종할 의무가 있는 명령의 지상권을 어떤 상황에서나 소유하는 유일한 것이 되도록, 개인은 자신에게 속하는 모든 힘을 사회에 이전해야만 한다."[50]

왜냐하면 개인의 권리와 힘을 공동화한다는 것은 또한 그것이 실제로 그럴 수 있는 만큼 확장되어야만 하기 때문이다. 그 유일한 한계는 한 인간이 자기 자신의 본성을 변화시킬 수는 없다는 점이며, 그것은 도시 국가가 아무도 거부할 수 없는 것을 요구할 때의 무능함과 관련된다. 그러므로 죽음을 회피하기 위해 아무것도 해서는 안 되고, 스스로에게 형벌을 가해야 하며, 그의 부모를 죽여야 하고, 그가 유한하다고 이해한 신체가 무한한 존재가 되거나, 전체가 부분보다 더 크지 않다고 생각해야만 될 지경에 이를 정도가 된다면 그 누구라도 군주를 위해 자신의 자연권을 포기할 수 없는 것이다. "위협도, 약속도 그 누구도 끌고 갈 수 없는" 이런 종류의 행위들을 요구[51]할 군주는 자기 힘의 한계를 넘어서면서 일종의 광기로 몸부림치며, 자신에 반하는 죄를 범할 것이다. 만약 그가 경멸과 혐오를 자연적으로 불러일으키는 행위들에 공공연히 자신을 내던지면서도 존경받기를 바란다면, 그 역시 마찬가지일 것이다.

이처럼 신중해야 할 경우 ― 그 본질은 각자에 의한 사유의 힘의 훈련과 관계된다 ― 를 제외한다면, 시민들은 국가의 명령에 복종해야만 하고, 누구에게도 "정의로운 것, 부정의한 것 또는 도덕적인 것, 비도덕적인 것을 결정할 권리가 없다. 하지만 반대로, 국가체는 말하자면 어떤 유일한 사유에 의해서 인도되어야만 하고 따라서 도시 국가의 의지는 모든 이의 의지로 간주되어야 하기 때문에, 도시 국가가 정의롭고 선하다고 공포하는 것을 각자 또 그렇게 공포해야만 한다. 그러므로 만약 도시 국가의 법령들이 불공정하다고 판단할 때조차도 종복에게는 그것에 복종할 의무가 있다."[52] 왜냐하면, 자기 자신에 반하는 도시 국가의 소요나 분열이 존재하지 않도록 하기 위한 조건이 이와 같기 때문이다.

그러므로 군주의 의지와 시민의 의지의 관계는 그 사이에서의 각각의 힘들이 가지는 관계이며, 도시 국가의 권리 ― 다른 국가들에 대해서만이 아니라 시민들에 대해서까지의 권리 ― 는 대중이 "소위 어떤 사유에 의해"[53] 인도되는 한 "대중"의 힘들에 근거한다는 사실을 이해할 수 있을 것이다.

만약 군주의 의지와 시민들의 관계가 그러하다면, 두 의문에 대한 스피노자의 대답을 명확히 할 필요가 있다. 첫번째 의문은 통치권과 정치체의 관계에서, 두 번째 의문은 그렇게 이해된 통치권의 집행이 허용하는 차이점들에서 제기된다. 즉 힘의 조직화에 있어 가장 적합한 형태는 무엇인가 하는 점이다.

첫번째 의문에 대한 대답은 분명하다. 군주가 그의 종복들 각각의 대표자로 있고, 그 자신의 통일성 때문에 국민을 통일시키는 원리를 자신 속에 포함하고 있음을 주장하는 토마스 홉스와는 반대로, 루소가 그랬듯이 스피노자는, 어떤 동일한 정치체 속으로의 모든 이들의 연합이 제3자의 매개에 의해 이루어지는 것은 아니라고 생각한다. 사회 전체가 그 행위 자체로부터 탄생하는 것처럼 개인은 그 사회 전체로 자신의 자연권을 이전한다. 시민과 정치체의 관계는 우월한 등급의 통일성 속으로 개인을 통합하는 참여의 모델 위에서 사유되는 것이지, 대표되는 자와 대표하는 자 사이의 상호적 외재성의 유지를 미리 가정하는 대표의 모델 위에서 사유되는 것은 아니다.

"자신의 권력 속에 있는 모든 것에 대해 집단적 권리를 가지고 있는, 하나의 전체로서의 사람들의 연합"[54]으로 정의된 민주주의에 스피노자가 일치시키는 탁월한 가치가 그 직접적인 결과이다. 어떤 점에서는 민주주의는 통치권을 그것의 출현의 자리에서, 즉 그것의 정치체에의 내재성에서 — *in statu nascendi* — 보존한다. "나는 다른 어떤 것보다 선호하는 민주주의의 상태에 대해 말했다. 왜냐하면 그것이 가장 자연적이고, 자연이 각자에게 인정하는 자유와 가장 근접하는 것이기 때문이다. 사실, 그 국가 속에서는 누구도 자신의 자연권을 다른 한 사람에게 이전 — 그리고 그 후에는 그가 더 이상 고려되지 않도록 — 하지 않는다. 그는 자신의 자연권을 자신이 속해 있는 사회의 다수에게 이전한다."[55]

이러한 분석들이 **사회 계약**을 예고하고 있을 때조차 그것들은, 통치권이 최초로 형성된 자리, 즉 그 통치권이 "대중"과는 다른 어떤 심급 — 한 명의 개인, 몇 명의 개인, 혹은 헤브라이의 신정 정치의 경우에서처럼 신 자체[56] — 의 손안에 국민이 다시 놓여질 수 있음을 인정하면서 그 사회 계약으로부터 갈라져 나온다. 그렇게 위임되었을 때에도, 통치권은 동일한 능력과 동일한 권리들을 함축한다. "법을 제정하는 것은 군주의 일이다. 그리고 그에 대해 어떤 의문이 제기될 때, 그것들을 각각의 특별한 경우들에 맞추어 해석하고 그러한 특별한 경우가 권리에 배치되는지 아니면 부합하는지를 결정하는 것도 군주의 일이다."[57] 평화와 전쟁에 관련되는 경우에도 마찬가지이다. 『정치학 개론』은 이렇게 결론짓는다. "그러므로 공적인 일은 통치권을 가지고 있는 자의 지도指導에만 의존한다는 결론에 도달한다."[58]

여기에서 모두의 선은 국가가 "단 하나의 사유에 의해서만" 통치되도록 명령하는 반면, 통치력의 분열은 모두 경쟁과 증오, 투쟁을 불러일으킨다는 점을 예감할 수 있을 것이다. 그러나 이미 살펴보았듯이, 그 모든 것은 사람들이 경작권을 위해 자신의 밭을 경작하는 것과 최선을 다해서 밭을 경작하는 것이 두 가지 상이한 관점에 속한다는 사실을 배제하지는 않는다. 통치권의 절대적 성격도 권력들을 최선을 다해 조직화하는 문제의 의미를 제거하지는 못한다.

의심의 여지없이, 근본적인 법들과 통치 의지 사이의 관계에 대한 스피노자의 사유 속에는 일종의 동요가 존재한다.

한편으로 "국가는 무슨 수를 써서라도 통치자뿐만 아니라 피통치자 모두가 공동의 안녕에 중요한 것을 이루도록 조절되어야만 한다."[59] 왜냐하면 다음과 같은 내용을 인정해야 하기 때문이다. "국가의 안녕이 몇몇 사람의 성실성에 의존하고 있고 국가 사업들이 잘 수행되기 위해 그 업무들을 이끌고 가는 자들이 성실하게 행동하기를 요구하는 국가에는 그 어떤 안정성도 있을 수 없다. 국가가 살아남을 수 있기 위해서는, 국가 행정을 하는 자들이 이성에 의해 인도되든 감정에 의해 자극되든 간에, 일반적 이익에 불성실하거나 반대되는 방식으로 행동할 수 없도록 명령해야만 할 것이다."[60] 그러므로 스피노자는 여기서, 그들의 행위들의 동기가 무엇이든 간에, 도시 국가의 선을 위해 모든 이가 그 기능의 틀 안에서 행동하도록 만드는 권력 작용들의 제도적인 조직을 향해 방향을 잡는다.

그러나 다른 한편으로 만약 그 정치적 작용의 법칙들이 어떤 분쟁거리가 된다면, 그때 통치권은 바로 그것인 바, 즉 법들의 원천으로 나타난다. 그것은 제정된 법들보다 상위에 있고 "다수가 자신의 권리를 자문이나 한 사람에게 이전하는 계약들이나 법들을 위반하는 것이 공동 이익에 중요할 때 그것을 위반해야 한다는 것에는 의심의 여지가 없다. 그러나 그것, 즉 만약 제정된 법들을 위반하는 것이 공동 이익에 속하는지 아닌지를 판단하는 것은 어떤 개별자의 소관이 아니다. 공권력을 소유하고 있는 자만이 그것을 판단할 수 있다."[61] 분노와 폭동을 야기하면서 자신의 힘을 약화시킬 수도 있다는 공포만이 자신의 권위의 근본적인 계약의 틀 속에 "권력의 담지자"를 존속시킨다는 것이다.

그러나 사람들이 시민 상태의 존재 이유에 준거한다면 모든 애매함은 사라지게 된다. 국가가 자신의 역할, 즉 각자에게 자기 자신일 수단, 말하자면 힘puissance을 보장하는 역할을 할 수 있다는 것이 가장 중요하다. 그 힘 덕분에 각자가 행하는 것은 외부 상황들에 의해 결정되면서도 자신의 본성 자체의 표현일 수 있다.[62]

"자기 자신의 본성에 의해 적합하게 인식될 수 있는 원인들에 의해 행동하도록 되어 있기[…] 때문에, 이성의 인도 아래 살아가는" 자에게 『정치학 개론』이 귀속시키는 자유는 어원적으로 자율성으로 정의될 수 있는 것 중에서도 가장 고양된 수준에서 실현된다. 『윤리학』 제5부의 제목인 오성의 힘과 동일시하는 것이 바로 그러한 자유이다.

국가에는 시민들을 그러한 현존 형태로 인도할 능력도 임무도 없다. 그러한 현존 형태는 정의상 어떤 노력에 영광을 돌릴 수 있을 뿐이고, 그 노력의 원리는 개인 그 자신 속에 있다. 만약 국가가 국민들을 양심에 따르도록 강제하고 그들을 윤리적 완전성으로 이끌어 가기를 바란다면, 자기 역할과 능력을 넘어서게 될 것이고 자기 자신에 대해 잘못을 범하게 될 것이다. 그래도 역시 자유에의 접근은 그것의 객관적 조건 — 그러한 설정 자체가 국가의 권한에 속한다 — 을 미리 가정한다.

국가는 본질적으로 힘의 관계들의 조직화이다… 이 조직화의 핵심은 통치권이며 그 최초의 기능은 시민의 평화와 외부의 안전을 가능하게 하는 것이다. 그에 따라 우월한 권력 담지자에 대한 논쟁의 모든 내적 원리가 배제된다. 그 우월한 권리는 "단 한 사람에게 속하거나, 몇몇 사람들 사이에서 배분되어 있거나, 모든 이에게 공통된 것이다. 자신이 원하는 모든 것을 명령하는 군주의 권리는 또한 그것을 소유하고 있는 자에게 귀속됨이 분명하다."[63] 그러므로 가능한 한 완전히 자연권을 포기한 종복에게는 "왕, 귀족 혹은 국민이 권리 이전의 토대인 통치권을 보존하는 만큼 오래 복종해야 할 의무" 이외에는 다른 어떤 위상도 남아있지 않다.

그렇다 하더라도 사실상의 힘이 효능을 변화시키는 관계들의 작용들 속에 항상 통합된다는 사실에는 변함이 없다. 그러므로 극도로 폭력적인 권력의 행사는, 국민들이 그들 본성의 근본적인 열망들에 대립되고 부조리한 명령들의 원천으로 느끼는 강제를 그들에게 발동시키는 자에 반대하여 궐기하는 것을 불가피한 것으로 만든다. "인간의 본성은 완전히 강제되는 것을 견디지 못하는데, 세네카가 비극적이라 말했듯이, 그 누구도 폭력적 권력을 오랫동안 행사하지는 못했다."[64]

군주는 권력을 덜 강제적으로 집행할 때 그만큼 더 강력한 것이고, 어떤 폭력이 너무나 강제적인 것으로 느껴지는 경우는 그것이 사람들의 자연적 열망들에 반대되는 행위뿐만 아니라 의견을 외부로부터 강제하고자 하는 것이기 때문이다. 군주가 자신의 힘의 전개에 적합한 것을 추구하면 추구할수록 그만큼 더 그는 이성의 인도 아래 행동하기에, 우월한 정치적 기능을 절도 있게 시행하게 된다. 동시에 통치권의 행사가 이성에 적합하면 적합할수록 그만큼 더 시민들은 서로 화합하는 상황에 놓이게 되고, 그들의 상호적인 관계로부터 국가의 존재 이유를 구성하는 이점들을 이끌어낼 수 있다.

처음부터 『정치학 개론』이 주장하는 현실주의를 결코 망각해서는 안 된다. 인간들은, 그들이 통치하건 통치를 받건 간에 이성에 의해 인도되기보다는 훨씬 더 자주 그들의 정념에 의해 자극을 받는다… 그리고 만약 그렇지 않다면, 정치적 질서 따위는 전혀 필요치 않을 것이다. 그렇다면 어떻게 통치권을 절대적으로 유지함과 동시에 그 활동의 합리성에 모든 기회들을 제공할 것인가?

첫번째 대답은 분명하다. "어떤 민주 국가에서는 부조리를 덜 두려워할 것이다. 왜냐하면 하나의 전체로 결합된 인간들의 다수가 어떤 부조리에 상호 동의하는 것은 불가능하기 때문이다."[65] 뿐만 아니라 그 정체 속에서는 어떤 사람도 다른 이에게 복종하지 않기에 그것이 인간 본성에 가장 부합하는 조건이라는 것도 앞서 살펴보았다.

그러므로, 그 모든 것은 공표된 선택에 따라 통치력의 민주적 집행을 위해 감당해야 할 것이다. 그러나 상황들 — 특히 전쟁 — 은 다른 형태의 정부로 이끌고 갈 수도 있는데, 예를 들어 군주에게 우월한 권력을 다시 제공할 수도 있는 것이다. 그때 상황들의 본성은, 그 권력의 무게를 지탱하기에 너무 약하지 않는 토대에 기초하고 있는 국가의 조직화를 권하게 된다. "권리[…]는 힘puissance에 의해서만 정의된다. 그런데 한 사람의 힘은 그 같은 책임을 제대로 감당해 낼 수가 없다."[66] 물론 군주는 본질적으로 배분되지 않는 통치권을 소유하고 있지만, 그가 자기 자신에게 "자기 자신의 주인"일 수 있게 그것[권력]을 집행할 수 있도록, 권력 그 자체 때문에 자신의 정념들의 힘의 노예가 되지 않을 수 있도록 주위의 모든 것들이 도움을 주는 것이다. 그래서 단 한 사람의 권력은 "가능한 한 군주가 자기 자신의 주인이고 가능한 최대로 민중의 안녕에 대해 신경을 쓰도록, 군주에게는 안전을, 민중에게는 평화를 제공하는 원리들"에 의해 지휘되어야만 한다. 여기서 다른 것들 중에서, 군주 자신의 힘을 최대한 이용하기 위해 군주를 돕는 자문의 중요성이 생겨난다.

이제 국가를 수립하는 자들에 의해 국가에 부여된 목적은 바로 자연 속에서 그들의 본성에 따라 현존할 그들 권리에 대한 측정, 즉 그들의 힘puissance의 증가라는 것을 이해할 수 있을 것이다.

이 힘과 권리는 각자가 자기 욕구들의 유일 규범에 따라 살아가는 한 거의 아무것도 아니다. 외적인 것들의 압력 및 정념의 속박을 벗어나기에는 개개인은 너무 약하기 때문에 자신의 고유한 본성의 표지로부터 멀리 떨어져 있다.

반대로, 그 힘은 개별자의 개별적 본성을 가장 잘 표현하는 활동 속에서, 즉 적합한 관념을 추구하면서, 자신 안에서 자신의 발전의 규범을 발견하는 사유 속에서 가장 고귀한 표현에 도달한다.

극에서 극으로 가는 국가의 성찰은 외적 강제들과 관련한 어떤 해방의 조건들을 설정하면서, 다시 말하면 존재하기 위한, 또 자기 자신이기 위한 각자의 노력에 자신의 성공 수단들을 제공하면서 가장 심한 노예 상태에서 참된 자유로의 이행을 가능하게 한다.

예를 들어, 그것은 어떤 동일한 사유에 의해 지배되는 사회체에의 각자의 통합, 즉 통치권에 대한 복종과 같이 아주 엄격한 조건들의 존중을 함축한다. 상황들의 다양성과 역사적 유산들의 다양성이 그 권력 행사의 다양한 형태들로 인도한다. 그러나 그러한 권력 행사의 규범들은 어디서나 그 목적에서 파생된다. 그 목적이란, 그들의 진정한 이익이 어디에 있는지를 찾는 자들에게 합리성으로의 접근을 장려함에도 불구하고, 이성이 무능력한 곳에서는 최후의 수단인 정념에 의해서라도 인간들 상호간의 동의를 보장하는 것이다.

이런 규범들이 어디서나 똑같이 존중되는 것은 아니며, 인간 관계들이 포함하고 있는 불가피한 폭력의 부분은 광범위한 변동이 가능하다. 국가에서 국민들의 공존이 본질적으로 공포에 기대고 있다면, 사람들은 "평화가 그곳을 지배하는 것이 아니라 오히려 전쟁이 그곳을 지배한다[…] 짐승의 무리처럼 인솔되고 단지 노예 상태로 길러졌을 뿐인 시민들의 타성의 결과가 평화인 국가는 국가라기보다는 오히려 노예 상태라는 이름에 걸맞다"[67]고 말해야만 한다. 이에 반해 "최선의 국가는 인간들이 화합 속에서 살아가는 국가이다." 다시 말하면, "그들은 소위 인간적인 삶을 살고, 그 삶은 피의 순환과 모든 동물들에 공통된 다른 기능들의 완성에 의해서가 아니라, 특히 이성, 영혼의 덕 그리고 참된 삶에 의해 정의된다."[68]

그러므로 인간 관계들 속에서 필연적으로 작용하고 있는 힘의 조직화를 조정할 수 있는 기준들은 다음과 같다. 인간 관계들은, 인간들의 자발적인 동의를 보편화시키고 군주의 손에 공적인 힘을 놓는 것을 유용하게 해줄 완벽한 합리성에는 결코 도달할 수 없다. 그러므로 군주는 감정의 힘에 반대하여 감정의 힘을 이용해 투쟁할 수 있어야 한다. 인간 사회는 약간의 강제를 요구하는데, 그 강제는 자연 상태와 진리 추구의 상호 부조가 낳은 우정의 중간에서 정치 질서의 특수성을 기초짓는다.

군주는 자신에게 다시 주어진 힘을 합리적으로 이용하지 않을 위험이 있다. 그러나 그때에도 다시 이렇게 말해야 할 것이다. "이성에 의해 인도되는 인간은, 스스로에게만 복종하는 고독 속에서보다 자신이 공통 법령에 따라 살아가는 국가 안에서 더 자유롭다."

주

1) 인용문은 Ch. Appuhn(Editions Garnier-Flammarion)의 번역에 의거했다. 스피노자 스스로가 분절에 따라 원문을 구분해 둔 덕분에 페이지의 표기나 다른 참조 없이도 구절들을 정확히 찾아낼 수 있다.

2) 기하학적 순서에 의해 증명된 『윤리학*Éthique démontrée selon l'ordre géométrique*』, 제1부, 명제 16.

3) 『윤리학』, 제1부, 명제 11.

4) 『윤리학』, 제1부, 명제 17.

5) 『윤리학』, 제1부, 명제 34.

6) 『윤리학』, 제2부, 명제 7.

7) 『윤리학』, 제4부, 공리.

8) 『정치학 개론』, 2장, 11절.

9) 『윤리학』, 제4부의 서문(과 제2부의 정의 6: "실재와 완전성에서 나는 동일한 것을 이해한다")을 참고하라.

10) 『윤리학』, 제3부, 부록.

11) 『정치학 개론』, 2장, 3절과 4절.

12) 『신정론』, 16장.

13) 『정치학 개론』, 2장, 3절.

14) 『윤리학』, 제2부, 가정 6.

15) "자연에는 이성의 행위 아래 살아가는 인간보다 더 인간에게 이로운 어떤 개별적 존재도 없다"(『윤리학』, 제4부, 명제 35) 그리고 "서로 갈망이나 증오의 감정으로 생기를 얻음에 따라 인간들은 서로 대립하고, 따라서 그들의 힘이 자연의 다른 개별자들의 힘보다 더 크기 때문에 그만큼 더 두려움의 대상이다"(『윤리학』, 제4부, 부록, 10장).

16) 『윤리학』, 제4부, 명제 35, 비평적 주석.

17) 『윤리학』, 제4부, 명제 36, 비평적 주석.

18) 『윤리학』, 제4부, 명제 37, 두 번째 비평적 주석.

19) "이성의 인도 아래서 자신에게 이로운 것을 추구하는 자들은 다른 사람들을 위해 욕망하지 않는 어떤 것도 자기 자신들을 위해 욕구하지 않고, 따라서 정의롭고 성실하며 정직하다. 이성의 명령들이 그와 같다…"(『윤리학』, 제4부, 명제 18, 비평적 주석).

20) 『윤리학』, 제4부, 명제 35, 두 번째 비평적 주석.

21) 『윤리학』, 제3부, 입문.

22) 『윤리학』, 제3부, 명제 49, 비평적 주석.

23) 『윤리학』, 제4부, 명제 3.

24) 『윤리학』, 제4부, 명제 3, 필연적 귀결.

25) 『윤리학』, 인간의 노예 상태에 관해서 혹은 정념의 힘에 관해서(제4부의 제목).

26) 『신정론』, 16장.

27) 『신정론』, 5장.

28) 『윤리학』, 제4부, 명제 35, 비평적 주석.

29) "동일한 크기 혹은 상이한 크기의 어떤 물체들이 다른 물체들의 부분으로부터, 그들 서로가 서로에게 기대면서 유지하고, 혹은 […] 어떤 관계를 좇아 그들의 움직임을 서로에게 전달하게 만드는 어떤 압박감을 느낄 때, 우리는 그 물체들이 서로 통일되어 있고 모든 것은 함께 하나의 물체, 즉 물체들의 통일의 방식에 의해 다른 것들로부터 구별되는 어떤 개별자를 구성한다고 말한다"(『윤리학』, 제2부, 개별자의 정의).

30) 『윤리학』, 제4부, 명제 15, 비평적 주석.

31) 가장 일반적인 번역어이기는 하지만, 사실 저자가 더 선호하는 번역어는 정치적 생물이다 — 옮긴이.

32) "인간이 분노, 시샘 혹은 증오라는 어떤 감정의 희생양인 한, 그들은 서로

대립하게 되며, 그들이 다른 동물보다 더 많은 권력을 가지고 있고 더 수완이 좋으며 교활하기 때문에 그만큼 더 공포스럽다. 지금 인간들은 본성상 이런 감정들에 끌리는 경향이 있기 때문에, 그들은 본성상 서로의 적이다"(『정치학 개론』, 2장, 141절) 그리고 "인간들은 시민으로 태어나는 것이 아니라, 시민으로 만들어진다"(『정치학 개론』, 5장, 2절).

33) 『신정론』, 16장.

34) 『윤리학』, 제4부, 명제 35.

35) 『정치학 개론』, 3장, 3절.

36) 『정치학 개론』, 3장, 7절.

37) 『신정론』, 16장.

38) 『신정론』, 16장.

39) 『윤리학』, 제4부, 명제 37, 두 번째 비평적 주석.

40) 『윤리학』, 제4부, 명제 54, 비평적 주석.

41) 『윤리학』, 제4부, 명제 23.

42) 『신정론』, 16장과 『정치학 개론』, 3장, 5절과 6절을 참고할 것.

43) "군주들이 부조리한 것을 명령하는 경우는 아주 드물다. 가장 고귀한 이유에서 그리고 권력을 유지하기 위해서도 그들이 공공선에 신경을 쓰고 이성의 명령에 따라 모든 것을 통치하는 것은 중요하다. 뿐만 아니라 민주 국가에서는 두려워할 부조리가 더 적다. 왜냐하면 전체가 중요한 것이라면, 그 하나의 전체 속에서 통일된 다수의 사람들이 부조리한 것에 상호 동의한다는 것은 불가능하기 때문이다"(『신정론』, 16장).

44) 『정치학 개론』, 5장, 1절.

45) 스피노자가 야리히 엘레스에게 보낸 1774년 6월 2일자 편지.

46) 『신정론』, 5장.

47) 『정치학 개론』, 1장 4절.

48) 『정치학 개론』, 1장, 1절.

49) 『정치학 개론』, 1장, 4절.

50) 『신정론』, 16장.

51) 『정치학 개론』, 3장, 8절.

52) 『정치학 개론』, 3장, 5절.

53) 『정치학 개론』, 3장, 7절.

54) 『신정론』, 16장.

55) 『신정론』, 16장.

56) 『신정론』, 17장.

57) 『정치학 개론』, 4장, 1절.

58) 『정치학 개론』, 4장, 2절.

59) 『정치학 개론』, 6장, 3절.

60) 『정치학 개론』, 1장, 6절.

61) 『정치학 개론』, 4장, 6절.

62) 『윤리학』, 제4부, 명제 37, 비평적 주석 1.

63) 『신정론』, 16장.

64) 『신정론』, 5장.

65) 『신정론』, 16장.

66) 『정치학 개론』, 6장, 5절.

67) 『정치학 개론』, 5장, 4절.

68) 『정치학 개론』, 5장, 5절.

보주

*1. 스피노자에게 있어 모든 현존하는 것은 세계 속에서(혹은 자연 속에서) 자신의 본질을 실현할 수 있을 만큼 자신 속에 충분한 현존 ― 여기서 현존은 행위

의 동의어이다 — 의 힘puissance을 가지고 있기 때문에 현존한다. 세계 속에서 협조적이거나 적대적인 형태로 힘force의 관계들이 유한한 모든 것의 현존 가능성이나 그것을 둘러싸고 있는 것에 대해 작용(혹은 행위)을 가할 가능성, 다른 것들의 작용에 의해 영향을 받을 가능성을 결정한다. 현존한다는 사실은 스피노자가 코나투스conatus라고 부르는 것을 전제하는데, 코나투스는 존재들 각각이 자기 노력에 대립할 수 있는 것임에도 불구하고 자신의 고유한 본질에 따라 존재하기 위해 투여하는 노력을 가리킨다. 그러므로 puissance를 force로 번역할 수도 있다.

*2. 여기서 Cité는 로마, 즉 공화국의 정치 조직을 가리키는 라틴어 *Civitas*의 번역어이며 그리스어의 *Polis*에 상응한다. Cité의 구성원들은 국가 기관에 참여하고 종속되는 시민들이다. Cité를 국가로 봐도 무방하다.

*3. 오성의 힘을 가리키는 potentia intellectus는 "자연에 대해서 또는 오성의 힘에 대해서"라는 『윤리학』 제5부의 제목이기도 하다. 스피노자는 시선(관조, 직관, 계시 등)에서 차용한 메타포에 준거해 사유를 생각하지 않는다. 그는 사유를 역동적인 활동, 관념들의 전개로 간주하는데, 그 자체는 "하나의 그림 위에 그려진 말없는 색채들이 아니라" 정신에게 스스로를 강요하는, 즉 스스로를 진리로 인식되도록 하는 경향을 가진 '힘들'이다. 어떤 관념도 스스로를 강요할 만큼 충분한 힘을 가지고 있지 못할 때 그 관념들 사이의 갈등에서 비롯되는 것이 바로 의심이다. 이런 관점에서 스피노자는 너무도 반-데카르트적이다.

*4. 갈릴레이에 앞서 천문학자 코페르니쿠스는 태양이 우주의 중심이며 지구는 태양 주변을 회전한다는 주장으로 지구와 태양의 관계를 전복시켰다. 하지만 그 전에는 지구가 우주의 중심이었고 모든 하늘과 마찬가지로 태양도 지구 주변을 회전하는 것으로 생각되었다. '코페르니쿠스적 혁명'이라는 표현은 칸트가 인식론에서의 그와 유사한 전복을 지시하기 위해 사용했다. 인식은 더 이상 대상이 아니라 사유 주체를 구성하는 사유 능력을 따른다는 것이다. 코페르니쿠스 이후이자 칸트 이전의 철학자인 홉스와 스피노자 역시 비슷한 전복에 성공했다. 그들

은 우리는 어떤 것이 '본래적으로'(그것의 내적 특징들에 근거해서) 욕망할 만한 것이기 때문에 그것을 욕망하지는 않는다는 것, 하지만 욕망으로부터 '욕망할 만한' 성질이 결정되고 따라서 그 성질은 욕망에서부터 대상에 결부된다고 말했다. '본래적으로' 또는 스스로 좋거나 나쁜 어떤 것도, 매혹적이거나 불쾌한 어떤 것도 존재하지 않는다. 그러나 이것이나 저것은 욕망하는 주체와의 관계에 따라 좋거나 나쁜 것이 된다. 따라서 욕망에서부터 대상의 '욕망 가능성'을 사유해야 할 것이지 그 대상 자체에서 욕망의 이유를 찾아서는 안 된다. 마찬가지로 모든 가치는 주체의 평가로부터 결과하며, 주체의 고유한 특징들이라는 이름으로 강요되는 것들 역시 미리 결정된 가치는 아니다.

*5. '원리적principielle'이란 결론과 달리 파생적이지 않고 첫번째인 것, 즉 원리를 가리킨다. 따라서 원리적이라 함은 "절대적으로 첫번째인, 파생될 수 없다"는 뜻이다. 원리로부터 나머지가 이해될 뿐, 다른 것들에서 원리가 이해될 수는 없다. 여기서 원리적 통일이란 하나이고 유일한 실체의 통일을 말한다. 그 실체로부터 모든 현존 형태들이 이해되어야 한다.

*6. *ex ductu rationis*는 '이성의 인도나 명령 아래'를 의미한다. 이성의 강요에 일치해서 이루어지는 것이 바로 이성적으로 이루어지는 것이다.

3

"우리 종은 반쯤 도야되길 원하지 않는다"

장 자크 루소에 의한 "정치 기구"에서 "인간의 인간"을 만드는 기술까지[1]

"Notre espèce ne veut pas être façonnée à demi":
De la "machine politique" à l'art de faire
"l'homme de l'homme" selon J.-J. Rousseau

『인간 불평등의 기원과 토대에 대한 논고』의 한 주註에서는 "철학자 무리가 수없이 반복해 온, 사람들은 어디서나 같다는 훌륭한 도덕적 잠언"[2]을 고발하고, 차이들로 풍부한 인간성의 실현 가능성의 목록을 호소한다. 물론, 동시에 원거리를 향한 그 시선은 그 보편적 토대의 판별을 향하고 있다(그 점에 관해서는 레비-스트로스가 루소를 치하한 바 있다[3]). 그 토대에서부터 변주들이 가능한데, 그 변주들 속에서 근본적인 "인간학적 특징"이 표현된다.

다른 많은 텍스트와 마찬가지로, 『논고』의 "적절한" 강독 역시 어떤 기원 — 창조주의 손에서 나온 것과 같은 인간의 기원 — 과 관련한 그 차이들뿐만 아니라 그만큼의 간격들을 해석해 낼 수 있다. 그 기원에 대한 향수가 자연 상태로부터 사회화된 인간들의 현존 방식들을 평가할 수 있게 하는 기준 규범을 찾아내도록 해줄지는 모르겠다. 우리는 위에서 언급된 구절이 어떤 낯선 논쟁 — 여행객들의 관심사인 고릴라와 침팬지가 사실은 "예전에 숲에 흩어진 종족으로서 아무런 잠재

능력도 계발할 기회"[4]를 갖지 못했을지도 모르는 "참된 야만인"이지는 않는가 하는 논쟁 — 의 맥락 속에 위치한다는 사실은 주장하지 않은 채로 강독의 다른 열쇠를 택할 것이다.

그 다른 열쇠가 "루소의 참된 사상"과 그 뉘앙스를 부활시킨다고는 조금도 고집하지 않더라도, 어떤 인간학의 논리를 두드러져 보이게 하는 것은 분명하다. 그 인간학은 한 제네바인의 저작을 뛰어넘어, 우리의 저자라면 틀림없이 부인했을지도 모르는 관점들의 출현에 있어, 그것을 어떤 중요한 "순간"으로 만든다. 게다가 그것은 루소 추종자들로 하여금 그것[인간학의 논리]에 그의 사상을 기록하는 것을 방해하지는 않았다. 그들은 근본적인 사회 개혁을 매개로 하여 도래할 인류의 선지자를 그 속에서 발견하고, 자기 자신과 자신의 동포들뿐만 아니라 자연과 화해한 신인간新人間의 출현이라는 세속적 종말론의 관점을 혁명의 관념에 제공했다.

다음을 언급할 필요가 있겠다. 루소는 결코 계약에 기초한 시민 질서론의 창안자가 아니라는 것이다. 그래서 그는 인간 의지 속에서 원리를 발견하고 사물들의 자연적 경향을 문제제기한다. 계약론의 가장 급진적인 주장을 펼쳐 보인 사람은 바로 홉스이다.『리바이어던』의 첫 줄은 당연히 아리스토텔레스적이지만 스토아적이기도 한 전통과의 완전한 단절을 화려하게 예고했고 인간이라는 "정치적 생물vivants politiques"에 의해 형성된 사회의 자연적 기초를 주장했다.

홉스는 꿀벌이나 개미[5] 같은 그러한 생물들이 존재한다는 것을 인정했지만, 그들로부터 자신의 동포들을 조심스럽게 구별했다. 그 결과 정치가 핵심이 되는 사회를 기초짓는 계약의 형태와 효과들이 나온다. 사실상, 통치권 없이는 어떤 사회 관계도 확립되거나 지속될 수 없다.

즉 군주의 의지와 그의 손안에 집중된 힘은 인간 본성에 내재하는 사회 관계의 단절적 힘에 장애가 될 수 있다. 국가가 인간의 작품이라면, 그것이 지속되기 위해서는 국가를 하나의 지속적 창조물로 만드는 자발적 개입이 요구된다.

그래서 리바이어던 자체는 그것과 자연의 관계가 창조주에 준거한 모방일 때조차 자연과의 대립 속에서 의미를 갖는 기술l'Art의 산물이다. 저작의 첫 구절의 내용은 아주 분명하다. "인간은 자연을, 즉 신이 세계를 생산하고 지배하는 기술을, 특히 그 같은 기술이 인공적인 짐승을 생산할 수 있다는 점에서 모방한다. 그러나 기술은 자연의 가장 탁월하고 합리적인 작품 ― 즉 인간 ― 을 모방하면서 훨씬 더 멀리까지 나아간다. 왜냐하면 기술이야말로 사람들이 공화국 혹은 국가라고 부르는 그 거대한 리바이어던, 어떤 인공적인 인간일 뿐인 것을 창조해 내기 때문이다."[6] 이러한 도입은 모두 유기론적 메타포를 상기시키고 있음에도 불구하고, 인간의 창조성을 원리로 삼고 있는 기계론을 참고하는 것이다.

리바이어던이 많은 것들 중에서도 인간 기술의 생산물들 가운데 하나라고 이야기되는 것은, 그것 자체가 시계 및 다른 자동 기계들과 비교될 수 있는 기계라는 점 때문이다. 의심의 여지없이 그 기계들의 바퀴와 용수철들은 자연 법칙들에 부합하는 결과들을 낳기 위해 발명가가 원하는 배열에 따라 운동을 받아들이고 포착하며 연결하고 이용하지만, 만약 인간의 관심에 따라 목적이 주어지고 합리적 계산에 따라 질서 잡힌 조립 과정이 하나라도 부족했다면 사물의 자연적 배치는 그런 결과들을 낳지 못했을 수도 있었을 것이다. 인간은 기술적 지배를 발전시키고, 그에 따라 인공의 세계를 생산하고 지배하며, 자연이 자신의 욕망, 공포 또는 열망에 준거하지 않고 생산해 내는 것을 개선하고 재구성한다.

사회 계약은 정치 질서의 인위성의 표지이고, 그것은 개별자들 전체의 외부에 있는 제3의 "인격"[7]을 위해 각 개인이 자신의 자연권 — 또 자연적 평등[8] — 을 포기하는 것에 근거한다. 그때 개별자들은 그 의지적 활동에 참여함으로써 주체가 된다. 그래서 그들을 대표하는 "제3자"는, 동일한 정치 사회의 다른 모든 구성원들과 더불어 각자가 맺은 계약에 따라 자신의 손안에 다시 놓인 힘 덕분에 주체들 사이의 관계들을 다시 명령할 수 있다.

더 나중에 루소가 사용할 표현에 따르면, "정치 기구의 인위적 수단과 작용"을 형성하는 조건들이 그렇다.[9]

여기서 홉스에 의한 계약의 표현(제3자를 위한 각자의 자연권과 자연적 힘의 포기, 따라서 어떤 "다른 이"에게 결정의 최상권 이양)과 루소에 의한 계약의 표현(일반 의지의 인도 아래 모두에 의한 힘, 인격, 재산의 공유, 따라서 각자가 참여하고 있는 하나의 "우리" 속으로의 통합) 사이의 간극(그리고 유사성)을 상기시킬 필요는 없다. 오히려 그들이 인간들 자체에 대해 분명한 태도를 취하고 있는 조건이 변화함에 따라 도출되는 여러 결과들에 대해 생각해야만 한다. 이 결과들은 그들[인간들]의 사회화 과정에의 통합과 연결되어 있는데, 사회화 과정은 그들의 상호 교류에서 생겨나며, 사물들의 자연적 경향 밖에서 다소간 안정화되거나 조절된 관계들을 발생시킨다. 존재 방식의 변화로부터 생겨난 그들 삶의 객관적 틀의 재구성 — 그 인공화 — 은 그들 현존의 재구조화이며, 그 현존의 방식과 폭은 인간에 대한 이해, 특히 인간과 역사의 관계에 대한 이해와 관련하여 평가된다.

그런데 루소의 인간학은 이전 선배들의 인간학에서 멀리 떨어져 있다. 그 거리는, "영국인"은 인간 본성에 대해 너무도 암울한 그림을 그려내기 때문에, 그가 묘사하는 것만큼[10] 악하게 될 수 있는 이유 모두를 자신의 동포들에게 제공한다고 했던 데카르트의 이야기와는 물론 아무런 관계도 없다. 오히려 루소는 달랑베르에게 이렇게 썼던 것이다. "나로 말하자면, 여전히 인간은 선하다고 감히 주장하고 있기 때문에 사람들이 나를 악인 취급하듯 했을 것이라고 생각된다."[11] 문제는 인간들과 그들이 세계 속에 위치할 실제 조건들 — 그래서 그 형태가 어떠하건, 모든 현존이 위치하는 공존의 양태들 — 과의 관계 속에 존재하는 어떤 본질적인 차이에서 파생된다.

그 조건들이 시간과 장소에 따라 형성되고 와해되는 것이 사실이라면 그 차이는 변화 및 생성의 효과들, 결국에는 역사의 효과들을 이해하는 방식에서 그러니까 인간들의 존재 방식에서 표현된다. 물론 홉스나 루소에게서, 또한 루소에게서 특히 더 두드러지는 무수한 모호성에도 불구하고, 기초적 계약이라는 인위적 기술artifice은 개시開始적일지는 모르지만 사실 연쇄로서 사유된 역사 속에서의 한 순간은 아니다. "모든 사실들을 멀리하면서 시작하자. 왜냐하면 그것들은 문제에 전혀 접근하지 못하기 때문이다"[12]라고 루소는 『사회계약론』보다 훨씬 더 "역사적인" 『인간 불평등의 기원과 토대에 대한 논고』에서 경고하고 있다. 그리고 홉스가 공화국들이 기초하는 계약의 보편적으로 승인할 만한 형식을 분명히 한 후 그 공화국들의 탄생에 대해 탐구하는 동안, 그것들이 평화와 안전이라는 전제 아래 깔려 있는 동일한 논리를 따르고 있음을 강조하는 것이 문제가 되었을 때에도, 루소는 설립에 의한 공화국 및 획득에 의한 공화국, 또한 획득에 의한 공화국 가운데서도 군주가 혈통에 의해 획득한 공화국들과 정복으로 획득한 공화국들을 조심스럽게 구별해 낸다. 그러므로 하나의 공화국 탄생으로 인도하는 길은 여러 갈래가 존재하며 통치권의 기원이 되는 일련의 사건들은 상이한 방식을 보일 수 있다. 그러나 아무튼 우리의 저자들 중 어느 누구에게 있어서도 정치 질서를 이해할 수 있도록 하는 것, 또 그렇기에 그것을 정당하게 만드는 것이, 우리가 역사적이라고 규정지을 수 있는 전개를 지시하고 있지는 않다.

그처럼 신중하게, 루소가 인간 본성의 비시간성에 반대해 인간 .현존의 역사성을 사유하고 기초짓는 것처럼 인간 현존의 역사성을 강조할 수 있다. 그 역사성은 그의 선배의 인간학에서 도출되는 것과 같다. 그것은 우선 사회화 결과의 불가역성, 즉 루소에 의해 계속해서 반복적으로 주장되는 불가역성으로 표현된다. 그리고 홉스가 제시했던 리바이어던이 자멸하려는 경향이 있을 때, 즉 리바이어던이 공화국에 의해 그것의 목적 — 평화와 안전 보장 — 의 달성을 조건짓는 제도적이고 정치적인 강제들을 망각함으로써 자멸하려는 경향을 보일 때의 자연 상태로의 회귀라는 영원한 위협과 대비된다.

찰스 1세의 처형이라는 동시대 영국에서의 공화국의 방향 상실은 만인의 만인에 대한 전쟁으로의 귀환을 예고한다. 그것은 세 가지 정념과 연결되어 있는데, 그 정념들은 사회적으로 규범화된 관계들의 작동에 통합되지 않을 때 자동적으로 전쟁을 야기한다. 이 세 가지 정념이란 인간 생존에 유용해 보이는 모든 것을 독점하기 위해 인간들 사이에서 끊임없이 재생산되는 욕구를 결코 만족시킬 수 없는 재산 소유에서의 경쟁,[13] 자기 자신이 스스로를 존중하는 것보다 타인이 그를 더 존중하기를 갈망하도록 각자를 부추기는 헛된 명예욕 그리고 시민 질서가 와해되자마자 만인의 만인에 대한 잠재적인 위협을 제거하기 위해 선수를 치게 만드는 공격에 대한 공포를 말한다.

이성 — 사물들의 자연적 작용에 의해서는 결코 실현되지 않는 조합들을 계산할 가능성 — 뿐 아니라 모든 정념 중에서도 가장 강력한 것 — 삶에 대한 애착과 그 상실에 대한 공포 — 에 결부된 이 정념들은 인간들이 스스로를 자연 상태로 몰고 가는 치명적인 투쟁의 토대

일 뿐만 아니라, 정치적인 인위적 수단과 그것이 허용하는 활동들의 토대가 된다. 그래서 공화국의 설립이 각자에게 공격받지 않으리라는 합리적 희망을 제공하고 공권력이 보증하는 상호 약속의 가능성을 기초지을 때 소유욕으로서의 헛된 명예는 사회적 삶의 원동력이 된다. 명예의 추구 및 자신의 자질이 인정되는 것을 보고 뛰어나고자 하는[14] 관심만이 아니라, 경제적 활동은 어떤 공동의 권력의 확립에서 기인한 상황들의 배열 속에서 그것들의 가능 조건을 발견한다. 같은 이유로, 각자 자신의 자연권이 충만한 가운데 있고 선하고 악한 것을 스스로 판단했을 때는, 제한없는 대치의 근저에 있었던 것이 만인을 위해 유리한 공동 작용과 협동으로 귀결된다. 군주의 의지가 선과 악, 허용되는 것과 불법적인 것, 정의로움과 부정의함에 대한 모든 동일한 기준을 결정할 때에는, 그 군주 체제에 의해 틀이 잡히고 집중된 똑같은 정념들이 문제가 된다. 예를 들어 그것들은 흐름들이 자연 속에서 "자연스럽게" 순환될 때, 그리고 반대로 건설자에 의해 계획된 목표를 위해 조정된 결과들을 가능하게 하는 기계적인 장치들 — 풍차의 날개 혹은 증기선의 수차 — 에 의해 그 흐름들이 우회될 때 본래의 바람의 힘이나 하천의 힘이 생산하는 효과들과는 다른 효과를 낳는다.

사회·정치 기구는 통치권을 낳는 계약이라는 인위적인 수단을 통해 평화와 안전의 욕구에 부합하는 결과를 얻기 위해서 인간 본성에 내재하는 정념의 힘을 이용한다. 이때 평화와 안전의 욕구는 자연 상태에서는 방어적 공격을, 시민 상태에서는 생명 및 타인의 재산 존중의 마음을 불러일으킨다. 뿐만 아니라 계약은, 반테제인 자연법에 순응할 의무, 홉스에 의하면, 자연권[15]에 순응할 의무도 이용한다.

정치적 인공물에 기초해 있는 모임이 해산되면, 또 그렇게 세워진 건물의 중심이 함몰되면 대표의 유일성에 통일성을 의존하고 있는 국민은 다수 상태로 되돌아간다. 그 다수는, 행해야 할 것과 피해야 할 것을 구별하는 원리를 자신들의 판단과 평가에만 의존하는 개인들로 형성된다. 동일한 조건에서, 인간의 동일한 본성과 그것에 내재해 있는 정념은 사회 계약과 그것의 효과, 만인을 자기에게 복종시키고 자신의 법을 준수하도록 할 수 있는 하나의 권력 수립이 약화시키고자 했던 효과들을 낳는다. 그래서 개인들이 재료이자 동시에 목적이었던 공화국의 "형태"는 사라지고, 그러한 와해는 자연 상황에서 인간 본성의 작용을 부활시킨다.

루소라면 자신의 선배들이 "시민을 그렸을" 때 "야만인"에 대해 말하려 했다고 비난할 것이다. 특히 자연 상태의 인간에게 "자신을 전 우주의 주인이라고 광적으로 상상하는"[16] 능력을 결부시켰다면서 홉스를 비난할 것이다. 그렇게 함으로써 홉스가 "사회의 산물인 수많은 정념을 만족시킬 필요를 야만인 보존에 대한 관심으로 잘못 들어가게 끔"[17] 했다는 것이다. "야만인의 이성 사용을 방해하는 원인은 바로 자신의 능력 악용을 피하게 하는 이유와 같다. 그래서 자신의 정념들을 진정시키는 것은 자신이 착하지 않을 때에도 나쁘지 않을 수 있도록 해준다…."[18] 사회화의 효과를 자연 상태의 인간에게 투사하는 과정에서, 홉스는 인류의 자연 조건과 인간의 최초의 (행복한) 결집에 뒤이은 "끔찍한 전쟁 상태"를 혼동하게 된다. 그러나 그때 "더 이상 뒷걸음칠 수도, 그가 획득한 불행한 것들을 포기할 수도 없고, 그를 명예롭게 하는 능력들의 악용으로 수치심만 불러일으키는 비열하고도 황폐한 인류는 자기 자신을 파멸 직전까지 몰고 갔다."[19] 만인의 만인에 대한 투쟁은 바로 인간 조건의 "형태들" 중 하나이다. 그것은 전혀 "원초적"이지 않으며, 인간 본성 자체와는 무관하다. 그러니 홉스의 큰 실수는 — 이미 — 불가역적 과정의 산물인 것을 자연 상태로 되돌리려는 것이다.

이 불가역성은, 홉스가 신의 이미지Imago Dei에 대한 새로운 해석을 제공하면서 기술의 이름 아래 인간에게서 알아본 능력에 새로운 차원을 도입한다.

물론 『리바이어던』의 처음 구절들에 따르면, 모방이란 이미 그곳에 있는 어떤 작품을 모사하면서 재생산하는 것을 의미하지는 않는다. 하나의 “창조”가 문제이다. 그것은 그 조직화에 제공된 재료들에 새로운 형태를 제공하며, 그러한 조직화 덕분에 인간들 자체는 절반은 유기론적이고 절반은 기계론적인 용어로 묘사된 어떤 기계에 스스로 통합되는 것이다. 유기론적 용어가 기계론적 용어로 그대로 번역될 수 있다면 말이다. 그러나 『리바이어던』에서 그 정치체의 재료 — 공화국République이라는 “인공인l'homme artificiel”의 위압적인 형태 속에 배분되어 있는 것처럼 책의 초판이 보여 주는 자연인들[1] — 가 그 자체로 그것의 “형태 부여” 효과를 겪는 것은 아니다. 움직이는 신체들(즉 “현실성”을 가지고 있는 모든 것)의 자연적 배치를 제어·변화시키는 기술이 드러나는 것은 바로 인간 관계의 재구성을 통해서이다. 그 인간 관계의 재구성은 인간 본성의 영원한 핵심을 구성하는 성향들과 능력들을 그 재구성이 새로운 장을 여는, 소위 역사적 우여곡절 바깥에 남겨둔다.

루소는 인간들의 상호 “관계”의 확립과 그들의 현존이 이루어지는 틀의 제도화로부터 바로 그들 자신의 변화 과정으로 나타나는 것의 불가역성을 강조하면서 홉스보다 훨씬 더 멀리 나간다. 바로 본래적으로, 또 비시간적으로 주어져 있는 것으로서의 “인간 본성”을 문제삼는다는 점에서 말이다. 인간들은 그들이 되는 것이고, 그들은 이러저러한 방식으로 그것이 그것을 알든 모르든, 원하든 원하지 않든 간에, 그들의 작품인 존재 조건에 따라 그들인 바가 된다.

그러므로 여기서 마르크스를 패러디한다면, 사회화라는 인공화는 그들이 자신들의 존재를 표현하는 방식에 깊이 영향을 준다. “변성

dénaturation," 즉 "소위 인간 본성을 변화시킬 수 있는"[20] 능력의 효과로 소개되는 것에 관해『사회계약론』과『에밀』의 저자가 취한 판단은 사람들이 그런 식의 긍정에 반대하고자 할 때 동원 가능한 수많은 인용구들에도 불구하고 전혀 본질적으로 부정적이지는 않다.

왜냐하면 인간 "속성"에의 참고가, 상황들이 피상적이고 "우연적인" 변이들을 윤색하는 근본 성향들의 초석을 가리키는 한, 두 번째『불평등론』의 첫번째 메타포는 그에 대해 생각해 보도록 하는 것과는 달리 복잡하기 때문이다. "시간, 바다, 비바람에 너무나 손상되어, 신보다는 오히려 야수를 더 닮아 있었던" 글라우쿠스의 조상影像은 여기서 "끊임없이 생겨나는 수많은 원인들에 의해 사회 속에서 변질된 인간 영혼"에 대한 상징으로 상기되고 있다. 그래서 "자연이 그를 형성했던 것처럼" 그를 이해하고, 그가 자신의 고유한 기초로부터 획득한 것과 "상황들과 그의 발전이 그 원초적 상태에 더하거나 변화시켰던 것"을 뒤섞으면서 그의 원초적 형태를 복구하기 위해서는 인간의 원초적인 모습을 이끌어 내야 할 것 같다. 그때는 틀림없이 "그의 창조주가 그에게 새겼던·그 위엄 있는 신적神的 단순성"[21]의 반영을 되찾을 수 있을 것이다.

"자연인을 인식하려는" 기획은, 장구한 발전에 의해 겨우 획득할 수 있었던 인간의 모든 인위적 능력들이 박탈된 채, "자연의 손에서 갓 나온 듯한" 존재가 목가적 분위기로 그려진 시화집의 내용을 보는 듯한 느낌을 줄 것이다. 다들 알고 있듯이, 그 그림에 그려진 것은 행복하고 독립적인 삶에 필요한 모든 것을 마련해 주는 자연 속에서 평화롭게 살아가는 피조물의 모습이다. 그러나 사람들은 여행자들이 전하는 불확실한 피조물에 대한 묘사들과 그 "위엄 있는 신적 단순성"이

양립 가능하도록 생각해야 한다는 것을 잊지 않을 것이다. 아프리카의 깊은 숲에 살고 있는 그 피조물은, 이 이야기의 저자들은 그를 짐승으로 여길지 모르지만, 어쩌면 인간일지도 모른다. 그 모호한 존재들의 동물성에 대해 분명히 말할 수 있는 결정적이며 유일한 시험은, 사람들이 그 성공을 미리 확신할 수 있을 때, 즉 두 성性을 대표하는 짐승들의 짝짓기가 가능하다고 미리 확신할 수 있을 때만 "별 뜻 없이" 시도될 수 있을 것이다.

그러나 루소가 『불평등론』에서 자연 상태에 대해 제공하는 그림의 첫번째 부분이 "육체적 인간"과 관련되어 있으며, 따라서 "형이상학적이고 도덕적인 면"을 간과하고 있다는 사실을 무시할 수는 없을 것이다. 이 새로운 관점으로 동물성과 인간성 사이에는 단절이 생겨났고, 그때 "자연의 손에서 갓 나온 듯한" 인간에 대한 최근 표현들에 따라 입증된 사실 속에서 그 완성이 발견되었다. 그에 따르면, "일반적인 동물 상태는 그와 같고, 또한 여행자들의 보고서에 의하면 그것은 야만족들 대부분의 경우이기도 하다."[22]

우리 종과 다른 종들 간의 차이는 자유에 있다. 즉 "자연이 동물의 활동 속에서 모든 것을 다 한다"면, 인간은 "자유로운 동작주의 자격으로 자신의 활동들에 의존한다." 왜냐하면, "자연은 모든 동물에게 명령하고 동물은 복종한다. 인간도 같은 느낌을 받지만, 자신이 획득하거나 저항하는 데 있어 자유롭다고 느끼기"[23] 때문이다. 이런 의식 속에서 "그의 영혼의 정신성"이 드러난다. 그럼에도 불구하고, 루소는 "형이상학적 논쟁들"에 빠져드는 것을 그리 염려하지 않고 논쟁을 초래하지 않을 만큼 충분히 분명한 지점에 도달한다. 즉 "스스로를 완성하는 능력," "완성 가능성"이 그것이다.

그 말들은 기만적이다. 다시 말해, 자유가 미열과 죽음을 야기하는 과도함과 타락의 근원일 수 있는 것과 마찬가지로, 완성 가능성, 즉

"구별되게 하고 거의 제한 없는 능력"은 그를 "자기 자신과 자연의 독재자"로 만들면서 덕의 원천뿐만 아니라 악덕 및 모든 불행의 원천일 수도 있다.

그러므로 인간을 구별되게 하는 특징은 자연이 하는 것과 관련해 거리를 둘 수 있는 능력이다. 즉 글라우쿠스의 조상에서 판독할 수 있는 변형의 비유는 형성의 "거의 제한되지 않는 능력"을 위해 약화된다. 그 형성을 통해 인간의 "속성"은 항상 변하지 않는 인간 본성을 구성하는 성향들의 영원한 토대이기는커녕 자연이 제안하는 것을 이용할 수 있고 자연인에게 원초적으로 부여된 것과 구별될 수 있는 것으로 나타난다. 태어날 때부터 그들인 바를 가진 인간들의 관계의 중심에 "작용"을 도입하는 그 간격은 생성을 야기하며 "역사"의 불가역성의 문을 연다. 역사를 파악하지 못한 채 그것이 회귀의 문제가 될 수는 없을 것이다.

인간의 완성 가능성(즉 불안정성)이라는 표현의 중요성은 이러한 논증으로 강조된다. 그 논증에 따르면, 인간학의 근본적인 특징의 증거는 "인간만이 바보가 될 가능성이 있다"는 사실에 의해 제공된다. 사실, 인간은 단 몇 년만에 어떤 사건으로 인해 "원초적인 상태로 회귀하고," "동물 자체보다 더 낮은 수준으로 다시 떨어진다." 본래 동물은 그것일 수 있는 모든 것이며, "항상 그러한 충동과 더불어 존재한다." 인간만이 원초적 조건을 향한 회귀의 움직임 때문에 실추될 수 있다. 그 원초적 조건은 "완성되지 않은 동물"의 그것으로 드러난다. 완성되지 않은 동물에게는 이 완성이라는 것이 없지만, 완성은 자연 상태를 동물이 영원히 갇혀 있는 악순환으로 만드는 것이다.

그래도 그 완성 가능성이 인간 존재 속에서는 처음부터 존재하는 잠재성들을 실현할 임무나 사명으로 나타날 수 있다. 상황들은 그때, 미리 그려지고 미리 결정된 어떤 형태에 본래 도달하고자 하는 것인 참된 인간 본성을 궁극적으로 실현하는 발전의 기회가 될 것이다.

그때 그것은, 스스로 "형성되었던" 것과 같은 인간성의 공통된 몫인 악과 타락, 즉 최악을 낳을 수 있는 "완성"의 "거의 무제한적인" 능력의 특수성뿐만 아니라, 그것이 표명되는 시간적 차원, 즉 역사의 특수성을 무시하는 일일 것이다. 보다 분명히 말하면, 그것은 인간들의 현존과 그들이 서로 관계 맺는 조건들 — 즉 의식적이든 무의식적이든 그들이 당사자인 조건들 — 을 밀접하게 연결시키는 관계를 무시하는 것이 될 것이다. 단번에 본질적인 부분이 결정적으로 주어져 버린 어떤 본성의 표현으로 인간의 삶을 생각해서는 안될 것이며, 크든 작든 간에 인간의 삶은 표현되거나 현실화되기에 적절한 기회들을 찾게 될 것이다. 인간들은, 그들이 능동자이자 동시에 수동자인 상황에서 자신들인 바가 된다.

사실상, 그 인간들이 될 수 있는 모든 것이 동일한 가치를 갖는 것은 아니다. 그때 인간 존재 속에 자연스럽게 새겨져 있는 요구에 내재하는, 보편적으로 가치로운 규범적 측면이 존속된다. 그 요구들이 자연 상태에서라면 회고적으로 읽힐 수 있을 것이다.

그러나 그것은 어떤 식으로라도 회귀가 가능하거나 소원될 수 있는 방향은 아니다.

그 모든 것에서 이러한 결론을 얻을 수 있다. 인간은 모든 최종 목적지의 테두리 바깥에서, 불확실성으로 가득 찬 어떤 역사를 관통하며 스스로를 만들어 나가는 것이므로, 그는 루소적 사색에 제공되는 보완적인 두 길 — 시민들 서로의 관계들을 조절할 수 있게 하는 **정치적 권리의 제원리**[24]에 대한 설명의 길과 개인들의 형성에 적합한 교육의 원리들의 길 — 을 따라 스스로 형성되어야만 하고 또 스스로 형성되는 법을 제대로 배워야만 한다. 그 밀접하게 연관된 두 길이 바로 정치이고 교육이다. 바로 그 두 길을 통해서 인간의 어떤 혁신, 즉 근대인들이 경험하고 있는 인간성이 고통스러워하는 "왜곡들déformations"을 피할 수 있게 해주는 원리들로 인도된 재형성re-formation이 고려될 수 있다. 아니, 고려될 수 있을지도 모르겠다. 그러므로 자연의 손에서 갓 나온 듯한 인간뿐만 아니라 원칙 없는 사회 속에서 생산된 인간에 반대하여 "인간의 인간l'homme de l'homme"[25]이 숙고된 선택들을 꿰뚫고 조절된 방식으로 출현하는 것을, 그리고 그가 루소 인간학의 중심에 있는 그 완성 가능성을 열망할 수 있게 해주는 것의 성공한 완성이라는 사실을 이해할 수 있다.

두 번째 『불평등론』에서 그 "인간의 인간" — 인간들의 인간들에 대한 활동들에서 결과한 것으로서의 인간 — 이 완성 가능성에 의해 가능해진 과정들의 출발점으로서 표현되고 있는 것은 분명 아니다. 그 과정들이 미리 방향지워지고 예정된 것도 아니다. 『불평등론』에 표현된 단계들의 관점에서 실현된 인간성의 악함의 "비극적이고 지속적인 경험"은 그것을 너무도 풍부하게 보여 주고 있다. 단지, 그것들의 전개는 몇몇 원리들을 존중하고 최선이 최악을 이기는 식으로 사색에 접근할 수 있는 규범들에 따라 스스로 조절되어야 하거나 조절되어야 할 것이라고 생각할 수 있다. 그러나 미리 작동될 수 있는 것은 아무것도 없다. 그 속에 최선의 기회들로서 최악의 위기들을 포함하고 있는 불확정[26]은, 자연의 계획에도 창조의 최초 질서에도 속하지 않는 사회적 틀 속에서 인간들의 관계들, 보다 분명히 하자면 그들 의지들의 관계들의 조직화로서 인간들의 형성을 주도해야만 하는 규범들에 대해 사색할 것을 강요한다.

만약 인간들에 의한 그들 존재 방식의 생산의 중요성과 현실화될 것에 대한 열린 관점을, 미리 그려지고 미리 결정된 인간 본성, 그것도 상황들의 무질서한 축적물에 의해 다시 열린 성향들의 초석을 향한 회귀로부터 구분하는 거리를 강조해야 했다면, 『에밀』의 첫 부분을 참조하는 것으로 충분할 것이다. 그 부분은 원초적 올곧음으로 향하는 어떤 향수를 바로 반향하는 듯하다. "모든 것은 사물들의 창조주의 손에서 나온다. 모든 것은 인간의 손에서 쇠퇴한다. 인간은 어떤 대지에 대해 다른 대지의 생산물을 생산하도록 강요하고, 어떤 나무에게는 다른 나무의 열매를 생산하도록 강요한다. 그는 기후와 자연의 기본 요소들을 뒤섞고 혼합한다. 그는 그의 개, 그의 말, 그의 노예를 망가뜨린다. 그는 모든 것을 엉망으로 만들고, 모든 것을 흉하게 만든다. 그는 기형과 괴물을 좋아한다. 그는 자연이 하듯이 하기를 전혀 원하지 않으며, 심지어 인간조차도 원하지 않는다. 그는 조련된 말처럼 자신을 위해 다른 인간을 훈련시키고 그 오만을 정원의 나무처럼 자기 식으로 비틀어 놓는다."[27]

그것은 창조주의 작품인 것을 자기 식으로 다시 만드는 퇴행적 힘이며, 그 본문이 상기시키는 "인공화artificialisation"의, 거의 악마적인 능력이다. 사람들은 자연적인 것을 "변형시키는" 그 힘이 인간 자신 ― 즉 홉스가 『리바이어던』의 처음에서 언급하고 있는 "기술"의 능동자인 동시에 수동자 ― 에게 확장되는 것을 주목할 것이다. 그러나 여기서는 그 맥락이 완전히 달라진다. 영국 철학자가 생각해 낸 자동 기계 및 다른 기계 장치들을, 루소는 자연 생산물로 대체해 버리기 때문이다. 그 자연 생산물은 사물들의 "창조주"와 직접 연결되어 있다. 경작된 대지와 접붙인 나무들, 거세된 짐승들과 조련마처럼 다루어지는 인간들은 자연적으로 형성되는 것에 대한 인간의 개입을 표현한다. 즉 인간의 기술에 의해 변화된 것은 변형, 게다가 타락으로 이해된다는 사실이 강조되고 있는 듯해 보인다.

그러나 인간의 인간에 대한 활동의 특수성, 즉 "변성dénaturation"

으로도 이해될 수 있는 것의 특수성은 그의 필연성 속에서뿐만 아니라 그의 고유한 현존들에서 다음 혈통이 되자마자 나타난다. 단지 시간의 무질서와 동시대인들의 변덕 — 혹은 자신들의 변덕 — 에 직면했을 때는, 더 이상 존재할 수 없고 아마도 결코 존재하지 못했던 것을 향한 회귀의 문제만이 아니라, 인간의 인간에 대한 활동 없이, 인간들의 그 "형성formation" 없이, "모든 것은 훨씬 더 잘못 되어갈 것이고" "우리 종은 반쯤 도야되길 원하지 않는다"는 것이다.[28] 기술이 인간의 관심에 다른 피조물들을 종속시키면서 그 흔적을 강요하는 것과는 반대로, 신의 손에서 직접 나온 자연적 피조물이면서도 자연적으로 완성되지 않은 피조물인 인간은 그가 자신인 바와 다르게 되는, 또한 형성의 기대로 그가 완성될 수 있는 존재로 창조되었다고 말하는 또 다른 방식인 "도야façonnement"를 요구한다.

만약 "우리 종은 반쯤 도야되길 원하지 않는다"면 "인간의 인간"을 낳는 과정을 완성해야 하고, 본래 우리 종을 그런 상태로 내버려둘 수 없는 만큼 더욱더 그것이 필요하다. 아이는 동포들의 도움 없이는 존속할 수 없고, 약하게 태어난다. 만약 그가 동물들이 드러내는 이른바 자급자족성을 타고 나서 "크고 강하게" 태어난다면, "그가 이용하는 법을 배울 때까지 그 크기와 힘은 그에게 무용할 것이다." 그래서 "다른 이들이 그를 원조하려고 생각하는 것을 막고, 스스로에게 내맡겨진 그는 그 필요를 알기 전에 불행하게 죽을 것"이기 때문에 그 힘들은 "그에게 해로울 것"이다.[29]

그런데, "인간이 아이로 시작하지 않았다면 인류는 멸종했을지도 모른다"는 사실을 사람들은 이해하지 못한다. 데카르트의 유감은 헛되고 허망하다. 그는 "우리가 아이였다는 것 때문에" 성인의 나이가 될 때까지는 판단력의 나약성에서 기인한 선입견들과 혼동들의 희생자들이라고 확언한다. 충분히 건강하게 태어나는 아이도 진정한 관념과 말에 도달하지는 못할 것이다. 즉 그는 동포들과의 관계 부족으로, 또 각자에게 있어 인간성의 출현, 관념들 및 그것들을 표현하는 방식들의 공동 형성뿐만 아니라, 감정들의 세련화에 필수 불가결한 인간 상호 의사소통의 부족으로 동물성 속에 빠져 있을 것이다. 외부의 동물들과 비슷하게, "말뿐만 아니라 그것을 표현하는 관념들이 없는 그는 자신이 그들의 도움을 필요로 하고 있다는 사실을 그들에게 이해시킬 수 없으며, 자신 속의 그 어떤 것도 그들에게 그러한 필요성을 표현할 수 없을 것이다."

반대로 자신의 동포들과의 관계가 부재할 때 — 린네가 말하듯이 *nudus et inermis*[2] — 존재하는 그대로의 아이는 동물들로부터 자신의 행동을 구조화하며 타고난 본능 부족을 채우는 행동 모델(우리는 패턴이라고 말하기도 한다)을 받아들이게 된다고 말할지도 모르겠다. 왜냐하면 인간들의 원초적 조건인 숲에 분산되어 있는 인간들은 틀림없이 아이들처럼 저항을 보이기도 하고 알려지지 않은 힘을 가지고 있기도 하지만, 동물들을 만날 때면 "그것들의 재치를 관찰하고 모방하며 동물들의 본능에까지 고양된다. 각각의 종은 자기 자신의 것만 가지고 있지만 인간은 자신에게 속한 그 무엇도 가지고 있지 못하기 때문에 그 모두를 자기 것으로 삼는다는 이점과 더불어서 말이다." 엄밀한 의미에서 말하면, 동물들은 인류의 최초 "육성자"이다.

그것이 동물의 조건과 구분되지 않는 조건으로부터 우리 종족을 이끌어 내오기 위해 이루어지는 것은 아니다. 광범위한 식량 자원들을 허용하는 무수한 모방에도 불구하고 말이다.

인간 중개자가 없을 때 자연적 성향들의 공백을 그렇게 메울 필요성을 고려하지 않는다면, 아이를 특징짓는 것은 그 나약성과 그에게 결부시킨 완성 가능성이다. 그것은 바로 동일한 특징의 두 가지 측면이다. 아이는 형성될 필요가 있고, 보다 분명히 하자면 "도야"될 필요가 있다. "사람들은 경작을 통해 식물을 가꾸고, 교육을 통해 인간들을 도야한다."[30] 즉 다른 피조물들에 행해지는 행위와 아이들에게 행해지는 행위의 비교 검토의 반복이다. 인간만이 스스로 도야될 필요가 있다. 그는 인간성에 접근하고, 동포들의 활동에 의해 우선 말뿐만 아니라 관념 자체에 접근한다. 아무튼 그 활동은 원리 위에서 조정될 수 있기도 하고 없기도 하지만, 그러한 원리들만이 그 형성이 동시에 타락이 되지 않도록 보장해 주는 것이다.

그러나 그런 이행에서, 인공적 수단을 기형을 낳는 변형으로 만드는 부정적인 암시들은 교육의 정언적 필요성 앞에서 사라진다. "우리는 나약하게 태어나고, 우리에게는 힘이 필요하다. 우리는 모든 것이 박탈된 채로 태어나고, 우리에게는 도움이 필요하다. 그리고 우리는 바보로 태어나고 우리에게는 판단이 필요하다. 자라면서 우리에게 필요한 모든 것은 교육에 의해 주어진다."[31]

완성 가능성은 신생아가 원초적으로 머물러 있는 박탈 상태의 적극적인 측면이다. 교육, 즉 인간에 의한 인간의 도야는, 인간이 동물성을 피하는 "거의 무제한적인 능력" 위에서 작동한다.

물론 인간들의 상호 교제를 매개해서 작동되는 그 "도야"는 실패할 수도 있다. "슬프고 지속적인 경험"은 그 실패자들이 승리한다는 것을, 더 나아가서 성공하기까지 한다는 것을 보여 주기도 한다. 우리는 도중에 그 원인을 찾았거나 적어도 그 원인들 중 하나를 찾았다. "우리 종은 반쯤 도야되길 원하지 않는다." 이 미봉책으로 만족하고 만다면, "항상 자기 자신과 모순된 상태로 있으면서, 항상 자기 성향과 자기 의무 사이에서 흔들리는," 규칙 없는 어떤 형성의 산물은 "결코 인간도 시민도 아닐 것이며, 자기 자신뿐만 아니라 타인에게도 선량하지 않을 존재이다. 그는 오늘날의 인간들 중 한 명, 즉 한 명의 프랑스인, 한 명의 영국인, 한 명의 부르주아일 것이다. 그것은 아무것도 아닐 것이다."[32]

"오늘날의 인간들"은, 여전히 자연 상황에서의 인간의 기능에 의해 영감을 받은 태도들과 인간과 인간의 교제 중에 구조화되는 태도들을 병행시킨다. 그들은 모순적인 기여들을 무질서하게 뒤섞는다. 그래서 또, 그가 "이치를 따진다고 믿는 정념과 광기에 싸인 오성의 기형적인 대비"[33]만을 내놓지 않기 위해서는 "인간의 인간"에 의한 형성을 주관해야 하는 원리들이 빛을 보게 해줄 필요가 생겨난다.

자연 상태로의 회귀, 그리고 사회화된 현존의 정언명법들과 교육의 대면은 규범을 이끌어 낸다. 그 규범에 의하면 완성 가능성, 소위 인간화의 과정은 행복과 미덕을 결합시키면서 조화로운 현존에 이를 수 있도록 해주는 것이다.

인간의 도야, 만약 그것이 교육이라는 형성을 함축하고 있다면 그것은 항상 그 인간 상호 관계들의 배경 속에 위치하며, 자신의 완성 가능성에 의해 특징지워진 어떤 존재의 현존을 형성하는 방식에 있어 그 효과는 본질적이다. 그래서 더 이상 "반쯤 도야"될 수 없는 인간들이 될 수 있는 바를 향한 접근에 교육의 길과 정치의 길 사이라는 최소한의 보완이 존재한다.

이것이 산술에서 이상하게 차용한 용어들로 『에밀』이 다음처럼 표현하고 있는 바이다. "자연인은 그에게 있어 전부이다. 그는 오직 자기 자신 혹은 동포들과만 관계되는 수적인 통일체, 절대적인 전체이다. 시민은 분모와 관계되어 있으며, 그 가치가 사회체인 전체와의 관계 속에서 존재하는 분수적 통일체이다."[34] 자연인은 자기 자신, 즉 다른 모든 것들로부터 독립해 있는 통일체만을 기준으로 삼아야 한다. 구성된 모든 관계로부터 해방되어 있는 그는 다른 통일체들 및 자신의 동포들과 관계를 맺을 수 있다. 어떤 전체 속에 한 부분으로 통합되어 전체와의 관계 속에서만 사유될 수 있고 또 스스로 사유해야만 하는 "시민"인 인간으로는 사정이 그럴 수 없을 것이다. 어떤 분수의 분자의 값처럼, 그 "값"은 여기서 분모로 표현되는 사회체의 전체성에 준해서 평가된다.

그때 이러한 상황을 예시하기 위해서 역사적인 사례들을 찾아야 한다면, 스파르타나 공화국 초기의 로마에 관심을 가져야 한다. 도시와의 관계가 그의 존재 자체를 구성하는 시민은 인간보다 우월하며, 모성적 감정 자체는 정치적 공동체에 대한 귀속 의식에 뒤진다. 여기서, 몽상적이라 여겨지는 향수鄕愁가 아닌 인류의 모델이 존재한다면, 그것을 찾아야 할 것은 바로 고대 시대에서이지, 카리브 군도나 『부겡빌의 여행 부록』*3이 매혹적으로 그리고 있는 섬들에서는 아니다.

또 거기서 좀더 상세히 살펴보아야만 할 것이다. 미덕을 만드는 연합의 산술은 이런 판단을 내리고 싶어한다. "좋은 제도들이란 인간을 가장 잘 변성시킬 수 있는 것들이며, 그것은 상대적인 현존을 제공하기 위해 인간에게서 절대적인 현존을 박탈하고, 공동의 통일체 속으로 자아를 이전시킨다. 그래서 각각의 개별자는 더 이상 자신을 하나의 개별자가 아닌 통일체의 부분으로 간주하며 그 전체 속에서가 아니라면 더 이상 감지될 수조차 없게 된다."35)

여기서 **변성되다**dénaturer라는 동사는 적극적 가치로 사용된다. 즉 자연 속에서는 어떠한 토대도 가지고 있지 않은 배경 속으로 인간을 통합해서 규율화된 고양을 통해 변화시킨다는 것이다.36) 그때, 인간의 시민으로의 변화는 언제나 그리고 어디에서나, 이상화된 도시 국가에서뿐 아니라 자연 상태에서도 무질서, 악, 악덕을 예고하는 것을 참고해서 인도될 수 있고 또 인도되어야 함에도 불구하고, 완성 가능성이 자연적 현존이 조직되는 방식들을 피할 수 있는 능력이라고 표현될 수도 있다. 그러나 인간 본성에 내재하는 어떤 요구의 보편성과 비시간성이라는 그 최후의 준거에 기대지는 말자.

『사회계약론』이『에밀』의 용어들을 분명히 하면서 다시 취하는 것을 보며 우리는 거의 신비로운 인물이라고 할 대입법자를 떠올리게 된다. 입법 활동에서 배제된 그는 자기 민족에게 기본법을 제안한다. "감히 하나의 민족을 세우고자 하는 자는 자신이 소위 인간 본성을 변화시키고 있고, 스스로 하나의 완전하고 고독한 전체인 각각의 개인을 자신의 삶과 자신의 존재를 받아들이는 하나의 더 큰 전체의 부분으로 변화시키고 있으며, 인간을 강화시키기 위해 그의 구성을 변화시키고 있고, 우리가 자연으로부터 받은 육체적이고 독립적인 현존을 부분적이고 도덕적인 현존으로 대체하고 있는 단계에 있음을 스스로 느껴야만 한다. 한마디로, 그는 인간에게 낯선 힘을, 또 타인에게 의존하지 않고서는 사용할 수 없는 힘을 인간에게 제공하기 위해 인간에게서 힘들을 빼앗아야만 한다. 그의 자연적 힘들이 죽고 무화되면 될수록 획득한 힘들은 더 커지고 더 지속될 수 있으며, 또 직관은 더 강화되고 더 완전해질 수 있다."[37]

그러므로『사회계약론』은『에밀』에 응답한다 — (그 반대도 그만큼 참일 것이다). 만약 인간이 "반쯤 도야되길 원하지 않는다"면, 남아있는 단 하나의 해결책은 인간이 다음 활동을 극단까지 밀고 가는 것뿐이다. 자신의 객관적인 존재 조건과 특히 타인들과 맺고 있는 관계들의 재구조화를 통해서 인간이 자기 자신의 성향들을 생산하는 활동이 그것이다. 숲에서의 분산과 짐승들의 삶과 구별될 수 없는 삶이 선인간적先人間的인 동시에 돌이킬 수 없는 과거로 나타나는 순간부터, 프랑스인, 영국인, 그리고 부르주아가 능동자이자 수동자인 무질서들을 피하기 위해 모색한 길은 거의 무제한적인 완성 가능성에 의해 가능해진 "변성" 과정의 완성의 길이다.

바로 그런 의미에서 개인들의 교육과 그들의 관계들, 즉 어떤 인간 존재도 그 관계를 벗어날 수 없지만 그 관계의 작용은 엄격한 요구에 준하여 제어되고 지도되어야만 하는 상호 의존 관계들의 정치적 조직화가 서로 협조해야만 한다.

『에밀』은 모범적 입법자인 리쿠르구스[4]를 상기시킨다. 인간의 재형성에 대한 관심을 플라톤보다 더 멀리까지 밀고 나갔다는 점에서 경의를 표하기 위해서이다. 그리고 그러한 관심은 교육 — 공교육 — 의 주요 영역과 정치 제도를 결합시킨다. "당신은 정치 교육에 대해 어떤 생각을 갖기를 원하는가? 플라톤의 『국가』를 읽어라. 그것은 책을 제목으로만 판단하는 자들이 생각하는 것처럼 정치 서적이 아니다. 그것은 그 누구도 쓰지 못했던 최고의 교육론이다. 사람들은 망상의 나라를 지적할 때, 플라톤의 제도를 이야기한다. 그러나 만약 리쿠르구스가 자신의 생각을 글로 썼다면, 나는 그것이 훨씬 더 몽상적이었을 것이라고 생각한다. 플라톤은 인간의 마음이 정화되도록 만들었다. 리쿠르구스는 그것을 변성시켰다."[38] 루소는 그 점에 대해 그에게 감사한다.

비록 고대 과거에 준거한다고 할지라도, 본질은 바로 조건들을 이끌어 내기 위한 노력에 있다. 그 조건들 속에서 자유와 완성 가능성이 인간적인 동시에 덕성스럽고 행복한 현존의 원리에 속할 수 있을 것이다. 요컨대 그 속에서 인간 안에 있는 인간성의 발전이 자기 및 타자들 그리고 완전한 창조와의 조화로운 관계들과 쌍을 이루게 될 것이다.

그 노력 — 그것이 자신은 물론이고 우주와 화해한 "새로운" 인간에게 출현한 미래의 전망 속에 결코 자리잡고 있지 않다고 지적하는 것은 정당하다 — 이 동시대인들에 대한 루소의 판단, 경우에 따라서는 자기 자신에 대한 판단에 근원이 있다고 말하는 것은 무용한 일이

다. 실재 인간들이란 구경거리는 “반쯤 도야된” 존재들에 대한 것이
다. 그 인간들에게서 인간성으로 접근하기 위한 충분한 훈련의 적극적
인 결과들을 읽을 수 있고, 동시에 사건들, 상황들 그리고 그로부터 파
생된 돌이킬 수 없는 연쇄들의 무질서한 작용에 방치된 역사의 끔찍
한 결과들 역시 읽을 수 있다.

『사회계약론』 1권 8장은 인간을 인간적으로 “만드는” 과정, 따라서
자연 질서 속에 인간을 끼워 넣고 그 속에서 그가 동물 이하로 전락하
는 것을 보게 될 우려가 있는 한계들과 거리를 두는 과정의 양면성,
『불평등론』의 두 부분에서 이미 언급된 양면성을 보여 준다. 루소가
“자신의 태도에서 본능을 정의正義로 대체하면서 주목할 만한 변화를
인간 속에서 생산하는” “자연 상태에서 시민 상태로의 이행”을 논평
할 때, 그는 “새로운 조건의 폐해는 종종 그를 자신이 빠져 나온 조건
이하로 타락시킴에도 불구하고, 그가 자신을 그 조건에서 영원히 벗어
나게 하고 어리석고 열등한 동물을 지적인 존재, 또 한 인간으로 만든
그 행복한 순간을 끊임없이 축복해야만 할 정도로, 그의 능력들이 발
휘되고 발전되며 그의 생각들이 확장되고 그의 전 영혼은 고양된다”[39]
고 덧붙인다.

경험에 따르면 폐해가 빈번하다. 그것의 원리를 찾아야 하고, 어떻
게 그 결과들을 약화시킬지 알아보아야 한다. 그때, 창조의 조화가 분
명해지는 균형들에서 멀리 떨어져 나오는 표류의 피해들을 이겨내는
“변성”의 적극적인 면을 가능하게 하는 현실화의 조건들이 그려진다.

『사부아 보좌 신부의 신앙 고백』의 저자가 창조주에게 책임지게 할
수 없었던 원죄의 세속화된 대응물인 모든 악의 원리는 단 하나의 이
름으로 불릴 수 있다. 문제는 개별 의지들의 상호 의존이다. 필연적으

로 대칭적이지 않음에도 불구하고 그 상호 의존, 타인에의 종속은 자연 상태와 관련해 보았을 때 근본적으로 새로운 것이다. 『불평등론』은 "타인 없이는 지낼 수 없는 경우에 처하게 해본 적 없이 인간을 종속시키는 것은 불가능하다. 자연 상태에는 존재하지 않는 그 상황이 거기서 각자를 족쇄로부터 자유롭게 하고 가장 강한 자의 법을 헛되게 만든다"[40]고 말한다. 지속될 수 있는 의존은 어떤 이가 다른 이 없이는 지낼 수 없다고 미리 가정한다. 노예 상태를 생산하기에는 무력만으로는 충분하지 않다. 인간들이 타인의 의지 속에서 자신의 태도 결정 원리를 발견하도록 하기 위해서는 인간들 서로가 의존할 필요들의 선행적인 토대가 필요하다.

사회 형성이 인간적인 것들의 무질서를 초래했다면, [그것은] 자기 의지와는 낯선 어떤 의지 및 외적인 판단에 준거하여 자신의 고유한 현존을 조절해야만 했다는 것이 중요한 이유일 것이다. 그럼에도 불구하고 타인들과의 공존, 개인들간의 의사소통을 가능하게 하는 그들의 유사성, 그리고 보다 일반적으로 (루소가 사용하는) 용어의 고전적 의미에서 인간 상호간의 교제, 요컨대 같은 사회 내 구성원들간의 상호 작용들이 지배하는 인간 세계의 구성이란 완전할 수 있는 어떤 존재의 최초의 불확정성에 의해 가능해진 결과로 이해된 인간화의 수단이고, 단지 수단일 뿐이다. 그러므로 문제는 바로, 사회 관계의 유지와 인간 상호 의존의 결과의 약화 사이에서 양립 가능한 조건들을 찾아내는 것일 것이다. 그리고 그 해답은 법에서, 다시 말하면 모두에게 강요되는 규율이 어느 누구의 의지의 표현도 아니게끔 하는 정치 조직화에서 찾아낼 수 있을 것이다.

인간들이 완성 가능성으로 인해 자신들의 인간적 특징들을 발전시킬 수 있는 공동체 속에서 살아갈 때 그들은 자기 의지와는 낯선 의지들에 종속된 현존이 나타내는 소외로부터 자유로울 수 있을 것이다.

그래서 우리가 경험하는 무질서한 사회들에서는 보장될 수 없는 행복의 조건인 인간성과 덕의 화해가 각자 속에서 이루어질 것이다.

『에밀』에서 — 조건부 형식으로 주장되고 있기는 하지만… — 이 문제를 분명하게 제기하고 있다. 그에 대한 대답이『사회계약론』에서는 보편적으로 "사용 가능한" 타당한 모형으로 구성된다. 그러나『폴란드 정부와 그 계획된 개혁에 대한 고찰』에서는 그것의 실천적 적합성에 대해 회의하게 된다. 그 조건들을 분명하게 표현하기도 전에 그것의 중요성과 목적들은『인간 불평등의 기원과 토대에 대한 논고』의 헌사에서부터 요구되기 시작했다.

『에밀』에서의 문제는, 루소가 "인간의 인간"을 만드는 인간화 과정과『불평등론』이 기술하는 노정의 외관상 참된 개방 없는 전개 사이의 근본적인 모순을 해결하기 위해 쏟은 노력의 열쇠라는 위치를 차지하고 있다.

두 가지 형태의 의존이 존재한다. 자연에 속하는 사물들의 의존과 사회에 속하는 인간의 의존이 그것이다. 어떤 도덕성도 가지고 있지 않기에 사물들의 의존은 자유에 전혀 해가 되지 않고 조금도 악덕을 양산하지 않는다. 인간들의 무질서한 의존은 그 모든 악덕을 양산하고, 그에 의해 주인과 노예가 서로를 타락시킨다. 만약 사회에 그 악을 처방할 방법이 있다면 그것은 인간을 법으로 대체하고, 모든 개별 의지의 활동보다 우월한 일반 의지들에게 현실적 힘을 제공하는 것이다. 만약 국가들의 법이 자연법처럼 그 어떤 힘도 그것을 물리칠 수 없어 보이는 유연성을 가질 수 있다면, 그때 인간들의 의존은 다시 사물들의 의존이 될 것이다. 그리고 사람들은 공화국 속에서 자연 상태의 모든 이점을 시민 상태의 모든 이점에 결합시킬 수 있을 것이다. 사람들은 인간들을 덕으로 고양시키는 도덕성에 악덕 없는 인간을 유지하는 자유를 결합시킬 수 있게

. 될 것이다.[41]

"자연"인은 그가 질서를 따르는 자연 세계에 통합된다. 자신을 둘러싸고 있는 사물들에 의존하는 그는 자연에서의 원인과 결과의 사슬들이 조절되는 보편적 법칙들에 복종한다. 반대로, 타인에 대한 각자의 의존은 조금도 원초적인 질서에 토대하고 있지 않다. 인간이 자기 능력들의 완성에 의해서 자연적 직접성을 벗어나고, 타인들이 그에 대해 갖는다고 여기는 의견들을 포함해서, 근거 없는 의견들을 벗어나는 순간부터 그것은 과도하게 발전된 욕망이나 정념을 자연적 흐름에 내맡겨버린다.

인간의 상호 의존은 그 원리에 있어 (혹은 원리의 부재 때문에) 무질서하고, 그 어떤 것으로도 목적과 작용을 조화롭게 하지 못하는 의지, 정념을 생산하며, 그 자체로 상황 의존적인 의지를 서로에게 종속시키면서 무질서를 낳는다.

그러므로 문제는 모든 인간이 각자에 의한 비인격적 질서 존중의 분위기 속에서 타인들과의 적극적인 공존으로부터 수용한 획득물을 보존하는 것이다. 그 비인격성은 법에 결부되고, 자연의 보편적인 법칙들에 대한 의존과 유사한 구조를 재생산한다. 법에 대한 복종은 그렇게 지배되고 조직된 공동체의 구성원들 사이에서 일반화된 협동과 "상호 작용"을 허용함에도 불구하고, 자기 자신의 의지와는 낯선 어떤 개별 의지에 대한 복종에서 인간을 해방시킨다.

그러므로 해결해야 할 방정식은 이렇다. 즉 이 "거의 무제한적인 능력"이 포함하는, 적극적 현실화 가능성을 발전시키는 모든 기회를 완성 가능성에 제공하는 어떤 틀 속에서 인간에 대한 인간의 행위, 인간들의 "도야"가 현실화되도록 하는 것이다. 물론 인간들을 미리 구상된 어떤 모델에 "맞추는 것," ― 농업 기술에 의해 강요된 "자연적" 생산들을 위한 경우처럼 — 배나무의 크기에서 기인하는 것과 유사한 형태를 밖에서 강요하는 것이 아니라, 그것이 형성될 수 있을 어떤 틀 안에 각자를 위치지우는 것이 문제이다. 적어도 — 『에밀』의 첫 페이지의 용어에 따르면 — 인간들을 훈련시키기 위해 쏟아지는 인간들에 대한 압력이 "조련마"가 겪는 취급을 상기시키는 현실적 조건을 그 틀로 대체하는 것이 문제이다. 중요한 것은 자연법의 "전형"에 부합하지만 인간적 기원을 가지며 정치 기술을 가리키는 비인격적인 규범을 존중하도록 강요하면서 타인들에 대해 각자의 자유를 보장하는 것이다.

사실상, "국가의 법"은 자연법과는 달리 그것에 복종하는 자들 자신의 산물이다. 여하간 『사회계약론』 속에서 자유의 정의와 그 정의의 심오한 의미는 그러하다. "사람들이 스스로에게 명령한 법에의 복종은 자유이다."[42] 이로부터 다음의 결론이 나온다. 사람들이 "시민 상태의 획득물에 인간을 자신의 참 주인으로 만드는 유일한 것으로 도덕적 자유를 덧붙일 수 있다. 그 까닭은 단 하나의 욕구를 자극하는 것이 노예 상태이기 때문이다." 자연적인 단순한 독립 이상인 "자유의 지배"는 법을 요체로 하는 사회 조직을 가정한다.

정치 문제의 소여들이 『에밀』 속에 (그 저작의 제5권에 나타나는 『사회계약론』의 요약에 훨씬 앞서) 때 이르게 표현되어 있다는 사실 자체는, 그 배경이 "인간의 인간"을 자연의 요구들과 화해시킬 수 있는 과정의 다른 면을 조건짓는다는 것을 보여 준다. 다시 말하면 어떤 본질적인 부분에서, 학생이 스승의 의지에 복종하는 관계의 약화 위에서 조정되어야만 하는 교육을 조건짓는다는 것이다. 교육 상황들을 조정하는 스승은 자연의 영원하고 비인격적인 법칙들에 종속되어 있는 것으로서의 사물들과 학생들을 서로 대면시킬 준비를 한다. 만약 그 이름에 걸맞은 어떤 국가가 자유로운 인간들을 전제하고, 그 자유로운 인간들이 자유에 걸맞게 형성되어야 할 필요가 있다는 것이 사실이라면, 두 차원의 상호 조절은 어려움 없이 그것들을 포함하게 될 것이다. 그 상호 조절에 따라 인간의 인간에 대한 활동이 인도되어야 한다. 바로 거기에 순환이 존재한다. 즉 에밀과 소피 이야기의 슬픈 결말에 대해 가능한 설명이 존재한다. 우리는 그 점으로 되돌아갈 것이다.

그러므로 그러한 어려움 저편에서, 사람들 — 더 정확히 말하면 자신들의 조건을 사색하는 자들 — 은 조정된 교육과 적절한 제도들을 통해 "최초의 인간 질료"에 가능한 최선의 형태를 가능하게 해주는 이데아의 영향 아래에 그들 자신의 형성을 위치시켜야만 한다. 전보다 더 인간적인 인간성의 기대 속에서 완전해질 수 있도록 창조된 인간은 자신 안에 현존의 가능성들을 담지하고 있다. 그중 몇 가지는 인간을 동물성으로의 퇴행을 연상시키는 악덕과 불행으로 이끌고, 반대로 다른 몇 가지는 루소에 의해 표현되지 못했으면서도 그의 상속자들에게 영감을 준, 결국 모순에서 벗어난 어떤 인간성의 행운을 구성한다. 제대로 사회화되지 못한 인간을 고통스럽게 만드는 모든 악덕과 모든 악의 공통적인 뿌리를 제거함으로써 자기 자신과 화해한 인간성은 그때 최초의 전락에 대한 루소적 해석이 그러하듯이 세속화된 속죄의 대상이 될 것이다.

"나는 자유롭게 살다 죽길 바라였는지도 모른다. 말하자면, 나도, 그 누구도 그 명예로운 족쇄를 흔들어 제거할 수 없는 법에 강력히 복종한 채로 살다 죽길 바라였는지도 모른다"[43]고 고향 마을 당국에 썼던, 더 조심스럽고 신중한 사람은, 정치에 있어서 인간들 위에 법을 세우려는 계획이 기하학에서 반지름이 주어진 원의 면적과 동일한 면적을 갖는 사각형을 그릴 수 있다고 주장하는 것과 비슷한 문제라는 것을 더 나중에야 알게 될 것이다.[44]

아무튼 우리는 완성 가능성의 주장과 최선을 다해 그 기회를 실행

가능하게 하는 길의 발견 사이에서 루소의 노력에 모든 의미를 부여
하는 조건들로 되돌아가지 않으면 안 된다. 그래서 어떤 건강한 교육
의 원리들과 일치하는 계획된 개혁의 열쇠인, 정치적 권리의 제원리[45]
의 분석에 대한 충동을 제공함과 동시에, 자연 상태에서 아주 동떨어
져 있는 어떤 현실 속에서 드러나는 인간성을 이해해야 한다고 말하
기에 이른다.

재난으로 체험되고 묘사된 어떤 상황의 이해와 관련될 때는 자연
상태 밖으로 빠져 나오는 것, 뒤이어 오는 사회화의 방법들과 효과들,
완성 가능성을 가능하게 한 기형의 이유들이 가정하는 것을 아는 것
이 문제가 된다.

언급했듯이, 완성 가능성이란 인간의 원초적 본성 속에 처음부터
씨앗으로 존재할지도 모르는 것의 점차적인 탈단순화로 환원될 수 있
는 것이 아니다. 그것의 전개로부터 스스로 발현되는 기회를 기대하면
서 역사를 잠재성의 점차적인 현실화로 이해하는 것은 중요하지 않다.
또, 충분히 인간이 되어야 한다는 인간의 "사명"이 현실화되는 차원으
로 역사를 이해하는 것도 중요하지 않다.

우리 자신의 현존에 대한 이해를 향한 그만큼의 단계들로 제시된
지속적인 "형태들"은, 바로 인간적인 것들의 현재 상태의 근거를 설명
하기 위해, 동시에 그것을 신적인 선과 양립 가능하게 하기 위해 따른
방법에서 기인한 회고의 불가피한 허상과 더불어 어떤 고유한 논리에
의해 기초지워져 있는 것 같다. 사실 그 "나쁜" 변성의 본질적 책임은
인간에게 있다. 또한 자연이 제안하는 것을 이용할 수 있는 능력이라
고 할 그들의 자유에 있는 것이기도 하다.

그러나 우연히 반복된 지표[46]는 다르게 될 수도 있었을 상황들이 역
사 속에서는 어떤 본질적인 역할을 한다는 것을 충분히 보여 주고 있
다. 인간 행위자들은 거의 그 역사의 흐름을 지배할 수 없으며 — 그

길을 열어 보이기 위한 이론가의 노력에도 불구하고 — 그 방향 역시 결코 지배할 수 없을 것이다. 『사회계약론』 자체는 "노쇠와 죽음이 인간 신체를 파괴하듯이, 정치체가 탄생하자마자 그것을 끊임없이 파괴하려는 경향이 있는, 회피할 수 없는 내부의 악덕"[47]을 확인하게 될 것이다. "…가장 잘 구성된 정부들의 회피할 수 없는 자연적 경향이 그러하다. 스파르타와 로마가 멸망했다면, 어떤 국가가 영원히 지속하길 원할 수 있겠는가?"[48] 건강한 교육법에 따른 인간 형성의 입장에서 상황들을 더 잘 보장하고자 할 때조차, 에밀과 소피의 이야기의 슬픈 결말로 알 수 있는 것은, 모든 성공이 일시적이라는 사실이다.

그 "역사" 속에서 만난 첫번째 어려움으로는 최초 상태와 관련된 거리, 인간을 동물로부터 구분하는 완성 가능성의 발현에 필요 불가결한 거리의 시작이 드러내 보이는 어려움을 들 수 있다. 『불평등론』의 첫 부분이 기술하는 균형과 만족의 상황이자, 『언어의 기원에 대한 논고』가 주장하는 분산의 상황에서, 모든 것은 인간들의 화목뿐만 아니라 능력과 필요의 발전을 무력화시키는 데 협력한다. "자연이 인간들을 상호 필요에 의해 서로 접근시키고, 그들이 언어를 손쉽게 사용하도록 장려하는 데 베풀어준 적은 배려에서, 자연이 얼마나 인간들의 사회성에 대해 준비한 것이 없는지, 얼마나 그들의 관계 맺음을 위해 노력하지 않았는지를 알 수 있다."[49]

그러나 자연은 아마도 신의 명령에 의해,[50] 최초에 주어진 목적을 향한 전진보다는 사고를 더 많이 야기하는 식으로 개입했다. 인간이 인간의 동반을 추구하도록 하기 위해서는 모든 점에서 특별한 상황들이 필요했다. 화산의 불, 바다의 범람, 그리고 가장 작은 재난에 속하는 것으로 (인간에 의한, 스스로 완전해질 수 있는 능력의 사용과 관련된 신의 기획의 유일한 증거인, 지구 자전축의 경사傾斜에 의해 우연히 결과한) 계절의 변화는 찌는 듯한 여름과 얼어붙을 듯한 겨울을 낳는다.

그로부터 인간의 필요와 자연의 공급이 보이는 균형에서 일시적인 괴리가 생겨나고, 희소성에 따라 최초의 단체들이 형성된다.

그 결과는 너무 잘 알려져 있으므로, 오래도록 그것을 반복할 필요는 없을 것이다. 서로 화해하도록 만든 그 상황들을 넘긴 최초의 단체들은 여전히 서로 독립적으로 살 수도 있는 개인들을 결집시키고, 그 독립은 진정한 변질 없이 그들의 현존을 유지시킨다.

단지 점차적으로만, 완성 가능성의 발현이 최초 상태의 심오한 변형의 원인일 뿐만 아니라 결과로 나타나게 될 어떤 과정의 불가역성이 자리잡게 될 것이다.

여기서 두 가지 요소가 고려되어야만 한다. 한 가지는 경제적 영역에 속한다. 희소성에 기초한 인간 집단은 노동에서의 협동에 의해 생산된 자원의 과도한 풍부성에 봉착하게 된다. 그 불균형은 공급을 위해 필요의 발전을 낳고 필요의 발전은 각자를 타자들에게 의존하게 한다. 또 다른 한 가지 요소는 ─ 우리가 그렇게 말할 수 있다면 ─ 쾌락적 영역, 달리 말하면 유희적 영역에 속한다. 공존의 습관, 언어의 탄생 및 곧이어 노래의 탄생과 더불어 의사소통의 발전, 그리고 우물과 불 주변이라는 연회 분위기의 특권적인 장소에서 이루어지는 만남의 유쾌함은 인간 본성 속에 조금도 "준비"되지 않았기 때문에, 살아가기에 기분 좋은 사회성을 낳는다. 그래서 그것은 바로, 틀림없이 지속적으로, 또 그럼에도 불구하고 일시적인 균형 속에서 인류의 진정한 "황금 시대"였다. 개인적 애착에 근거하는 언어의 사용과 감정의 세련화에 의해 뒷받침된 능력의 발전 덕분에 동물성에서 빠져 나온 각자의 현존은 생겨나는 사회 관계를 벗어날 가능성에 의해 독립적이 되고, 동시에 앞선 시대에 알려져 있지 않은 유쾌함에 의해 편안해지는 것이다.

그러나 사회화 과정의 이러한 두 가지 측면은 개인들이 통합되는 틀을 구성하는 모든 것과 더불어 관계들의 심오한 재구조화로 인도할 관계들을 엮어나가기 위해 서로 교차된다. 그 관계들에 따라 그러한 씨실이 다르게 짜여질 수도 있으며, 이 모두는 인간들간의 상호 의존의 증가와 결부되어 있다. 자연의 영원한 법칙들에 적합하게, 사물들의 의존에 ― 개인 상호 관계들의 변천과 연결된 ― 인간들의 의존이 부과될 것이다.

우선 행복하고 전복 가능한 사회화로부터 생겨난 타인에 대한 의존은 다양한 측면을 지니고 있지만, 두 가지 주요 측면 아래서 발전된다. 첫번째는 필요의 작용, 배타적인 재산 소유의 탄생, 특히 배타적인 땅 소유의 탄생 그리고 노동 관계를 가리킨다. 적어도 첫번째 만큼 중요한 두 번째는 오히려 여가 속에서 펼쳐지고 노래와 춤 속에 뿌리를 두고 있다.[51] 정신의 완성의 딸인 비교 능력은 서로 비교하는 습관 속으로 떨어지고, 그것은 태도 전체의 기준 변화로 인간을 인도한다. 그러므로 자존심이 자기애를 대체한다. 그것들은 바로 "그것들의 본성에 있어, 또 그것들의 효과에 있어 아주 다른 두 정념이다. 자기 자신에 대한 사랑이란 모든 동물로 하여금 자기 자신의 보존에 애쓰게 하는 것이며, 인간 속에서는 이성에 의해 지도되고 연민에 의해 변화되어 인간성과 덕을 생산하는 자연적인 감정이다. 자존심은 각 개인으로 하여금 모든 타인보다 자신을 더 존중하게 하고 인간들을 상호적으로 만드는 모든 악에 대한 영감을 주며 명예의 참된 근원인, 사회 속에서 생겨난 인위적이고 상대적인 감정"인 것이다.[52] 홉스가 헛된 명예의 이름 아래 인간 본성에 부여하고 있는 것은 여기서 모든 피조물의 진정한 자기 재산에 대한 애착을 타자들에 의한 자기 자신의 가치 승인에 대한 관심, 특히 공격과 경멸의 흔적에 대한 민감성으로 대체하는 사회화의 쓰디쓴 과일이다.

그러므로 타인이 필요의 세계 속에서 협력자―적대자이건 혹은 경쟁자이건 간에 각자는 타인의 매개에 의해 자기 자신과 관계 맺으며 행동한다. 타인의 의견과 판단은 공동체의 모든 성원에 대한 태도뿐만 아니라 나에 대한 태도를 결정하게 한다.

그런 식으로 다양한 면에서 의존하는 것은 황금 시대를, 홉스가 인간 본성이 인간에게 자연적으로 만들어 주는 조건으로 결부시키는 유일한 잘못을 범했던 그 상태인, 전쟁 상태로 퇴락시킨다.

능력의 완성, 감정의 발전 그리고 완성 가능한 인간이 인간적으로 되는 그 모든 것의 결과가, 인간들이 서로 대치하고 서로 속이며 서로 타락시키는 불행의 상태임은 자명하다. 자연 및 그 법칙과 관련되는 사물들의 의존과는 반대로, 타인들의 의존은 외관에 따라 변조되기 때문이다. 즉 표현하는 것이 유익하다고 판단되는 것처럼 타인 또는 타인들의 눈에 보이는 것이 문제이기 때문이다. 그래서 계략과 속임수가 생겨난다.

그 투쟁과 그 타락의 근저에서, 자기 보호 및 자기 재산의 보존에 대한 관심은 몇몇 사람의 지배의 강화와 타인들에 대한 약탈의 대가로 모든 이의 생명의 보존에 유용하면서도 보충적인 계략으로 『불평등론』에서 기술된 사회 정치적 구조물을 건설하도록 인도할 것이다.

계략에 의해 영감을 받은 계약에 근거한 제도는 의존을 체계화하는 결과를 낳고, 법은 독재와 무정부 상태가 출구 없이 순환적으로 교체될 때까지 복종할 의무가 있는 자들에게 복종을 명령할 권위를 가지고 있는 자들의 의지의 표현으로 나타난다.

인간의 완성 가능성에 투자하면서, 또 인간적 환경이 자연과의 직접적 관계들을 대체하길 노리며, 이 인간들의 능력들을 계발시키고 인간들의 감수성을 세련되게 했던 불가역적인 과정들이 너무도 간단히 회상되었기에, 시간 의식을 획득했음에도 불구하고 함께 살도록, 서로와 관련해서 행동하도록, 또 시작하기 위해서 서로를 비교하도록 할만한 것이라곤 아무것도 준비되지 않았다. 게다가 자연 상태에서는 단지 잠재적으로만 인간적인 존재의 인간화를 그 역사의 공적으로 평가해야만 한다.

그러나 루소가 제공하는 동시대인들의 슬픈 그림 속에, 또 불행한 상태 속에 동물성을 넘어서는 인간 양육의 이면이 남아 있다. "사회"에 의해, 다시 말해서 인간들을 서로 의존하도록 만들고 그들의 진정한 선에 귀기울이지 않게 만드는 다양한 관계들의 작용 속으로의 인간들의 동화에 의해 타락하고 변질된 인간들은 그 불행한 상태 속에 빠져 있다. 인간들의 본질적인 완성 가능성에 의해 열려진 가능성들과 각자 자신 속에서뿐 아니라 그의 주변에서 관찰할 수 있듯이 실현된 인간성 사이의 분열, 모순의 이유는 불가역적인 역사 전체가 원칙 없이, 규칙 없이 펼쳐졌다는 점과 관계가 있다. 달라졌을 수도 있을 상황들, 하지만 사건에서 큰 몫을 하고 있는 상황들의 우연이 나중에는 긴장, 적응, 수정을 야기했다. 완성 가능성에 함축된 추진력, 인간들이 처음부터 통합되어 있는 자연 조화들의 최초 균열 때 시작된 추진력이, 개인들이 갇혀 있는 상황에 따라 우리 "종"이 생성된 것, 또 "반쯤 도야되어 있는" 것의 기원이다. 그 추진력은 무질서한 혼돈의 역사의 흐름 속에서 그 효과를 펼쳐 나갔다. 그러한 역사 속에서는 자연 균형이 유지되는 법칙도, 당사자들이 그들 관계의 조직화에 대한 성찰을 통해 자기 운명을 지배하는 모습도 나타나지 않는다. 그러한 지배는 법칙의 영향 아래에서나 가능할 것이다.

바로 그 상황에 대한 처방이 가능하다면 이론가는 처방을 해야만 한다. 인간의 가치 있는 인식 — 자연 조건과 관련된 불일치에 앞선 인간성의 상태를 회복시키고 그 변화들에 대한 연구로 풍부해지며 원거리에 주어진 시선에 근거하여[53] 실현된 가능성들을 넘어 이해할 수 있도록 만드는 인식 ─ 이 출현할 수 있는 원칙들로 거슬러 올라가면서 말이다. 그때 어떤 정치 사회적 구조물의 조건들은 이상적으로 재구성될 수 있어야 한다. 그 구조물 안에서, "사람들은 공화국 속에서 자연 상태의 모든 이점을 시민 상태의 모든 이점에 결부시킬 것이다." 틀을 사유하는 것이 필수적이다. 그 틀 속에서 인간의 인간에 대한 활동의 열매인 인간의 인간성은 자연 질서가 보장하는 것과 유사한 조화가 지배할 어떤 세계 속에서 펼쳐질 것이다.

개별 의지들이 작동하러 오는 조건들의 조절된 배치에 의한 인간 상호 관계의 틀짓기는, 타자에 대한 의존이 야기하는 비뚤어진 효과의 바깥에서 인간들의 형성이 이루어지도록 할 것이다.

그때 인간의 자기 자신과의 대화해, 자연과의 대화해 혹은 보다 정확히 말해서 현존, 즉 그들의 공존이 이루어지는 관계망의 재구성에 의해 인간성의 회복이 실현될 것이다. 또, 그렇게 되기 위해서, 사람들은 "존재하는 사회들을 개혁"하고자 시도했던 작업에 직면하여 리쿠르구스가 감히 행했던 바를 생각해 보아야만 한다. "정치 상태는 항상 불완전한데, 그 이유는 그것이 거의 우연의 산물이고, 잘못 시작된 시대는 결점들을 포함하고 처방들을 암시함과 동시에 결코 구성의 악덕들을 고칠 수는 없었다는 데 있다. 그리고 리쿠르구스가 스파르타에서 했던 것처럼, 하나의 훌륭한 구조물을 짓기 위해서는 터를 닦고 낡은 재료들을 멀리하면서 시작해야 했음에도 불구하고, 사람들은 계속해서 뜯어 고칠 뿐이었다."[54] 구조물의 기초 공사를 조정하는 것을 망각해서는 안 된다. 왜냐하면 스파르타에서 "법은 원칙적으로 아동 교육에 주의하는 것"이었기 때문이다.

일단 역사적으로 실현된 사회 내에서 인간의 상황을 이해하고 『에밀』이 문제를 제기하는 관점들 ─ "인간을 법으로 대체하고, 모든 개별 의지의 힘보다 우월한 현실적 힘을 일반 의지에 제공하는 것" —
을 상기하면서, "인간들의 의존이 다시 사물들의 의존이 되기"를 갈망
해야만 한다. 그렇게 함으로써 악의 근본 원인이 뿌리 뽑힘과 동시에
인간성의 어떤 형태가 실현될 수 있을 것이다. 그 인간성의 형태는, 행
복하고 순수하지만 실제로 동물의 현존과는 구별될 수 있는 현존과,
특히 인간적인 능력 계발과 동시에 불행을 양산하는 풍속의 타락을
나타내는 현존 사이의 양자택일이 아니다. "인간의 인간"은 자연의 보
편적 요구들에 따라 해방된 인간성을 실현해 낼 것이다. 그것은 내적
투쟁과 규율 없는 역사의 표류에서 물려받은 악으로부터 해방된 인간
성이다.

문제의 소여들과 예상된 해결책 사이에서 전자에서 후자로 나아갈
수 있게 하는 조건들은 본질적인 것을 상기시키는 것 이상의 일을 할
필요가 없을 정도로 충분히 잘 알려져 있다.

두 측면을 고찰해야만 한다. 그리고 그 두 측면에 따라 "인간의 인
간" 형성에 신경을 써야 한다. 소위 인간적인 현존의 특징들에 "자연
인"의 올곧음을 결부시키기 위해서이다.

교육이 시민으로 하여금 자신을 공화국의 구성원으로 여기게 하고
법을 좋아하게 함으로써 시민을 "도야"하는 데에만 존재하는 것은 아
니다. 그것은 강요된 지식보다는 사물들의 교훈들에 특권을 주려 할
것이다. 스승과 학생의 관계가 지식을 이용하는 자, 즉 그 지식을 배워
야만 하는 자에게 그것을 전수하기 위해 필요한 권력을 이용하는 자
의 권위에 기초할 수는 없을 것이다.

어떤 의지를 다른 의지에 종속시키지 않기 위해서는 상황들을 정돈
하는 것이 중요하다. 그 상황들 속에서 사물들의 성향에 대한 경험이

이루어질 것이다. 다들 알고 있듯이, 상황들은 영원한 자연 법칙의 규칙성을 알려 주지만 변덕에는 냉담하다. 어린아이는 그 사물들의 질서에 복종할 때에만 사람들이 명령하는 그 질서를 발견하게 될 것이다.

그러므로 한 인간의 의지 속에 낯선 의지에의 의존의 습관을 각인시키는, 다소 때 이르고 지속될 수 있는 변질, 즉 삶이 조직되는 기준을 타인 속으로 옮겨가는 근본적인 부패를 피할 수 있을 것이다. 그런데 교육은 자유를 향한 형성이어야 한다. 즉 의존하는 자에 대해 영향력을 끼칠 수 있는 자의 선한 의지에 조금도 의존하지 않을 수 있는 능력으로의 형성이어야 한다. 루소는 "바로 거기에 나의 근본적인 준칙이 있다"고 명시한다. "자신의 의지를 행하는 자만이 그렇게 하기 위해 자기 손으로 다른 이들의 손을 잡을 필요가 없는 자이다. 그러므로 모든 재산 가운데 첫번째는 권위가 아니라 자유라는 결론이 나온다. 참으로 자유로운 인간은 자신이 할 수 있는 것만을 원하고 자신의 마음에 드는 것만을 행한다. 바로 거기에 나의 근본적인 준칙이 있다. 아동에게 그것을 적용하는 것만이 문제가 되며, 교육의 모든 규칙은 그로부터 파생할 것이다."[55] 아무튼 어린이를 완성 가능한 존재로 간주할 때만 의미를 갖는 교육은 인간을 자연인과 그 동포들로부터 독립하도록 하는 것을 목적으로 하는 것이 아니다. 에밀 자신은 자신의 동포들 가운데 살도록 예정되어 있다. 즉 숲에 살도록 자신을 형성해서는 안 된다. 도시에서, 그의 동포들 가운데서, 능력들의 완성과 더불어 발전된 필요의 만족을 보장하기에는 각자의 힘들이 불충분한 어떤 사회 속에서[56] 살도록 자신을 형성해야만 한다. 그래서 루소가 에밀을 "도시에 살도록 만들어진 야만인"으로 규정할 때, 루소 자신에 의해 사용된 용어들에도 불구하고 교육의 목적은 아이를 보살핌으로써 "인간의 인간"을 형성하는 것이다. 그러나 우리가 알고 있는 자들과 같은 "한 명의 프랑스인, 한 명의 영국인, 한 명의 부르주아"와 그가 닮게 되는 것을 피하는 것이다. 무질서 속에서 서로 대치하고 협동하는 의지들 사이의 의존의 관계망이 힘의 관계, 개인의 선택, 사건에 따라 짜여지는 도처에서, 타인들과 함께 산다는 것은 악과 악덕의 증가로 귀결된다. 근대 사회가 통탄할 만한 보기를 제공하지 않기 위해서는 그 관계들에 법이 강제되어야만 한다. 법은 모두에게 강제되어야 하지만, 어떤 사람의 의지의 표현으로도, 또 지배의 도구로도 등장해서는 안 된다.

달리 말해 그것은 정치적 권리의 제원리에 따라 조직되는 유일한 사회이다. 즉 그 사회 속에서 비인격적인 법은 정도를 벗어난 타인들에의 종속에서 각자를 해방시키고, 사람들이 자기 운명을 제 손에 쥐지 않고서는 양립할 수 없는 이점들까지 포함한 현존 형태들을 실현할 수 있는 기회를 인간의 완성 가능성에 제공한다. 그러나 법이 그 어떤 사람에 의해서 내세워지지도 않고, 또 복종할 의무가 있는 의지와 구별되는 어떤 개별 의지도 표현하지 않으면서 모두를 강제하기 위해서는 어떻게 해야 할 것인가?『사회계약론』1권의 6장은 존중되어야 할 요구와 해결의 말을 몇 줄로 간략하게 요약하고 있다. 각자가 "모두와 결합되어 있음에도 불구하고 자기 자신에게만 복종하고 이전만큼 자유롭기" 위해서는 어떻게 해야 할 것인가? 역설적인 조건은 자기 자신이 바로 하나의 통일체이길 거부한다는 점이다. 그 통일체는 바로 "자기 자신과만 관계"를 갖고, 자신 속에서 자신이 원할 수 있는 것의 척도를 발견한다. 자연이 아무런 준비도 해놓지 않은 그 사회화가 습관적인 손실 없이 이루어질 수 있기 위해서는 "자신의 모든 권리를 소유하고 있는 자들이 [그것을] 모든 공동체에 전면적으로 양도"할 것을 요구한다.

그 양도는 각 개인에 의한 자기 자연권의 포기와 스스로의 판단에 따른 자기 힘puissance의 사용의 포기를 재생산하고, 그것을 강화시킨다. 홉스에 의하면, 그 판단에 의해 자연 상태에 대한 부인이 이루어졌다. 그러나 각자의 각자에 대한 약속을 낳은 모든 이들의 포기는 제3자를 위한 권리와 힘의 이전이라는 의미를 가지게 되었다. 모두에 의해 그 제3자는 그들의 공동 대표로 정해졌고, 그 때문에 다수를 민중으로 만드는 (가역적인) 변화를 가져왔다. 반면에, 루소는 제3자를 위해 법을 만들 수 있는 통치권의 이양을 배제시킨다. 하나의 동일한 몸체corps 속에서 통일된 그들의 의지를 표현하는 인간 단체에 의해 직접적으로 형성된 공동체를 위해 각자에 의한 자기 권리의 양도가 이루어진다. 모든 정당한 공동체의 근본 정식에 따르면, "우리 각자는 자신의 인격과 자신의 모든 힘을 일반 의지의 탁월한 인도 아래 공동의 것으로 만들고, 몸체corps 안에서 우리는 각 구성원을 전체의 불가분의 부분으로 받아들인다."

법과 그것을 낳는 의지의 관계는 강제와 그와 어울리는 의무라는 외적 근원의 관계가 아니라 전체와 부분의 관계이며, 보다 정확히는 "우리"와 각각의 사람들의 관계인데, 이때 각각의 사람들은 모든 다른 시민들과 똑같은 이유에서 "우리"의 구성원이다. 그때 특히 우리는 각자가 스스로를 시민으로 여기고 있으며, 자신의 현존은 정치체 전체에 따라 평가된다는 것을 알고 있다. 그래서 일반 의지와 각 구성원의 의지의 상호 내재화가 존재하게 되는데, 그 구성원이 분수 단위로 "변화"하는 한에서이다. 『에밀』의 산술 비유에 따르면, 그 분수 단위의 값은 분모, 즉 전체와의 관계에 의해 결정된다.

그러므로 각자는 법에 복종할 때에만 자신에게 복종하는 것이고, 우리도 알고 있듯이, 사람들이 자신에게 명했던 법에 복종할 것인가 하는 문제는 자유이다. 자연적 독립성을 넘어 그 자유는 정치체에의 참여와 일반 의지에의 종속에 의해 이중적으로 생산된다. 그것은 상황에 따라, 또 힘의 관계나 불평등한 상황들에 따라 개별 의지들 사이에서 형성되는 의지 관계에서의 해방을 의미한다. 그것은 유일한 욕구의 충동에서의 해방이고, 모두가 이상적으로 일치하는 하나의 성향을 의욕하도록, 각자를 순간의 특수성과 독특한 변덕을 넘어 고양되도록 강제한다. 단지 다수라는 사실만으로 일반 의지가 열망한 것에 대해 오해했던 자들에게 그 적합성을 보여줄 때조차도 말이다.[57]

여기서, 일반 의지는 잘못을 범할 수 없다는 사실과, 따라서 만약 군주가 자가당착이나 종복들의 부패에 맞서 이를 보증할 필요가 있다면, 법을 규정하는 권력에 대한 어떤 규제도 미리 상정할 필요가 없다는 사실에 대한 루소의 판단을 기억해 내는 것은 무용할 것이다.

본질적인 것은 결정과 일반 의지의 표현을 주관하는 조건에 있다. 시민들의 모임은 전적으로 그 전체와 관련되거나 혹은 예외없이 그 구성원 각자에 관련되는 입법 조항들에 대해 의사를 표시하도록 인도된다. 법의 삼중적 일반성 — 모두 숙고해서 조항에 대해 의사를 표시하도록 인도된 시민들의 일반성, 그것이 심의된 대상의 일반성, 그리고 특히 그것이 채택된다면 적용될 사회체의 일반성 — 은 다음과 같은 결과를 낳는다. 즉 모두를 위해, 그들 각자를 위해, 그래서 그들 자신을 위해 그들 모두가 원하는 것을 말하도록 호소한다는 결과 말이다. 그래서 민중의 일부가 아무리 다수라고 할지라도 민중의 다른 일부, 즉 소수와 관련된 조항에 대해서 의사를 표시할 수는 없다.

이 조건들이 충족되어 법이 채택된 상태라면, 심의 대상이 된 그 법에 자신이 종속되어 있다고 생각하지 않고서는 법의 원문에 대한 의사 표시를 할 수 없다. 군주의 구성원으로서 시민은 각자 자신을 시민적 복종의 의무가 있는 종복으로 간주하는 조항들을 원하거나 거부하게 된다. 그때 사슬과 짐에서 자유로운 그 누구도 타인들을 사슬에 묶거나 짐지울 것을 바랄 수 없다. 그리고 그 누구도 스스로 억압당하기를 원하지 않으며, 자신을 똑같은 강제에 종속시키지 않고서는 타자들을 억압할 수 없다. 만약 그렇다면, 공화국의 현행법들의 **몸체**_corpus_는 모두에게 유용한 것이라는 한계에 의해 필연적으로 제한될 것이다. 즉 무용한 의무나 한계들은 존재하지 않을 것이고, 입법 결정의 조건들에 따라 억압적인 법은 존재할 수 없게 된다. 일반 의지가 결정되는 동일한 방식들로 규제적 원리가 추구되어야 한다. 그 원리는 자체적으로 공화국의 현실적인 요구들에 입법을 맞추며, 필요치 않은 법은 더 이상 존재치 않도록 기능한다.

그러나 우리에게 중요한 것은 공적인 숙고가 이루어지는 동안 개별 의지들이 결정되는 원리이고, 자연 상태에서 태도의 올바름을 보장하고 과오뿐만 아니라 과도함까지도 예방했던 것과 그 원리의 형식적 관계이다.

사실 파당의 부재가 각자를 모여 있는 민중들 가운데 있게 하는 고독 속에서, 각자는 통치권을 표현하는 시민인 한 자기 자신이 법에 종속된 종복이라고 생각하게 된다. 그때 모든 정치 공동체에 가치 있는 규정들에 대해 각자에 의해 취해진 결정은 "각자가 스스로에게 제공하는 선호"에 의해 명해진다. 그 선호가 전체 이익이 부분들 각각의 이익을 조건짓는 한 그 전체 이익을 고려할 때조차도, 거기에는 자기애라는 규제의 자연 원리가 다시 등장한다. 그러므로 이렇게도 말할 수 있을 것이다. 입법에서 숙고할 조건들은 스피노자가 자기 "자신의 실리"라고 했던 것에 따라 각자가 스스로를 결정하도록 이끈다. 이때의 실리는 고상한 실리로서, 공동체의 힘에 있어서는 참이다. 이는 "자신의 모든 재산과 더불어 각 구성원의 모든 공동체에의 [권리] 양도"에 기초한 공화국에서는 정치체 전체의 선에 자신을 종속시키지 않고서는 아무도 자신에게 적합한 것을 구상할 수 없다는 사실에 의거하고 있다.

만약 "그의 삶이 더 이상 자연에서 주어진 은혜만이 아니라, 국가의 조건부 선물"[58]이라는 것이 사실이라면, 시민이 된 인간이 자신이 구성원으로 참여하고 있는 공동체에 자기 현존을 포함한 모든 것을 빚지고 있다는 점은 더욱더 사실이다. 스파르타의 보기가 또 한번 가르쳐 주듯이, 자기애란 시민 공동체의 사랑에 준거하여 결정되는 것이다. 호의적으로 언급된 "변성"은 자기soi 준거로의 재집중을 함축한다. 여기서 자기는 하나의 "우리"로의 귀속 의식과도 조금은 비슷한 면이 있다. 특히 두려워할 것과 희망할 것에서 다른 어떤 고려보다도 그 귀속 의식이 우위에 있다는 점은 『에밀』의 산술이 충분히 주장했던 바이다.

그 점을 주목해 보면, 시민은 각자 자기 자신의 선호에 의해 타인 관점의 기준을 멀리하며, 각자가 욕망하거나, 의욕하거나, 평가하거나, 존중할 때면 자신과 맺고 있는 관계에서 타인의 매개를 없앤다는 사실을 알 수 있다. 그래서 인간 상호 의존의 삐뚤어진 결과들, 즉 자신인 바를 나타내거나 숨기려는 관심, 경쟁과 불신에 근거하여 속이려는 관심이 약화되는 것이다. 그렇게 해서 자존심에 의한 자기애의 회복이 무화되고, 동시에 가장 약한 자의 가장 강한 자에의 종속, 가장 가난한 자의 가장 부유한 자에의 종속이 무화된다. 왜냐하면 법을 만드는 것이 문제든 따르는 것이 문제든 간에, 법 앞에서 모두의 조건은 공화국 전체를 위한 모든 권리의 전적인 양도에 의해 동등화되기 때문이다. 구성원 각자에 대한 정치체의 권력이 그들에게 보장하는 안전과 재산을 가장 잘 향유하기 위해서 그들 자신의 판단이라는 유일한 규범에 따라 그들의 힘의 사용을 포기했던 주체들이 특히 재산에 관해 ("자연적"인 것과는 반대로) 어떤 "시민의" 권리들을 향유할 것인지는 공화국이 결정할 일이다.

그러므로 우리 종의 구별되는 특징인 원초적 완성 가능성에 의해 가능해진 인간화의 조건, 즉 인간 세계 속으로의 통합은 어떤 낯선 의지의 매개를, 더 정확히 말하면 무질서하고 변덕스러우며 정도를 벗어나는 개별 의지들의 매개를 배제하는 의지의 결정 원리로의 회귀와 함께하는 것이다. 물론 정치 공동체 전체 ― 정치체 ― 는 바로 개인과 자기 자신의 매개자이면서 시민과 종복의 매개자이다. 이때 각자는 불가분적으로 시민이자 종복이다. 각자는 자신을 정치체의 구성원으로 생각한다. 정치체는 그의 의지에서 나왔고, 그는 그것의 일부이다. 그 매개는 자연적이건 기술에 의해 생겨났건 간에 모든 규제의 바깥에서 발전된 의지의 결정 원리의 외재성, 순수 교체성일 수 있는 것에 의한 이행을 도입하지 않으며, 오히려 반대로 배제시킨다. 그것 자체가 인간적 산물, 인간 현존의 알려지거나 점쳐진 형태들에 대한 사색을 통해 이끌어낸 원리들에 준하여 조절된 인위적 기술이다. 즉 『불평등론』이 그 도정을 다시 그렸던 것들, "오늘날의" 인간들이 체험한 경험이 드러내는 것들, 리쿠르구스의 스파르타 또는 킨키나투스Cincinnatus[5]의 로마처럼 역사가 기억을 재구성하는 것들 그리고 코르시카,[59] 폴란드 등처럼 아마도 좋은 제도의 정착을 통해 그 기회들을 보전하고자 애쓸 수 있는 것들이 바로 그런 형태들에 속한다.

만약 역사의 흐름 속에서 발생한 우여곡절 속으로 인간을 몰아넣기를 원하지 않는다면 시선을 멀리 두어야 한다. 상황들을 만드는 사건들의 무질서한 결과와 인간의 발명인 결정들은 그 역사의 흐름 속에서 완성 가능한 존재를 통일성 없이 도야하도록 서로 뒤얽혀 있다. 바로 그 때문에, 그 완성 가능한 존재는 국가 안에서 동포들과의 공존 조건들과 자기 형성의 과정을 동시에 개선하면서 자기 스스로를 생산하기 위해 자신인 바, 자신일 수 있는 바, 그가 행해야만 하는 바를 알지 못할 때 방탕으로 빠져드는 것이다.

물론 항상 반복되는, 창조주에 대한 경의의 기초 위에는 때때로 동시대인들을 두려워하는 비관주의와, 자기가 엿본 가능성들에 대한 조심스러우면서도 열정적인 희망의 혼합이 위치하기도 한다. 그러나 우리라는 피조물, 그 피조물의 고유한 본성은 도야될 수 있으며 스스로를 도야할 수 있는 능력에 의해서만 인간적인 것이다. 그가 행복하기는 하지만 아직 인간적이지는 않은 최초의 조건보다 아래로 추락하지 않고 자신의 완성 가능성을 사용해 온 것은 행복하고도 예외적인 상황들 덕분이었다. 홉스가 "정치 기구의 인위적 기술과 작용" 덕분에 인간의 영원한 본성의 저울추, 용수철 그리고 지렛대를 작동하는 역학을 재구성했던 반면, 루소는 그 "정치 기구의 인위적 기술과 작용"을 넘어서서, 인간 현존이 그 안에 위치하고 있는 조건들의 재구조화, 특히 인간 세계 속에서 인간의 모든 삶을 교환과 공존의 삶으로 만드는 관계들의 재구조화에서부터 인간 현존의 근본적인 개혁과 아직까지는 전혀 실현되지 않은 가능성들의 출현이라는 장을 연다.

그러므로 순수 본성의 존재들이 사로잡혀 있는 영원한 조건에서 나온 "인간의 인간"은[60] 자신의 완성 가능성 자체의 힘으로 기회와 위험으로 이루어져 있는 하나의 운명으로 나아간다. 틀림없이 여기서는 고독한 산책이나 시골의 어떤 보좌 신부의 만남이 보다 확실한 길일 것임에도 불구하고, 각자의 타인들과의 화해, 자기 자신과의 화해, 자연과의 화해 — 게다가 신과의 화해 — 의 조건을 분명히 하기 위한 노력을 통해 자신의 운명을 자기의 손에 포착하는 것은 그의 몫이다 — 혹은 그의 몫일 것이다. 그러나 루소가 어제보다 내일 더 잘 만나게 될지도 모를 기회에 대한 환상들에 사로잡혀 있는 것은 결코 아니다. 혁명적 메시아주의를 교설하기는커녕 모든 개혁에 내재하는 표류의 위험들 때문에 그가 변화보다는 보존을 더 선호하게 되었다는 것을 보여주는 편이 더 손쉬울 것이다.[61]

그가 공교육에 대해 언급하고 있는 표현들과 "반쯤 도야된" 사람보다는 시민이 더 우세하다는 표현들을 연결시킬 때, 사람들이 제공할 "계획된 개혁"에 대한 조감도가 폴란드라는 국가의 제한된 틀을 넘자마자 몇 가지 공포를 야기할 만한 부분을 갖게 될 것이라는 것을 언급해야 한다. 물론 어떤 전체주의에 대한 공포는 분명히 변성에 준거하면서, 태어날 한 인간의 관념에 교육과 정치를 연결시켜 "시민의 삶이란 단지 국가의 조건부 선물일 따름"이라는 주장들의 결과를 이끌어 낼 수도 있을 것이다. 그리고 설상가상으로 법을 존중하지 않는 자에게 폭력을 가하면서 "사람들은 그가 자유롭도록 그를 강제할 것이다."[62]

그의 저작이 일반적으로 정합적임에도 불구하고, 어떤 신인간의 출현에 참가하는 데 관심을 가진 이론가가 그 속에 드러난다고 하는 것은 이 제네바 시민의 생각을 지나치게 체계화하길 원하는 게 될 것이다. 게다가, 자연 상태에서, 현대 국가에서 실현된 인간성에까지 인도하는 노정으로 이끄는 사색이 인간 현존의 구체적 결정들의 역사성을 백일하에 드러내고 있기만 한 것은 아니다. 동시에 그것은 우리 "종"의 가능성을 거의 무제한적인 폭으로 개방하는 것이 인간들을 불행, 노예 상태, 도덕적 타락의 상황에 가두는 결과가 되지 않도록 그 현존을 생산해야 한다는 요구들을 이끌어 내는 것이기도 하다. 그것이 현실화되어야만 하듯이 이상화된 인간의 초상을 그리는 것은 조금도 중요하지 않으며, 오히려 현재 조건의 기원의 재구성을 통해 드러나는 것과 같은 악의 뿌리와 대비하여 규범들 역시 드러나도록 하는 것이 중요하다. 그러한 규범에 대한 무지 또는 위반을 통해 완성 가능성의 가장 그릇된 결과들이 나타난다. 규범들은 다양한 현존 방식들과 양립 가능하다. 그것들은 자연 상태에 내재해 있다. 그것들은, 법이 모든 이의 평가를 거쳐 예외없이 모두에게 강제되는 공화국에서, 새로운 현실성을 재발견한다. 또한 루소는 형태를 받아들이는, 보다 더 명확히 말하면 스스로 형성되는, 인간들이 소유하고 있는 "거의 무제한적인 능력"의 발견과 원리들에 대한 강한 긍정을 주장한다. 그 원리들에 대한 존중은 항상 평화롭고 조화로운 현존을 도처에서 조건짓는 것이다. 우리 종이 도야되어야 할 필요와 그 도야를 끝까지 이끌어 가고자 하는 요구는 자연 상태와 시민 상태의 대립을 초월하는 규범들에 의한 완성 가능성을 그렇게 이용하도록 틀짓는 것에 대한 승인을 동반한다.

그때 우리의 제네바인이 말하듯이, 사람들은 "공화국 속에서 자연 상태의 모든 이점을 시민 상태의 모든 이점"에 결합시킬 것이다.

그런 관점의 실현은 조건부로 두는 편이 원문에 더 충실한 일이 될 것이다. 우리도 알고 있듯이, 그 관점은 법이 진정으로 "인간들 위에" 존재한다고 가정하고 있기 때문에 반지름이 주어진 원의 면적과 동일한 면적을 갖는 사각형을 기하학적으로 그려내는 문제를 해결해 낸 것과도 비슷할 것이다. 그리고 거기에, 일단 그 문제가 완전하게 해결되었을 때조차도 스파르타와 로마의 몰락에 근거하여 『사회계약론』에서 사유한 것과 같은 역사는, 제도와 풍속의 최초의 완전성의 단계가 어떠하든 간에, 그것들의 일시적 특징을 고려하게 되는 것을 두려워하게 될 것이라는 사실을 덧붙여야 한다.

그러나 루소를 고독한 산책자의 몽상으로 내모는 것 또는 설상가상으로 새로운 프로크루테스[*6]의 역할을 하게 하는 것을 무릅쓰고서라도, 필요하면 현실을 관념에 종속시키면서까지 하나의 동일한 운동에서 사회와 인간을 개혁하고자 하는, 위험한 이데올로기를 고취시키는 자로서 그를 이해하는 것은 너무도 쉬울 뿐만 아니라 과도한 일이 될 것이다. 그의 현실적인 공헌과 "착한 야만인"의 자연 상태의 애교 있는 표상으로의 그의 인간학의 환원 사이에 놓인 거리를 가늠하면서 우리는 우리의 현대성이 그에게 빚지고 있는 것을 인정할 수 있어야 한다.

이 모든 것들을 이해할 때 비로소 장래에 대해 실망하고 있는 우리 시대에서조차(특히 우리 시대에) 우리를 가능 — 최선의 가능성들뿐만 아니라 최악의 가능성들 — 의 존재로 만드는 완성 가능성에 대한 주장에서 취할 만한 점이 존재한다. 하지만 그 누구도 우리 종이 도야되기를 열망하는 모델을 만들기 위해 그 가능성들의 지평을 미리 경계 짓거나, 그 가운데에서 하나를 미리 선택할 수는 없을 것이다.

그의 삶과 저작은 비관주의로 끝나지만, 루소는 후대를 위해 그 개방성을 확대시켜 주었다. 그의 의사에는 반하지만, 그의 동향인이자 자연주의자인, 일명 필로폴리스인 샤를르 보네[63]의 다소 옹색한 "양식良識"이 틀림없이 여기서 가치 있어 보이는 것처럼 말이다. "따라서 인간이 달리 존재할 수 있다면 더 나을 것이라는 점을 입증하고자 하는 공상적 시도를 영원히 포기하자. 아주 규칙적인 모양의 벌집을 짓는 꿀벌이 루브르의 정면을 상상하고 싶어하겠는가? 양식과 이성의 이름으로, 인간이 그의 모든 의존과 더불어 존재하듯이 그를 이해하자. 세상이 굴러가는 대로 굴러가도록 내버려두자. 그리고 그것이 굴러갈 수 있을 만큼 잘 굴러가리라 믿어 버리자."[64]

주

1) 몇몇 예외를 제외하고, 다른 모든 루소 저작의 출전은 갈리마르 출판사의 "플레이야드" 전집 중 3권(1964)과 4권(1969)이다.

2)『인간 불평등의 기원과 토대에 대한 논고』, 플레이야드 전집, 3권, p. 212.

3) "인간을 연구하고 싶다면 우선 자신을 세밀히 관찰해야만 한다. 그러나 인간을 연구하기 위해서는 자기 시선을 멀리 떼어놓는 법을 배워야 한다. 그래서 우선 속성들을 발견하기 위해 차이들을 관찰해야만 한다"(루소,『언어기원론』, 8장,

Gallimard, 1990, coll. Folio, p. 89). 레비-스트로스의 비평: "인간 사회들의 경험의 차이를 넘어, 민족학적 분석은 현재의 작업이 불변의 것에 도달하길 원하는데, 그 불변의 것에 대한 현재의 작업은 때때로 가장 예상치 못한 지점들에 그것들이 놓여 있음을 보여 주고 있다. 루소는 습관적 통찰력으로 그것을 예감했다"(『야생의 사유 *La pensée sauvage*』, Plon, 1962, p. 326).

4) 『불평등론』, *op. cit.*, p. 208.

5) 토마스 홉스, 『리바이어던 *Léviathan*』, 17장, Paris, Éd. Sirey, 1971, p. 175.

6) *Op. cit.*, p. 5.

7) 분명히 무대 혹은 법정에서의 대표와 관련된 인격personne이라는 개념은 리바이어던에서의 자연적 인격, 혹은 고객의 소송 사건을 옹호하는 변호사, 혹은 개인들의 자연권들이 이전된(뿐만 아니라 그들이 서로 계약 맺은 다음부터 종복이 된 자연적 인격들의 분산된 다수와는 구분되는 하나의 고유한 인격성이 그 고유한 통일성에 의해 부여되는 민중의 이름으로 말하고 행동하는) 군주가 하듯이, 그의 인격을 부여한("담지되는") 것으로 간주되는 어떤 대표자의 매개를 통해 자신의 권리를 강조하는 어떤 주체를 참조하고 있다.

8) *Op. cit.*, p. 121: "자연은 신체와 정신의 능력면에서 인간들을 너무도 평등하게 만들었기에 […] 인간들 사이의 차이가 그렇게 대단하지는 않다. 그래서 어떤 사람은 다른 사람이 주장할 수 있는 만큼의 이득을 요구할 수 있다." 신체적 힘의 경우만 하더라도, 가장 힘이 약한 자도 비밀스런 흉계를 통해 혹은 자신과 동일한 위험을 겪고 있는 다른 사람과 동맹을 맺어 가장 힘센 자를 죽일 수 있을 만큼의 힘 정도는 가지고 있기 때문이다.

9) 루소, 『사회계약론』, 1권, 7장, *OC*, t. III, p. 366.

10) 데카르트, 한 R. P. 예수회원에게 보낸 편지(1643), in *Descartes: Œuvres philosophiques*, Éd. F. Alquié, Garnier, t. III, p. 61.

11) 루소, 백과사전 제7권 속의 "제네바"란 그의 소논문, 또 특히 그 도시 속에 극장을 세우는 계획과 관련해서 달랑베르에게 보낸 편지.

12) 『불평등론』, *op. cit.*, p. 132.

13) 홉스, *Op. cit.*, 13장, p. 123.

14) 홉스, *Op. cit.*, 10장과 13장.

15) 홉스, "(자연권과 자연법의) 주체에 관해 말하는 자들이 *jus*와 *lex*를 혼동하는 습관이 있음에도 불구하고, 그것들은 구분되어야만 한다. 왜냐하면 법은 어떤 것을 하거나 혹은 삼갈 자유 속에 있기 때문이다. 그때 법은 당신들을 제한시키고, 당신들 서로를 연결시킨다. 그래서 법과 권리는 단 하나의 동일한 지점에서 공존할 수 없는 것, 바로 의무와 자유처럼 구별된다"(*Op. cit.*, 14장, p. 128).

16) 루소, 『불평등론』, *op. cit.*, p. 132.

17) *Op. cit.*, p. 153.

18) *Op. cit.*, p. 154.

19) 홉스 저작의 같은 제목을 참조할 것.

20) 『사회계약론』, 2권, 7장, *op. cit.*, p. 381.

21) 『불평등론』, 서문, *op. cit.*, p. 122.

22) *Op. cit.*, p. 140.

23) *Op. cit.*, p. 141.

24) 『사회계약론』의 소제목이 그렇다.

25) 『에밀, 혹은 교육에 대하여』, 4권, *OC*, t. IV, p. 549. 사실, "인간의 인간"은 그 맥락에서 에밀이라는 자연인과 대립된다. 그러나 시민을 만드는 "변성"에의 (적극적인) 준거는 시민에게 이런 것들을 생각하게 한다. 문제는 어떻게 인간을 "형성하고," 현대인들이 고통스러워하는 악이나 악덕을 보이지 않으면서 인간이 그의 동포들과의 "관계"를 통해 인간적이 되도록 그의 현존을 재구조화할 것인지를 파악하는 것이다. 에밀은 사막이 아니라 도시에서 살기 위해 교육된다… 5권 두 번째 부분(여행)은 인간 세계로의 참된 입문, 특히 정치적 삶의 원리로의 입문으로 소개될 것이다.

26) 우선 인간이 "어리석고 열등한 동물을 지적인 존재와 인간으로 만드는"

(『사회계약론』, 1권, 8장) 과정에 들어가기 전에 다른 종들 — 몇몇 상황에서는 네 발 짐승을 포함하여 — 의 특징들을 모방해 자기 것으로 삼을 수 있는 것은 그 불확정성 때문이다.

27) 『에밀』의 첫 줄, *OC*, t. IV, p. 245.

28) *Op. cit.* p. 245.

29) *Op. cit.*, p. 246.

30) 『에밀』, *op. cit.*, p. 246.

31) *Op. cit.*, p. 247.

32) *Op. cit.*, p. 249.

33) 『불평등론』, *op. cit.*, p. 122.

34) 『에밀』, *op. cit.*, p. 249.

35) 『에밀』, *op. cit.*, p. 249.

36) 『불평등론』을 참조할 것. "자연이 인간들을 상호 필요에 의해 서로 접근시키고, 그들이 언어를 손쉽게 사용하도록 장려하는 데 베풀어준 적은 배려에서, 자연이 얼마나 인간들의 사회성에 대해 준비한 것이 없는지, 또 얼마나 그들의 관계 맺음을 위해 노력하지 않았는지를 알 수 있다"(*op. cit.*, p. 151).

37) 『사회계약론』, *op. cit.*, p. 381.

38) 『에밀』, *op. cit.*, p. 250.

39) 『사회계약론』, 1권, 8장, *op. cit.*, p. 364.

40) 『불평등론』, *op. cit.*, p. 162.

41) 『에밀』, *op. cit.*, p. 311.

42) 『사회계약론』, 1권, 8장, *op. cit.*, p. 365.

43) 『불평등론』(제네바 공화국에 헌정), *op. cit.*, p. 112.

44) 『폴란드 정부와 그 계획된 개혁에 대한 고찰』, *OC*, t. III, p. 955.

45) 『사회계약론』의 소제목.

46) 『불평등론』. "자연인이 힘 puissance으로 받아들였던 완성 가능성, 사회적

덕들, 다른 능력들은 결코 스스로 발전될 수 없음을, 발전을 위해서는 결코 생겨날 수 없었던 여러 낯선 원인들의 일시적인 도움이 필요했음을, 그 원인들 없이는 영원히 원시적 구성 속에 머물러 있어야 했음을 보여준 후에 상이한 우연들을 고려하고 비교할 일이 남아 있다. 그 우연들은 인간 종을 타락시키면서 인간 이성을 완성시킬 수 있었고, 그를 사회적으로 만들면서 나쁜 존재가 되게 할 수 있었으며, 너무나 멀리 떨어져 있는 끝에서부터 인간을, 또 우리가 그것들을 이해하는 세계를 이끌고 갈 수 있었다"(*op. cit.*, p. 162). 그리고, 최초의 인간 단체의 설립에 대해서, 즉 "사람들은 사색하면 할수록 그 상태가 혁명으로의 경향이 가장 적고 인간에게 최선이 된다는 것을 더욱더 알게 되며, 어떤 해로운 우연에 의해서만 그로부터 빠져 나올 수 있었음에 틀림없다는 것을 더욱더 알게 된다. 그 우연은 공익을 위해서는 결코 발생하지 않았을 것임에 틀림없다. 이 점에 있어 사람들 거의 모두가 발견했던 원시인의 사례는 인류가 항상 그곳에 머물러 있기 위해 형성되었음을 입증하는 것 같다"(*op. cit.*, p. 171).

47) 『사회계약론』, 3권, 102장, *op. cit.*, p. 421.

48) *Op. cit.*, 3권, 11장, p. 424.

49) 『불평등론』, *op. cit.*, p. 151.

50) "인간이 사회적이길 원했던 존재는 손가락으로 지구의 축을 건드리고 우주의 축에 영향을 미쳤다… 인간의 모임은 대부분 자연에 대한 사고의 산물이다. 그리고 특별한 범람, 흘러 들어온 바닷물, 화산의 분화, 대지진, 번개에 의해 발발하여, 숲을 파괴한 화재, 어떤 나라의 야만적인 주민들을 공포에 떨게 하고 분산시킬 것이 분명한 것은 또한 공동 피해를 공동으로 복구하기 위해 그들을 모이게 할 것이 틀림없다"(『언어의 기원에 대한 논고』, Gallimard, 1990, p. 99-101).

51) 『불평등론』, *op. cit.*, p. 169.

52) *Op. cit.*, note X, p. 219.

53) 루소는 "플라톤, 탈레스 그리고 피타고라스"가 오랜 여행을 시도하고, "그들의 일치점들, 그들의 차이점들을 통해 인간들을 인식하는 법을 배우기" 위해서

"국가적 편견의 족쇄를 멀리서 흔들어 떨쳐 버렸던" 그 시대를 유감스러워한다. 반면, 오늘날 "철학은 조금도 여행하지 않"기 때문에, "각자는 인간에 대한 연구라는 허식의 이름 아래 자기 나라의 사람들에 대한 연구 이외에는 거의 하지 않는다"(『불평등론』, *op. cit.*, pp. 212-215).

54) *Op. cit.*, p. 180.

55) 『에밀』, 2권, *op. cit.*, p. 309.

56) "우리가 자연 상태에서 벗어날 때 우리는 우리의 동포들 역시 그로부터 벗어나도록 강요한다. 그리고 아무도 타인의 의사를 무시한 채 거기에 머물러 있을 수 없다. 사실 그로부터 벗어나는 것은 살 수 없는 상태에 머물러 있기를 원하는 것이다. 왜냐하면, 자연의 제1법칙은 자기 보존에 대한 관심이기 때문이다"(*op. cit.*, p. 467). "자연 상태에서 사는 자연인과 사회 상태에서 사는 자연인 사이에는 무수한 차이가 존재한다. 에밀은 사막 속으로 내쫓긴 야만인이 아니라, 도시에 살도록 만들어진 야만인이다"(*op. cit.*, p. 483).

57) "그러므로 내 의견을 반대하는 다른 의견이 우세하다는 것은 내가 틀렸다는 것과 내가 일반 의지라고 생각했던 것이 그렇지 않았다는 것 이외의 어떤 다른 것도 입증하지 못한다"(『사회계약론』, 2권, 4장, *op. cit.*, p. 373).

58) *Op. cit.*, 2권, 5부, p. 376.

59) "코르시카 사람들은 좋은 제도를 가능하게 하는 행복한 상황 속에 있다. 그 사람들은 최초의 지점에서 출발할 수 있고 변질되지 않도록 조처를 취할 수도 있다[…]. 코르시카 사람들에게 아직까지는 다른 나라의 악덕이 침투하지 않았지만, 이미 편견은 가지고 있다. 좋은 제도의 확립을 위해서는 편견이야말로 맞서 투쟁하고 파괴해야만 하는 것이다"(『코르시카를 위한 조직의 계획』, *OC*, t. III, *op. cit.*, p. 902).

60) 자연 상태를 구성하는 관계들의 단절로 인도하는, 그 완전 가능성이 박탈된 "동물은 몇 달만 되면 평생 동안 유지될 모습이 되고, 그의 종은 천 년이 지난다 해도 그 천 년의 첫해에 보였던 모습 그대로이다"(『불평등론』, *op. cit.*, p.

142).

61) 인용 가능한 부분들 가운데 "나는 어떤 새로운 제도의 공화국이 몇 가지 제 아무리 좋은 법들을 제정할 수 있다고 할지라도 조금도 그 공화국에서 살고 싶지는 않았을 것이다. […] 그것들을 신성하고 존경할 만한 것으로 만드는 것은 특히 법들의 위대한 고대이다"(*op. cit.*(헌정), pp. 112-114).

62) 『사회계약론』, 1권, 7장, p. 364.

63) 스위스의 철학자이자 자연주의자(1720-1793). 단성 생식을 발견했으며, 곤충, 자연 철학, 심리학에 대한 많은 저서들을 남겼다 — 옮긴이.

64) 재생산된[…] 기원에 대한 제네바의 루소의 『불평등론』을 주제로 하는 필로폴리스의 편지, t. III des *OC* de J.-J. Rousseau, *op. cit.*, p. 1383.

보주

*1. 홉스의 『리바이어던』의 초판(뿐만 아니라 거의 모든 판)의 첫머리에 나오는 판화에는 손에 주교의 지팡이(교권의 상징)와 검(지상권의 상징)을 가지고 있는 거인이 등장한다. 그 거인이 바로 리바이어던, 즉 공화국이나 국가이다. 시민들의 계약에 의해 탄생했기 때문에 그는 인공인으로 비유되며, 그의 영혼은 통치권이다. 인공인은 자기 내부에 시민인 '자연인'을 통합하고 있다. 달리 말해서, 머리를 제외한 거인의 모든 신체는 병렬해 있는 작은 사람들로 이루어져 있다. 그래서 첫눈에 리바이어던(성경에 등장하는 신화적인 동물의 이름이며 거대한 악어로 묘사된다)의 온몸은 비늘로 덮여 있다. 아주 가까이에서 볼 때에만 각각의 비늘이 작은 인간의 형태를 하고 있다는 것을 알아볼 수 있다.

*2. 린네는 자신의 저서 『자연 체계 *Systema naturae*』에서, 알려진 모든 생명체를 분류할 것을 제안한다. 거기서 호모 사피엔스를 특징짓길, 다시 말하자면 그와 유사한 다른 동물들과 관련하여 인간을 구별짓는 특징을 내세우길 원한다. 바

로 거기서 그는 *nudus et inermis*라는 두 단어를 사용한다. 즉 인간은 '벌거벗고 보호 없이' 태어난다는 말이다.

*3. 부겡빌L. A. de Bougainville은 프랑스의 항해자로 타이티섬을 발견했다. 그는 1771년에 『세계 여행』이라는 제목의 이야기를 썼다. 그때 디드로가 『부겡빌의 여행 부록』을 썼는데, 이는 선한 원시인의 신화를 뒷받침하는 대표적인 텍스트들 중 하나이다. 그리고 그것은 행복하고 평화로운 자연에 합일된 삶에 대해 타락의 원천으로 사회법을 대립시킨다.

*4. 기원전 9세기 경에 살았던 것으로 추정되는 전설적인 입법자로서 스파르타의 엄격한 제도들을 창안한 것으로 여겨진다 — 옮긴이.

*5. 공민의 덕으로 알려져 있는 로마인. 자신의 들을 경작하고 있는 중에 원로회 의원 한 사람이 찾아와 독재자의 임무 — 가장 어려운 상황에 아주 일시적으로 주어진다 — 를 맡아 공화국을 구해 주길 요구하자 쟁기를 들에 던져 두고 동포들에게 봉사하러 갔으며, 평화가 돌아오자 그 쟁기를 집어들고 계속해서 밭을 갈았다고 한다. 그는 공화국의 우두머리가 되었으나 자신을 위해서는 최소한의 이익도 챙기지 않았기 때문에 최고의 정치 기능 수행에 있어 공명정대와 사심 없음의 상징이다.

*6. 프로크루테스는 테세우스의 손에 죽는 신화 속의 산적이다. 그는 자기 희생자를 침대에 눕히고는 키가 작으면 침대 길이에 맞춰 희생자의 몸을 길게 잡아당기고, 너무 크면 튀어나오는 부분을 절단했다고 한다. '프로크루테스의 침대'라는 표현은 선행하는 도식 속에 안주하기 위해 그것에 모순되는 사실을 왜곡하는 정신 작용을 가리킨다.

4

한스 요나스와
새로운 자연 철학의 요구

Hans Jonas et l'exigence
d'une nouvelle philosophie de la nature

자연 철학은 철학자들에게서 — 그리고 특히나 프랑스의 전통적인 사유자들에게서 — 그다지 좋은 평판을 얻고 있지 못하다. 사람들은 증거로서가 아니라 최소한의 의사 표시로서 자크 모노가 『우연과 필연』에서 내세우고 있는 변명들만을 원할 것이다.[1] 그는 철학자인 독자들에게 "관대하게"(그리고 그의 동료들에게는 불신과 더불어) 받아들여지리라고 미리 확신하고 있는 "자연 철학"을 감히 저술하고자 희망하면서,[1] 발전된 관념들이 "인간적으로 유의미"해질 수 있도록 하는 범위 내에서 자신의 과학과 경험을 사유해야 할 의무를 스스로의 방패로 삼는다.

그의 눈에 그 과감함과 의무는 "과학이 함축하는 관념들과 과학 자체"가 혼동될 위험을 부인하지 않으면서, "유전자 암호론"과 연결된 혁명에 대한 무관심에 의해 정당화되는 것처럼 비쳤다. 그 유전자 암호론의 출현은 "현대 사유에서 대단히 중요하게 평가되어야 할 것으로 보이는" 하나의 괄목할 만한 사건이다. 그것은 "유전자 암호의 분자 이론"의 새로움이 "과학들의 가장 유의미한 것"에 내재하는 어떤 변동에 대해 사유하게 한다고 주장하는 것이었으며, 동시에 과학자에게 그의 전공과 규범들 밖으로의 외도에 대해 책임지울 때, 단지 인식론에만 관련되지 않는 것에 대한 책임 부담이 여전히 무효는 아니라고 주장하는 것이기도 했다.

자크 모노의 『시론』에 근거할 수 있는 판단과는 전혀 무관하게, (게다가 특히 그 당시 생물 과학 발전의 반작용에 의해 저질러진) 수많은 무절제함이 자연을 해석하는 철학 담론들의 가치 상실에 기여했다는 점은 재인식해야 할 것이다. 그러나 특히 생명의 비가역성을 찬양하고 생물학적 구조의 모호한 심오함 속에서 작용하는 힘에 호소하는 분위기를 고양시키는 그 무절제함들 자체는, 17세기 근대 과학의 확립에서부터 추구되어 왔던 것처럼, 자연에 대한 지식의 구성에 깔려 있는 절차들의 토대 위에 세워진 세계의 표상들에 대한 독점화의 정확한 대응물인 것도 사실이다.

세계와 그 인식에 대한 이론은 현대적일 뿐만 아니라 "실재"의 두 형태들, 즉 사유하는 것*res congitans*과 연장적인 것*res extensa*을 대립시키면서 그들의 대립을 사유와 세계의 ― 인간 자체에서 사유하는 것과 신체의 ― 근본적인 이질성 속에서 실체화시키는 데카르트적 균열과 결합되어 있다. 거기서 인과성의 (자유에 의한, 또 기계적 운동에 의한) 두 형태가 나타난다. 그 사이에 놓여 있는, 경험이 요구하는 교각들, 즉 데카르트적 도식으로 만족하자면 영혼의 정념들의 경험, 자발적 운동의 경험 등을 내팽개치기는 어려울 것이다.

그때부터 철학은 본질적으로, 그 용어의 수많은 상이한 의미들을 가로질러 주체와 주체들 간의 상호 작용들 ― 즉 인식, 자유와 관련된 책임성, 역사, 노동, 말, 대화, 권력, 사람들과 관련되는 폭력 ― 에 속하는 것과 관련되게 되었다.

다소의 오만함이 없지는 않은 철학은 자연 법칙의 지도를 작성하고, 모델들을 완성할 책임을 과학에게 미룬다. 객관성의 다양한 영역들은 모델로부터 계산이라는 지적인 이해 가능성의 형태를 낳는다.

물론 학자 ─ 인식 "주체" ─ 의 활동은 인식의 정교화, 그리고 그 정교화의 절차들과 과정들을 통해 완성된 것의 한계들로 되돌아올 기회를 철학에 제공한다. 과학(혹은 과학들)은 인식론 및 지식 이론이라는 관점에서, 요컨대 정신의 관심거리에 속하는 것이라는 관점에서 철학자와 관계가 있다. 그것은 "수학적 이상성理想性"에 대해 인식론적으로 인정한 존엄성, 신체 아닌 사유가 때때로 직면하게 되는 본질들이나 관계들에 대해 인식론적으로 인정한 존엄성에 의해 설명된다.

주체에 의해 체험된 경험과의 친화성이나 타협이 박탈된 세계(혹은 자연)는 거대한 기계 장치이다. 운동량 보존의 법칙과, 데카르트에 의해 정식화된 관성의 발견과 결부된 그 내적 목적의 부재는 엔지니어의 지배력에 제공된다. 엔지니어는 힘을 위해 계산하고, 재료로 간주된 사물들을 생산물로 변화시키는 자들에게 그 힘을 제공한다.[2] 생산물들은 시장에 도착한다. 그것들은 소비자들의 신체를 양육함과 동시에 그들의 욕망을 부채질한다. 그래서 노동 형태들과 수단들이 갑절로 늘어났다.

베이컨과 데카르트 이래 그 과정은 가속화된다. 그 가속화를 통해 기술들에 대해 성찰하고 세계의 물리적 현실에 동화된 덕분에 인간에 의한 세계의 소유가 이루어진다. 그때 그러한 과정의 가속화는 개선의 희망을 낳는다. 바로 그 희망이 『철학의 원리』의 편지 [형식의] 서문에 표현되어 있다. 거기서 데카르트는 "참된 원리들"에 의해 가능하게 되었지만 "아리스토텔레스식 원리들의 허위성" 때문에 "수세기 이래" 부재해 온 발전들에 기초하여, "참된 원리들"과 "아리스토텔레스의 원리들의 허위성"을 대립시킨다. 그리고 아마 수세기 후에는 그의 "조카들"이 인식의 나뭇가지들에서 역학, 의학 그리고 도덕의 열매를 따 먹을 수 있게 되기를 바란다.

발전에 대한 그와 같은 생각이 당시에는 새로운 것이었다. 그것이 절실하게 요구되기에는 여전히 한 세기를 약간 넘는 시간이 필요했다. 그러나 그렇게 개시된 진보로부터 어느 정도의 어려움과 재난 — 그 경우들을 극복해야 하는 내적 모순들과 관련된 불행 — 이 결과한다. 그러므로 곧장 그런 생각을 따르자면, 우리가 조금 전에 언급했던 지식들과 실천들의 변동이나, 그 토대에 있어 동시대인 근대성의 경험들의 이용은, 생산된 재화들의 분배에 있어서, 또 모두의 미래를 약속하는 결정에의 참여에 있어서의 불평등과 관련된 고통들과 투쟁들의 감소와 발을 맞추어 이루어져야만 한다. 그렇게 함으로써 다음 세기가 되자마자 역사 철학들과 그것들의 — 고백되거나 혹은 고백되지 않은 — 유토피아로의 결실은 풍성해진다.

적어도 새로운 장르로서 최초의 것들 가운데 하나는 생-시몽Saint-Simon의 역사 철학이다.[2] 최근의 것들 중 하나는 — 아마도 오랫동안 — 희망의 원리의 영향 아래 자리잡고 있다.[3] 그때 위기들은 복수로 언급되었다. 그 위기들은, 내일이 어제보다 더 나으리라는 점에서는 서로 일치하지만, 그 시기의 대립된 일군의 정신은 정반대의 해결책들을 제안했던 모순들을 폭로했다.

갑자기, 급격한 변화로부터 위기는 하나의 상태가 되었고, 잘못된 출구에서 잘못된 출구로 전전하는 과정에서, 위기 상태는 진보의 필요성 속에서 원리들 자체로 한 차례 회귀할 것을 요구했던 하나의 다차원성을 포함하게 되었다. 미국의 한 대통령[4]은 자기 국민들을 위해 그러한 진보의 취약성을 고발한 바 있다. 아마도 그 까닭은 우리가, 세계를 변화시켰으며, 베이컨, 갈릴레이, 데카르트 그리고 많은 다른 사람들이 증인이자 당사자였던 것과 동일한 차원의 위대함(혹은 심오함)에 대한 재평가에 직면해 있기 때문일 것이다.

만약 우리가 세계를 변화시킨다면, 아마도 그때는 근대성으로의 입장[3]이 중요시되어야 할 것이다. 시간과의 새로운 관계는 많은 이들이 포스트-모더니티post-modernity라고 부르는 것을 향한 우리의 이동을 다른 어떤 요인들보다도 더 잘 정의해 줄 것이다.

그러나 아마 불현듯, 훨씬 더 근본적으로 — 만약 근본적인 것이, 사람들이 그 위에 살고 있는 것과 같은 구조물의 하부를 떠받치고 있는 것이라면 — 의문을 제기하게 하는 것은 우리에게 있어 자연의 의미가 아닐까 싶다.

모리스 메를로-퐁티Maurice Merleau-Ponty가 그 자연의 낯섦에 대해 지적한 바 있다. **사유하는 자아***ego cogito*와 (세계가 된) 자연 사이의 탯줄을 끊은 데카르트의 몸짓을 물려받은 현상학의 젖으로 양육된 사유 — 후설의 그 유명한 제목이 잘 말해 주고 있다[4] — 에서 유래하는 특이한 경고조로 말이다. 그러므로 『지각의 현상학』의 저자는 마지막 강의에서 "인식의 대면對面 속에서 의식의 파트너인, 단지 대상이지만은 않은" 그 자연의 지위를 해명하려는 의도를 내비쳤다. "우리가 불쑥 나온 것이 바로 그 대상으로부터이고, 거기서 우리의 준비 단계들은 하나의 현존 속으로 묶이는 순간까지 조금씩 제시되었다 — 그리고 그것은 계속해서 현존을 옹호하고, 그것에 그 재료들을 제공한다."[5] 그는 이렇게 덧붙인다. "더 이상 주체인 존재도, 객체인 존재도 아니며, 모든 점에서 사색을 힘들게 만드는 원초적 존재를 우리는 어떤 식으로든 인정해야만 한다."

그 공통의 토대는 수수께끼 같은 지평으로 남아 있다. 적어도 퓌시스*Physis*를 얘기한 그리스인들의 고집스러울 만큼 반복적인 질문이 어떤 수수께끼 같은 다른 담론을 발생시키지 않는 한, 사람들은 부득이한 경우에 시인詩人에게서 그 지평을 떠올릴 수 있었다.

한편, 우리의 힘은 증가되었고, 사물에 대한 우리의 지배가 긍정되었을 뿐만 아니라, 우리의 탄생 이전부터 우리들 각자 속에서 우리의 "세계 내 존재"를 조건지었던 것에 대한 지배도 긍정되었다.

그때 "문득" — 다시 말하면, 사유에 일상적으로 출현하는 것의 단계에서 갑작스럽게 — "정말로 주어진 것, 자명한 것으로 포착된 것, 사람들이 행위의 목적 속에서 결코 사색하지 못했던 것 — 즉 사람들이 존재했다는 것, 생명이 존재했다는 것 그리고 그것을 위해 이루어진 세계가 존재했다는 것 — 이 인간의 행동l'agir humain[6]에서 도래한 위협적인 폭풍우의 번갯불 아래 자리잡고 있다."[7]

그때 번갯불은 "자연이 인간의 탄생을 방치한 것보다 더 큰 위험을 무릅쓸 수는 없었음"[8]을 보여 준다.

인간의 탄생이 무릅쓰게 된 위험 속에서 그 존재 자체가 의문으로 남아 있는 인간은 "인간 기술의 개입에 의해 손상되기 쉬운 자연의 위태로운 성질"[9]을 발견한다. 그때부터 "우리가 책임져야만 할 그 이유에는 완전히 새로운 유형의 대상, 바로 지구의 생태계 전체가 덧붙여졌다. 그 까닭은 우리가 그것에 영향력을 행사한다는 점에 있다."[10]

경이로움, 즉 당황스러움, 플라톤에 의하면 바로 그것에 의해 철학은 다시 시작되어야 한다. 사실 그때까지도 우리는 우리의 "지식과 힘이 인격적인 인과성의 의식 속에 지구 전체를 포함시키기에는 너무도 제한되어 있다"[11]고 생각했다.

최종적으로 우리는 우리 자신이 우리 아이들에 대해, 우리 동향인들에 대해, 우리 동포들에 대해 책임이 있음을 이해하게 되었다. 그러나 우리의 힘이 정지한 그곳에서, 윤리적 관심과 수단들을 사용할 권리뿐만 아니라 악용할 권리 사이에 경계선이 그어졌다. 우리는 수단에서 우리가 가진 행동할 수 있는 능력, 즉 우리의 힘을 이끌어 낸다.

정말이지, 우리는 **로고스**와 **뮈토스** 사이의 분열을 훨씬 앞서 있는 오랜 기억들에 대한 우리 의식의 표면으로 되돌아갈 수 있었다. 자신의 태내에서 우리를 잉태했던 대지이자 자연이며 섭리의 어머니인 가이아Gaïa, 농부가 과일이나 곡식의 맏물 봉헌으로 환심을 사고자 했던 데메테르Déméter가 그것들이다. 스토아 학파의 무수한 말들이 그에 응답해 줄지도 모르겠다. 어느 로마 황제의 말을 포함해서 말이다. "오, 세계여, 네게 알맞은 모든 것이 나 자신에게도 알맞구나. 너의 계절에 속하는 것은 어떤 것이라도 내게 이르지도, 늦지도 않도다. 내게 시간을 가져다주는 모든 것이 내게 맛있는 과일이다. 오, 자연이여! 모든 것은 너로부터 나오고, 모든 것은 네 속에 있으며, 모든 것은 너로 돌아간다…"[12]

그때, 스스로를 제우스로 착각하지 않으면서도, 우리가 손에 쥐고 있는 번개가 두려워 마그달레니아인[13]처럼 동굴 속으로, 자연이라는 단어의 어원 자체에 의하면 어머니의 가슴으로 여겨지는 것 속으로 도망칠 필요가 있겠는가?

물론 두려워할 필요는 있다. 유토피아 뒤에 극도의 위험이 도사리고 있을 때는 공포가 유익한 법이다. 유토피아는 대지의 "반反데메테르적"[14] 재구성에 대한 주장의 과도함을 희망에 안겨 준다. 그러나 공포가 전혀 도피일 수는 없다. 즉 무능과 무지의 영원히 잃어버린 알리바이로의 회귀일 수는 없다.

왜냐하면 물리학 자체가 꿈들의 자유로운 비상에 있어서의 장애물을 제거했으면서도, 그 꿈들을 갉아먹는 것에 기여하고 있기 때문이다. 자연의 개념은 우리의 능력에 따라 다시 재단해야 한다. 사실, 자연은 우리 지식에서 도래한 확대 적용들의 연장선 상에서 드러나는 것이기도 하다. 적어도, 근대성의 출현 이래 지배적인, 세계 이해의 전략들에 의해 직접 영감을 받은 접근법들이 그 점을 분명히 이해하게 해준다.

요나스에 의해 인용된 두 가지 사례가 그 점을 보여 준다. 그리고 그것들은 우리의 에너지론 중 한 가지와 또 다른 한 가지를 가리키고 있다.

전자는 녹색 혁명의 한계 및 합성 비료의 기여와 관련된 농업 수확률의 증가의 한계와 관련된 것이다. "행성의 닫힌 체계 내에서의 에너지 획득과 이용의 조건"[15]에서 그 한계의 위치가 파악된다. 인공 비료는 그것을 생산하기 위해서는 먼저 해방시키고 소비해야 하는 갇힌 에너지에 속하며, 그 에너지의 이용은 일련의 부정적인 결과들을 부담으로 남긴다. 만약 사람들이 열·핵 융합에 대한 차후의 제어까지 염두에 둔다면, 여기서 토양과 물의 오염은 에너지 자원의 유한성보다도 더 한계적인 것이 될 것이다.'[5]

그러나 그때 사람들은 더 일반적인 두 번째 사례를 재발견한다. 즉 실질적으로 물리학의 일반성에, 더 분명하게 말해서 열역학의 일반성에 공외연적共外延的인 어떤 일반성의 사례가 그것이다. 요나스는 그 일반성을 "다루는 것이 불가능한" 것으로 간주한다. 만약 에너지의 변화와 이용을 함축하는 모든 순환이 열의 형태로 그것의 불가역적 방출을 동반한다면, 그때 "기계들의 모든 열과 유기체의 모든 열은 빠져나올 구멍을 하나쯤 찾아야만 한다." 단지 여기서는 근본적인 균형의 변화에 종속된 지구 환경이 제공된다. 하나의 동일한 세계의 물리학적이고 생물학적인 요소들을 결합시키는 공동 진화에서 나온 유기체의 공생적 공존의 조건이 그것이다.

그러므로 과학적 합리성과 그 결과들 자체로부터, 기술자가 제어를 무제한적으로 확장하는 것에 반대하는 한계들이 폭로된다.

우리 인식의 진보에서 결과한 그러한 고찰들은 결코 어떤 "아르카디즘"[6]에 이르지는 않는다. 아르카디즘은 단지 의고주의擬古主義일 따름이다.

여기서 두 개의 잘못된 출구들을 제거해야만 한다. 하나는 그것을 통해 자연이 최후에 그 자체를 스스로 보전할 수 있을 것 — 이자, 그 자기 보존을 통해 우리를 보존할 수 있을 것 — 이라는, 궁극적이며, 신의 섭리에 의한 통제를 믿는 것에 있을 것이다. 그러나 사실 과도, 즉 한계들의 위험한 추월은 인간에 준할 때에만 의미를 갖는다. 그러므로 "일방적인 혹사는 셀 수 없이 많은 섬세한 균형들의 체계 전체를, 인간적 목적의 관점에서 본다면 재난을 향해 가도록 만든다." 그러나 "자연 그 자체와 관련해 보았을 때 자연은 조금도 재난을 알지 못한다."[16] 바로, 참을 만한 변화들의 한계들이 인간에 준할 때만 그렇다는 이유에서, 자연이 "인간적 목적"의 관점에서 종말을 향한 진행의 자리일 수는 없다.

그러므로 우리는 자연 그 자체가 인간들의 현존에 일치하는 질서를 보존하려는 목적을 지니고 있고, 생태계의 고유한 통제 기능을 수행하면서 우리 삶의 인간적 삶으로의 요구에 부합하는 생활 터전을 위험에 빠뜨릴 수 있는 변화들을 무력화시키리라고 믿을 수는 없다.

그러니 잘못된 출구들 중 첫번째 출구는 이런 식이다. 그 출구에 대해 상기하는 것만으로도 우리를 안심시킬 수 있을 것처럼 보인다. 하지만 전 자연의 편에서 보면 그 무엇도 우리에게서 종말론적 진행의 가능성을 배제해 주지는 않는다.

두 번째 출구는 자연에 대한 그릇된 입장을 내세우면서 자연에 대한 인간 개입의 정당성 자체에 반대하는 데 있을 것이다. 그것은 이런 경우에 해당할 것이다. 사람들이 자연적 존재들에게 자기 현존을 자리 잡게 하는 전체 속에 자리와 역할을 할당하도록 허용하고, 그 사실로부터 유린을 금지하는 사물관을 생각해 냈던 경우이다. 그때, 우리는 자연의 질서 속에서 우리가 행동할 권리의 한계들을 읽을 수 있어야만 한다.

그러나 자연은 우주에 준거하여 각자 제 것인 규칙을 발견할 수 있다는, 그 질서잡힌 우주관으로의 회귀를 허용하지 않는다. 요나스의 자연은, 스피노자가 각 존재에 의한 자기 자연권의 행사 뒤에서 발견했던 힘과 유사한, 어떤 힘puissance이 전개되는 자리이다. 요나스는 이렇게 말한다. "최종적인 힘으로서의 능력pouvoir은 생물체의 모든 영역을 관통해서 전파된다. 호랑이와 코끼리의 능력은 크다. 흰 개미와 메뚜기의 능력은 더 크다. 박테리아와 바이러스의 능력은 훨씬 더 크다. 그러나 그 능력이 목적에 의해 뒷받침된다 할지라도, 또 모든 힘의 적대 관계 속에서 그 힘의 자연적 한계를 발견한다 할지라도, 그것은 맹목적이며 전혀 자유롭지 못하다. 모든 힘은 그 능력을 선택하는 것이 아니라 아주 맹목적으로 그 힘의 자연적 목적을 열망한다."[17]

자연에서의 힘의 보편성과 힘 관계들의 보편성은 삶의 본질에 따라 그 힘을 이용할 권리와 함께한다. 다른 삶들을 파괴할 때에만 자기 자신일 수 있는 것은 있는 그대로의 생물체의 권한에 속한다. 호랑이는 영양을 잡아먹고 메뚜기는 대지의 정원을 황폐화시키며 바이러스는 자신의 생존과 번식을 보장하기 위해 희생물들을 속에서부터 갉아먹는다.

그 모든 것은 자연에 따라서이고, 그런 상호 작용들은 "공생적 균형 속에서 변화된 전체"를 유지한다. 그러므로 각 존재가 "맹목적으로" 자신의 힘을 사용하는 것을 비난할 여지는 없다. 그 힘은 절대악이 아니라, 자연의 결정을 위해 현존을 목적으로 하는 것의 현존 조건 그 자체이다. 자연은 그것이 생산하는 각각의 존재를 그 존재 자체를 위한 목적으로 만든다.

그래서 인간에게 책임을 지우는 새로운 책임의 주장 뒷편에 낭만주의나 감상주의는 존재하지 않으며, 그 책임성에 의해 자연은 윤리적 관심의 대상으로 변화된다.

『책임의 원칙』은 아시시 지방과 우드스톡 지방의 성인들의 이중적 후원 아래 탄생한,『피오레티』의 재판再版이 아니다.'7 자연은 우리가 개입할 권리가 있는 것이지, 창조의 여섯 번째 날부터 인간들이 감시하고 보호해야 할 정원이 아니다. 그것은 적대적인 힘들이 작동하고, 죽음을 낳는 삶의 비극과 삶을 짓누르는 죽음의 비극이 펼쳐지는 자리이다.

아무튼 그것이, 데카르트가 엔지니어의 통치를 기초지었고 홉스가 군주의 통치를 기초지었던, 끝없이 교환될 수 있는 조각들과 계산 가능한 관계들을 가진 기계 장치가 아니라는 점만큼은 분명하다.

자연이란 무엇인가에 관한 이해는 현재의 새로움에 대한 ― 특히 그 복잡성과 그 생성 방식들이 된 것들에 대한 ― 더 많은 기억과 더 많은 주의를 동시에 요구한다.

우선 더 많은 기억은 새로운 것에 대한 이해 및 그것의 과거로의 환원 불가능성에 대한 측정을 위해 필요하다.『책임의 원칙』은 놀라운 비평이 동반된 안티고네Antigone의 찬탄할 만한 합창을 향해 열려 있다.[18] "인간의 억압적인 권력에 대한 가슴을 조이는 듯한 경의"는 "도시에서의 법의 존중과 죽음 앞에서의 굴복"에 의해 "바다, 땅, 어리둥절한 새들, 바다에 살고 있는 물고기들, 두터운 갈기를 가진 말 그리고 지치지 않는 황소의 지배와 통치를 '균형 잡는다.'"[19]

인간은 그 영토를 창조하거나, 사물들의 자연이 지배하는 우주 안의 인공물, 즉 국가라는 인간적 질서를 지배한다. 인간 관계들을 지배하기 위해 인간에 의해 확립된 질서에 대한 책임성 앞에서, 동시에 자연에서 온 사물들의 흐름을 근본적으로 변화시킬 수 없는 무능력 앞에서, 정치학뿐만 아니라 윤리학 역시 지금 여기에 관심을 가져왔으며, 아직까지 존재하지 않는 것은 그것이 희망의 대상이건 공포의 대상이건 간에 그것들의 영역 바깥쪽에 남겨 두었다.

보다 정확히 말하면, 결코 존재하지는 않았지만 꿈꾸거나 계획할 수도 있었을 것을 출현시키는 것이 문제가 아니라 유지하거나 회복시키는 것이 문제가 된다.

그때 윤리학은 자연 이론으로 이해된 하나의 "물리학" — 마찬가지로 우리는 형이상학이라 할 것이다 — 에 등을 기대고 있었고, 비록 인간 본성이 어떤 특권적 자리와 어떤 고유한 "기능"을 재인식하는 상태에 있다 할지라도, 그 본성은 물리학 속에 통합되는 것이다.

2천 년이 지나, 물리학이자 동시에 형이상학인 그 자연 이론은 명석판명한 관념이라는 날로 무장한 데카르트적 양식良識에 부딪힌다.

그럼에도 불구하고, 그것은 물론 우리가 반복할 수 있는 것의 배후에 있는 것이 아니다. 하지만 그것은 항상 말할 가능성이 있는 것의 배후 또는 오히려 틀림없이 다시 말할 가능성이 있는 것의 배후에 존재한다.

아리스토텔레스에 대한 한스 요나스의 설명은 다소 복잡할 뿐만 아니라 당황스럽기까지 하다. 조금 더 기대하는 마음으로, 일단 감탄은 억눌러 두기로 하자. "아리스토텔레스의 존재 이해가 자연에 대한 근대적 설명과 모순된다는 것, 혹은 전자가 후자와 양립 불가능하다는 것 — 더군다나 전자가 후자에 의해 반박된다는 것 — 은, 아주 간단히 말하면 사실이 아니다."[20]

그 보호 조항은 선先데카르트적인 가장 내밀한 곳으로의 회귀는 보존해 주지만, 거기서 우리의 필요에 상응해 회귀할 줄은 모른다. 그 조항은 다음과 같은 다른 주장의 조명 아래서 사유되어야만 한다. "우리는 자연 과학들이 자연에 대한 모든 것을 우리에게 얘기해 주지는 않는다는 것 이외에 그 무엇도 주장하지 않는다."[21]

요나스에 의하면, 과학들이 그것들의 고유한 존재 이유를 설명하는 데 있어서, 그리고 일단 그것들이 인식과 사유의 산물이라 할 때에도 그 인식과 사유의 이유를 설명하는 데 있어서 근본적으로 무능하다는 점이 그 증거이다. 소위 그런 과학들은 그래도 누적적 힘의 원리에 속한다. 그 힘의 추구와 발전은 이론*theoria*의 낡은 의미를 전복시키고, 그 발전의 지평을 연다. 그 발전에 따라 데카르트는 자신이 아리스토텔레스 "편에 기입하는" 인식과 새로운 인식을 대립시킨다.

그러나 『책임의 원칙』이 준거로 삼고 있는 것은 이 프랑스 철학자가 아니다. 여기서 힘을 발생시키는 학문은 "베이컨적"이라고 불리며, 그 단어들을 귀속시켜야만 하는 것은 『신기관*Novum organum*』의 저자이다. "만약 그가 인간 종 전체의 제국과 힘을 사물들의 광활한 공간으로 확장하는 것 이외에는 어떤 다른 야심도 가지고 있지 않은 사멸의 존재로 머물러 있다면, 사람들은 그 야심이 다른 어떤 야심보다 더 순수하고 더 우아하고 더 엄숙하다는 것을, 혹은 사물들에 대한 인간의 제국에는 예술 및 과학과 다른 어떤 기초도 존재하지 않는다는 사실을 인정할 것이다. 왜냐하면 사람들은 자연이 그들에게 복종할 때에만 그것에 명령을 내릴 수 있기 때문이다."[22]

그러나 그것은 『방법서설』에서 분명하게 언급된, "자연의 주인이자 소유주"가 되려는 계획에 의해 재빨리 교체될 것이다. 그 표현은 널리 알려져 있기는 하지만 그 맥락 속에서 다루어질 가치가 있다. "학교에서 가르치는 사변적인 철학 대신에, 사람들은 그것의 적용을 발견할 수 있다. 우리는 그 적용에 의해, 우리 장인들의 다양한 직업들을 알고 있는 것만큼 분명하게 알고 있는, 불, 물, 공기, 별들, 천체 그리고 다른 모든 사물의 힘과 작용을 인식하면서 그것들을 적합한 모든 용도와 같은 방식으로 이용할 수 있기에, 우리를 자연의 주인이자 소유주로 만들 수 있을 것이다."[23]

3세기 후에, 하늘, 땅, 물 그리고 공기의 힘과 작용의 통제와 관련된 그 힘, 계산이 가능하고 조작이 가능한(실험적…) 과학에 근거해서 재료들을 변화시키기 위해 우리에게 제공된 그 힘은 그것의 고유한 이론적 토대가 은폐시켰던 것을 드러내 보인다.

그때 "인간의 행위에서 도래한 위협적인 폭풍우의 번갯불 아래"에서 발견된 위험은 인간들과 자연 상태의 긴밀한 연관성, 편견들의 한계들을 적나라하게 드러낸다. 바로 그 편견들로부터 인간의 사물들에 대한 영향력과 단순화시키는 존재론의 피상성이 발전되었다. 인간의 영향력에는 그 존재론과 연결된 부분이 있다.

『책임의 원칙』의 중요한 부분인, 우리 시대가 호소하는 어떤 "다른" 자연 철학의 복원을 개괄하고자 하는 것은 확실히 많은 가정들을 드러내는 것이겠다.

일단 자연의 물리학적 편견과 형이상학의 지평에서 예감되는 위협에 대한 그 사색이 인도하는 방향을 지적하는 것으로 만족하자.

물론, 기분을 상하게 하는 것은 바로 그것이다. 하지만 "우리가 위험이 따르는 연구, 존재론에 대한 비전문적인 일시적 연구를 그만둘 수는 없다." 우리가 가진 기술 수단의 힘이 우리가 스스로에 대해 가지는 인간 존재자라는, "섬"의 표상을 불안정하게 만들 수도 있기에 더욱이 그 연구를 그만둘 수가 없다. 그리스 윤리학, 헤브루 윤리학과 동시에 기독교 윤리학과 연결된 그 표상은 오늘날 세계 종말의 새로운 이미지에 의해 동요된다. 사실, "근대 테크놀러지 속에 포함된 종말론적 가능성들이, 인간 중심적 편협성은 바로 편견일 수 있다는 것을 우리에게 가르쳐 주었다."[24]

우리가 우리 자신에 대해 가지고 있는 의식의 이같은 동요는, 먼저 "존재하는" 것에 대한 새로운 측정과 더불어 인간 "존재자"와 존재와의 관계의 재평가를 호소한다. 당연하게도 그때 소크라테스적 음조가 다시 등장한다. "존재나 자연은 하나이고, 그것은 자기 자신에게 유리한 증언을 한다. 그러므로 존재라는 것은 그것의 증언으로부터 연역되어야 한다. 그리고 당연히 존재에 대해 가장 많이 언급되고 있는 것은 가장 분명한 것에서 가장 은폐된 것, 가장 발전된 것에서 가장 덜 발전된 것으로, 충만한 것에서 가장 결핍된 것으로의 존재의 증언으로부터이다."[25]

데카르트적 방법이 분명하게 만드는 것은 바로 그와는 반대의 길이다. 그래서 또, 계속해서 완성되는 적극성의 부정적인 이면인 그 결론이 도래한다. 즉 퓌시스였던 것과 다시 동일시된 존재에 대한 탐구와 관련한 자연과학들의 근본적인 결핍성, 달리 말하면 절제를 강조해야만 한다.

생물학자가 자신의 분석에 종속된 과정들이 그 안에서 전개되는 유기체에 대해 무지한 것만큼 그 자연과학들의 지식은 자연에 대해 무지하다.

그러므로 베이컨, 갈릴레이, 데카르트 그리고 수많은 다른 사람들에 의해 시작된 이론적인 재구조화의 연장 속에 현상들에 대한 설명이 위치하듯이, 근대 초기부터 그것이 우리를 친숙하게 만들었던 방법을 뒤집어야 한다. 분석의 방식, 다시 말하면 이유들의 사슬이 원리를 포착하기에 앞서 간격을 두는 분리의 방식에 의해 획득되듯이, 지금까지는 가장 단순한 것에서 시작해서 가장 복잡한 것을 설명하는 것이 문제였다. 그러므로 바로 방법론적으로 인도된 빈곤화로부터 유효한 인식, 즉 "가장 결핍된 것에서부터 가장 풍부한 것으로"의 인식을 얻을 수 있다.

그러나 방법의 뒤집기는 단지 출발선상에 있는 것과 일치하는 새로운 관심과 어떤 새로운 논리적 타당성일 따름이다. 왜냐하면 어떤 생물학자도 자신의 본질적인 유기성 속에서 생물체를 먼저 만나지 않고서는 그 연구 과정들을 분명히 하기 위해 선택한 단계에서 그러한 과정들을 발견하지 못했기 때문이다. 생물체에 대한 함축적인 지식은 생물학적 과정들의 분석을 선행하고 인도한다. 마찬가지로, 어떠한 진화 이론가라 할지라도 그것의 "결과"를 앞서 인식하지 않고서, 또 완성의 경험을 출발의 인식에 투사하지 않고서는 생물체들의 조상의 기본적 형태들을 발견하지 못했던 것도 분명하다.

결국 전개된 것이 감추어진 것을, 분명한 것이 함축적인 것을, 완성된 것이 씨앗을 드러낸다는 그 생각을 끝까지 밀고 가야만 한다. 그리고 그때 인간 속에 펼쳐진 주관성이 그 본성에 따라 자연을 해명한다는 사실을 인정해야 한다. "주관성이 어떤 의미에서는 자연의 표면적 현상인 것과 마찬가지로, 그것은 말 없는 내부의 이름으로 말한다"[26]는 이유 때문이다.

내부는 자연적 실재 가운데서 침묵하고 있을 것인가? 그 구성 요소들의 상호 외재성 속에서 펼쳐지는 것에 대한 낯선 말인 부분들 밖의 부분들*partes extra partes*,*8 그것은 주체가 자기 자신에 대한 체험과 그것이 스스로를 표현하는 활동들에 대한 체험과 관계가 있는 모든 것에 대한 연장적인 것*la res extensa*의 대립에 의해 정련된 그 연장적인 것의 본질적 특징[27]이 조금도 아닐 것인가?

근대 합리성의 근본적인 몸짓들을 다시 문제삼는 데 있어서는 계속해서 더 멀리 나아가야만 한다. 작은 싹이었던 것을 드러내는 발전을 통해 설명에 도달할 수 있는 것, 그것은 목적성 그 자체이다. 그 목적성이 두 실체의 이분법에 의한, 데카르트의 세계에서는 너무나 배제되어 있다. "주관성은 활동적인 목적을 표현하고 전적으로 그것에 의해 살아가기 때문에, 말에 접근하는 말 없는 내부, 달리 말해 질료는 이미 그 속에 비주관적인 형태로 목적을 보호하고 있다."[28]

어떤 주체, 즉 자기 의식의 형태로, 또 객관적 세계에 직면한 그것의 타자성의 형태로 자기 준거autoréférence일 수 있는 어떤 존재가 존재하기 위해서는, "나"를 말할 수 있는 능력 속에서 현실화된 그 능력에 앞서 — 자기 자신에 준거할 수 있는 — 자주自主를 형성하는 데 필요한 것이 존재해야만 한다. 그런데 그것은 인간의 주체성, "나"를 말할 수 있는 생명체의 주체성 — 나는 생각한다, 나는 욕망한다, 나는 원한다, 나는 느낀다… — 이 가정하는 자연적인 하부구조들의 느리고도 주저하는 듯한 침전 작용을 가리킨다.

그러므로 분명히 이 신앙 고백 앞에서 너무 빨리 소스라치게 놀라서는 안 된다. "나는 주체 없는 주체성을 믿는다. 다시 말하면, 전적인 형이상학적 주체의 내부에서 그것의 원초적인 통일체를 믿기보다는 셀 수 없는 개별적 입자들을 통해 작은 싹의 욕구를 불러일으키는 내재성의 확산을 믿는다."[29] 그러므로 생각하고 욕망하고 느끼는 "나"는 자연적 요소들의 분산 속에서 앞서 혹은 외부에서 확산된 것을 나의 통일체 안에서 재정리한다. 한스 요나스는 이렇게 명시한다. "다양한 것의 산재된, 유기적이면서 비유기적인 결합체들은 그때 이미 분산된 목표의 발전된 하나의 결과, 말하자면 하나의 구체화일 것이다. 그리고 그것들은 차이, 혹은 개별화와 분리될 수 없을 것이다."

이 주장들이 그 맥락 밖에서 표현될 때, 어떤 주체의 고유한 지향성으로부터 세계에 대한 객관적 지식을 구성하기 위한, 숨겨진 모든 노력에 노골적으로 반대하는 것처럼 보인다. 그 주체는 내적 의미의 경험으로부터 모든 투영이나 전염에서 외적 의미를 피난시키면서 외적 의미가 그에게 제공하는 것에 대한 그의 인식을 정화시키길 원한다. 그때의 내적 의미의 경험이란, 주체에게 "고유한" 것 또는 주체를 세계로 개방하는 접근과는 "아주 다른" 접근에 의해서만 타당성을 갖는 것이다.

그러나 그 주장들이 정밀 과학들의 객관화하는 접근에 적대적인 것이 아니라 보완적인 것으로 주어진다는 점을 상기하자. 그것들은 정밀 과학들이 자연에 대한 인식 속에 그것들의 합리성의 형태를 도입할 권리를 조금도 박탈하지 않는다.

그것들은 아리스토텔레스와 관련한 토론들과 "표절들" 속에 자리 잡으려 한다. 아무튼, 요나스가 말하듯이 "그같은 사색들은 우리가 여기서 필요로 하는 것을 멀리 넘어서는 것이다."

그러나 여기서 스피노자와 더불어 그 목적성에 대면해 보는 것은 틀림없이 가치 있을 것이다. 모든 존재자는 그 목적성에 의해 자기 자신에게 속하는 것처럼 자신의 고유한 목적을 드러낸다. 스피노자는 목적인에 대한 위대한 비판가인데, 다른 그 누구보다 더 목적인을 비판했다. 그는 **코나투스**를, 그리고 자연의 공통 목적 가운데 모든 것이 자기 자신의 존재를 지속시키기 위해 쏟는 노력에 대해 주목했다.

아무튼 "열등한 것에 비해 가장 고양된 것, 가장 풍부한 것에 의해 교육된 것"을 받아들인다는 것으로 이 모든 것을 이해하자. 그런 관점에서 보면, 윤리학의 이름으로 "있는 그대로의 목적의 존재론적 자리"를 넓히는 것이 요구된다. "주체의 예리한 끝에서 나타나는 것에서부터 존재의 두께에 잠재해 있는 것을 향해 나아가면서 말이다."[30]

그때 사람들은 자연과 인간 "세계에서의 존재"의 심오한 구조들을 드러내 보이는 능력에서 테크놀러지의 힘이 얼마나 중요한가를 더 잘 이해한다. 그 힘은 구성되었던 것과 같은 자연 구조물과 인간이 인간적으로 살 능력을 동시에 위험에 처하게 한다.

바로 이전과 이후 사이의 단절이며 전대미문인 이 새로운 위험의 조명을 받으면서, 우리는 모든 이원론을 뛰어넘어 자연적 형태 발생들의 느리고 비밀스러운 노동에 의해 구체화된 것과 우리 사이의 긴밀한 관계에 관심을 갖게 되었다.

그러므로 존재의 통일성에 기초하여 현대 테크놀러지가 도입한 새로움을 평가하는 일은 중요하다. "세세한 것과 더불어 진보는 작동한다. 그 진보에 모든 것을 건다 해도 결코 위태롭지 않을 것이다. 그 때문에 세부적인 무수한 실수들을 허용할 수 있다. 그리고 그 실수들 가운데에서 느리고 인내심을 요구하는 절차가 희소하며 작은 충격 자체들을 선택한다." 그에 직면해, "인내심도 없고, 느리지도 않은 근대 테크놀러지의 대규모 기획은 그 전체성 속에 그리고 무수한 개별적 기획들 속에, 거대한 몇몇 발자국 속에, 자연적 진보의 무수한 작은 발자국들을 포함하고 있다."[31]

그때 우리 기계들에 내재하는 인과적 힘에 의지하고 있는 "계획적인 인간 행동의 단기간"이 진보의 장기간을 대체한다.

인간의 행동과 자연의 노동이 서로에 의해 조명되는 것은, 수행하는 두 방식들과 진보의 두 리듬들의 대면을 향해서이다. 보다 직접적으로 실천을 향해 방향을 바꾼 두 가지 의문들을 바로 그런 조명 아래 재위치시켜야 한다.

그 의문들 중 첫번째는 존재론과의 관계 속에서 인간 행동의 위상과 관련된 것이다. 퓌시스의 그리스적 의미에서 그 존재론은 하나의 "생리학"이다.

두 번째 의문은 책임의 원칙의 근원 자체에 대한 것이다. 다시 말하면, 존재 위에서 존재-의무의 연결의 근원 자체에 대한 것이다. 왜냐하면 요나스 역시 과거의 분리들과 결별하고 환원적 일원론에 전혀 호소하지 않기 때문이다.

그 의문들 중 첫번째는 이미 인용된 구절에서 다시 제기될 수 있다. 즉 "자연이 인간의 탄생을 방치한 것보다 더 큰 위험을 무릅쓸 수는 없었다."

분명히 말해서, 왜 자연이 그 위험을 무릅썼는가 하는 의문에 대한 답은 존재할 수 없다. 우리는 자연 전체에 내재하는 목적론의 관점 속에 있는 것이 아니다. 또는, 오히려 만약 목적론이 존재한다면 단지 차별화하려는 그리고 존재들간의 차이를 유지하려는 자연 경향이라는 의미에서일 뿐이다. 그것은 아마도 개별화의 목적론이겠지만, 그때 그 것은 "궁극 목적 법칙적" 개별자들의 차별화로 이끄는 맹목적 개별화 의 목적론일 것이다.

그런 관점에서, 인간 — 주체성, 표상 능력, 자기 준거의 힘 — 은 존 재할 수 있다. 그리고 존재했다.

존재하기에 "살아 있는 세계에 반하여 인간의 힘을 수행하는 것은 하나의 자연권"임을 재인식해야 한다. 즉 여기서는 자연 존재나 인간 존재 속에 미리 기록되거나 명령된 어떤 도덕적인 비난도 존재하지 않는다. 그때 우리는 현대인의 행동이 나타내 보이는 위험 앞에서 과 도함이라는 일종의 집단적인 죄를 짓고 있는 것인가 혹은 주체성의 숭배와 자본주의가 함께 발전했던 어떤 사회에서 표류하고 있는 것인 가?

그런 것 같아 보이진 않는다. 우리의 기술이 우리의 역사 속에서 어 떤 자리와 시작을 그 탓으로 돌릴 수 있는 "베이컨적 지식"과 밀접하 게 연결되어 있다고 할지라도, 거의 틀림없이 그것은 놀라운 발전을 이룩하고 어떤 다른 자리나 시간 속에서도 아무 사회에나 침투할 수 있었을 것이다 — 그리고 그것은 인간 존재의 고유한 존재 방식을 위 해서였을 것이다.

사실 인류는 오메오스테시스적[32] 사슬들로부터 해방된 것이다. 그 사슬들은 공생적 균형의 범위 내에서 생명체들을 포함하고 있으며, 그 공생적 균형에 따라 그것들의 관계들이 질서지어진다. 충동을 그 사례 로 제공할 수 있는 맹목적인 자동주의들 밖에서 목적들을 투영하는 것은 표상들의 작용을 통해 인간의 천재성에 대한 영광으로 여전히 찬양받지만, 이미 위험으로 체험되기도 했던 그 "사슬 끊기"로 귀결된 다.

그렇게 인간학적 차이의 원리에 있는 것 — 만약 독자가 정말로 이 표현을 허용해 준다면 — 에 대해서는 더 이상 말하지 말자. 요나스가 말하길, 그것은 어떤 "형이상학적 사실 상태" — 행복하기를 원하는 자에게 적절한 방식 자체일 정도로 인간 본성 속에 새겨져 있는 것으로, 홉스가 처음 소개했던 어떤 반복을 통해 유한한 성공에서 유한한 성공으로 가는 모든 기회의 지평인 "무한한 실패"의 가능성에 의해 표현되는 것[33] — 를 가리킨다.

가령 그 "무한한 실패"가 거의 가능하지 않다고 판정될 때에도, 그 출현 위험에 대한 가장 그럴듯하지 않은 평가조차도, 현실화가 보장될 목적들의 추구를 평가절하하는 데에는 충분하다. 사람들에게 권리가 없는 도박이라는 것이 있는 법이다.

바로 그로부터 윤리학적 요구가 생겨난다. 그러나 그 요구 자체는 존재-의무의 존재론적인 재구축을 호소한다.

결국, 아주 오래 전에 마르크스의 하이데거적 독자들 중 어떤 이는 이렇게 지적한 바 있다. 대지는 공처럼 둥글고, 공은 놀이꾼들의 손에 있으며, 그래서 그 공 때문에 아이들이 때때로 서로 싸우듯이 인류는 그것이 터질 때까지 가지고 놀 수 있다고 말이다. 차이가 있다면, 공은 바꿀 수 있지만 지구는 바꿀 수 없다는 점일 것이다.

그러나 그럼에도 불구하고, 우리 자신의 운명이 종결될 수도 있다는 것을 왜 인정하지도 받아들이지도 않는 것인가?

대답이 될 만한 길을 하나 지적해 보는 것으로 만족하자 — 물론 그것이 하나의 존재론에서 가치론을 시작하는, 자연에 대한 사유와 관계가 있는 한에서 말이다. 그 길은 세 단계를 거쳐간다.

첫번째 단계는 고전적인 요인에 속한다. 이미 전통적 관점이 넘쳐날 때조차 그것이 인간에게 인정하는 특권과 동일선상에 자리잡고 있기 때문이다. 그러한 관점은 의무를 결정하는 과정에 인간들에게 내재하는 권리들의 개념에 근거하는 타자 존중과 의무의 상호성을 개입시

킨다. 코모너 역시 "우리 아이들에게 어떤 지구를 남길 것인가"라고 스스로에게 질문했다.[34]

그러나 더 멀리 나아가야 한다. 문제삼고 있는 것은 타인, 혹은 타자와의 관계를 넘어 그 관계 자체를 가능하게 하는 것이기 때문이다. 즉 어떤 인간성의 현존이다. 그러므로 사람들은 다음의 내용을 인정해야 한다. "첫번째 규칙은, 있는 그대로의 어떤 인간성의 현존을 요구하는 이유와 모순되는, 미래의 후손들의 그 어떤 그같은-존재être-tel도 허용될 수 없다는 것이다. 그래서 어떤 인간성이 존재해야 한다는 절대적 필요성이 가장 우선적이다."[35]

또 그 인간성이 아무것일 수는 없음을 분명히 해야 한다. 인간들의 극단적인 조형성이나 적응 가능성은 인간들이 아무런 의심도 하지 않은 채 비인간적인, 게다가 인간성을 말살하는 조건들 속에서조차 존재할 수 있도록 해줄 것이다. 그러니 여기서 고려해야만 하는 것은 인간이라는 관념이다. 그 관념 자체는 인간 본성이라는 개념의 비시간적인 한정의 추상 속에 주어져 있지 않다. 사물들뿐만 아니라 신체들 및 사유들에 대해서도 영향을 끼치는 테크놀러지의 재구성적 힘에 직면해, "인간의 변형에 대한 예측만이 우리가 미리 대비해야 할 인간의 개념을 우리에게 제공한다."[36]

우리는 여기서 멈출 것이다. 하지만 여전히 친숙한 윤리학적 관심들의 영역 위에 머물러 있을 것이다. 그러나 인간 속에서, 혹은 인간에 대해 인간성 이상의 것이 작동한다. 그 인간성은 사실 그것이 원초적으로 귀속된 것의 움직임 속에서 복구되어야만 하고, 그것이 다른 존재 형태들과 공통적인 토대에 단순히 참여한다는 바로 그 이유 때문에 그 자체와 다른 것을 위험에 빠뜨릴 수 있는 것이다.

그러므로 인간들에게는 지금까지 생각지도 못했던 책임의 양상에 따라, 또 예기치도 못했던 식으로 책임이 있다. 사실, "인간 밖의 자연 상태, 즉 전체성 속의 생태계, 또 지금 우리 힘에 종속되어 있는 부분들 속의 생태계가 그 사실 자체 때문에 인간에게 맡겨진 어떤 선善이 되지는 않았는지 그리고 그것이 우리에 대한 도덕적 주장으로서 무엇인가를 가지고 있지는 않은지를 질문하는 것은 더 이상 의미가 없지 않다. 우리 자신의 선을 위해서, 뿐만 아니라 또한 그것 자체의 선과 그것의 고유한 권리를 위해서 말이다."[37]

우리의 전통 속에서 (천사들이 가지고 있는 불타는 검으로 되돌아갈 길이 차단되어 있는 에덴에 대한 향수 속에서를 제외하고는) 그 어떤 것도 우리에게 그것을 준비하도록 해주지 않았다. 특히 자연에 대한 지배적인 과학적 입장을 준비하도록 해주지 않았다. 그럼에도 불구하고, "그의 전체를 보존하라는 말없는 호소는 생명이 위협받는 그곳, 생명 세계의 충만성으로부터 유래하는 것 같다." 그때 윤리학과 자유를 통일시키는 확고한 관계를 넘어 "장자 상속권 속에 다시 자리잡은[…] 지각하는 생명의 근본적인 경험"[38]을 탐구하는 것은 우리의 소관이다. 그 경험은, 인간 생명처럼 자기 결정적인 생명의 출현들이 풍부히 넘쳐나는 것을 가리킨다.

따라서 우리는 "인간과 동물에게 있어 자발적인 움직임들의 영역이 결국 주관적으로 그것들을 유지하는 동일한 주체들에 의해 사실상 완성된 목적들과 목표들에 의한 실제적인 결정의 자리라는 것"[39]을 재인식할 수 있다. 그러므로 자연 속에는 행위가 존재하고, 그것은 목적들에 대한 긍정이 합리성, 사색 및 자유 의지와 연결되어 있지 않기 때문에 인간과도 연결되어 있지 않음을 함축한다. 인간의 저편에 살아 있는 자연적 존재들의 현존은 존재에 대한 승낙으로서, 현존하고 스스로를 긍정하고자 하는 욕구로서 표현될 수 있는 궁극적인 목적 법칙을 드러낸다.

그래도 행위가 윤리성éthicité에 도달하는 것이 인간과 더불어서,

또 인간을 위해서인 것은 변함이 없다.

왜냐하면, "맹목적으로 행동하는 그 긍정은 인간의 분명한 자유 속에서만 의무적인 힘을 획득한다. 자연의 목적 있는 노동의 최종 결과인 인간은 보충적 행위자일 뿐만 아니라 지식이 발생시키는 힘 덕분에 그것의 파괴자도 될 수 있기 때문이다."[40]

자기 목적적인 존재를 생산하는 형태 발생들로부터 기인했지만, 동시에 그것들의 현존의 기초들을 파괴할 수 있는 그 힘 자체에 책임이 부과된다.

책임성이란 일단 재검토가 가능한 것에 대해 책임이 있다고 느끼는 감정이다. 그러나 우리는 계속해서 그것을 넘어가야만 한다. 사실, 자기 자신에게 고유한 목적인 모든 존재에 머물러 있는 현존에의 요구를 재인식하는 것으로 충분할 것인가? 존재-의무의 존재론적 원천으로의 회귀를 향한 최종 단계는 잘 알려져 있으나 뒤집힌, 즉 전복된 의문을 스스로에게 제시한다. 바로 "아무것도 존재하지 않는 것보다는 오히려 어떤 것이라도 존재해야만 하는가" 하는 의문이다.

긍정적으로 답하는 것은 바로 무無(le néant)에 대한 존재l'Être의 우월성을 긍정하는 것이고 현존에게 가치를 제공하는 것이며, 따라서 그것의 가정들과 조건들에 가치를 부여하는 것이다.

궁극적인 가능성, 즉 모든 대안적 선택을 조명하고 그 선택들의 수용 가능성을 판단할 가능성은 이것 혹은 저것 사이에서 양자택일을 하는 대신에 "무Rien"를 선택하는 것이다. 물론, "비존재와 관련해서 존재의 절대적인 우위"가 인정되지 않는 한에서 말이다.

그러므로 최종 심급에서, 존재l'Être에 대한 "긍정"에 윤리적 의무를 연결시켜야만 한다. 그 의무는 존재자들의 질서 ― 아마도 사람들이 소산적 자연Nature naturée이라고 명명하는 것 ― 에 미치는 우리의 영향이라는, "폭풍우의 빛"의 조명 아래 출현한다.

이렇게 해서 인간의 책임을 과학들의 공헌에 대한 분석과 평가에 연결시키는, 자연에 대한 모든 재강독이 인간과 절대적인 존재 사이에서 펼쳐진다. 과학이 드러내는 데 기여한다고 말할 때, 동시에 과학이 그것에 영향을 미친다고 말할 때, 그 한계들이나 부분적 특징, 불충분성이 분명하게 명시되어 있는 한 한스 요나스의 사유 속에서는 그 어떤 것도 서로 대립하지 않는다.

"각각의 종이 다른 종들을 체험하거나 그 각각의 종이 다른 종들의 환경을 결정하는 데 기여하기 때문에, 또 자연이 추구하는 각각의 단순한 자기 보존은 다른 생명 균형들 속으로의 지속적 개입을 나타내기 때문에, 다른 생명들에 대한 개입은 필연적 결과로서 삶의 영역에의 귀속과 더불어 주어진다는 사실을" 그 공헌 속에 "삽입"해야만 한다.[41]

또 "생명의 균형들"에 개입하기 위해 얼마 전부터 우리가 이용하는 수단들의 놀라울 만큼 기하급수적인 증대를 이해하지 않으면 안 되고, 경우에 따라서는 방향을 잡거나 제한하지 않으면 안 된다. 이해는 인간 존재, 삶의 통제 밖에서 펼쳐지는 행위하는 생명체의 위상의 특이성, 또 한편으로 우선 그 표명들의 전체 속에서 고려되고 우리의 테크놀러지에 의해 이루어진 형태 하에서 고려된 기술 사이의 관계에 근거하는 것이다. 그 힘과 확장의 통제는 바로 책임에 속하고, 우선 우리에게 책임이 있다는 자각에 속한다.

인구 통계학을 포함한 실제 상황들 속에서 그러한 자각은 단지 두 가지 형태의 무책임성 사이에서 결정될 수 있을 따름이다.

그러나 우리는 마지막 주석에서 위의 한 단계를 결론지을 수 있다. 인간이 상황 적응력 및 상황 조정력에 있어 설정 가능한 사실적 한계 따위는 갖고 있지 않는 존재라는 점을 기억하자. 여기서 현존의 인간적 조건들과 비인간적 조건들을 구분하는 것은 "인간의 관념"이지, 세계와의 관계라든가 자신과의 관계, 비가시적인 것과의 관계 등 다양한 형태들의 경험적 결정이 아니다.

비인간적인 조건들 가운데,『희망의 원리』가 출현 계획을 세운 조건들이 존재했다. 즉 인간적인 것과 자연적인 것의 차이를 소멸시키는 것을 목적으로 하는 "반反데메테르적" 재구성을 통한 것, 즉 블로흐[42]에 의해 자연의 전면적 인간화로 해석된, 마르크스에 의한 인간과 자연의 화해에 대한 예언의 현실화가 그것이다.

한스 요나스에 의하면, 우리의 삶에 본질적인 그 차이들 ― 즉 육체노동과 지적 노동, 시골과 도시, 공적인 것과 사적인 것, 주중의 날들과 일요일 간의 차이 ― 을 균등화시킨다는 것은 악몽이다. 인간화된 자연은 사실상 소외된 자연이다. 그것은 인간에 의한, 인간에의 귀속에 의해 자기 자신에게 낯설게 된다. 그런데 인간이 말하는 자연, 자신을 대립시키고 때로는 자신을 내맡기는, 마주 대하는 하나의 상대자로서 인간이 필요로 하는 자연은 전체 속에서 보존된 원시적 자연, "처녀의" 자연, 말하자면 인간화된, 너무도 인간화된 공간들과는 거리를 유지하는 자연이다.

그러나 역사 철학들의 유산과 그것들이 양산한 유토피아들의 과도함l'ubris보다, 더 절제있는 자연 철학을 재인식하고 그것과 다시 관계를 갖는 것만으로도 "변화된 한 세계의 수천 년으로 지불한, 산업화된 몇 세기의 경박하고 방탕한 축제"[43]를 피하기에 충분할 것인가? 그것이 인간 기획들의 절제를 위해 중요한 정념으로 공포에 의존하는 것을 정당화해 주는가? 그리고 그것이 종말을 예고하고 그것을 어떻게 피해야 할 것인지에 대해 얘기할 수 있는 능력을 가지고 있는 자들의 손에 인류와 그들 민족들의 운명을 내던지도록 강요하고 있는가?

어쨌거나 그러한 의문들이 제기된다. 그 경박하고 방탕한 유흥이 결코 공정한 분배의 대상이 아니었을 뿐만 아니라, 도래할 생활 조건의 개선을 밝혀줄 약간의 희망의 빛을 바라기에도 너무나 혜택받지 못한 많은 사람들, 게다가 "대지의 저주받은 자들"[44]을 그 유흥 밖에 내버려두고 있었기에 그만큼 더 잔인하게 제기되는 것이다.

다행히도 역사는 결코 그 최후의 단어를 말하지 않는다.

오늘날 몇몇 사람이 역사의 종말이라 부르는 희망의 결핍은, 인간의 척도에 따라 너무나 달라졌기에 탈인간화되어 버린 어떤 세계의 가능성 앞에서 느끼는 불안만큼이나 비극적이다. 그것에는 이런 내용을 덧붙일 수 있을 것이다. 유토피아주의의 위험한 과도함에 뒤이은 거대한 실망이 폭동의 기회들을 그대로 남겨주었다고 말이다. 그 폭동은 절망의 표현이기에 원칙이 필요하지 않다. 그때 공포는, 잃을 만한 대단한 것이 없기에 기대할 것은 훨씬 더 적은 자들에게 대항하는 빈약한 바리케이드 역할을 하게 될 것이다.

그러나 가령 그 고통스러운 의문들이 다시 등장한다고 할지라도 우리 시대가 우리에게 호소하는 것은, 인간 존재에 선행했고, 그 뒤를 이을 것의 지평 위에서 인간 존재에 대해 다시 생각하라는 것이다. 그 점을 아주 강하게 호소하고 있는 한스 요나스에게 우리는 감사해야 할 것이다.

우리 현존에 선행했고 그것을 가능하게 했던 것에 우리 현존을 연결시키는 상호 의존 관계를 상기하면서 우리는 상황들과 우리의 불확실성들이 강요하는 교훈들을 이끌어 낸다. 우리가 변화시킬 수 있는 것에 개입하는 우리의 능력은, 그 성공을 통해 우리가 무엇으로 이루어져 있는지를 보여 주고, 우리가 습관적으로 주목하는 윤곽들과는 다른 윤곽들이 나타나도록 만들어 준다. 인식론적이고 존재론적인, 자명했던 전제들에 준거해서 우리의 인식과 조작들이 포착했던 형태들의 상대성은 그렇게 밝혀졌다. 그 상대성은, 항상 알려져 있었지만 근대의 출현과 더불어 엿본 전망에 만취되어 사유의 머나먼 곳으로 내쫓

긴 채 존재해 왔던 것을 주목하는 어떤 사색에 공간을 열어 주는 것이고, 역사에 빌려준 새로운 의미들을 통해 희망을 주는 교리문답의 세속화를 말하지는 않는다.

오늘날 모험을 가능하게 만든 토대로의 회귀로부터 무수한 새로운 책임성의 형태가 발생한다. 그것은 집단적인 만큼 개인적이며, 행동의 새로운 차원들에 상응한다.

사람들은 공포로부터 자기를 보존하려는 관심, 즉 "장애물들을 치우고 제물들을 가리키면서 — 죄인은 항상 '타인들'이다 — 필요하다면 공포로부터 자기를 '지키려는' 관심에 자신이 얼마나 친밀해져 있는지를 잘 알고 있다." 그러나 그 공포에 호소하기보다는 오히려 우리를 둘러싸고 있는 것과의 재발견된 친숙함을 추구하도록 해야 한다. 어떤 자연 — 다른 관점에서 보면 모든 생명에 적대적인[45] 우주의 한 작은 변방에 존재하는 자연의 격리를 강조해야 할 것이다"[9] — 의 역사 속에서 천천히 구성된 공동 유산과의 오랜 공모뿐만 아니라 관례들의 다양성을 부활시키거나 나타나도록 하는 것은 하나의 임무이다. 그 임무에 모든 의미를 부여해야 한다. 비록 생산품들을 낳는 변형과 그것들의 매매 교환 세계의 "중요성"에 대해 무관심할 때조차 그래야만 한다.

각성에 속하는, 또는 재각성에 속하는 그 임무에, 어린 나무를 심는 데 몰두하고 있는 아이들의 기쁨, 아마추어 화가의 열성, 고래에 대한 공유된 관심이나 "북극 지대"뿐만 아니라 "그랑 블루"의 위험한 유혹들은 "인간의 행동에서 도래한 위협적인 폭풍우의 번갯불"이 드러내는 것과는 다른 색깔들을 제공할 수 있다. 그들의 소박함 속에까지도 말이다. 도처에서, 항상 그리고 모든 것에 있어 단지 공존으로만 발견될 수 있는 어떤 현존의 관계들에 내재하는 다차원성이, 우리 기술 수단들의 효율성 속에서 그리고 그것들의 이용 밖에서 그것들을 탐색하고 현실화시킬 조건을 발견할 수 있을 가능성들로 열린다. 그때 우리의 자동 기계들이 해방시키는 시대는, 지구로부터 이끌어낸 자원들이 그것들의 변형 과정에 힘입어 합류 가능한 노동으로부터 그것들의 "가치" — 그것들의 "값" — 을 수용하기에 앞서 지구의 풍부함에 대한 발견 혹은 재발견으로 투자되게 하는 대 성공할 것이다.

"인간의 행동에서 도래하는 위협"과 관련된 위험에 대한 각성은, 인간 자신이 더 본래적인 재산 — 그의 종種의 유산 — 에서부터 기술 개입의 영역 속으로 들어갔기 때문에 그만큼 더 절박하게 요구된다. "반 데메테르적" 영향력으로 재인식된 특권에 의해 강요된 제한과 절단의 의식에 연결되어 있을 뿐만 아니라 할 수 있는 힘에 연결된, 위험에 대한 이 각성은 하나의 정보에 속하며, 공포의 해석학보다 십중팔구 더 논리 정연한 교육법에 속한다.

그러나 우주론적으로 예외적일 만큼 특이하다고 할 어떤 역사에서 결과된 지구 환경의 불안정함에 대해 민감하게 느끼도록 만드는 것은, 우리의 수와 결부된 기술 수단들이 우리 스스로를 파괴하는 위치에 놓는 상황에 직면해, 집단적 책임의 의미를 모두에게 되돌려주어야 할 것이다.

동시에, 그 노력이 "타인들"의 눈에, 이곳뿐만 아니라 다른 곳에서도, 테크놀러지의 급성장에 의한 주요 수혜자들 자신의 영원한 특권 및 안락한 생활을 보증하려는 관심에서 이루어진 것처럼 보이지 않도록 하려면 도대체 어떻게 해야 할 것인가? 그리고 인간의 형성과 개선의 느린 노력을 넘어, 불평등하게 분배된 재화들로 변화한 자연 자원들과 세계의 개편과 관련된 개별적 이득들에 대한 기대보다는 현재의 인간성과 도래할 인간성에 대한 관심을 우월하게 만들 수 있는 기관들에 대한 성찰을 통해서만, 그 책임에 대한 훈련이 효과를 가질 수 있다는 사실에 직면해서도 똑같은 관심이 요구된다.

자신만만하게 어떤 유토피아적 차원을 틀림없이 재발견해야만 할 것이다. 그 유토피아적 차원 없이는 아무리 유용한 경고라도 희망이 없다. 『책임의 원칙』과 공포의 해석학은 존재에 일치시킨 "긍정"을 포기로 이끌 것이다. 다른 곳에서는 다른 금욕들이 포기를 만족과 평화의 충만으로 연결지을 수 있었다. 그러나 우리 유산의 긍정성, 우리의 과거를 책임지고, "과거의 흉벽들"이 더 이상 가장자리를 두르지 못하는 어떤 미래의 장래를 위해 절차와 목표를 만들어 내는 것은 우리에게 속한다. 그 임무가 손쉽다거나, 길이 열려 있다거나 혹은 결과가 보장된다고 말할 수 있는 사람은 아무도 없다.

많은 사람들이 포스트-모던이라고 명명하는, … 다시 말하면, 근대성에 그 기반과 확신을 제공했던 발판들을 넘어서 있는 우리의 조건은 그러하다. 그때 모험과 신중함을 결합시킬 수 있어야 한다. 즉 우리 힘을 절도 있게 사용해야 하고, 희생의 분배처럼 재화도 정의롭게 분배해야 한다. 과거의 미덕들은 오늘날 우리의 책임 훈련과 결코 무관하지 않다.

주

1) 자크 모노, 『우연과 필연, 근대 생물학의 자연 철학에 대한 시론*Le hasard et la nécessité, Essai sur la philosophie naturelle de la biologie moderne*』 Paris, Seuil, 1970

2) "가능한 한 인간 정신에 가장 잘 부합하도록 변화시키기 위해 자연에 영향을 끼치는 것에만 몰두하는 것, 사람들을 사물들에 대한 일반적인 활동에 협력하게끔 결심시키기 위해서만 그들에게 영향을 끼치는 것을 목적으로 하는 것… 인

간에게 명령하려는 욕망은 자연을 우리들 마음대로 만들고 파괴하려는 욕망으로 조금씩 바뀌었다. 그때부터 모든 인간에게 내재하는 지배욕은 해롭지 않게 되었거나, 적어도 사람들은 그것이 해롭지 않고 유용하게 될 시대를 알아볼 수 있었다"(생-시몽, 『조직자 *L'organisateur*』, Œuvres, Éd. Anthropos, vol. II, p. 120).

3) 1959년으로 추정되는 E. Bloch의 *Das Princip. Hoffnung*, Paris, Éd. Suhrkamp, t. I, 1976; t. II, 1982, 프랑스어 번역본, 『희망의 원리 *Le Principe espérance*』, Gallimard, t. III, 1991.

4) 카터, 『1979년 국정 교서』: "우리는 항상 우리의 아이가 우리보다 더 낫게 살 것이라고 생각해 왔다. 의심의 여지없이, 그것이 더 이상 사실이 아니라는 생각을 우리가 해야 할 때이다."

5) 메를로-퐁티, 『강의 개요』, Gallimard, 1968, 1956-1957년 사이의 강의, p. 94.

6) 'l'agir humain'을 '인간의 행동'으로 번역한 것은, 'agir'의 분사형을 번역에서 살리지 않고 그 대신 명사형인 'action'을 사용한다 하더라도 별 문제가 없다는 텡랭 교수의 의견을 따른 것이다 — 옮긴이.

7) 한스 요나스, 『책임의 원칙』, 프랑스어 번역본, Paris, Éd. du Cerf, 1990, p. 190.

8) *Op. cit.* p. 189.

9) *Op. cit.*, p. 24.

10) *Op. cit.*, p. 24.

11) *Op. cit.*, p. 14.

12) 마르쿠스 아우렐리우스, 『명상록 *Pensées*』, 4권, 23.

13) 마그달레니아인 magdalénien은 후기 구석기 시대 후반부(기원전 만오천 년에서 만 년에 해당함)에 속하는 마그달레니아기의 구석기인이다 — 옮긴이.

14) 한스 요나스, 『책임의 원칙』, *op. cit.*, p. 246. 이 용어들은 「최선의 세계의 설계도들」이라는 제목이 붙은 부분에 대한 프랑스어 번역본의 2권에 나타나 있는

블로흐E. Bloch의 인용에서 빌려온 것이다.

15) *Op. cit.*, p. 252.

16) *Op. cit.*, p. 250.

17) *Op. cit.*, p. 178.

18) 『책임의 원칙』의 제1장 [변형된 인간 행위의 본질]의 "I. 고대의 예"에서 한스 요나스가 소포클레스의 『안티고네』의 코러스를 인용하면서 본문을 시작하고 있음을 저자가 암시하고 있다 ― 옮긴이.

19) *Op. cit.*, p. 19.

20) *Op. cit.*, p. 105.

21) *Op. cit.*, p. 106.

22) 베이컨, 『신기관 *Novum organum*』, *Œuvres du chancelier Bacon*, Paris, Éd. Buchon, 1840, t. I, §129.

23) 데카르트, 『방법서설』, 4부.

24) *Op. cit.*, p. 72.

25) *Op. cit.*, p. 102.

26) *Op. cit.* p. 104.

27) 저자의 의도에 따라 본문의 'régime'을 "본질적 특징"으로 번역했다 ― 옮긴이.

28) *Op. cit.* p. 104.

29) *Op. cit.*, p. 107.

30) *Op. cit.*, p. 104.

31) *Op. cit.*, p. 55.

32) 오메오스테시스는 살아 있는 유기체가 내적 특징들(예를 들어, 체온)을 항상적인 수준으로 유지하는 것을 말한다 ― 옮긴이.

33) "…그 삶의 지복은 만족한 정신의 휴식에 있지 않다. 왜냐하면 과거 도덕주의자들의 저작 속에서 문제가 되는 **궁극적인 목적** *summun bonum*도 현실 속에

는 존재하지 않기 때문이다 [···] 지복이란 욕망의 한 대상에서 다른 대상으로의 지속적인 전진이고, 첫번째 것의 획득은 단지 두 번째 것으로 인도되는 길일 따름이다… 그러므로 나는 모든 인류의 일반적 성향에 따라 권력에 이어 권력을 획득하려는, 중단 없는 영원한 욕망, 죽을 때에 이르러서야 중단되는 욕망을 제일 앞에 놓고자 한다"(홉스, 『리바이어던』, 11장, 프랑스어 번역본, Paris, Éd. Sirey, 1971). 베이컨, 데카르트와 더불어 홉스는 근대성으로의 이행에 있어 수수께끼 같은 인물들 중 한 명이다. 여기서 인간 현존의 본질적인 차원으로서의 무한히 소생하는 욕망의 진단과 수용은 그것의 한 징후이다.

34) B. Commoner, 『우리 아이들에게 어떤 지구를 남길 것인가*Quelle Terre laisserons nous à nos enfants?*』, 프랑스어 번역본, Paris, Seuil, 1979.

35) 한스 요나스, 『책임의 원칙』, *op. cit.*, p. 69.

36) *Op. cit.*, p. 49.

37) *Op. cit.*, p. 26(우리의 관심에 의해서 변형된 번역).

38) *Op. cit.*, p. 96.

39) *Op. cit.*, p. 97.

40) *Op. cit.*, p. 119.

41) *Op. cit.*, p. 188.

42) 블로흐(Ernst Bloch, 1885-1977), 독일의 철학자. 유토피아적 마르크스주의 연구에 몰두했으며, 저서로는 『희망의 원리』(1954-1959)가 있다 — 옮긴이.

43) *Op. cit.*, p. 253.

44) 프란츠 파농Frantz Fanon의 저서 『대지의 저주받은 자들*Les damne's de la tene*』(1961)를 염두에 두고 있다. 19세기 제국주의의 인종 차별 정책으로 경제 문화적 식민지가 된 국가의 소외된 유색 인종들을 의미한다 — 옮긴이.

45) 저자의 의도에 따라 본문의 단어 'étranger'를 "적대적인"으로 번역했다 — 옮긴이.

보주

*1. 모노가 자기 분야, 즉 생물학에서 시작하여 다른 분야들로 파고들어가는 자신의 태도에 대해 변명할 필요를 느꼈다는 바로 그 사실이 자연 철학에서 언급된 것이나 그 분야에 대한 프랑스 철학자들의 무관심을 증명하는 증거의 구실을 할 수 있을 것이다. 하지만 사실 그것이 증거로서는 그리 충분하지 않기 때문에, 사람들은 생물학자의 변명을 하나의 의사 표시로 간주하고 만다.

*2. 엔지니어는 물리적 힘들과 물체들의 배치를 방정식으로 계산한다. 그는 어떤 기획을 실현하기 위해 그 물리적 힘들과 물체들의 배치에 적용하고자 한다. 달리 말하면, 그는 자신이 원하는 결과를 얻기 위해 가야 할 길과 사용 가능한 수단들을 계산한다. 그는 사물들에 대한 자신의 힘을 증가시키기 위해 수학을 이용한다. .

*3. 여기서 근대성으로의 입장을 다른 사람들은 '포스트 모더니즘' 이라 부른다.

*4. 1929년 후설은 프랑스 철학회la Société française de Philosophie의 초청으로 파리에서 강연을 했다. 그때 그 강연은 1947년에 브렝Vrin 출판사에서 출판되었다. 그 강연의 서문이 "데카르트의 성찰들, 철학의 자기 자신으로의 회귀의 원형"이라는 제목의 절로 시작된다.

*5. '더 제한적' 이라 함은 물이나 흙처럼 가까이 있고 풍부한 자연 자원들의 변질이 화석 연료의 고갈보다 더 엄정하고 더 직접적인 강제와 제한의 근원으로 나타난다는 것을 의미한다. 하지만 1차 오일 쇼크(1973년) 후 사람들은 재생산할 수 없는 에너지를 절약할 것을 강조했다.

*6. 고대 그리스인에게 있어 아르카디아Arcadia는 시골의 조화로운 옛 삶의 방식의 상징이었다. 그것은 피리를 부는 목동들이 사는, 지상의 작은 천국의 일종이다. 사람들은 기술 산업 문명에서 도주하여 자연으로 돌아가자는 운동에서 그 아르카디아를 재발견한다. 하지만 자연과 가까이에서 사는 삶의 조화로움에의 준거

가 단지 아르카디즘(이미 지나간 신화적인 현존으로의 회귀에 대한 몽상)이며 우리 자신의 현실 문제들에 대한 이해의 거부일 따름일지 모른다는 우려도 크다.

*7. 민중 문학에 속하는『피오레티 디 산 프란체스코*Fioretti di San Francesco*』는 프란체스코 성인의 죽음 이후 그의 교훈에 대한 기억을 전하고 있다. 꽃과 새를 형제, 자매로 여겼고, 모든 창조에 합일하여 가난하게 살길 바라였다.『피오레티』는 다양한 작품(특히 음악 작품)에 영감을 주었다. 본문의 구절은『책임의 원칙』이 자연과의 조화로운 합일을 추구하는 이 계보에 위치할 수는 없음을 암시하고 있다. 그것은 미국 심층 생태학Deep ecology의 계보에 속한다.

*8. 자연의 '기계론적' 입장에서 보면, 하나의 동일한 전체(예를 들어 하나의 기계)를 구성하는 요소들은 병렬되어 있으며 서로 관통하지 않는다. 그것들이 접촉할 때조차 말이다. 그러므로 그 요소들은 상호적으로 서로의 외부에 머물러 있고, 통일 원리나 통일화의 원리에 종속되지 않는다. 그러한 원리들은 그 요소들을 하나의 통일체의 구성 요소들로 만들 것이다. 통일체는 그 요소들의 상호 작용을 지배할 것이다(예를 들어, 어떤 살아 있는 유기체에서처럼 말이다. 유기체 속에서 부분들은 전체와의 관계와 관련해서 사유되며, 그 전체 속에 부분들이 통합되어 있다). 그러므로 문제가 되는 것은 공간과 공간의 가능한 관계들에 대한 이론이다.

*9. 우리가 자연으로 부르는 것이 우주와 공연장적인 것이 아니라 우주의 아주 특별한 지역, 즉 지구에 한정된다는 사실을 강조하는 것이 중요하다.

제 2 부

위치 측정

1

생물의 존재론적 특권

이 수수께끼 같은 제목은 선행적인 정당화를 요구하는 것이다. 즉 생물이 생물로 하여금 폭로자의 역할을 수행하게 하고 동시에 다른 언어들에서는 현재분사를 사용하는[1] 바로 그 지점에서 명사 부정법을 사용하고 있는, 우리가 불어로 **존재들***êtres*이라고 부르는 것과 관련한 의문들의 중심에 자리잡도록 만드는 특징들의 담지자임을 단순히 의미하고 있을 뿐이다. 그러나 우리가 살아 있는 존재들 혹은 사유하는 존재들에 대해 무의식적으로 말하고 있는 반면, "단순히" 물리적인 실재 가운데서 분명하게 파악하는 것을 지시하기 위해 그런 표현을 사용하는 것은 그리 용이하지 않다는 것을 주목하는 것이 중요하다. 구름도 바위도 자동차도 그렇게 불리지는 않는다. 살아 있는 존재의 특징들과 유사한 특징들이 그것들에 차용될 때만 그런 표현을 사용할 따름이다. 또 우리가 생물로 나타나는 것에 준할 때만 — 적어도 우리가 경험하고 있는 것으로 만족하고 마는 한에서 — 사유하는 존재들에 대해 말한다는 것도 덧붙여야 할 것이다.

우리는, 한편으로는 하나의 존재이면서 또 한편으로는 사물이나 대상으로 지시되는 것 사이의 구분을 강조하는 언어적 취급을 통해 존재자existant의 유형이나 존재하는 것의 방식, 원리적 통일체인 존재 l'Être의 특별한 차별화가 표현된다는 점을 고려할 것이다. 그것들[1]의 특징들은, 다른 "실재적인" 형태들의 존재론적 위상으로의 환원 불가능성에 의해 모호하게 이해되고 있는 어떤 존재론적 위상을 함축하고 있다.

살아 있는 존재는 우선 존재이며, 그것을 둘러싸고 있는 모든 것의 구조적이고 기능적인 통일체로 구별되는 하나인 존재이다. 그것은 그것의 막, 껍질 혹은 피부가 상징하는 차별화를 넘어 어떤 시공간적 정체성을 나타낸다. 즉 어떤 공간을 차지하고 어떤 시간 동안 지속한다. 안과 밖의 구분 및 내적 영역과 환경 사이의 구분에 기초한 그것이 공간을 차지하는 방식, 공간과 진화의 지속성에 기초하고 탄생과 죽음 사이에서 지속되는 방식은 그것의 생명 질서 속으로의 귀속을 특징짓는다.

외적 환경의 변동에 기초하여 그 내적 상태를 유지하거나 회복시키면서, 다른 모든 것과 구별되는 개별자로서의 현존의 원리에 있는 그 시공간적 정체성이 내적 다수성을 배제하지 않는 것처럼, 시간을 관통하는 그것의 정체성은 자신의 역사인 어떤 역사의 흐름 속에서도 자신 안에서 발생하는 변화를 배제하지 않는다.

그것은 단순하고 불변적이기는커녕, 통일성과 동일성에 복잡성과 생성을 결합시킨다.

세계의 토대 위에서의 그것의 차별화가 — 반대로 — 고립도, 분리도 함축하지 않는다는 사실을 그 점에 덧붙여야 할 것이다. 그것은 그것이 타협해야만 하는 외적 강제 — 예를 들어 중력 — 에 복종하고 있을 뿐만 아니라 영원히 흐름에 의해 관통된다. 즉 안과 밖 사이의 교환의 벡터vecteur*2에 의해, 유기체로 나타나는 것과 그것이 관련된 세계 사이의 교환의 벡터에 의해 관통된다는 뜻이다. 바로 그 교환들은, 우리가 물질,[2] 에너지, 정보의 전달이라는 세 가지 측면 — 교대로 지배적이다 — 에 따라 기술하곤 했던 것들이다.

그러나 외적 강제들과의 구성 및 끊임없는 교환들에 기초한 그 안정화는 상대적으로 좁은 변동폭 안에서만 가능하다. 그 변동폭 안에서 외부 환경의 변화들이 이해된 상태로 존재해야만 한다. 그것은 환경의 화학적 구성, 전자기적 방출의 분광分光, 혹은 역학적 압력들뿐만 아니라 온도와도 관련되어 있다.

변동들에 기초한 그 영속성은, 생물 개별자의 동일성이 그 속에서 표현되는 "값"[3]들 주변의 진동에 의한 내적 균형의 유지를 보장하는 조절 과정에 근거하는 것이다. 생물 개별자는 자기 규범화됨 — 내적 영역의 오메오스테시스 보존 조건에 준하여 규범이 제공됨 — 에 따라 자율적이고 복합적인 단위로 나타난다. 그것은 물리·화학적 적법성의 범위 안에서 극성極性의 기록에 의해 생리적 상태 — (정상과 비정상이라는 대립의 출현에 의한) 병적 상태 — 로 표현된다. 생물은 그 물리·화학적 적법성을 전혀 위반하지 않는다. 생명의 역사에서 발생한 "개별자들"이라는, 그 "가치 부여"의 중심들을 세계 속에 등장시킬 때조차도 말이다.

이 모든 것은 생물의 목적 법칙적 특징을 암시하며 목적성이라는 개념에의 의존으로 기울어진다. 각각의 생물이 자기 존재 내에서 견디기 위해 쏟는 노력은 "강력한 보존적"[3] 특징에 의해 나타난다. 자크 모노가 생명 그 자체에 내재하는 과정들 가운데서 발견했던 바로 그 특징이다. 그같은 구조적 불변성을 추구하는 것에 깔려 있는 메커니즘들의 정확성과 효율성은 발전의 내적 동력학에 의해 주어진 어떤 생명의 관념과 관련하여 위치지워져야 한다. 뿐만 아니라, 그것은 에너지의 전달과 변화가 이루어지는 바로 그때부터, 특히 열역학 제2법칙의 타당성을 인정하는 어떤 물리학과 관련해서 위치지워지기도 해야 한다. 생명 구조와 작용의 유지로서의 보존은 무질서의 증가와 탈차별화와 대립할 뿐만 아니라, 예를 들어 항상 보다 더 분명한 어떤 정신론의 출현을 향해 인도되는 생명의 내생적 역동설에도 대립하는 것이다.

그 모든 것은, 하나이고 동일하며 살아 있는 존재와 어떤 세계 간의 긴밀한 연대를 함축하고 있다. 그 세계의 변동은 몇몇 한계들 속에 포함되는 것이다. 개별자들뿐만 아니라 생명 형태들의 생성의 토대 위에 다시 위치지워진 그 연대는 그 세계를 그것인 바로 만드는 것에 기여하는 모든 것에 공통되는 생성을 가리키고, 따라서 그 형태들 서로의 공동 진화뿐만 아니라 그 현존의 물리적 조건들과의 공동 진화를 가리킨다. 그리고 그 공동 진화는 생물학적 조직의 최초 스케치들에서부터 지속적으로 실현되어 온 것이다.

살아 있는 존재를 구성하는 것과 그것에 외재하는 것을 대립시킴과 동시에, 그것들의 통일성과 동일성을 보장하는 차이들의 작동이나 오메오스테시스가 가정하는 자율성에도 불구하고, 35억 년 전부터의 지구 환경과 생명들의 공동 진화의 토대 위에서 가능한 상호 작용들의 망 속에서 포착되지 않는다면 그 어떤 식물이나 동물도 존재할 수 없다. 생물과 환경 간의 연대는, 최초의 생물학적(혹은 생명 이전의) 형태들에서부터 지속적으로 펼쳐져 온 것과 같은 생명의 역사 속으로의 참여에 의해 몇 갑절이나 탄탄해진다. 즉 모든 개별자는 생성의 바깥에서 생각될 수 없으며, 그 생성 동안 유전 정보가 구성되고 전달되며 변형되어 왔다는 것이다.

(생물들의) 생명의 역사 자체는 항상적이고 복잡한 상호 작용들의 토대 위에, 또 우주의 (우리가 알고 있는 한) 특별한 위치 자체의 역사 속에 자리잡고 있다. 아직까지 우리의 행성은 생태계 발생의 과정이

발전될 수 있었던 유일한 천체로 남아 있다. 그 과정 자체는 생물들의 긴 사슬의 최초의 고리가 출현했던 사건에 의해, 특별한 조건들 속에서 시작되었다. 우주의 그 지점에서, 또 지구 역사의 그 순간에 이용 가능한 요소들에 기초하여 구조적으로 가능했던 모든 것들과 관련해 보았을 때 사람들이 그 사건 출현에 귀속시키기에 적합하다고 판단할 수 있는 확률이 어떻든 간에 말이다.

그러므로 개괄적으로 보아 생태계는 어떤 특별한 역사에 근거를 두고 있다고 생각할 수 있다. 그것의 반복은 생각할 수도 없고, 아마 앞으로도 생각할 수 없을 것이다. 이미 언급한 공동 진화의 과정들에 의해 도입된 불가역성 때문이다. 그것들은 돌이킬 수 없이 사라져 버린 최초의 상황에서부터 그 반복을 불가능하게 만들면서, 그 결과들 자체에 의해 자신들의 조건들을 수정하도록 이끈다. 일례로 여기서 우리 대기의 구성에 대해 생각해 보아야 하겠다. 대기의 구성은 우리가 인식하고 있는 생명 형태들에 필수 불가결하면서 동시에 그 기능에 의존하고 있는 것이다. 대기의 실제적 안정성은, 어떤 자연주의자들의 회의 속에서 재치스럽게 주목받았던 것처럼, 초록의 엽록소와 적색의 헤모글로빈이라는 구조적으로 유사한 기본적인 두 색소들의 적대적이고 보완적인 작용에 근거를 두고 있다.

살아 있는 개별자들의 차별화는 그것을 배제하기는커녕 통시적(유전 정보 전달의 차원)이면서 공시적(자신들의 상호 작용들과 내적 규제들을 통해 망 조직을 형성하는 모든 유기체들의 공동 작업인 생태계 균형에 대한 의존의 차원)인 연속성을 가정한다. 그러나 다른 관점에서, 그 연속성은 생물들이 그 속에서 형성되는 유형들의 은밀한 특징들에 자신의 자리를 양보한다. 종들의 구분을 기초짓는 구조적 불연속성은 (그 개념[*4]의 의미와 관련된 모든 논쟁들은 일단 제외하고) 낡은 상관 관계 법칙들이 이미 진술했던, 조직의 내적 원리들을 가리킨다. 퀴비에

Cuvier[4]의 고생물학의 재구성들은 바로 그 상관 관계 법칙에 근거하고 있고, 괴테는 그 법칙의 중요성을 예감한 바 있다. 생물은 자신의 구조 위에서 차별화되고 개별화되며, 그 구조는 구축을 위해 자신을 둘러싸고 있는 것을 필요로 할 때 유전 정보에 의해 전달되는 분배와 조직의 내적 법칙들에 따라 생물을 만드는 것이다. 살아 있는 존재의 형태는 구름, 사구砂丘 혹은 바위에 의해 나타난 외형과 반대로, 경우에 따라서는 통계적 규칙성을 낳기도 하지만 분류학을 낳는 형태들의 이유를 설명할 수는 없는 상황들의 산물이다.

이 모든 것에서 다음의 결과가 도출된다. 즉 가장 강한 의미 — 고대 사유가 그것에 제공했던 의미 — 에서 생물은 어떤 형태를 가지고 있다. 그 형태에 따라 생물을 형성하는 것 — 그것을 구성하는 재료들 — 이 질서지워진다. 그것의 동일성은 그 구성 요소들을 재생시키는 교환들을 통해 유지된다. 구성 요소들의 교환을 넘어 그 구조의 영원성을 나타내는 질서가 존재한다는 조건하에서 말이다.

그것이 어떤 형태를 가지고 있고, 그것이 어떤 형태인 한, 그것은 하나의 존재로 나타난다 — 어떤 단순한 요소의 불가역성에 근거하고 있는 것이 아니라 하나의 동일한 체계 속의 이질적인 다수성의 통합에 근거하고 있는 통일성을 특징짓는 모든 내적 복잡성과 더불어서 말이다.

그 복잡한 통일성은 의미상 충분한 개별자individu — 즉 나뉘어질 수 없는 것 — 로서 나타난다. 파괴될 수 없기 때문이 아니라, 구성 부분들의 해체, 분리가 그것인 바의 유지와 양립될 수 없고 그것은 그 해체에서 나온 산물들의 현존 방식들과는 근본적으로 다른 현존 방식들이 나타나는 어떤 존재로 만드는 보존과는 양립될 수 없기 때문이다. 물론, 생물은 — 예외적인 경우를 제외하면 — 자기 형태의 재생산이라는 관점에서 나뉘어질 수도 있지만, 그 자신의 구성 요소들의 분리를 통해서도 본질이 유지되는 존재인 한에서 소멸하지 않고서는 나뉠 수 없는 것이다.

우리가 하나의 존재인 어떤 생물에 대해 쉽게 말할 때, 그 손쉬움에 함축되어 있는 바를 분명하게 할 수 있는 것은 바로 특징들을 통해서이다. 위에서 말한 것들이 바로 그 특징들이다. 그리고 바로 그 특징들이 우리가 그것의 존재론적 특권으로 간주하는 것을 정당화해 주는 것이기도 하다.

본질적으로 그 특권은 복잡한 통일체들, 즉 관계들의 극점 또는 중심의 환원 불가능성과 관련되어 있다. 자율성과 의존성, 동일성과 변화, 자기에의 준거와 타자성으로서의 개방, 개별화와 공존의 형태하에서 둘러싸고 있는 어떤 세계 내로의 참여가 그 관계들을 통해 동시에 드러난다. 그 통일체들은 구별되고 정체화할 수 있으며 동시에 안정화된 개별성들로서 제시되며, 그것들을 연대시키는 교환과 상호 작용의 다양한 형태들에 따라 재연결된 존재자들의 집합에 의해 짜여진, 지속적인 망 조직의 토대 위에서 서로 구별된다(또 그것들의 차이들을 유지하고자 한다). 그 개별성들은 하나이면서 동시에 이질적인 실재 가운데에서 서로 분리되지 않으면서 서로 떨어진다. 그것들이 정상성에의 준거, 그리고 생리학적 상태와 병리학적 상태 사이의 차이를 담지하고 있다.

그러므로 생물은 물리·화학적 적법성 위에, 또 어떤 경우에도 기준 규범들을 침해하지 않으면서 그 기준 규범들 주변에 어떤 분극화를 도입한다. 그 기준 규범은 어떤 목적성의 효력efficience을 암시한다. 그 목적성에 의해 그것은 자기 자신에게 있어 자기의 고유한 목적이 된다. 그럼에도 불구하고 개별자는 또한 종의 영원성을 통해 자기 형태의 영속성에 종속된다.

살아 있는 존재는, 토대에서 분리해 낼 수 없는 어떤 개별성 — 개별성은 그 토대 위에서 뚜렷이 드러난다 — 의 유지나 발전의 주변에 집중되어 있는 관계들의 중심으로 나타난다. 하지만 그것의 조직화와 연관된 독창적인 현존 방식이나, 공존 방식이 출현하는 자리로 나타난다.

생물의 그 고유한 특징들은 생물을, 상황들의 작용에 의해 집합된 다양한 요소들과 대립하는 어떤 존재로 지시한다. 고대 사유에 의하면 그 특징들은 아무런 문제도 제기하지 않았는데, 그것은 이런 이유 때문이었을 것이다. 동물이나 식물은 우연히 이해된 별들이나 우주, 존재자의 다른 형태들을 사유할 수 있게 한 모델이었던 것이다. 오늘날의 우리 눈에는 충분히 모호하게 된 이유지만 말이다. 여기서 퓌시스 *physis*의 옛 의미를 생각할 필요가 있겠다.

생물과의 만남에 의해 제기된 의문들을 고려하기 위해서는 체계적으로 구성된 인식 형태의 출현을 기다려야 한다. 그 인식이 현대적 의미의 과학을 탄생시켰다.

데카르트가 그 모범 사례일 것이다. 남은 것[물질적인 것]의 재등장에도 불구하고, 우리의 경험 속에서 생물과의 만남에 상응하는 지층이 축소의 극한에 이르기까지 거기서 해체된 채로 있는 것에는 이유가 없지 않다. 바로 그 남은 것의 재등장이 데카르트로 하여금 여섯 번째 성찰에 관심을 갖게 했다. 사실, 사유 질서에 속하는 것과 역학적 질서에 속하는 것 사이에는 공간이 존재하지 않으며 존재할 수도 없다. 그때 우리는 이렇게 상기하는 것에서 그치도록 하자. 역학에서 나온 패러다임은, 운동량의 보존과 어떤 장애물도 만나지 않는 운동체가 무한히 뒤따라가는 직선 궤적이라는 두 가지 근본 원리에 근거하여 모든 사물이나 사건은 기본항들의 공간 배분 작용과 그 배분을 수정할 수 있는 운동의 전달로부터 이해될 수 있다는 것을 가정하고 있다. 기하학적이고 역학적인 작용에 의해 세계 속에서 생산·형성되는 것의 원인을 분명하게 재발견하기 위해서는 기본 외형에까지 다시 거슬러 올라가는 것으로 충분하다. 그것은 동물 기계들에 대한 설명이 무기한 연기된 채로 있을 때조차 사실이다.

여기서 데카르트의 역학이 시대에 뒤떨어졌다고 말하는 것만으로는 충분하지 않을 것이다. 그것이 물리학적 합리성이 흘러나온 터전을 만들었다. 물론 그것이 힘들forces을 배가시켰고 장場의 개념을 도입했으며, 환원 불가능한, 기본적인 상호 작용들의 수를 탐구했고, 비록 우리의 자연적 실천의 단계에서 시공간적 표상의 틀의 한계들에 부딪히기는 했지만 본질을 보존했다.

사실 중요한 것은, 상대적 위치의 함수인 기초항들과 그것들을 정의하는 매개 변수들 사이의 상호 작용들을 주관하는 법칙들을 물질과 에너지의 보존이라는 토대 위에서 추구하는 것이다. 요소가 포착되지 않을 때는 "모집단들"을 고려함으로써 보다 잘 정립된 통계적 규칙성을 확립할 수 있다. 관련된 "단위들"이 무질서한 군중을 구성하기에 더욱더 그러하다.

그 방법은 우리를 분석이 중지되는 지점의 저편으로, 말하자면 다른 항들과 맺을 수 있는 관계들로부터 인식된 환원 불가능한 항들의 일시적 위치 측정을 넘어 항상 기초적인 것을 추구하는 방향으로 이끈다. 물질계의 모든 실재에 대한 설명을 가능하게 해주는 단순한 "소여들"의 발견을 이상으로 추구하는 해체는 "근본적인" 상호 작용들에 대한 인식에 기초하고 있는 이해 가능성의 연장 조건이다. 소위 물질 (혹은 어원적으로는 더 놀랍게도 "물질 구조들"의) 과학들이 재포착하고자 하는 것이 바로 그 근본적인 상호 작용들이다.

물론 그 모든 것은 너무나 도식적이고, 다른 패러다임들과는 경쟁 관계에 있으며, 최근에 등장한 어떤 패러다임과 상응하고 있다. 그러나 이해 가능성의 그같은 형태는 여전히 지배적이다. 그것은 모든 "사물"(res)을 그것을 구성하고 있는 것으로 환원시킴으로써, 또는 그것을 구성하고 있는 것을 외적이거나 내적인 잠재 관계들의 망으로 환원시킴으로써 어떤 "탈현실화déréalisation"로 이끈다. 그 "탈현실화"는 바슐라르G. Bachelard에서 모렝E. Morin에 이르기까지 상이한 내포적 의미와 더불어 기술되었다. 그것은 불확실성의 원리가 표명된 이래 물리학의 중심에서까지 벌어졌던 위대한 이론적 논쟁들의 원리에 속하는 것이다. 또, 최근에는 베르나르 데스파냐Bernard d'Espagnat 의 저작의 제목 — 즉『실재적인 것을 찾아서』[5] — 으로 표현되었다. 사람들은 자신이 잃어버렸다고 느끼는 것만 추구한다고 말할 수 있을 까?

살아 있는 존재에 대한 우리 물음의 지평에만 존재하는 것을 주장한다는 것은 무용한 일이다. 그러나 그 탈현실화가 사물의 조작 가능성, 즉 우리가 관계 맺고 있는 것이 분석되는 — 특히, 공간적인 — 그 관계들의 변형 가능성과 조작 계획과 밀접하게 연결되어 있다는 사실을 또 강조해야만 한다. 늘 그렇듯이, 인식과 지배의 관계가 데카르트적 뿌리를 가지고 있다는 것을 여기서 다시 강조해야겠다. 보다 더 분명하게 말하면, 그것은 "실재적인 것의 실재"의 환원과 어떤 정식 사이의 관계이다. 바로 그 정식 위에서 라부아지에Lavoisier는 분석해야 할 정량 화학을 기초지었다. 왜냐하면 자연 속에서는 아무것도 상실되지 않고 아무것도 창조되지 않는다고, 하지만 모든 것이 변형된다고 말하는 것은 변형transformation이라는 단어 자체가 지시하는, 어떤 형태에서 다른 형태로의 이행이라는 두 순간들 사이의 엄격한 등가성을 주장하는 것이기 때문이다. 그 등가성은 (물론 반응하고 있는 동안의 에너지 전달을 의미하는 작은 화살표는 예외로 하고) 화학 기호의 기록을 통해 표현되는 것과 마찬가지로 분석과 종합의 활동의 가역성에 의해서 증명된다.

우리가 주제에서 동떨어져 있는가? 아니다. 하나의 살아 있는 세포, 한 그루의 나무 혹은 한 마리의 개를 물리 · 화학적 구성 요소들로 해체하는 것은 분명히 가능하다. 즉 그 분석적 변형 속에서 원자들의 집합은 그 변형 이전과 이후에 이상적으로 동일하다.

라부아지에의 원리는 문자 그대로 그 어떤 것도 세포 속에서 상실될 수 없으며 나무나 개는 그 구성 요소들의 총합으로 환원됨을 의미한다. 생명이 우리 대지의 표면에서 사라진다 해도, 그 어떤 유의미한 일 — 손실이나 이득 — 도 일어나지 않을 것이다. 즉 하나의 동일한 존재의 통일성 속에서의 어떤 다수성의 조직은 항상성 없는 부수 현상일 따름이다. 모든 살아 있는 존재들이 함께 사라지는 것과 마찬가지로 어떤 생물이 사라지는 것 역시 단 하나의 변화 — 존재하는 것의 단 하나의 다른-생성un devenir-autre — 도 참지 않을 것이다. 적어도 이를 인정해야 할 것이다. 만약 "실재의 실재"가 기초적인 것의 편에, 또 모든 사물이나 모든 존재를 형성하는 것의 편에 응축되어 있다면 말이다. 왜냐하면, 자신의 본질적 토대 속에 있는 그 실재는 분석, 해체, 잠재적인 관계망으로의 환원에 저항하는 — 결국에는 저항할지도 모르는 — 편에 서있기 때문이다. 요컨대 단순한 것의 편에, 혹은 가장 단순한 것의 편 — 입자들과 "근본적" 상호 작용들, 구성과 연결된 외관들 뒤에 존재하는 것이 드러나는 참된 수준 — 에 서있기 때문이다.

게다가 각자는, 우리가 거주하고 있는 구조물(세계)의 해체할 수 없는 벽돌들과 비슷한 그 "단순한" 항들을 추구하다 보면, 순간적인 상호 작용들에 속하는 조락하는 실재물, 쿼크, 글루온gluons[6] 혹은 뮤온

muons[7]의 정의나 "기술descriptions"을 통해 드러나는 탈현실화의 절정에 도달하게 될 것임을 알고 있다.[8]

노골적으로 말하면, 생물은 우선 기초적인 것, 단순한 것, 특수한 것 — 말하자면, 그것이 어떤 구조, 어떤 질서잡힌 구성, 어떤 체계 속에서 포착되는 것으로 존재할 때에만 안정적인 실재의 모습을 띠는 것 — 에 인정된 특권의 일면적인 특징, 결국에는 부조리한 특징을 드러내는 것이다.

개를 형성하는 원자들보다 개가 지속될 희망이 더 적을 때조차 그 개는 통일적이고 불가분적인 하나의 중심으로 나타난다. 그 중심 안에서 존재들을 존재하게 하는 것의 능력, 차별화를 발생시키도록 결정된 모든 "것"의 원리에 있는 것의 능력이 드러난다. 그 차별화 속에서 어떤 동일한 존재 — 여기서는 어떤 살아 있는 개별자 — 의 통일성 속에서의 다수성의 조직 및 통합에 직접적으로 연결된 현존 형태들이 출현한다.

존재들의 무한한 다수성과 다양성을 낳는 핵 생성 과정으로 기술될 수 있는 것의 참된 효과들인, 통일성들의 구조인 존재론적 구조는 그 속에서 표현되고 읽혀질 수 있다. 그 핵 생성 과정 속에서 서로 환원 불가능한 방식들에 따라 현존할 능력, 말하자면 공존할 능력이 나타난다.

존재들을 다양성으로 특징짓는 그 존재 방식들은 그 존재들로 형성되는 것이 아니라 존재들에 속한다. 그것들은 자신들의 형태에 연결되어 있는 것이지 그것들을 구성하는 재료들에 연결되어 있는 것이 아니다.

형태와 재료들 사이의 대립-결합의 근원은 아주 오랜 것이고, 생물을 그것의 특이성으로 고려하는 것은 데카르트와 그의 동시대인들 중 몇몇 사람이 헛되다고 증명하려 했던 개념을 끌고 오는 것일 뿐이라는 말에는 틀림없이 일리가 있다. 그러나 재료-형태의 이원성을 사유하는 옛날 방식과 우리의 방식 사이에는 분명한 거리가 존재한다. 우리의 목적은 여기서 그 거리를 측정하는 것, 그 도면을 분명히 하는 것이 아니다. 하지만 그것의 몇 가지 본질적인 특징을 탐색할 수는 있을 것이다.

우리는 형태 속에서 구조화 과정과 변형 과정의 결과나 순간을 보고, 체계들의 연대 속에서 작업한다. 체계들은 조건짓기, 끼워 맞추기, 대치하기라고 하는 관계들의 뒤얽힘 속에서 함께 진화해 간다. 그 관계들은 우리가 속하고, 그로부터 우리가 출현했으며, 우리가 의존하고 있는 세계 — 그것을 단순한 대면으로 고려하는 것과는 거리가 있다 — 의 망 조직을 구성한다.

그러므로 존재들을 어떤 생성의 운동 속에서 형성되고 형태가 부여되는 것으로 생각해야 한다. 게다가 돌발성, 사건성événementialité 및 우연성은, 그 생성 속에서 어떤 내재적 필연성의 고리들을 질서(혹은 무질서) 위로 확장시키는 기하학적이거나 변증법적인 모델들을 넘어 시민권을 재발견했다. 『가능한 것들의 작용』[9]은 구조적으로 현실화될 수 있는 조직 방식들의 무한성과 현실화된 형태들의 보다 축소된 폭 사이에 간격을 두는 여유를 재인식한다. 그래서 합리적인 것에서 실재적인 것으로 나아간 결과는 그리 좋지 않다. 세계는 그리고 그것이 덮고 있는 형태들은 서로 연역되지도 서로 간파되지도 않는다. 사건이나 또는 구조적 잠재성들의 현실화를 불가피하게 만드는 무수한 경우들로부터 필연성이 탄생하는, 아주 드문 연속을 제외한다면 말이다.

　　그러나 실재에 대한 지나치게 일면적인 강독에 직면해 생물과 생물의 부인 능력으로 되돌아가자. 사실, 그 강독은 존재들 속에서 그것들 자체보다 더 실재적인 것으로 거슬러 올라가기 위한 노력으로부터 존재들을 와해시킨다.

　　물론 물리주의자의 고전적 도식의 틀 속으로 생물을 환원시키고 그 속에서 생물을 사유하려 할 때의 곤란함이나 망설임이 오늘날까지 거슬러 올라오는 것은 아니다. 데카르트 자신도 (그 어떤 인간적 체험도 언급하지 않기 위해) 동물 신체의 구조를 설명해야 하는 어려움에 부딪혔다. 스피노자는 "가장 단순한" 물체들과 구조 위에서 동일성을 확립한 구성된 물체들*5 사이의 구별에 기초해 『윤리학』의 두 번째 부분의 처음을 개별자 이론을 구성하는 데 바쳤다. 라이프니츠는 다른 것들 가운데서도 싹들의 기성설旣成說[10]이라는 아찔한 이론을 비웃을 것이다. 생명의 환원에 대한 낭만주의적 반응이나 베르그송의 사유에서 생기주의적 경향의 어떤 점을 연장시키고 있는 삶의 도약을 인용하는 것 이상의 무엇인가를 해보고자 하는 것은 아무런 소용도 없는 일이다.

　　이 모든 것의 뒤, 생물을 설명하는 그 어려움들의 뒷편에는 생물이 차별화되고, 개별화된 존재, 즉 그것이 자신으로부터 분리될 수 없는 연속체의 토대 위에서 스스로를 구별하고 스스로 구별됨을 주장하는 개별성으로서 자신을 드러내는 특권이 존재한다. 그러나 정말로, 살아 있다는 것이 우리가 가치를 부여했던 본질적 특성들 중 적어도 몇 가지 점들을 나타내는 유일한 것이라고 말할 수 있을까?

　　우리가 살펴본 바에 의하면, 물리학은 모든 실재 형태들이 그것으로부터 구성되었을 가장 단순한 요소들의 추적에 몰두했다. 그때 그것은, 시간 속에서 뒤쫓을 수도 없고 상이한 문맥들 속에서 동일한 실재물로 인식될 수도 없는, 덧없고 일시적인 출현들을 재포착하고자 시도하기에 이른다. 분명히 말하면, 개별적인 다양성이 어떤 안정화된 구조의 "함정에 빠져 있는" 것처럼 보이는 바로 거기서만 안정된 "물질"이 존재한다. 원자가 그 구조의 표준 형태이다. 원자들은 멘델레예프 Mendeleïev가 구상했던 것처럼 주기율표의 칸 속에 정리될 수 있고 불연속적 계열 속에서 질서잡혀 있는 유형들의 표본이다. 그것들은 구성 요소들이 어떤 내적 법칙에 따라 배분되어 있는 체계들이지, 상황 비교의 산물이 아니다. 그것들은 또한 다수적 단위들이며 생물 조직과는 물론 아주 동떨어져 있는 어떤 조직으로부터 그 속성들을 획득한다. 그래도 역시, 그것들은 서로 분리되어 있는 토대들로부터 차별화되어 있고 그것들이 참여하는 흐름들 가운데에서 안정적이며 그것들이 통합될 수 있는 상위의 구성들 속에까지 그 동일성을 유지한다.

앞에서 주어진 용어의 의미와 관련해서, 그것들은 존재들이면서 형태가 본질인 물리학적 존재들이다. 그것들의 속성은 구조의 효과이며, 그 구조는 그것들의 동일성의 근본적인 특징들의 원리에 놓여 있기 때문이다. 일상 용어는 그것들을 살아 있는 존재들을 가리키듯이 가리키지 않으며, 자신의 고유한 통일성을 갖고 있지는 않지만 외부 요소들의 작용에 의해 야기된 집합에서 생겨나는 것으로부터 그것들을 구별한다. 그 이유는 원자들이 우리의 지각 방식과 우리의 일상적 담론과 부합하는 어떤 체험된 세계와는 가장 멀리 떨어져 있다는 점 때문이다.

생물의 다른 편에 있는 원자들과 대칭적이면서, 현존이 생물 조직보다 복잡한 어떤 조직을 가리키는 존재들이 존재하는가? 생물이 물리적 구조를 통합하고 있듯이 자신들 속에 생물의 구조를 통합하고 있고, 그것들을 어떤 상위의 통일체 속에 통합할 수 있는 존재들이 존재하는가?

인간들이 생명의 다양한 형태들에 공통된 과정들에서 결과하는 것으로 환원될 수 없다면, 그들에게서 인간 존재의 위상을 인정해야만 하며, 그 표현을 넘어 그들이 그 현존 조건과 현존 방식에서 생물학적 질서로 환원될 수 없는 존재들임을 지적해야 할 것이다.

생물이 원자를 미리 가정하듯이 인간 존재들은 생물을 미리 가정한다. 그러나 그들의 현존은 조직 과정의 효력efficience을 나타낸다. 그것은 다른 능력들 중에서도 상징 표상 능력, 기술 활동 능력과 더불어 새로운 관계 능력을 그들에게 부여한다. 세계와 관계 맺는 방식들, 즉 현존 방식들은 사회 전체에 대한 그들의 공동 의존 속에서 서로 밀접하게 연결되어 있다. 그 사회 전체는 개별자들 사이에서 규범화된 상호 관계들에 기초해 있으며, 그 개별자들은 생물학적 진화에서 발생한 체계들과는 다른 본성을 지니고 있는 체계들 속에 통합되어 있다. 그러므로 생물들은 정확한 의미에서 본다면 유일한 존재들이 아니다. 그러나 그것들은, 통일체가 그로부터 구별되는 것의 차별화되고 조직된 어떤 다수성의 통일체로, 즉 다른 어떤 것으로도 환원 불가능한 현존 방식이 출현하는 자리로 나타나는 것에 윤곽과 가시성을 제공할 특권을 지니고 있다. 그것들은 자신들을 형성하는 것, 다시 말해 그 구성적 재료들이 그 속에서 형성되고 형태가 부여되는 중심들 혹은 핵심들이다.

그같은 존재들은 이중적인 물음의 중심에 있는 것이며, 어떤 지점까지는 대답의 요소들을 암시하고 있다. 첫번째 물음은 그것들이 분명하게 만드는 것의 "존재론적" 의미와 관련된다. 두 번째 물음은 존재들의 다양성과 그것들의 현존 방식들의 다양성이 그 속에서 드러나는 형태들의 환원 불가능성을 사유하기 위해 요구되는 것 혹은 미리 가정되어야 하는 것과 관련되어 있다.

그중 첫번째 물음에 의하면, 살아 있는 존재는 우리를 둘러싸고 있는 것과 우리인 바에 대한 우리의 경험을 우리가 그 속에서 사유할 수 있게 해줄 조건들의 재인식으로 — 척후선이 포위할 영역을 재인식한다는 의미에서 — 인도한다. 어떤 동일한 토대에 속한다는 점에서, 또는 존재하는 것의 원리적 통일성에서 출발한다는 점에서 존재들은 서로 차별화된다. 그것들은 자신의 요소들의 비교로부터 상황에 따라 결과하는 것으로 환원될 수 없다. 그것들은 서로 구별됨에도 불구하고 그것들에 귀속하는 것과 그것들이 관계 맺고 있는 것 사이에 어떤 경계선을 도입한다. 그것들은 자신의 현존 양식의 특징들인, 그것들을 둘러싸고 있는 것과의 관계들 및 상호 작용들을 발전시킬 수 있는 능력으로 나타나는 "속성들"의 출현의 자리이다. 그래서 그것들은 행위와 정념의 중심들로 소개되며, 그 행위와 정념의 특이성과 환원 불가능성은 어떤 내적 구조, 즉 물리적 존재들과 살아 있는 존재들 사이에 존재하는 차이나 살아 있는 종들 서로를 차별화시키는 차이처럼, "단순하고" 다양한 물체들의 원자들 사이에 존재하는 차이의 토대에 근거하고 있다. 그러므로 존재라는 복합적 단위들의 내부 조직은 필연적인 변화를 겪으면서 실체 개념이 수행했던 역할 — 혹은 역할들 중 몇 가지 — 을 해낸다.

그러나 동시에 그 사실들에서 이끌어낼 수 있는 최초의 교훈은 기본적인 것, 단순한 것 그리고 복합 체계들을 구성하는 것의 편에서, 다시 말해 사람들이 최초의 의미에서 "물질" — 다소 풍부한 내적 다양성을 조직하는, 형태들의 구조화를 발생시킬 수 있는 순수 능력 — 이라고 정당하게 부를 수 있는 것의 편에서 "실재적인 것의 실재성"을 추구할 수는 없다는 점이다. 하나의 존재는 단지 자신인 바일 따름이다. 그것이 자신의 구성 요소들로 환원되지 못하고, 요소들의 교환과 대체를 넘어 그것들에게 항상성, 통일성 그리고 동일성을 제공하는 "형태 부여information"에 근거하기 때문이다. 게다가, 물론 그 조직,

그 형태 부여 혹은 형태 포착의 기초를 이루는 것을 탐구해야만 한다. 그러므로 드러나지 않는 것의 출현은 견고한(그리고 우연적 상황들과 무관한) 전체 속으로 통합되러 올 재료들 속에 분명히 잠재적으로, 또 가능적으로 이미 현존한다.

만약 구성된 것보다 기초적인 것 쪽에 더 많은 "실재성"이 존재한다는, 일반적으로 수용된 가정이 그렇게 상대화되어 있는 것이 분명하다면, 또 만약 사슬의 양 끝(용어들의 참된 의미를 제공하는 대립에서는 질료와 형식으로 지시되는 것들)을 잡고 있어야 한다면, 존재들의 조직 과정과 출현 과정으로서 나타나는 것을 어떻게 사유할 것인가 하는 점이 문제로 남게 된다.

두 번째 교훈은 "존재들"의 존재론적 위상에서 밝혀낼 수 있는 것에 대한 그 동일한 탐구의 범위 내에 생물들에 대한 고려가 위치하고 있다는 점이다. 즉 자신들의 문맥에서 차별화되며 자신들 속에 어떤 기본적 다양성을 통합하고 있는 통일체들의 형성은 존재들과 그와 더불어 공존하는 모든 것 사이의 상호 작용을 배제하기는커녕, 반대로 전제하고 있다는 말이다. 그것들의 차별화는 자기 속에 고립되고 갇히는 것을 의미하지 않는다.

우리는 "매듭들" 앞에 있다. 각각의 매듭들은 그 구성 섬유들의 연결에서 자기 정체성이나 개별성을 이끌어 내지만, 결국은 지속적인 실재의 망 조직에 연결되어 있다. 그것들은 바로 그 지속적 실재성에 의존하고 있으며, 그 지속성 속에서도 전혀 와해되거나 축소되지 않는다. 앞서 사용된 어떤 다른 메타포적 표현에 의하면, 존재들 각각은 "현존하는 핵"을 생성하는 핵 생성 과정, 관계의 "조밀화" 과정의 존재론적 능력의 결과를 나타낸다. 예를 들면, 실체의 양태인 개별자들이 실체나 자연의 공통 질서와 맺고 있는 이중적 관계 속에서 스피노자가 개별자들에 대해 제공하는 묘사와 일치하는 것이다.[11] 그 자연 속에서 그것들은 서로 영향을 끼치는데, 그것들이 복잡하면 할수록 그만큼 더 다양한 방식으로 영향을 끼치게 된다. 모든 한정된 현존의 원리 속에 있는 것은 그 존재들이 존재하도록 해주는 능력으로 나타난다. 그 존재들은 어떤 동일한 힘의 지평 위에서 무한히 차별화된 양태들이다. 그것들은 자신들 속에서 모든 한정을 넘어섰기에 그것들에 대해서는 "말"할 수 없다. 즉 말로는 표현할 수 없다.

세 번째 고찰은 앞의 두 가지와 연결되어 있으면서도, 제시된 기준들과 관련해서 보면 다소 거리가 있다. 그 "핵들"이나 "매듭들"은 어떤 구조적 가능성들 ― 그 자체로 정합적이고 "세계의 상태"와 양립 가능한 어떤 체계 속에서 요소들의 유기적 결합 가능성들 ― 을 현존으로 이끄는 과정들에서 결과된 것이다. 그 "출현"은 사건들과 연결되어 있다. 다시 말하면, 가령 사건들의 연속이 아주 높은 확률의 "범위"나 "연속"을 포함하고 있다 할지라도 그것들이 어떤 내적 필연성에 상응한다고는 할 수 없지만, 그것에 어떤 열린 모험의 외관을 제공하는 조건들의 우연적인 집합들과는 연결되어 있다는 것이다. 그러므로 존재가 형태를 갖게 되는 과정들은 증가해 가는 복잡화의 방향에 따라 질서잡힌 순간들의 연쇄로서 나타난다.

다음 개념들을 명확히 하기 위해서는 훨씬 더 장황하고 정확한 분석이 요구될 것이다. 그리고 그 개념들을 통해, 한정된 통일체들 속에서의 어떤 동일한 토대의 차별화가 드러날 것이다. 그 통일체는 변화하는 복잡성을 갖고 있으며, 하나의 동일한 세계 속에서 서로 연결되어 있다. 그때 그것들의 현존은 공존으로만 사유될 수 있고, 우선 공존으로만 나타난다. 다시 말해서 공존은 능동성과 수동성의 상관 관계 속에서의 상호 작용의 활동이며, 또한 균형들을 기초하는 반작용들의 원리 속에 있다는 것이다. 틀림없이 그 기원의 맥락에서 너무도 동떨어져 있는 어떤 배경 속에서 고전적 개념들의 의미를 다시 사유해야만 할 것이다. 예를 들어, 인포메이션information이라는 개념의 두 가지 의미, 즉 고대적 의미와 근대적 의미의 교차점에서는 아리스토텔레스와 섀넌[12])(또는 아틀랑[13])이 대치하고 있다.

생물의 가르침들을 분명히 하기 위해 요구될지도 모르는 발전들의 저편에서, 생물은 이미 다음과 같이, 제대로 나타난다. 그것은 실재의 다양한 등급들에 공통된 존재론적 위상을 드러내는 현존 조건과 현존 방식을 우리 수준에서 최고로 표현하고 있는 것이다. 그것이 "국지적 존재론"(그 표현의 최초의 맥락 밖에서[6])으로 나타날지도 모르는 것의 범위 내에서는 그 특이성에 적합함에도 불구하고 말이다.

살아 있는 존재는 형태를 취할 수 있는 능력을 사유에게 지시한다. 그 형태는 담론을 발생시키는 한정들을 넘어 모든 현존의 원리에 속한다. 형태를 취할 수 있는 능력은 존재들을 구별지음과 동시에 그것들의 소속 공동체나 교환 공동체, 그 생존에 필수 불가결한 다양한 형태의 상호 작용들의 공동체를 기초짓는다.

결국, 어떤 동일한 지평이나 출발지로부터 형태를 취하는 차별화로서의 존재들에 공통된 것에 대한 탐구와 그 존재들의 현존 방식이 나타내는 차별화의 토대에 대한 탐구의 전환점에서 그 형태들의 생성과 관련된 의문들과 그 형태들의 연속적인 질서 속에서의 연쇄의 전제 사항들과 관련된 의문들이 출현한다.

여기가 바로, 반대되는 시간 방향들의 교차점에 그 조직화들이 위치하고 있음을 상기할 자리이다. 증가하는 복잡성으로의 상승에 의해, 또 더 복잡한 집합들 속으로의 더 기본적인 계열의 체계들의 통합에 의해 표현되는, 그것들의 운동에의 귀속은 반대 운동에 연결된다(혹은 그 반대 운동 속에서 연결된다). 다시 말해 그 반대 운동이란, 열역학 이론이나 정보의 고전 이론에서 소개되는 것처럼 엔트로피와 소음의 증가로 이해할 수 있는 탈복잡화로의 경향, 동질화로의 경향이다.

　"시간 화살"에 대한 강독들의 대립에 따라, 또 생물학적 질서 속에서조차 조직화 과정 및 무질서가 상승한다는 사실에서 준거해서, 생명과 "물질"의 연속과 관계된 의문들뿐만 아니라, 우리가 자연을 생각하는 일상적 모델들의 적합성과 관련되거나 우리 행성을 우리가 알고 있는 바와 같은 우주 속의 아주 특별한 장소로 간주할 때, 생태계라는 부負엔트로피적인 섬의 지위와 관련되는 의문들이 생겨난다.

　그 의문들은 사람들이 거기서 제공할 수 있는 해답들의 실제적 결과 속에 연장된다. 지구 주변 환경의 균형에 함축되어 있는 상호 작용과 조절에 대한 고려, 생물들 상호간의 관계들뿐만 아니라 그것들과 그 현존의 물리적 조건들 사이의 관계를 망 조직으로 만드는 상호 작용과 조절에 대한 고려는 모든 생물 구조가 의존하고 있는 조건들의 예외적인 특징을 강조하게 한다.

　코스모스 속의 예외성이란 위상에 주어진 의미에 의하면, 우주의 심오한 "논리"에의 그 조직화의 의존이 지배적이거나, 또는 반대로 상황들의 우연적 구성의 우연성에서 생겨난 어떤 "사실 상태"의 일시성이 지배적이다. 그러나 어떠한 가정 속에서도 생명의 역사는 조건과 결과의 개별적 연쇄에 연결되어 있다. 그 조건과 결과의 문제 제기는 외부뿐만 아니라 내부에서도 생겨날 수 있다 ― 경우에 따라서는 외부도 내부도 아닌 것, 소위 인간 활동으로부터 생겨날 수도 있다. 그 실천들을 조명하길 요구하는 것이 생물의 특권의 무시할 수 없는 차원이다. 그 실천들을 통해 인간들은 자신들의 고유한 삶의 조건들과 맞부딪친다.

　이 마지막 지점은 이미 예고된 탐구의 두 번째 장으로 인도한다. 자신들의 형성 재료로 환원될 수 없는 복합적 통일체인 모든 존재들, 또 가장 기초적인 구조들에서 그것들이 통합될 수 있는 구조들로 이어지는 서열적 연속으로 질서지워질 수 있는 모든 존재들에 공통된 현존의, 어떤 "구조"의 폭로자로서의 생물의 의미에 근거하고 있는 문제는 여기서 더 이상 중요하지 않다. 그러나 존재들간의 차이들, 존재들의 현존 방식, 공존 방식, 지속 방식 및 그것들인 바를 나타내는 방식 사이의 차이들이 근거하고 있는 원리들과 관계된 문제는 중요하다.

사실상 존재들이 존재한다는 것, 또 하나의 존재가 존재한다는 것이 무엇인지를 생물이 모범적으로 드러내 보여줄 때, 그것은 또한 살아 있는 존재인 한 다른 형태들과 구별되는 것에 대해 탐구하도록 만든다. 그 다른 형태들 속에서 존재하는 것이 "묶이고," 존재l'Être는 그것의 무한성과 그 형언할 수 없는 통일성 속에서 "묶인다."

더 정확히 말해서, 그러한 탐구는 더 단순한 구조화 형태들로부터 생물들을 구별하는 것과 관련되어 있다. 적어도 몇몇 구조화 형태들에 있어서는 생물들이 자기 자신의 유기화 속에 통합하고 있는 것과 관련되어 있다. 뿐만 아니라, 생물학적 유기화로 환원되지 않으면서 그 유기화를 통합하고 있는 것, 즉 인간 존재로부터 그것들을 구별하는 것과도 관련된다.

생물에게 인정된 특권을 제기된 의문들이 확증한다. 생물은 물리적 질서와 인간적 질서 사이에 자리잡고 있다. 그래서 약 한 세기 전에 사용하던 표현을 다시 써본다면, 생물은 세 **지배** 사이의 관계들을 해명할 수 있는 것이다. 그 질문을 가로질러 작동하는 것을 상기시키는 일 이상을 하는 것은 문제가 될 수 없을 것이다.

첫번째 측면은, 이행이 어떤 생성 순간들의 연속 속에서 고려되든, 조건들에서 조건지워진 것으로 인도하는 서열 속에서 고려되든 간에 한 질서에서 다른 질서로의 이행 방식들과 관련된다. 부동의 것에서 생물로, 생물에서 인간으로의 이행을 사유하기 위해서는 우연적 상황들의 작용에 어떤 부분을 일치시켜야 하는가? — 또, 그것에 어떤 부분을 할당해야만 하는가? 만약 보다 단순한 수준에서 보다 복잡한 구조화의 수준까지를 특징짓는 현존 방식들 서로간의 관계를 기술하기 위해 출현이라는 개념이 적당하다면, 그 새로움의 갑작스런 출현을 어떻게 사유해야 할 것인가? 복잡화, 자기 구조화, 오토-포이에즈auto-poïèse*7 과정들과 고전이 되어 버린 그 형태들 아래서, 혹은 균형과는 거리가 먼, 열린 체계들에 대한 연구에 의해 이끌어낸 관점들에 따른 열역학 법칙들 사이의 적어도 외관상의 투쟁은 무엇을 가정하고 있는가? 특히, 사람들은 엔트로피의 원리와 베르그송의 사유의 창조적 진화 사이에 존재하는 대립의 중요성을 알고 있다. 그리고 생명에 대한 해석의 지표들은 찾을 만한 가치가 있다. 자크 모노, 프랑수아 자콥, 일리아 프리고진, 이사벨 스텐저, 그리고 앙리 아틀랑의 저작 속에서 그 생명 해석이 발견된다. 현대 생물학의 선先역사 속에서 결코 전적으로 거부되지는 않았지만 동시에 항상 생명 도약l'élanvital의 철학자에 대해 반드시 취해 온 거리를 유지한 채 언급되어 온『창조적 진화』에 대한, 입장에 따라 취해진 상이한 태도들의 양면적이고 미묘한 차이를 보이는 특징은 의문들이 현실성을 가지고 있으며 동시에 그 관점들이 되풀이되어 옴을 보여 준다. 취해진 판단의 다양하고 애매한 기준들은 생물이 모든 근본적인 의문들과 관련하여 차지하고 있는 전략적인 자리를 나타냈다. 우리가 — 우리 바깥뿐만 아니라 우리 안에서 — 경험한 현존 형태들이 그 근본적인 의문들을 제기한다.

풍자적인 단순화 없이는 나타날 수도 없을 논쟁들의 주변에서 더 이상 지체하지 말고, 다음 의문들에 마지막 노력을 쏟기로 하자. 그 의문들은 단순히 살아 있는 존재와, 삶의 질서에 참여하면서도 인간성에 속하는 현존 방식 또한 드러내 보이는 존재들의 대치에서 생겨난다.

그 의문들은 훨씬 더 복잡하며, 적어도 이중적이다. 그중 몇몇은 인간 존재의 형성에 의해 가정된 조건들과, 그리고 인간적으로 현존하고 공존할 수 있는 개별자가 구조화되는 형태 부여information의 방식들과 관계되며, 또 다른 의문들은 모든 실재 형태의 공존의 세계인 어떤 세계 속에서 충분히 구별되는 활동들을 전개시킬 수 있는 우리라는 존재들과 그것들을 선행함과 동시에 그 생존을 조건짓는 것 사이의 상호 작용과 상호 의존에 근거를 두고 있다.

첫번째 관점에 따르면,.물리적 존재, 생물학적 존재, 또는 인간적 존재인 질서지워진 통일체들의 형성에 속하는 생성 방식 속에서, 시간과의 관계 속에서의 차이들에 관심을 가져야 할 것이다. 예를 들어 거의 순간적인 구조화에는 느린, 아주 느린 정보의 기록이 대립된다. 어떤 경우에 전자는 융합뿐만 아니라 분열의 외관을 취할 수 있는 어떤 형성의 흔적도 없고, 그 생산물 역시 탄생의 최소한의 흔적도 보존하고 있지 않다. 그것은 원자들의 원리에 속한다. 후자는 유전의 반복 진행들 속에 등록되며, 그 반복 진행으로부터 살아 있는 종들이 다양화된다.

제 차례에, 유전적으로 코드화된 정보가 제때 구성되고 반복되고 전달되고 변형되며 다양화되는 방식들은 어떤 사회가 전통, 문화 그리고 제도의 형태로 — 언어를 포함해서 — "기억"을 영속화시키고 개선시키는 방식들과는 아주 다르다. 그 기억에서부터 개별자들의 현존에 형태가 부여되며, 그 기억은 구조화된 공존의 특권적 장소를 구성한다.

인간들은 종들의 모든 진화에 의해 가능하게 된 살아 있는 존재들이지만, 그와 더불어 생명의 내재성 속에 포착되어 있는 존재들의 현존의 기초를 이루는 방식들(현존한다는 사실과 그 현존이 세계 속에 위치하고 질서지워져 있는 방식)로 환원할 수 없는, 새로운 형성 방식들이 나타난다.

한편 적어도 인간*homo*이라는 종의 기원으로 거슬러 올라가 보면, 태곳적부터 인간 존재들은 생물학적 존재라는 그들의 현실과 외부 자연 사이에서 발전해 왔다. 그 자연은 종들의 공동 진화의 장소이자 그들 생존의 물리적 조건들, 구조화된 집합들의 장소이다. 그 집합들을 통해 인간 존재들은 사물들, 그들 동포들, 지평으로서의 세계 그리고 그것을 넘어선 그 무엇과 관계 맺게 된다.

그 집합들은 다양하다. 그것들은 상징들과 기호들, 기술 수단들, 규칙들, 제도들로 이루어져 있다. 그것들은 규제의 내적 과정 및 발전의 추진력의 출현 장소들이다. 그 규제의 내적 과정과 발전의 추진력은 인간들이 그것에 대해 갖는 의식 또는 인간들이 관계 맺고 있는 모든 것(특히 언어를 통해 그들이 자신과 더불어 관계 맺는 것을 포함하여)과 인간들의 관계들에 형태를 부여하기 위해 매개자들[8]에 기대어 인간들이 하는 일에 대해 갖는 의식을 아주 멀리서 넘어선다. 인간들은 의미를 부여할 수 있는 능력인 자신들의 몸짓 속에서 상징적이고 기술적이며, 제도적인 체계들을 통해 효율성을 획득했고, 자신들의 태도 속에서 질서를 획득했다. 그 체계들은 충분히 자율적으로 구조화된다. 또는 자기 규범적이고 자기 조직적인 체계들로 구성되려는 경향이 있다. 그 체계들은 개별자들에게 가능성과 강제를 동시에 부여한다. 개별자들은 특별히 인간적인 현존 — 인간 존재들에게 고유한 현존 — 을 스스로의 힘으로 영위할 수 있다(그렇게 개별자들이 그 체계들을 이용함으로써 형태가 부여된다).

그러므로 형태 부여information — 형태 속에 놓고 정돈하는 — 방식들의 환원 불가능성을 주장해야만 한다. 그 방식들은 단순히 살아 있는 존재들을 기초짓고, 생물의 생물학적 유산은 조직 과정들의 합류

점에서 보다 더 복잡한 통일체 속으로 통합된다. 그 조직 과정들은 생물학적 진화에서 상속받은 신체를 현존의 새로운 능력에 의해, 또 그래서 존재하는 것과 관계 맺는 새로운 능력에 의해 특징지워진 존재들의 어떤 새로운 유형의 장소와 물질로 만든다.

한정된 존재들을 현존으로 인도하고 세계 속에 놓는 것은 바로 차별화 과정들의 환원 불가능한 방식들이다. 그 존재들의 특징은 하나의 동일한 관계를 중심으로 한 통일성 속에서의 어떤 다양성의 조직화라는 토대 위에서 출현한다.

만약 그렇다면, 단순히 살아 있는 것과 인간 존재의 차이들의 작용 속에서 인간 존재를 명확하게 구분해 볼 수 있다. 그리고 적어도 부분적으로는 우리의 생물에 대한 거리두기 원칙들과 어떤 타자성의 기초들을 우리에게 가르치는 것도 생물에게 인정된 특권에 속한다. 그런데 그 타자성은 스스로를 확립하기 위해 자신과 구별되는 것을 필요로 한다.

그때 다른 것을 덧붙여야 하는가? 인간적인 것과 생물학적인 것의 분절에 대해 제기된 문제들의 마지막 부분을 덧붙여야 하는가?

우리인 바와 생물의 질서 사이의 분리 불가능성에 기초해서 두 가지 현존 형태를 구별하는 일에는 위험이 없진 않다. 살아 있는 존재가 드러내는 바는 어떤 공동 진화가 30억 년 이상 계속되는 동안에 자리 잡힌 조건들 전체에 개별자의 현존을 연결시키는 연대성이다. 인간 존재들로서의 우리 현존은 우리가 세계 속에 자리잡음에 있어서의 생물학적인 기초와 우리를 연결시키는 관계들이 유지될 것을 가정한다. 그러나 그것은 수단들 ― 매개자들 ― 의 생산에 의해 분명해진다. 우리는 통상적으로 그 역사라는 용어 아래에서 우리가 생각하는 것보다 훨씬 더 장구한 역사의 아이들로서 그 수단들을 상속받는다.

그 매개들, 그 수단들 중에 몇 가지는 우리에게 개입할 수 있는 힘을 제공해 준다. 즉 우리는 우리가 생산품에서 기대하는 것에 부합하도록 만들기 위해 우리가 변화시키는 사물들의 이용에 개입할 수 있을 뿐만 아니라, 균형들 속으로 개입할 수도 있다. 그 사물들은 균형들과 밀접한 연관을 가지고 있는 부분들이다.

리듬에 따라 우리의 수단들이 수정되고 우리의 변화의 힘이 증가되며 자연 과정으로의 우리의 개입은 발전한다. 이러한 리듬에는 생명의 지배가 질서잡힌 리듬과는 아무런 공통점도 없다. 그 생명의 지배는 살아 있는 존재들과 생태학적 체계들의 국부적 조직뿐만 아니라 심오한 통일성 속에서 포착된 생태계의 진화와 안정화를 통해 질서잡혀 온 것이다.

우리의 현존 방식과 존재하는 것을 나타내는 방식 사이의 차이에서 인간 존재들로서 우리인 바는 우리가 의존하고 있는 생물학적인 토대들과의 투쟁 가능성으로 열릴 수도 있다. 『우연과 필연』[14]의 작용들과 『가능한 것들의 작용』이 폭로하는 그 뜯어 맞추기 사이의 그 무엇도, 고대 사유들이 어떤 — 내재적이거나 초월적인 — 논리 속에서 모든 현존 형태들을 포함하고 있는 운동 속에서 혹은 질서 속에서 재발견하고자 했던 조화를 보장해 주지는 못한다.

생명과 그것이 가정하는 것을 사유하기 위해 우리가 염두에 두는 철학이 무엇이든 간에, 생물에 대한 고려는 우리 운명의 모험적이고 위험한 특징을 향해 우리를 눈뜨게 만드는 역할을 한다.

모든 존재에게 공통된 위상에 대한 탐구뿐만 아니라 우리 현존의 개별적 방식들에 대한 어떤 추구와 관련하여 본보기가 되는 특징에서 생물이 취하는 특권의 마지막 측면이 그와 같다. 그리고 만약 그같은 방식이 우리 인간성이 근거하고 있는, 어떤 경향성은 있지만 실체적이지는 않은 이중성뿐만 아니라, 우리 현존의 원리에 본질적인 긴장의 위험까지도 인정하게 한다면, 그것은 또한 경고의 기능을 갖는다. 우리인 바에 대한 사색을 유발시키는 것은 또한 우리 상황에 내재하는 요구들을 일치시킬 기회가 될 것이고, (기하학적, 변증법적 혹은 메시아적인 모든 필연성의 테두리 밖에서의) 어떤 노정에서 우리 생명을 제대로 사용하도록 개방하게 될 기회가 되기도 할 것이다. 옛 동맹과 새로운 동맹 사이에서는 그 누구도 그 노정의 방향을 예측할 수 없는 법이다.

알고 있겠지만, 친숙하지만 불안스러울 뿐만 아니라 본질적으로 불확실한 생명체는 무수한 의문들에 의미를 재부여하고, 새로운 도전의 의식을 요구할 뿐만 아니라 우리의 아주 오랜 뿌리내리기를 상기시키기도 한다.

우리가 보기에 그것의 특권은, 데카르트가 소중히 여겼던 명석판명한 관념의 칼날에 부딪혔던 중간적 입장에서, 존재하는 것이 표현되는 존재들 전체를 가진 우리 공동체와 동시에 우리인 바 및 우리가 할 수 있는 것의 특이성, 그 고유한 역사성 속에서 종에의 귀속이 다른 곳에서 한정시키는 운명의 여백 속에서 기술되는 모험의 특이성을 우리에게 상기시킨다는 점과 관계되어 있다. 아마도 어떤 자유 형태의 윤곽이 나타나는 것은 그 지점일 것이다. 우리가 더 이상 그 자유의 이름을 감히 지나치게 적을 수는 없다. 왜냐하면 생물학적 질서에 우리를 통합시키는 유산과, 우리 속의 생물과 우리 밖의 자연 질서 사이에 놓여진 수단 체계들에 내재하는 강제들의 두께조차 없는 경계면에서 자신의 자리를 잊은 채 사용하는 것은 자칫 비현실적으로 보일 수 있기 때문이다. 사람들이 그 두 측면 사이의 작용의 여백일 수도 있는 것을 사유할 수 있을까? 또 어떻게 사유할 수 있을까? 살아 있는 우리 존재는 그 두 측면으로 표현된다. 우리 존재의 현존이 살아 있는 생명체의 현존으로 환원될 수는 없다. 그 생명체에 있어서는 생명 자체가 재검토되고 있다. 아니 재검토될 것이다.

주

1) 예를 들어 영어의 경우는 'be'가 아니라 'being'이 쓰이지만, 불어에서는 'être'라는 형태로 '존재'를 기술한다 — 옮긴이.

2) 불어의 'matière'를 경우에 따라 물질 혹은 질료로 번역한다. 전자는 정신 및 사유와 대비되는 것으로, 후자는 형상과 대비되는 것으로 이해하면 되겠다 — 옮긴이.

3) 자크 모노, 『우연과 필연 *Le hasard et la nécessité*』, Seuil, 1970, p. 125 et 135.

4) 퀴비에(Georges Cuvier, 1769-1832)는 프랑스의 동물학자이자 고생물학자이다. 척추동물의 고생물학과 비교 해부학의 창시자인 그는 기관 종속 법칙과 형태들의 상관 관계 법칙에 대해 말했다. 그는 몇 가지 뼈를 가지고 화석 포유동물의 골격을 재구성했지만, 진화론에 반대했다 — 옮긴이.

5) 베르나르 데스파냐, 『실재적인 것을 찾아서 *A la recherche du réel*』, Gauthier-Villars, 1981.

6) 글루온gluon은 쿼크들 사이의 상호 작용의 동인인 기초 입자 — 옮긴이.

7) 뮤온muon은 전자보다 207배 더 크지만 전자와 동일한 양전기량이나 음전기량을 가진, 렙톤lepton족에 속하는 기초 입자, 즉 뮤μ 입자 — 옮긴이.

8) 기준들을 더 늘리지 않기 위해 루이 드 브로글리Louis de Broglie의 오래된 구절을 인용해 보자. "소립자는 더 이상 공간과 시간의 틀 속에서 잘 정의된 대상이 아니고, 확률에 의해 영향을 받은 잠재성의 집합 이외의 그 무엇도 아니다. 그리고 그것은 순간적으로 우리에게 나타나는 어떤 실재물 이외에는 더 이상 아무것도 아니다. 파동에 있어 그것은 입자만큼이나 혹은 입자보다 훨씬 더 그것의 낡은 물리학적 의미를 상실하고 있다. 즉 그것은 그것을 사용하는 자에 의해 획득된 인식에 의존하는 확률성의 표상 이외에는 더 이상의 그 무엇도 아니다"(「양자 물리학은 불확정적인 채로 있을 것인가?」, 『미시물리학에서의 새로운 관점들

Nouvelles persepctives en microphysique』, Albin Michel, 1956, p. 132). 그리고 데스파냐의 다음 구절들을 인용하자. 하나의 입자는 "실재의 다소 순간적인 어떤 속성 이외에는 더 이상 아무것도 아니다. (물리학자처럼 말하자면) 소위 장場의 들뜬 정도가 아니라 문제가 되는 장에 대응하는 방식에 따라 들뜬 상태의 실재의 들뜬 정도 이외에 더 이상 아무것도 아닌 것이다"(『실재적인 것을 찾아서』, *op. cit.*, p. 88).

9) 프랑수아 자콥, 『가능한 것들의 작용. 생물의 다양성에 대한 시론*Le jeu des possibles. Essai sur la diversité du vivant*』, Fayard, 1981.

10) 기성설préformation이란 생물의 기관은 싹 속에서 이미 완전히 형성된다고 주장했던 17, 18세기의 이론이다 — 옮긴이.

11) 비록 그 한계를 평가해 봐야겠지만, 스피노자에 준거하는 있다는 것이 그가 거부했을 것이 틀림없는 용어인 "존재들"의 소개에 깔려 있는 것이 사실이다. 하나의 동일한 실체의 통일성(무한성, 영원성)은 무한한 속성들 자체를 관통해서 표현되며 "무한한 양태들 속에서 무한한 것들," 즉 존재들을 생산한다.『윤리학』 제2부에서 표현하고 있듯이, "개별자의 정의"에 의하면 그 존재들의 차이와 능력들은 그것들의 "구성"이나 구조에 근거하고 있다.

12) 섀넌(Claude Elwood Shannon, 1916년생)은 미국의 수학자로 정보 이론의 창안자이다. 그는 정보 단위를 "bit"로 정의하며 모든 메시지를 1과 0 가운데 선택한 집합으로 표현할 수 있다고 보았다. 저서로는 『커뮤니케이션의 수학적 이론』(1949)이 있다.

13) 아틀랑(Henri Attlan, 1931년생)은 프랑스의 세포 생물학자이다. 저서로는 『결정체와 증기 사이에서』(1974)가 있다 — 옮긴이.

14) 예를 들면, 자크 모노, 『우연과 필연』(*Op. cit.*). 프랑수아 자콥(*Op. cit.*). 일리아 프리고진과 이사벨 스텐저, 『새로운 동맹*La Nouvelle alliance*』, Gallimard, 1979. 앙리 아틀랑, 『결정체와 증기 사이에서*Entre le cristal et la fumée*』, Seuil, 1972.

보주

*1. 여기서 '그것들'은 '존재자의 유형이나 존재하는 것의 방식, 원리적 통일체인 존재의 특이한 차별화'를 가리킨다. 즉 하나의 관념을 표현하는 세 가지 방식이다. 달리 말하면 하나의 기의를 갖는 세 가지 기표이다.

*2. 벡터는 방향을 가진 선분으로 표시되는 양으로, 기하학에서는 화살로 상징화된다.

*3. '값'이라는 용어는 수학에서 차용한 것으로, 어떤 함수에서 변수가 취하는 값을 말한다. 달리 말하면, 고정된 점들이나 좌표계에 대해 말할 때, 그 주변에서는 다소 큰 규모의 변동이 가능하다는 의미이다. 예를 들어 인간 신체의 섭씨 36.5도라는 열 상수나 1리터의 피 속의 1그램의 당류라는 혈당 상수는 건강한 유기체의 생리적 상태(즉 정상 상태)를 정의해 주는 것이기는 하지만 그 유기체가 그 값으로 되돌아오기 위해 벌충해야 하는 차이까지 배제하고 있는 것은 아니다.

*4. 여기서 '그 개념'이란 종espèce의 개념을 말한다.

*5. 구조에 기초해 동일성을 기초짓는 것은 어떤 개별자가 구조화되는 한 가지 방식이다. 그 구조의 영속성은 동일성의 토대를 구성한다. 그 동일성이란 자기의 고유한 특징들과 더불어 개별자가 자신인 바가 되도록 하는 것인데, 자기의 고유한 특징들이 자기 구성 속에 들어오는 요소들의 특징들로 환원될 수는 없다. 그것들이 다른 모든 것으로부터 자기를 구별하는 원천이 된다.

*6. '국지적 존재론'이라는 표현이 처음으로 등장한 것은 후설의 사유에서였다. 예를 들어 "현상학으로 인도하는 관념들"에서처럼 말이다. 하지만 저자는 후설과는 같은 입장이 아니다.

*7. '오토-포이에즈'란 바렐라F. Varela가 어떤 체계를 가리키기 위해 사용한 개념으로, 특히 생명 체계를 그것의 내적 구조의 법칙에서부터 지적하기 위해서 사용한 것이다. 그는 자신의 자기-구성 형태론을 외부 환경에 더 많은 중요성을 부여하는 자기-조직화auto-organisation론 — 예를 들어, 아틀랑의 경우 — 과 구

분하기 위해 그 개념을 만들었다. '오토-포이에즈'는 두 개의 그리스 어원으로 이루어져 있는 단어로서, '자기 자신'이라는 오토auto와 '하다'라는 의미의 포이엔 poïen이 결합되어 '스스로 하다'라는 뜻을 가지고 있다.

*8. 여기서 매개물은 '사이에' 있는 것, 즉 '구조화된 집합들,' '상징적 체계들, 제도화된 기술들'을 가리킨다.

2

인간 존재의 현존 방식에 관하여

인간들이 존재한다. 그 인간들은 몇 가지 특징들에 따라 그들의 현존을 표현한다. 그 특징들 중 몇 가지는 무수한 다른 유형의 존재자들과 공통적이지만, 다른 몇 가지 특징들은 인간성에 참여하는 모든 존재의 공동의 몫이며, 바로 그 때문에 인간들은 모든 다른 실재 형태와 구별된다. 또, 다른 몇 가지 특징들은 어떤 한정된 그룹에 연결되어 있고 그것의 차이의 흔적이다. 결국 그것들은 하나의 유일한 개별자에 고유하고 그 개별자를 다른 모든 것으로부터 구별짓는 것이다. 인간들은, 그들이 어떠하든 혹은 그들이 어떤 식으로 고려되든 간에 자신 속에 그들 존재의 원리를 갖고 있지 못하다. 그들은 세계에 나타나고, 한편으로는 많은 다른 실재 형태들과 공유하고 있는 방식에 따라, 또 한편으로는 다른 어떤 곳에서도 재발견되지 않는 방식에 따라 자신들의 현존을 세계 속에 위치지운다.

우리는 그 현존 방식을 명확하게 구분하는 데 전념할 것이다. 그 시도는 새롭지도 쉽지도 않지만, 우리가 그렇게 시도하는 것은 단지 우리 역사의 지표를 설정하는 대답들의 중요성과 그것들의 형이상학적이고도 신학적인 함축들 때문일 것이다. 게다가 인간의 현존 방식에서 지금까지는 숨겨져 온 면모도 고려해야 한다. 그 면모는 새로운 인식 형태와 새로운 실천 형태에 의해 갑자기 조명되었다. 그렇지만 그 새로운 형태들의 새로운 부분, 계시적인 힘을 결정하는 것 역시 간단하지 않다.

명확하게 구분하기, 그것은 가장 가까운 것에 도달하기 위해 가장 멀리에서 ― 이 경우에는 가장 공통적인 것에서 ― 출발하기이다. 가장 가까운 것으로 말하자면, 공통의 토대 위에서 인간 존재를 구별짓는 특징을 담지하고 있는 것이다. "인간 존재Être humain," 그것이 적어도 불어(보다 일반적으로는, 현재분사에 속하는 용법을 명사화된 부정법으로 돌리는 언어)에서는 두 가지 의미로 이해될 수 있으며, 게다가 세 번째 의미를 더할 수도 있다. 사실 그것은 현존한다exister고 하는 단순한 사실을 의미한다. 그것은 자신의 현존을 어떤 식으로 표현하는 자의 인간성이 식별되는, 구별짓는 특징들을 의미한다. 게다가, 그것은 언어의 가장 일반적 사용에서는 어떤 존재로 존재함être un être을 의미한다.

이 세 가지 의미는 아주 분명하게 연관되어 있다. 어떤 사람으로 존재하기 위해서 인간 존재는, 그것도 그의 인간성을 드러내면서 현존해야만 한다. 그러나 우선 그는 어떤 존재un être로, 보다 정확히 말하면 하나인 어떤 존재un être un로 고려되어야 한다. 그러므로 그 현존이 어떤 점에서 인간성에 관여하는 어떤 존재의 현존 ― 어떤 인간 존재의 그것 ― 인지를 분명히 하기에 앞서 어떤 존재가 무엇인지, 그의 현존이 무엇을 함축하는지를 신속히 해명해야만 한다.

　어떤 사람에 대해 그가 어떤 존재라고 말하는 것은 우선 그가 하나임을 말하는 것이다. 경험, 그보다는 과학이 우리에게 그가 다수임을 더욱 분명하게 가르쳐 준다. 즉 그는 적어도 기관들, 세포들, 분자들, 원자들로 이루어져 있다. 그것들은 그를 구성하고 있는 것의 단순성 속에서 통일성의 토대를 배제하고 만다. 그는 너무나 다양한 요소들을 포함하고 있다. 그렇지만 그는 하나의 개별자, 다시 말하면 분할될 수 없는 통일체이기도 하다. 물론 그가 해체되려는 경향이 없기 때문이 아니라 그가 포함하고 있는 다수성이 흩어질 수 없기 때문이다. 그러나 그는 조직이 그 현존을 유지하고, 게다가 구분되는 두 존재로 그것을 이분할 수 있다는 의미에서는 분할될 수도 없다. 그의 구성 요소들의 분리는 그를 분할시키지는 않지만, 그의 고유한 존재에 있어 그리고 먼저 그의 본질적 특징에 있어 그를 무화無化시킨다. 다시 말하면, 그는 하나의 존재이고, 자신의 외부에 존재하는 것으로부터 자신을 차별화함으로써 스스로를 정체화할 수 있다.

　인간들은 대부분의 다른 생물들과 그 특징을 공유하고 있다. 또 생물학적 조직이라는 사실을 넘어 물리적 통일체들 자체와 그 특징을 공유하고 있기도 하다. 그 물리적 통일체들 자체는 어떤 안정된 구조 속에서 포착된 다양성의 통합으로부터 그것들의 특징들을 획득하는 형태로 나타난다. 분자 배열을 넘어, 원자들은 그 가장 분명한 사례를 제공한다. 그리고 소위 단순한 물체의 속성들이 안정화되고 안정화시키는 상호 작용들에 의해 서로 연결된 입자들의 배분과 결부된 구조 효과들이라는 사실에 대해서는 모두들 알고 있다. 동일한 상호 작용의 토대 위에서 다르게 구조화된 다른 체계들 속에 통합되어 있는 동일한 입자들은, 그 상이한 화학적 "종들" — 주기에 따른 "원소들"의 분류가 그 조직화 원리를 제공한다 — 이 다를 수 있는 만큼 다른 물리적이고 화학적인 속성들을 가진 집합들을 발생시킨다.

그 통일체들 — 스피노자가 그 용어에 할애하는 의미로 본다면 모든 "개별자들individus"[1] — 은 그것들의 주변으로부터 차별화되고, 그것들이 자신들의 현존을 그 속에서 표현하는 상황들의 다양한 토대 위에서 그 상대적 안정성을 표현하면서 그것들의 주변으로부터 구별된다. 그리고 그것들의 상황에 지속적으로 영향을 끼치는 변화에 대해서는 어떤 한계 내에서나마 저항하는 형태를 갖는다. 그래서 그것들은 자율의 정도를 나타낸다. 그러한 자율의 정도는 그 구성 요소들에 조직화의 고유 법칙을 강요하는 것에 근거하고 있다. 결과적으로 그러한 자율성은 고려된 통일체에 "속하는" 것과 그것의 고유한 제어 바깥에 있는 것과의 구별을 낳는다. 그 구별은 "내부"와 "외부" 사이의 교환의 흐름이 강요될 때조차도 "안"과 "밖"을 차별화하기에 이른다. 대부분의 시간 동안 강한 결합을 보이는 통일체들은 이산적 부류들로 분류되도록 스스로를 방치하며 지속적인 해체들을 배제하는 어떤 위상학을 준비한다.

우리는 구조적 안정성 및 형태에 의해 특징지워진 그 통일체들을 "존재들"로 간주한다. 그러므로 그것들을 상황에 따라 형성된 것에 대립시킨다. 상황은 요소들을 집합시키거나 분산시키면서, 그 통일체들을 구성하는 것의 우연적 배열의 토대 위에서 그처럼 실현된 외형들을 해체한다. 현재의 언어 자체는 상황에 따라 형성된 사물들과 존재들 간의 대립을 함축한다. 그 존재들은 살아 있으며, 인간적이다. 물리적 존재들은 우리 감각의 자연적 포착을 벗어나기 때문이다. 사물들은 어느 정도 질서잡혀 있고 경우에 따라서는 고체로 "굳어진" 집합들 혹은 집합체들이다. 그러나 구성하고 있는 무수한 분자들에 가해진 침강, 침식의 이중적 작용에서 기인한 바위, 온도의 변화, 바람에 의한 이동 그리고 주변의 습도가 발생시키고 와해시키며 분산시키는 구름 사이에 본질적 차이는 있을 수 없다.

달리 말해서, 존재들은 독립적이지는 않지만 자율적인 체계들 — 이 체계들은 상황들이나 사건들에 따라 가까워지거나 흩어지는 무질서한 요소들을 우연적으로 뒤섞는 흐름에 근거하여 그것들의 차이를 유지하는 내적 법칙에 의해 지배된다 — 에 따라 어떤 형태를 갖고 있다고 말해 보자. 뿐만 아니라, 조금이라도 분석이 충분할 만큼 위로 거슬러 올라간다면 자신들 속에서 구조화된 통일체들일 수 있으며, 결국 항상 그렇게 되는 것이 당연하다. 에워싸고 있는 하나의 체계 속에서 그 요소들 서로가 통합되어 있지 않다 해도 말이다.

그러나 그렇게 묘사된 대립은 간단해 보이며, 그러한 이분법은 양극의 대립으로 해석되어야 할 것이다. 그 대립 사이에는 수많은 매개자들이 존재할 수 있다. 체계성 속에는 수많은 정도들이 존재하고, 그 체계성과 더불어 상이한 요소들은 하나의 동일한 집합의 구조화된 통일체 속에서 포착된다. 하지만 어떤 안정화된 상호 작용 및 제어망 속에서 통합된 재료들을 강력하게 지배하고 있는 어떤 형태를 가지고 있는 것만이 하나의 존재로 간주될 수 있다. "존재하는" 것 — 원한다면, 존재l'Être — 은 우선 존재 형성의 능력이다.

우리의 분석적(또 효과적으로 분석적인) 사고가 더 이상의 반향을 얻지 못하는 낡은 지적들에 따르면, 현존하는 것의 실재성은 적어도 현존하는 것의 층들이 조직화되는 구조의 편에서 만큼이나 존재들이 형성되는 것의 편에서, 즉 그것들이 통합시킬 수 있는 재료들의 편에서 추구되어야 한다. 그것은 우리가 순수하고 단순하게 그것들의 아리스토텔레스적 형상들로 되돌아갈 수 있다는 것을 의미하는 것은 아니다. 특히 형태들 그 자체의 탄생과 생성의 문제, 즉 어떤 의미로는 사람들이 이해하고 있는 형태 부여information의 등장과 변형의 조건들의 문제가 제기된다. 그러나 그것은 우리의 현재 문제와는 동떨어진 지평에 있다. 한 인간 존재, 이 용어에 이미 주어진 의미에서 한 존재라는 것을 우선 단순히 획득된 것으로 간주하자. 그러나 그의 현존 방식을 탐색하는 것, 그것은 그가 현존하는 존재인 한에서 현존함을 이야기하는 것이다.

그래서 우리의 두 번째 질문은 "현존한다exister"는 것은 무엇인가 하는 점이다.

한 존재는 하나의 복잡한 통일체이다. 그것은 고유한 특징들, 즉 그것의 동일화, 재인식, 인식의 토대들을 드러낸다. 그 특징들이나 속성들은 그의 구조와 관련되고, 현존하는 것 — 존재 혹은 사물 — 은 그것이 아닌 바로부터 그것을 구별시키는 차이들의 지표에 근거했을 때에만 그렇게 언급될 수 있다. 그것의 현존을 주장하는 것은 그것의 구별을 전제한다. 그러나 현존을 주장하는 그 무엇도 자신이 아닌 것과의 모든 관계를 회피하는 "섬의" 진지陣地를 암시하는 고립 상태에 있다고 생각할 수는 없다.

한정되고 구별되며 동일화할 수 있는 그 어떤 존재자라 할지라도 세계와 별도로, 혹은 그 세계 밖에서 서둘러 이해될 수는 없다. 존재할 수 있는 모든 것, 소위 현존할 수 있는 모든 것의 공통의 지평인 그 세계 한가운데서, 모든 존재자는 대단히 다양한 상호 작용에 의해 자기 주변과 연결되어 있다. 그러한 상호 작용을 통해서 그는 효과들을 겪고 가하며, 물질, 에너지 그리고 정보를 수용하거나 양보한다. 절대적으로 닫힌 체계라는 관념은 물리학이 다른 관점에서 풍부하게 이용할 수 있는 한계 관념일 뿐만 아니라, 우리가 그 어떤 지식도 가질 수 없을 것이 분명한 무엇인가에 대한 관념이다. 왜냐하면 우리가 그것의 현존을 파악할 수 없을 것이기 때문이다. 직접적이건 간접적이건 간에 바로 그 대상들과의 상호 작용들에 의해 도입된 변화에 기초하여, 우리는 가장 멀리 떨어져 있는 별의 현존뿐만 아니라 경험적으로 확증할 수 있는 흔적을 수학적으로 처리하여 파악할 수 있는 가장 미세한 입자들의 현존까지를 주장한다.

달리 말해서, 한정된 모든 "실재"에 있어 현존함이란 항상 공존함이다. 현존에 대한 모든 주장의 기본적 특징은 모든 한정의 빈 공간 속에서의 단순한 병렬로 환원될 수 없는 하나의 공존에 대한 주장일 뿐이라는 점이다. 행위actions와 정념passions의 여러 교환에 참여하고, 반작용에서 반작용으로 이루어지는 어떤 현존만이 문제가 될 수 있다. 그 현존은 "흐름들"이 서로 교환될 수 있는 결절점에 자리잡고 있으며, 그 흐름들의 중요한 특징들은 물질-에너지-정보의 쌍을 통해 각 상황 속에서 그것들의 지배적인 면에 따라 묘사될 수 있다. 만약 현존을 "동적" 공존으로 이해하는 것은 불가능하다는 주장을 극단적인 것으로 판단하려 한다면, 그리고 우리 자신이 그 교환들과 상호 작용들 속에서 포착되지 않는다면, 우리는 그 어떤 것의 정체도 파악할 수 없고 인식할 수도 없음을 생각하자. 즉 어떤 별이 변화하지 않는다면, 다시 말해 우리 망막에 미분적 효과를 도입할 만큼 충분한 에너지를 방출하지 않는다면 — 만약 우리가 그것에 의해 (스피노자가 용어에 부여한 의미에서) "영향을 받지affecté" 않는다면 — 우리는 그것을 간파해낼 수 없을 것이다. 그리고 거기에, 생명 형태가 진화하는 동안 조직화되었던 것과 같이 세계의 탐색 기관과 조사 기관이 구성될 때에도, 우리의 망막과 눈의 구조는 (빛과 같은) 정보의 벡터들에 대한 장기간의 탐색에 근거해서만 사유될 수 있다는 사실을 덧붙여야 할 것이다.

이미 말했듯이, 세계는 그 공존의 지평이다. 즉 어떤 실재이건 그 실재와 맺고 있는 모든 관계를 동시에 거부하지 않는 한 벗어날 수 없는, 하나의 세계만이 존재할 수 있다는 뜻이다.

이 성급한 고찰을 결론짓기 위한 두 가지 간단한 주목들… 무엇보다 먼저 우리가 속성들을 분석하면서 존재와 사물을 탐지하고 정체를 알아볼 수 있으며 그것들을 인식할 수 있는 특징들은 사실 그것들이 관계 속에 포함될 수 있는 능력과 관련되고, 자신들이 잠재적 중심이자 그것들이 그 속에 위치하고 있는 상황들에 따라 현실화되는 관계 방식들과 관련된다. 우리는 그것들인 바로부터 이러한 관계들을, 즉 그것들의 구성 요소가 유지하고 있는 내적 관계들, 또는 그것들이 어떤 상황 속에서 자기 주변과 맺을 수 있는 외적 관계들을 포착할 수 있을 따름이다. 흐름들을 통해 그것들의 교환이 정돈되고 그 상호 작용이 조직되는데, 그 흐름들만이 그것들인 바의 한정을 초래한다.

계속해서, 그것들의 고유한 존재의 그러한 표현들은 하나의 동일한 지평이나 동일한 세계에의 귀속의 토대 위에 위치한다. 그러므로 우리는, 구조화된 통일체인 모든 존재는 시공 연속체 내의 모든 사물의 공존의 장에서 차별화된 개별성이라고 간주할 수 있다. 그 시공 연속체는 그 어디를 보아도 결코 비어 있는 배경이 아니다. 그렇게 비어 있는 배경 속에는 상호 작용 밖에서 형성된 실재물, 상황과의 모든 관계 맺기에 앞서 어떤 본성을 갖춘 실재물들이 자리를 잡으려 할지도 모른다. 모든 존재는 그것이 분리될 수 없는 어떤 연속의 토대 위에서 특정한 한정들을 나타내는 개별적 차별화로 나타난다. 그 차별화는, 다소 복잡한 통일체들로 존재하고 그 통일체들 속에서 구조화의 여러 층들을 연결시키며, 제법 다양화되고 제법 풍부한 관계 능력들을 나타내는 "핵 생성" — 핵들의 형성 — 과정의 결과로 생각된다.

해석의 몇 가지 실수를 미리 예측해 보거나 지나치게 성급한 단순화를 범하지 않도록 주의하기 위해, 모든 한정된 현존 형태들의 공통된 지평으로서의 세계가, 스피노자에 의하면, 소산적 자연la nature naturée이라는 것에 일치한다는 점을 덧붙이자. 하지만 그 세계 속에서 차이를 드러내는 모든 것은, 말하자면 존재들을 존재할 수 있게 하는 하나의 동일한 힘에서부터 현존으로 인도된다고 생각하는 것을 허용한다. 그때 논증이 단지 한정들의 원리인 차이들에만 근거할 수 있고, 차이들간의 분절들, 특히 동시성의 질서 속에서처럼 계기들의 질서 속에서 탐지될 수 있는 규칙성들을 포착하려고 노력하는 것이 사실이라면 우리는 그 힘에 대해 아무것도 말할 수 없을 것이다. 『윤리학』에서의 실체의 경우도 그렇다. 그것은 절대적으로 무한한 것을 차별화하는 그만큼의 부정과 제한인 모든 한정들을 넘어선 것이다. 그리고 만약 그것이 하나이고 유일하며 무한한 양태들에 의해 영향을 받은 무한한 속성들로 표현되는 것이 아니라면 우리는 그것에 대해 아무것도 말할 수 없다.

이 고찰들이 이 지면에 도입된, 제목에서 예고된 기획과는 동떨어져 있는 듯 보인다. 그러나 그것들은 인간 존재의 고유한 현존 방식의 문제에 접근할 수 있는 틀을 제자리에 놓는 것이다… 그러나 좀더 기다려야만 한다.

모든 인간 존재는 세계에 근거해 현존하고 있으며 자신을 둘러싸고 있는 것과 다양한 형태의 관계를 유지하고 있다. 그의 고유한 존재 방식, 현존 방식은 그를 특징짓는 관계 속으로 들어갈 수 있는 능력들, 관계 능력들, 그것들의 현실화 조건들 그리고 그것들의 결과들과 관련되어 있다. 그러나 그것의 특이성을 명확히 하기 위한 시도는 신중하게 이루어져야 한다.

각 인간 개별자는 무수한 관계 능력들을 소유하고 있다. 말하자면 그 능력들을 표현하고 있다. 그는 우리가 경험하는 존재자 전체와, 혹은 우리가 실재로 간주하는 것의 다소 넓은 영역들과 그 능력을 공유한다. 그러므로 우리가 인식하고 있는 모든 것들과 모든 존재들은 하나의 무리를 갖는다. 즉 별들, 돌들, 나무들, 새들, 인간들 역시 마찬가지이다. 그것은 갈릴레이-뉴턴의 근대 물리학이 분석 대상으로 삼았던 최초의 것들 가운데 존재하는 관계 방식들에 의해 표현된다.

그것은 인간들이 중력에 종속된 존재들이기에 땅의 표면에서 현존한다는 것을 의미한다. 그러므로 그들의 형태와 이동이 지구 중력장 속에 위치하는 한, 그들은 자기 신체의 일반적 외형과 자기 운동을 조건짓는 평형의 강제와 더불어 매일을 구성해야만 하고 또 구성하고 있음을 의미한다. 이는 하나의 보기일 뿐이다. 그러나 그것이 우리 현존의 무시해도 될 만한 측면에 기초하고 있는 것은 아니다. 즉 우리는 집 위에서 아래로 내려가길 원할 때만큼이나 비행기를 날게 하거나 로켓이 지구 중력에서 해방될 수 있게 하기 위해서 요구되는 매개 변수들을 계산할 때도 그것을 잊지 않도록 주의한다는 말이다. 만약 우리가 이 관계 유형을 깨닫지 못한다면, 사람들은 우리인 바에서, 또 우리가 우리 현존을 표현하는 방식에서 어떤 가공의 이미지를 제공할지도 모르겠다. 그 문제는 우리의 신체 구조가 중력과 가장 독창적으로 타협하도록 허용하는 것이며 동시에 그렇게 하도록 선고하고 있다는 점에서 그만큼 더 중요하다. 중력은 우리를 세계 속에 위치시키고 장애물들과 한계들을 결정하지만, 또한 인간 존재인 한에서의 우리의 현존 방식을 최고도의 지점에서 개별화시키는 조작 가능성의 영역과 발전 과정의 영역을 열어 주는 것이기도 하다.

그러므로 우리는, 우리가 무시할 수 없는 특징들을 다른 현존 형태들 전체와 공유한다. 더 이상 질량을 가지고 있는 모든 것이 구성하는 것만큼이나 거대한 집합과 더불어서가 아니라, 존재자들의 보다 제한된 무리와 더불어 우리에게 공통된 다른 특징들과 속성들이 존재한다. 그러므로 우리는 중심을 향하는 무리들을 거론해야만 한다. 그 무리들의 주변에서 중심으로의 이행은 우리에게 진정으로 고유한 것이 무엇인지를 분명히 하도록 만든다. 그것이 공통적인 것에서 완전히 동떨어져 있을 수는 없다.

우리는 중력의 상호 작용을 결정하는 장場처럼 관계장들 속으로 들어갈 수 있는 "물리적" 존재들일 뿐만 아니라 살아 있는 존재들이기도 하다. 그러므로 우리는 돌이나 구름과는 구별되지만, 식물이나 동물과는 우리 환경이나 필요한 교환들을 유지해 나갈 필요성을 공유하고 있다. 생물학적 개별성과 그의 환경과 관련된 차이들에 필수 불가결한 신진대사 과정들이 보장되도록 하기 위해서이다. 우리는 인간들이 생명을 유지하기 위해 호흡하고 음식물을 섭취하는, 그리고 또한 무수한 다른 생명체들과 공유하고 있는 유성 생식의 메커니즘에 따라 스스로를 재생산한다.

그러나 생명체들에게 공통되며 그것들을 물리적 존재들로부터 차별화시켜 주는 것 속으로 더 멀리, 혹은 더 깊이 나가야만 한다. 우리는 어떤 존재가 어떤 하나인 존재un être *un*임을 강조한 바 있다. 그 통일성은 그것의 단순성으로부터가 아니라, 그것의 구성 요소들을 체계 속에서 연결짓는, 상호 작용들의 관계 구조를 가리키는 어떤 동일한 형태 속에서 통합된 어떤 복잡성의 통일성으로부터 획득한 것이다. 그 형태는 원자들에 있어서조차 형성 과정들 — 그것들이 거의 순간적일지라도 — 을 가리킨다. 그러나 살아 있는 존재들은, 어떤 정보에 근거한 느린 복잡화의 과정들의 보존, 즉 기억이다. 그 정보는 전달된다. 경우에 따라서는 불가역성의 한 구석에 표시된 어떤 시간 속에서 전달된다. 더 정확히 말하면, 살아 있는 존재(그리고 인간인 생명체)는 그 형성 과정 속에서 이중적 차원을 전제하는데, 그것은 자신이 개체로서 실현되는 어떤 개체 발생을 전제하고 있다. 그 존재 생성은 수용된 유전 정보와 자신의 역사가 그려지는 구체적인 조건들에 근거한다. 그것은 생명의 지속 자체, 다시 말하면 약 30억 년 이래의 정보를 담지하고 있는 구조들의 중복과 변형 과정들의 균열이나 중지 없는 연쇄를 포함하는, 총체적 연속 속에 포착된 어떤 계통 발생이나 개체 발생들의 어떤 접합에 자리잡고 있다.

그것에, 다양화이자 복잡성을 향한 상승으로서의 생명 형태들의 그러한 진화는 공존의 시간적 표현인 공동 진화로서만 사유될 수 있다는 것을 덧붙여야 한다. 생물들과 그 환경 사이의 다양한 상호 작용들을 관통해야만 물리·화학적 항구성을 포함한 생물권의 균형이 이루어질 수 있다. 생물권은 우주 속에서 아주 독특한 체계, 우리가 가진 현재까지의 지식에 비추어 보면 유일한 체계로 나타나며, 동시에 형태들의 생산 조건으로 나타난다. 그리고 형태들의 생산은 "형태가 부여된informées" 개별성들의 증가하는 다양화로 나타난다. 그 개별성들은 지구라는 행성의 표면에 특수성을 부여하는 다양한 교환들에 의해 연결된다.

만약 우리가 우리인 바에 대한 비현실적이고 훼손된 이미지를 갖기를 원하지 않는다면, 우리는 자신이 벗어날 수 없는 존재 방식들, 공존 양식들을 관련시켜야만 하는 — 물리학적이고도 생물학적인 — 그 소속층들을 고려해야만 한다. 우리는 그것이 의미하는 바, 우리 사유의 역사도 우리에게 거의 대비시키지 못한 것을 이해해야만 한다. 우리가 자신을 동일시하는 것의 기초들 위에 신체의 요구들을 잘 통합시켜야만 한다고 할 때 그것은 우리가 하나의 신체를 소유하고 있음을 의미할 뿐만 아니라, 우리가 매 순간 형성하고, 또한 조건에 따라 사용하거나 변형시키는 관계망 속에 포착되어 있음을 의미한다. 바로 거기에 우리 행위의 장애물들, 우리 꿈의 한계들만큼이나 (보장은 없지만) 우리를 우리 계획들로 이끌어 가는 가능성들의 어떤 미결정된 지평 위로 열리는 지점들, 뒷받침의 지점들이 존재한다.

우리의 존재 방식들은 스스로 표현되는 것 같고, 일단은 이러저러한 관계들, 전달들, 교환들 속으로 들어갈 수 있는 우리의 능력들을 통해 실현되는 것 같다. 예를 들어 그것들은 우리의 무게가 결과하는 중력장으로의 우리의 통합 및 지구 대기의 항구성에 깔려 있는 교환들로의 우리의 참여를 포함하고 있다. 특별한 형태학과의 관계 하에서 우리 신체에 작용하는 것으로서의 중력은 우리가 새처럼 나는 것을 방해하지만, 우리가 비행기나 로켓을 제작하는 것, 중력의 효과를 변화시키거나 약화시킬 수 있는 힘들을 중력에 대립시키는 것은 허용한다. 물론 중력과 더불어 구성하고 제한된 조건들 속에서 몇몇 강제들을 존중한다는 조건 하에서라는 것은 두말할 필요도 없다.

그러므로 질량을 소유하고 있고 지구 중력장 속에 위치하고 있는 물리적 존재로서의 우리의 특질은 우리의 세계-내-존재의 일부를 구성하고, 공존으로 이해되는 우리의 존재 방식들에 속한다. 마찬가지로, 우리 모두는 기체 환경에 둘러싸여 있으며, 생명의 역사를 따라 호흡의 교환을 최적화하는 해부학적 구조들이 발전되었다는 바로 그 이유 때문에, 우리는 소리를 내고 언어를 통한 의사소통을 목적으로 그것을 변조하기 위해 공기 및 우리의 호흡 기관을 사용할 수 있다. 기준의 수를 늘리는 것은 무용하다. 거짓이 될 정도로 손상되고 훼손된 이미지를 스스로 제공하지 않는 한, 우리는 우리가 — 생명체의 질서와 요구들이 그 속에서 표현되는 — 물리적이고 살아 있는 존재라는 사실을 배제하고서 생각할 수는 없다.

그러나 할 필요가 있는 것, 분명한 동기를 가지고 무시하지 않으면서 해내기가 더 어려운 것은 우리의 관계 능력, 또 그로 인한 우리 자신의 공존 방식이 단순히 "물리적인" 실재나, 살아 있는 실재인 바의 알려지지 않은 새로운 양상들을 나타나게 함에 따라, 우리에게 고유한 것을 그것의 특이성 속에서 이해하는 것이다.

그 특이성을 적절하게 사유하기 위해서는 우리와 가장 유사한 존재 형태들과 우리 사이의 공통점에서부터 경계지울 것이 요구된다. 사실, 우리는 공동 진화 속으로의 통합 과정에 기초하고 있는 세상에 태어난 것이다. 그 공동 진화는 우리의 삶에 시간적이고 우주론적인 지평을 제공한다. 단순히 살아 있는 존재들의 형성에 깔려 있는 형태학과 관련된 어떤 참된 단절, 어떤 심오한 불연속이 일어날 때, 우리는 개체로도 종으로도 세상에 태어나지 않을 것이며, 그렇게 세상에 태어나지도 않았다.

그러므로 선先인간적 한정들의 초석으로부터 어떤 인간 현존이 어떻게 형성될 수 있는가를 탐구하는 일이 남아 있다. 모든 다른 존재들과 관련해서 극도로 두드러지는 관계 능력들을 나타내는 존재 양식들이 가능한 어떤 존재가 어떻게 구조화될 수 있고, 어떻게 거기에 형태가 부여될 수 있으며, 어떻게 출현할 수 있는가? 우리는 어떤 원리로부터 사물들, 우리 인간들, 세계와 맺고 있는 관계들 그리고 우리가 우리 삶에 의미를 부여할 수 있는 다양한 지평들과 맺고 있는 관계들의 그 재구조화를 사유할 수 있는가? 진화의 독특한 생성 방식에서 인간 사회들의 역사성으로의 이행을 포함한 새로운 것과 종의 유산으로 남아 있는 것 사이의 접점을 우리는 어떤 방식으로 포착할 수 있는가?

의문은 정확히 교환과 상호 작용에 제공한 형태에 놓여 있다(우리가 모든 현존의 공존으로의 한정에 대해 말했던 바를 기억하자). 그 교환과 상호 작용을 통해 소위 인간적인 삶이 세계 속에 자리잡는다. 그러므로 발견해야 할 필요들, 가능성들, 강제들, 한계들을 동시에 표현하고 있는 그 교환들의 조직화와 안정화, 생성, 규제를 허용하는 것은 그러한 문제틀 속에 있다.

모든 인간 사회 속에서, 또 그 사회 속에 있는 모든 인간에게 있어,

공동 존재자들의 질서와의 관계 방식들은 적어도 세 가지 지표들에 따라 이루어진다. 그 지표들을 혼동하거나 유리시키는 것은 문제가 될 수 없다.

첫번째는 인간들이 그들을 둘러싸고 있는 것에서 영향을 받으며 그들이 그것과 더불어 상호 작용한다는 사실에서 결과하는 경험을 조직하고 해독하는 것 그리고 그것은 "실재"와의 원초적 관계를 표상에 제공하는 감각적 경험과 더불어 시작된다.

두 번째 지표는 만남을 미리 결정하는 다양한 지위들과 상이한 상황들의 토대 위에서 타자와의 관계들을 구조화하는 것이다.

의심의 여지 없이 단순화한 그 세 가지 지표들 가운데 세 번째는 세계에 의해 제공된 자원들의 소유와 관련된다.

그러므로 인간들은 자신들이 그 속에서 체험하고 그것에 의해 영향받는 것에 대한 표상들과 해석들을 정교화시킨다. 그렇게 하기 위해 그들은 기억과 전통을 전제하는 상징들, 기호들, 결합 규칙들의 집합들에 의존한다. 그같은 인간들은 조절된 교환들의 작용 속으로 들어가고 순환들 속으로 통합된다. 그 순환들은 가치들의 이동을 가능하게 하며 그것들을 구조화한다.

따라서 서비스의 상호성이나 재화의 양도, 인척 관계와 친자 관계들의 교차, 제도적 규범 속에서 명시되었거나 명시되지 않은 규범들을 가리키는 권위와 복종의 관계들에 근거하는 상호 작용들이 그들 사이에서 서로 얽히게 된다. 결국 그들은 활동들의 개발을 통해 세계에 대해 효과적인 영향력을 발휘한다. 그들은 그 활동들에 의해 자연 환경을 개발한다. 다시 말하면 세계에서 채취되어 "생산품들"의 가공을 야기하는 것을 변형시키고 점유한다.

그러므로 인간 존재는, 기호와 상징의 망을 형성하면서 의미의 세계들을 구성할 수 있는 힘, 구조와 안정성을 제공하는 규칙들에 부합하는 다양한 형태의 주고받기Multiples formes de prestation et contre-prestation[1]에 따라 타자들과 관계 맺을 수 있는 힘, 그리고 자연이 인간 존재들에게 제공하는 것에 대해 무한히 완성 가능한 작용력을 발전시킬 수 있는 힘을 이용하는 존재이다. 여기서 인간의 "속성"에 대한 탐구에서 비록 유일하지는 않지만 통상적인 지표인 기호, 규칙, 도구가 형성하는 한 묶음을 재인식하는 것은 어렵지 않다. 첫번째 부분에서 언어와 그 작업들, 제의들과 신화들, 미학적 형태들을 관련시켜야만 한다. 어떤 규범화된 의사소통의 순환들 속에 인간들을 통합시키는 다양한 교환 방식들은 두 번째에 속한다. 약 반 세기 전에 레비-스트로스가 규범화된 의사소통의 배경을 강조했다. 그 배경은 말, 재화, 서비스 그리고 인간(집단들)의 교환에 공통되는 것이다. 인간 현존이 관통하여 나타나는 관계 능력들에 대한 세 번째 부분은 도구 집합outillage과 기술성technicité의 모든 표현들과 관련되어 있다.[2]

  분석의 편의를 위해 질료, 에너지 그리고 정보를 구분했던 삼분법이 아주 상대적이었던 것처럼, 이 삼분법 역시 상대적이다. 우리는 우리의 의문과 관련된 그것들의 공통된 의미를 해명하기 위해 몰두할 것이다. 세계 속에 인간 존재자의 정착이 매 경우 실현되는 방식들의 ― 간략하기까지 한 ― 노정에 착수하는 것은 문제가 아니기 때문에, 우리의 의문은 우리가 중요성을 상기시켰던 보다 넓은 한정들에 기초하여 인간들에게 고유한 현존 방식이나 존재 양식이 어떻게 차별화되는지를 아는 데 있다. 사실, 위에서 언급한 한 묶음의 세 부분이 최초의 동일한 조건들을 가리키고 있으며 어떠한 현존도 그것의 밖에서는 부적합한 공존을 구조화할 수 있는 동일한 능력을 표현한다고 가정하는 것은 적어도 발견에 도움이 되는 가설이라는 점에서 허용된다.

  인간 조건에 대해 말한다는 의미에서 하나의 동일한 조건 속에 세 가지 관계 방식의 정착이 암시하는 첫번째 특징은 인간의 실천들 ―

이 용어가 아우를 수 있는 가장 일반적인 의미로는 기술art(혹은 기술 수단artifice)*3 ─ 로부터 기호, 규칙, 도구의 객관화이다. 인간 존재자는 형태들과 정보를 그와 같이 외재화시키고 객관화시킨다. 생명과 생물학적 형태 발생의 유산을 연장시키고 이용하며 그것에 봉사하는 대상들과 흐름들의 조직화 및 구조화의 새로운 방식들은 그 형태들과 정보에서 갑작스럽게 출현한다. 동시에 인간 활동들에서 그것의 원리를 발견하는 것은, 분명 무질서의 새로운 위기들의 담지자이기도 한 어떤 다른 "질서" 속에서 그 유산을 동요시킨다.

인간 존재, 그것은 "형태 획득" 방식의 출현 원리에 속한다. 그 방식들은 종들의 생성과 그 속에서 종들이 공동 진화했던 체계들의 생성의 기초가 되는 "형태 획득" 방식들로 환원될 수 없다. 또, 인간 존재는 생성되는 그대로의 세계 속에서 최초의 특징들이 부여된 집합들 속에 하나의 기초적 다양성을 통합하고 있는 그 재구조화를 위치짓는 것이다.

그 과정들은 생명 질서의 내적 조절을 벗어난다. 그 내적 조절은 개별자의 수준에서뿐만 아니라 상관 관계의 수준에서도 고려된다. 그 상관 관계가 국지적 결합들에서부터 통일체로 고려된 생물권까지의 공생을 보장한다.

동일한 운동에서, 인간의 안과 밖에서 자연적 형태 발생들로부터 발생하는 것이 새로운 정보 방식들에 제공된 재료로 나타난다. 그 새로운 정보 방식은 유전 프로그램들을 담지하고 있는 정보 배열들의 반복과 변형의 틀을 만드는 강제들을 회피하기에 자신의 고유한 법칙에 따를 뿐만 아니라 새로운 가능성들을 향해서도 열려 있다. 보존이자 다양화인 그 정보의 연속성은 전통, 상징적 기억을 전제한다. 그것의 밖에서는 언어도 제도도 기술들도 부합할 수 없다.

다양한 받침대를 가지고 있는 그 "기억"은 게놈génome 속에 포함된 "기억"들과는 무척이나 다른 특징들과 함께 나타난다. 규범화된 정보와 그 작동 결과 사이의 관계들과 관련해서는 특히 그렇다. 유전자형génotype[2])을 표현형phénotype[3])의 변화로부터 보호하면서 종의 보전을 보장하는 단선적 진보와 달리, 상징적 정보의 잠재성들을 실현시키는 현실화들의 반작용(규범에 대한 메시지의 반작용, 제작 프로그램에 대한 물체의 반작용 등)은 항상 가능하다. 비록 역사성에 따라 인간 사회들에 상이하게 제공되어 있다 할지라도 말이다. "차가운 역사"를 가진 사회들과 "뜨거운 혹은 축적적인 역사"를 가진 사회들 사이의 상이성이 도입하는 다양성은 어떤 기준에서는 능력 ─ 기록 ─ 의 쌍에 의해 지시할 수 있는 것과, 또 다른 기준에서는 연구실의 컴퓨터 프로그램들과 자동차 제작 회사의 활동이라는 양 극단에 있는 경쟁적 순환들이나 특약자들의 망 사이의 의사소통으로 분석할 수 있는 것을 연결시키는 순환들 속에 그 간격을 미리 가정한다.

인간의 실천에 의해 생산된 것이 아니라면 문제가 되었던 모든 것들 ─ 단어, 규칙, 도구 ─ 중 어느 것도 존재하지 않으리라는 것이 진정 사실이라고 할 때, 결코 의식적이고 자발적인 어떤 활동 모델 위에서 형태와 정보의 그러한 생산을 관통하여 소박하게 생각해서는 안 된다. 인간으로 존재하는 것, 그것은 기호들, 특히 어휘 기호들, 기술적 대상들을 생산하고 사용할 수 있으며 규칙들règles, 규범들normes 또는 코드들codes[*4]에 의거할 수 있는 힘과 능력을 가지는 것을 말한다. 인간들의 조직화에 의해 세계에 도래하는 것이 그들의 눈에는 투명한 생산이 아닐 뿐 아니라, 그것에 가능성, 의미, 운명을 부여하는 전체 속에 자리잡고 그 전체에 의존하는 것이다. 달리 말해서 기호들, 도구들, 규칙들은 단지 체계들의 요소로서만 그것들인 바이고 효력이 있다는 뜻이다.

그 말은 구성 요소들과 관련해 보았을 때 그 전체가 그것들의 결과로 간주되지만은 않는다는 점에서 그 전체의 상대적 자율성을 함축하고 있으며, 동시에 그것에 "속하는" 것(그것의 "안")과 그것이 관계 맺고 있는 것(그것의 "밖")의 차이에 의해 그것이 구분되는 그것의 주위와 관련해서도 그 전체의 상대적 자율성을 함축하고 있다. 여기서 자율성이란 그것의 부분들 사이의 항구적 상호 작용들에 근거하고 있는 조직, 조절의 고유한 법칙을 의미하며, 보존과 발전의 고유한 "논리"를 의미한다. 보다 강한 의미에서, 그렇게 함께 있게 하는 것, 혹은 오히려 함께 있는 것 — 그것의 어원적인 지표에서는 체계 — 은 어떤 고유한 "안정성"을 가지는데, 그것에 의해 그것은 자신의 통일성을 주장하고 그것을 둘러싸고 있는 것 — 원한다면, "상황들" — 에 직면해서는 자신의 차이를 주장한다.

보다 더 큰 일반성 속에서 고려된 현존에 대해 우리가 언급했던 바에 근거해서 본다 해도 어떠한 체계도 그것이 인지될 수 있다는 유일한 사실에 의해 유리되어 있는 것이 아니며, 사실상 체계인 모든 것은 그것이 의존하고 있는 흐름들 — 자율성이 독립성의 동의어임을 명백히 배제하는 유입과 유출의 흐름들 — 에 의해 관통된 교환 상황들 속에 있는 것이다. 그러나 그것의 구성 요소들에 대한 외부 행위자들의 작용은 그것들의 상호 관계들에 의해, 다시 말하면 자신에게 주어진 조건들에 전체적으로 반응하는 어떤 역동적인 전체에 대한 그것들의 소속에 의해 매개되는 것으로 보인다.

그때부터, 소쉬르F. de Saussure가 애착을 가졌던 도발적인 문장에 따르면 한 단어는, 차이들만이 존재할 뿐인 하나의 언어 속에 그것이 귀속해 있는 한에서만 그것인 바이며 의미를 가질 수 있다(그런 한에서만 그것은 인간의 언어 방식들, 인간적으로 만드는 언어 방식들에 따라 사용될 수 있다). 동일한 이유에서, 재화나 서비스의 교환이 규칙에 적합하기를 요구하는 모든 규범은 인간 사회들에 본질적인 그 "의사소통”의 순환들의 “봉쇄”를 관통하여 “주기”와 “받기”의 유동적인 균형들을 보장하거나 또는 보장하는 것을 목적으로 하는 주고 받기 prestation et contre-prestation의 조절 체계와 관련해서만 의미를 가질 수 있다.

도구에 있어서도 그러하다. 그것은 어떤 도구의 우연적 (상황에 의한) 사용과 구별됨에 따라 제작, 이용, 완성 그리고 경우에 따라서는 발명과 관련되는 하나의 “도구 집합outillage”에 속한다. 자신의 가능성과 기능들을 발견하는 도구 집합에서 나온 그것은 — 또 다른 기술적 유산에 통합된 그것이 어떤 다른 기술적 기능을 재발견하지 않는 한 — 미적 시선이나 민족학적 호기심을 충족시키는 수집의 대상이 된다.

그 체계적 측면을 — 또한 체계성의 경향들을 상기시키고 그 정도에 대해 말하는 것이 더 정당할 것이다 — 주장하는 것, 그것은 인간들의 조작에 의해 태어난 것이 그 한정들의 본질을 이끌어 내는 객관적 세계로 들어감으로써 인간들로부터 해방된다고 말하는 것이다. 그것은 가능성과 저항 및 관계적 잠재성과 그것에 고유한 한계를 담지하고 있는 어떤 독특한 현실적 지위를 획득한다. 오히려 체계들 자체 속에서 차별화되고 구조화된 실재에 대해 말하는 것은 틀림없이 허용될 것이다. 그 체계들은 물질적이거나 비물질적인 자신의 구성 요소들의 다양성을 포함하고 있다. 우리가 그 속에 자리잡고 있는 것(언어, 순환들과 교환 규범들, 테크놀러지의 전체)의 조직화는 가능성들을 제공하고, 그 가능성들의 실현을 암시하며, 극복해야 할 저항들과 고려해야 할 강제들과 대립한다.

인간 활동들에 의해 태어나지만 인간들이 취하는 의식들과 그들이 기획하는 계획들 밖에서 그렇게 객관화되는 것은, 자신들을 둘러싸고 있는 것에 대해 말하고 스스로 표상하며 서로 의사소통하고 사물들에 영향을 끼칠 수 있기를 원하며 그렇게 할 수 있는 자들의 의도들, 표상들, 행위들 그리고 욕망들을 연결시킨다. 이로부터 우리의 논제에서 중요한 세 번째 특징이 나온다.

단순히 살아 있는 존재들의 존재 방식을 우리에게서 빼앗는 것이 형태들과 정보의 우리의 실천으로부터의 외재화만은 아니다. 또, 체계 속에서 정돈되고 자율성의 중심들을 생산할 그 형태들의 경향성만도 아니다. 공존으로만 한정되는 한에서의 우리 현존 양식들에 대한 그 체계들의 반응 결과이다. 세계와 우리의 관계들의 구조화만이 아니라, 우리가 타자들과 맺고 있는 관계들, 우리가 우리 자신들에 대해 가지고 있는 의식들을 관통하여, 우리인 바이길 원하는(혹은 거부하는) 것과 우리 욕망들의 표상을 지나 우리 자신들과 맺고 있는 관계들의 구조화가 또한 문제가 된다. 그래서 더불어 관계 맺을 수 있는 우리 능력들의 다양화된 현실화를 통해 표현되는 우리의 존재 방식 전체를 인식하거나 행동하거나 느끼는 것은 중요하다. 우리의 존재 방식 전체는 인간화하는 인간적 행위들에 의해 탄생하는 형태들과 정보를 통해 형태가 부여된다. 그러므로 인간들은 체계들과 더불어 체계를 형성한다. 그 체계들은 그들의 고유한 조직화에 의해, 다시 말하면 서로 의사소통하려는 노력, 감각 경험에 근거해 세계의 질서잡힌 표상을 자신에게 제공하려는 노력, 또 사물들에 영향을 미치려는 노력에 의해 탄생된다.

체계들의 그러한 교차는 항구적인 조정들 및 상호 작용들과 더불어 역동적으로 사유되어야만 한다. 어떤 맥락과 그 체계들의 대면은 그 조정들과 상호 작용들을 함축하고, 그 맥락 속에서 사건들의 규칙성과 침투, 안정성과 재난들이 서로 뒤섞인다. 그러므로 생성은 불확실한 선택에 기초한 분기分岐들에의 대면으로 사유해야 하지, 논리적 발전으로 사유해서도, 그것의 완성 법칙에 미리 종속된 계기들을 가진 단계들의 전개로 사유해서도 안 된다.

아무튼 그 생산들과 과정들은 그것들이 나타나는 매번, 매 순간 구조화 경향에 의해, 인간 행위자들의 의식과 능력을 아주 멀리서 초월하는 내적 추진력에 의해 인도된다. 거기에 이렇게 덧붙여야 한다. 그 의식은 미리 그려진 한계 속에 조금도 고정되어 있지 않다고 말이다. 그것은 계획들과 그것들의 실현에 저항하는 것의 대치가 드러내는 상황들과 장애물들에 따라 주어진 가능성들의 함수이다. 또, 그것은 우리 현존의 구체적 조건들을 표상들의 장으로 통합시키기 위한 노력에 달려 있다. 왜냐하면 하나의 상황을 구성하는 요소들의 배치를 둘러싸고 있는 가능성들로 우리를 데리고 가는 인식이 어떠한 계시의 은총에 의해 하사된 것보다도 더 가치 있기 때문이다.

게다가 우선 타자들과의 관계, 사물들과의 관계, 세계와의 관계 그리고 우리 자신과의 관계들이 형성되는 매개망과 관련해 우리가 불쑥 튀어나와 있는 것은 아니라는 사실에 주목해야 하는 이유도 그러하다. 우리는, 모든 상호 의존 방식들과 교환들의 조절을 보장하는 도구 집합, 제도들 혹은 코드들이, 또 현실의 모습들을 정돈하고 역할과 지위를 할당하는 상징적 구조들이 위협적이고 참을 수 없을 뿐만 아니라, 욕망할 만한 새로운 차원들을 출현시킨다는 사실을 주목해야만 한다.

수단과 한계 전체를 관통해서, 그것의 작용성이 상응하는 강제들의 존중에 의해 보증된 매개물 전체를 관통해서,[5] 인간의 욕망들, 기다림들, 공포들, 태도들 그리고 계획들이 형태를 갖는다.

물론 그것은 능력과 저항의 혼합이 개인뿐만 아니라 집단에게 남겨 놓는 활동의 여지를 배제하지 않는다. 여기서 체스 경기자가 처한 상황의 윤곽이 잡힌다. 말들의 이동 규칙에 결부된 눈의 배치, 말들의 수와 다양성이 경기자에게 승부의 가능성을 제공하며, 매 수마다 바꿔 적용해야 하는 전략을 선택하게 만든다. 알고 있듯이, 소쉬르는 메타포를 중요하게 생각했다. 그것은 우리의 현존과, 우리가 분리될 수 없는 사건들과 상황들에 따른 우리 관계 능력들의 실현이라는 바로 그 이유 때문에 우리가 참가해야 하는 수많은 승부에 상응한다.

그에 대한 일반적인 고찰은 앞에서 언급된 다양한 영역에 속하는 보기들과 분석들에 기대야 할 것이다. 그 가운데 하나, 즉 인간의 기술성의 효과들과 관련된 것을 특별히 다뤄 보기로 하자.

그 효과들은, 사물들에 영향력을 행사하는 수단들을 증가시키는 도구 집합을 이용해서 세계와 관계를 맺어 나갈 수 있는 인간들의 능력의 표명으로 나타난다. 그 수단들은 흐름들을 변경시키고 증가시키며 결집시킨다. 유기적 생명의 유지는 그 흐름에 기초하고 있으며, 동시에 다양한 교환 방식을 통해 인간 관계들을 엮고 사회들을 구조화하는 것의 본질적인 부분 역시 그 흐름에 기초하고 있다. 사실 그 사회들 내에서, 인간들은 소비하기 위해서라기보다는 "재화"나 "가치"의 조절된 순환 속에서 통합되고, 교환하며 의사소통하기 위해 생산하는 것이 분명하다.

이때, 또한 기술적 질서의 체계적 특징을 강조해야 한다. 말하자면 인간 존재를 특징짓는 방식들에 따라 사물들 및 세계와 관계 맺어 가도록 정해진 능력인 기술성이 표현되는 모든 것의 체계적 특징을 강조해야만 한다. 그 체계적 특징(혹은 체계성으로의 경향성)은 기술 발전의 자기 조절과 함께한다. 말하자면 최초로 주어진 것과 같은 "실제적인 것"에 영향을 미치는 효과적인 "수단들"의 점차적인 적정화에 의한 그것의 자기 완성화와 함께한다.

기술 활동에 자연스럽게 결부된 "수단"이라는 용어의 보다 정확한 분석에 의한 우회가 여기서 요구된다. 바라는 결과를 얻기 위해 이용될 "기술 수단들"에 대해 언급할 때는 무엇이 문제인지를 모두 알고 있다. 그러나 그 단어들 뒤에서 너무 쉽게 이해되는 것은 또한 공통적인 어떤 단어에 의해 의미되는 것의 보잘것없는 주변적인 내용일 뿐이다. 우선 그로부터 포착되는 것, 그것은 계획을 실현하고 욕망을 충족시킬 가능성을 제공하는, 그리고 갈망하고 계획하고 원하는 목적과 최초의 사실 상황 사이에 강제된 매개적 역할이다. 수단은, 그것에 속하는 가능성들과 저항들과 함께하는 어떤 최초의 상황과, 효과적 장치들을 이용하는 일련의 조작들에 의해 그에 대한 기대를 조건짓는 어떤 목적 사이에 자리잡는다. 그러므로 수단 — 매체 *médium* — 은 어떤 매개물이며, 최초의 상황들과 원했기에 실현할 어떤 의향의 중간자리 *mi-lieu*[4]에 있는 것이다. 그러나 수단이 항상 중간 자리, 매개적 자리를 연상시킬 때, 그것이 자신의 고유한 위상을 그 사이에서 발견하는 용어들은 지향된 목적과 그것의 실현 도구들로 환원되지 않는다. 그것들은 기계적 인과성의 뒤집힌 강독으로 종종 나타나는 것의 작동 중인 원인과 결과로 환원되지 않는다.

수단들은 그 용어들 사이에 자리잡는 것 역시 결정하고 구조화한다. 우리들 모두는 수단들의 산물을 극단들의 산물과 마찬가지라고 배웠다. 결정적으로 연결시키는 것 *ce qui relie*은 그렇게 기존 관계의 극단들 "사이에서" 이루어지는 것에 형태를 부여하면서 그것이 연결시키는 것 *ce qu'il relie*을 관계 속에 놓는다. 고전적 삼단논법 속에 포함된 세 항의 중간항이 또한 가리키고 있듯이 매체 *médium*,[5] 즉 수단은 매개물이다.

그러나 기술 조작 속에서 활동하는 매개자들은 연산을 허용하는 논리적 기능으로 환원되지 않는다. 그것들의 조작자인 매개는 그때 어떤 동일한 생성의 운동 속에 그렇게 통합된 극단들간의 상호 작용들을 결정할 여지를 갖는다. 기술 수단들은 일련의 자기 고유의 생산을 종결시킬 목적을 부여하는 목적의 실현 조건들의 배치를 결정할 뿐만 아니라, 인간 현존이 세계 속에 자리잡는 방식도 결정한다. 그러한 자리잡기는 그 세계를 소유한다는 차원에서 이루어진다. 세계 소유는 "재료들"에 대한 효과적인 영향이라는 특징 아래에 위치하는 것 같다. 수단의 사용에 의한 목적의 실현 자체는, 인간들 서로가 그 속에서 공존할 뿐만 아니라, 모든 것과 공존하는 세계와 인간들 사이의 관계들의 선행적이지만 개방된 작용 속으로 통합된다.

인간-세계 관계의 양 극단 사이의 관계들의 구조화보다 더 멀리까지 나가야 한다. 용어들 자체는 그들의 존재 양식, 현존 방식, 말하자면 그들의 존재를 지나 나타나는 공존의 구체적 형태들을 그렇게 결정하는 과정에 통합된다. 결국 그것은 인간들, 세계 그리고 그것들의 관계들을 조직하는 매개물들이 형성하는 전체 자체는 하나의 체계의 모습을 띠고 있고, 그 체계의 부분들은 상호 작용과 조절의 망 속에 통합될 때에만 그것들인 바이며, 그 상호 작용과 조절이 최초의 형태 발생의 추진력 속에서 부분들을 연결시킨다고 말하는 것이 된다.

그러나 그것들의 매개적 "자리"에서부터 작동하는 "수단들"의 중요성을 더 잘 포착하기 위해서는 이미 언급했던 것으로 되돌아가야만 한다. 공존의 장에 자리잡은 특별히 인간적인 방식인 한에서 인간 존재는 생물학적 질서의 토대가 되는 상호 작용들과 조절들 밖의 발전에 의해, 즉 다양한 활동들에서부터 객관화된 매개물들의 발전에 의해 특징지워진다. 그 매개물들은 특히 유기적인 생명체와 그것이 속해 있는 자연 세계 사이에 끼여들고 개입한다. 그 매개물들은 그것들이 그로부터 구성되는 것(대상들, 기호들, 상징들)을 구조화하면서 자기 조절적이고 자기 규범적이며 자기 목적적인(혹은 스스로가 자기 기준의 담지자인) 체계들로 조직화되고 안정화되며 발전되려는 경향이 있다. 그것들을 구별하기는 어렵지만, 서로 교차되고, 자율적이면서 상호 의존적인 상징 체계, 제도 체계, 기술 체계의 모습을 취하고 있다. 그것들은 전통들에 의해, 또 기억의 다른 표현들에 의해 "떠받쳐져" 있다. 그때 기억은 구술 및 시각적 흔적에 의해, 그리고 오늘날에는 정보의 무수한 보존·전달 방식들을 통해 전달된다.

그러므로 생물권 속의 살아 있는 다양한 형태를 생산하는 과정들에, 실재로서 주어진 것의 구조화·다양화·차별화가 새롭게 출현하도록 이끄는 것들이 접목된다. 그 실재 속에서는 절대적으로 고립되고 분리 가능한 그 어떤 것도 소위 실재적일 수 없다. 우리가 구별하는 것들, (세계에 그것의 통일성을 제공하는 시공간 연속체의 토대 위에서 그것들에 "속하는" 것과 그것들 "밖에" 머물러 있는 것의 구별로부터 그 차이를 유지하면서) "구별되는" 것들은 바로 "개별성들"이다.

그 맥락의 구조화되고 차별화된 "핵들"은 관계 맺어 나갈 수 있는 새로운 능력들을 나타내고, 그 능력들은 표상에의 접근, 언어적 의사소통, 규범화된 교환의 코드화, 그리고 인간*homo*의 종에서도 가장 나중에 태어난 우리 종 이전부터 인간적 존재 방식과 인간 존재를 구별 지을 수 있게 하는, 에너지와 재료들에 대한 어떤 영향력에 의해 현실화된다. 우리는 적어도 3백만 년 전 이래로 불연속 없이 시작되고 이어진 그 과정의 상속자들이다. 그 과정은 삶의 미지의 생성의 잠재성들을 향해 열리고, 역사라는 가능성의 조건들을 낳으며, 우리 자신의 것인 문화적이거나 개인적인 다양성의 조건들을 낳는다.

인간성과 생명의 유산이 인간 속에서 서로 결합하는 방식들을 탐색하는 것은 틀림없이 흥미로울 것이다. 일반적으로 수용된 생각들과는 달리, 그때 인간성으로의 접근이 이루어지는 것은 보충적 발전에 의해서도, 또 앞선 형태 발생들과 동일선상에 위치한 진화적 진보의 선상에서도 아니라는 것을 강조해야 할 것이다. 오히려 하나의 "형태 획득"에서 다른 것으로의 이행은, 비교 행동학자들에 의해 생명체들과 그 자연 환경 간의 관계들로부터 재발견된 체계성을 신체 조직의 연장 속에서 보장하는 한정과 조절의 약화를 가정한다.

생물학적 정보의 유산으로 축소된 인간은 질서잡히지 않은 태도와 비효율적인 몸짓의 특징과 더불어 살아가고 있거나 살아가게 될지도 모르겠다. 바로 인간을 불확실한 동물로 만드는 것을 무력화시키고 부인하는 것에 새로운 유형의 질서와 효율성이 출현할 필요성과 가능성이 있다. 거기에 이렇게 덧붙여야 할 것이다. 수백만 년 이래 지속된 신체 구조의 진화에 깔려 있는 생물학적 메커니즘들이 위에서 언급한 매개물들과 그 효과의 범위 내에서 중요한 역할을 했음을 모두가 지적하고 있다고 말이다. 장 피브토Jean Piveteau와 자크 모노[6]가 상반된 관점에서 지적했듯이, 호모 사피엔스의 대뇌 피질의 구조화는 도구와 언어의 조건일 뿐만 아니라 그 산물로 생각될 수도 있는 것이다.

그러나 인간 존재의 그러한 계통 발생적 차원이 우리의 목적에서는 본질적이지 않다. 사실 본질적인 것은 인간 현존 양식의 특이성과 동시에 인간 존재와는 다른 것 — 다른 존재들 — 과 그것이 하나의 차별화인 것(그것으로부터 모든 존재 — 원한다면, 존재Être — 가 스스로 결정하면서 현존에 도래한다)과 관련된 이중적 관계 속에 있다. 그러므로 이 이중적 관계는 인간 존재가 더불어 공존하는 존재자들 가운데 그의 특이성을 형성하는 것과 관련되는 것이다. 왜냐하면 그는 자기의 고유한 원리를 자기 속에 가지고 있을 수 있으며, 자신의 세계 내 출현의 기원인 것과 자신의 관계를 자기 속에 가지고 있을 수 있기 때문이다.

인간의 현존 방식의 특이성, 인간 존재의 특이성은 우리인 바(우리가 스스로를 동일시하는 것)와 체계들 사이에서 형성되는 상호 작용들과 반작용들의 독창성에 근거한다. 우리 활동에서 나온 체계들은 우리 주위와 — 만약 언어에 기대지 않고서는 누구도 자기 자신에 준거할 수 없고 자기 자신에 대한 의식을 계발할 수 없는 것이 사실이라면,[7] 더욱이 우리 자신들과 — 우리의 관계들을 매개한다.

그러나 그때, 인간 현존에 형태를 부여하는 상호 작용들의 복잡성은 대립되는 가능한 생성들로 열린다는 사실을 주장해야 한다. 어떤 예정도 어떤 선정先定도 어떤 필연도 우연적 상황들과 불확실한 반응을 야기하는 것 속에서 미리 읽힐 수는 없다. 내적이고 자기 조직적인 추진력, 사건들, 해석들, 선택들을 교차시키는 그같은 현존은 근본적으로 모험적이다. 여기서 모든 차원의 역사성은 역사의 어떤 합리화의 기회를 제공하기에는 너무나 본질적이다. 그것이 회고의 양식을 취하고 있는 것이 아니라면 말이다. 만약 어떤 본래적 "논리"에 속하는 연속들과 발전들이 존재한다면, 국지적 생성들만이 문제가 된다. 그 생성들은 어떤 보편사의 단 하나의 주형을 만드는 일이 위험할 수도 있는 어떤 시대와 연결되어 있다.

틀림없이 그것에는 어떤 예외가 아니라 어떤 한계가 존재한다. 왜냐하면 우리가 우리인 바와 우리가 관계 맺고 있는 것의 연결 부위에 그것들의 특권적인 자리가 있음을 강조한 매개물들 사이에 하나의 매개물이 존재하기 때문이다. 그것의 생성은 그 방식들에서뿐만 아니라 그 방향 설정에서도 대단한 연속성을 나타낸다. 그것도 우리가 일상적으로 역사에 할당하는 것보다 훨씬 더 기나긴 지속 위에서 그러하다. 그때 문제가 되는 것은 기술 수준에 속하는 특징들이다. 그 특징들의 독창성은 르루아-구랑A. Leroi-Gourhan으로 하여금 기술들의 역사가 사회 과학보다는 생명 과학에 속하는 개념성에 귀속된다고 주장하게 만들었다.[8] 기술적 유형들의 엄밀한 친자 관계, 기술 환경이 그에 따라 진보하는 양식, 250만 년 이래의 기술 수단들의 지속적이며 잠재적인 성장, 이 모든 특징들은 인간 몸짓들의 효율성이 그 속에서 증가되는 매개물을 어떤 특이한 과정의 산물이 되도록 몰고 간다. 오늘날, 우리는 그 과정으로부터 불투명성과 중요성을 동시에 헤아려 본다.

의심의 여지없이, 그것은 물질 노동과 방법들에 대한 우리 사유의 경멸 이후에 상황들의 정당한 회귀이다. 생산물을 생산하기 위해 자연적 소여를 변화시킬 수 있는 능력이 바로 그 방법들에 기초한다. 그 경멸은 "로고스," 즉 언어와 합리성에 동시에 바쳐진 연구와 논쟁의 폭에 대비해, 국가의 권력과 제도에 대비해, 그리고 교환과 그 규범들에 대비해 평가된다.

그런데 다양하게 이용되는 담론만큼 기술은 인간-존재라는 존재 양식의 특이성뿐만 아니라, 그 매개로 우리에게 나타나는 것을 드러낸다. 특히, 때때로 당연해 보일지도 모르지만, 그것은 (과학적) 지식의 부산물로 환원될 수도, 혹은 인간 존엄성의 징표인 지성의 무의미한 결과 그 자체로 축소될 수도 없다. 시공간적 통일성 속에서 이해된 기술적 잠재력의 생성 속에 있고, 기술 전체의 발전 방식 속에 있으며, 도구 집합을 구성하는 대상 유형들의 진화 속에 있는 모든 것은, 이해 가능성을 허용하고 그 질서 외적인 요소들 속에서 이유를 발견하는 접근법에 무엇보다도 먼저 의존하고 있는 결과들로 기술 질서를 환원할 수는 없다고 변호한다.

그러나 그때, 우리 이데올로기들에 영향을 끼치는 역사의 어떤 방향에 대한 준거 상실이라는 지평에서 기술은 어떤 자기 규범적 진보의, 이론의 여지없이, 유일한 형태로 살아남는다. 물론 그것을, 때로는 악마 같고 때로는 신의 섭리에 따르는, 어떤 극단적인 실체로 만들어서는 안 되고, 그것 속에서 모든 자연을 초월하는 인간의 천재성의 표현을 보거나, 근대적 의지에 기초하는 어떤 본질이나 타락성의 표현을 보아서도 안 된다. 그러나 우리는 그 속에서 현존하는 것 중에서 우리의 입장과 그것의 관계들 속에서처럼 그 특이성 속에서 그것을 이해하고 재포착해야만 한다.

우리와 세계 사이에서뿐만 아니라, 인간 사회들 자체 속에서 기술이 펼치고 있는 수단들의 잠재력은, 생물권의 안정성을 보장하는 조절들이 작동하는 에너지 및 질량과 동일한 단위로 측정될 수 있게 되었다. 우리는 우리의 힘과 수가 야기시키는 생태학적인 문제들을 해결하지 못했다. 물론 그 문제들은 국지적 차원의(또, 지중해와 그 연안 유역 차원의) 오래된 문제들이다. 하지만 그 생태학적 문제와 관련된 작은 사건들이, 지구 환경의 항구성에 문제를 제기하는 불가역적 과정들의 폭력성과 전 지구화에 의해 갑작스럽게 강조되고 있다.

사람들은 우리가 우리 자신과 우리의 존재 방식, 간단히 말해 우리 존재에 대해 가지고 있는 의식에 대한 이 새로운 관심의 두 가지 결과를 재발견할 수 있을 것이다. 첫번째는 한스 요나스의 책 제목에 따른 『책임의 원칙』[9]에 대한 강조, 보다 일반적으로 말하면 우리의 책임이 개시되는 영역들의 확장(예를 들어, 질소 비료의 사용에 관해서)에 대한 강조와 관련된다. 그리고 그 노선의 테마에 더 직접적으로 연결된, 그 결과들 중 두 번째는 우리의 본성을 자연으로부터 분리시키는 거리의 상대화이다.

일종의 우리의 문명 진단에서 하나의 징후를 강조할 필요가 있겠다. 즉 유인원들의 표상의 징후이다. 그 표상은 아주 오래 전부터 표시의 역할을 해왔다. 달리 말하면 한 시대, 한 사회의 인간들이 자기 자신들에 대해 가지는 의식을 투영시키는 테스트의 구실을 해왔다.[10]*6 그러므로 특히 우리의 심리학 개론서는, 18세기 당시에 해부학적 유사성, 게다가 태도의 유사성에 의해 위협받고 있던,[11] 동물성과 인간성 사이의 간격이 근거하고 있는 원리의 토대와 보증을 추구해 왔다. 그런 후에 그것은 침팬지에게서 실천적 지성의 가정들을 발견하게 될 것이다. 가장 진화한 원숭이와 어린이 사이에 언어와 상징적 사유가 도입해 낸 간격을 강조하기 위해서 말이다. 이때, 어린이는 "말 못하는 어린이in-fans"*7이기를 중지하고 말에 접근했다. 현대의 영화들은 우리를 (실험 심리학의 연구실 안이 아니라) 숲으로 안내할 뿐만 아니라, 결국 그들이 우리와 너무나 비슷하다는 것을 여전히 "확인"하게 한다. 그러니 자칫하다가는 "안개 속의 고릴라들"이 착한 원시인의 근대적 모습이 될 지도 모르겠다.

어떤 새로운 방식으로 무대에 올려진 것은 더 이상 간격이 아니라 근접성이다. 미셸 세르가 『자연 계약』에 헌정했던 책 제목이 보여 주고 있듯이,[12] 그것을 관통해서 재평가되는 것은 우리와 자연의 관계이다. 그러므로 우리는 "공동체"인 것, 다시 말하면 하나의 공통 기초를 전제하는 것으로 되돌려 보내진다. 우리 사유의 지배적 흐름을 구조화하는 큰 대립들 ― 자연과 자유, 자연과 역사, 자연과 문화 ― 은 그것들의 연결에 대한 차이를 고려하는 어떤 연구의 대상이 되기 위해 상대화되었다.

지엽적인 부분은 뛰어넘어, 의심의 여지없이 한 순간이나마 보충적인 관심을 기울일 만한 가치가 있는 것은 여기서 우리인 바, 즉 우리 인간 존재에 내재하는 내적 긴장과 관련된다. 왜냐하면 인간의 인간성이 생물학적 현존에 숨겨져 있는 것으로 환원될 수 없는 형성 방식들에 근거하고 있을 때에도 역시 그것은 생명의 선행적 초석에 우리 존재가 동화될 것을 미리 가정하는 것이기 때문이다. 보다 분명히 말해서, 그것은 그 구성 요소들의 장기간에 걸친 공동 진화의 조건임과 동시에 결과인 조절들의 토대 위에서 생물권의 상대적인 통일성과 항구성을 미리 가정하는 것이다. 우리는 아주 특이한 생성이 이루어지는 동안 지질학 시대들의 느린 리듬으로 자리잡은 균형들로부터 우리의 현존을 분리해서 생각할 수는 없다. 반대 증거들 속에서도 우리는 우주 속에서 그러한 생성의 그 어떤 다른 사례도 알고 있지 못하다. 결국, 그러한 균형들은 사이버네틱스의 용어로 부정적 반응이라 부르는 것에 근거한다. 그 부정적 반응이란 결과들이 순환들을 통해 그것들의 고유한 생산 조건들에 가하는 통제에 의해 설명된다. 그 순환들은 기준적 가치에서 평가된 간격들의 수정을 보장한다. 그러므로 고려된 체계의 내적 과정들은 전체에 영향을 끼치는 동요들을 넘어 그것의 안정성을 보장하는 기준적 가치들에 "종속되어" 있다. 하지만 "변형들"을 이해하는 데 있어 중요한, 영원한 내적 조정들 자체가 생산하는 느린 표류는 전혀 배제하지 않는다. 그러한 변형들에 의해 새로운 형태들이 태어나고 안정화된다.

인간의 기술성은 처음부터 세계에 효과적인 영향을 끼치면서 어떤 소유(스스로 적합하게 되는 행위)의 대상이 되는 것을 추출하고 변형하는 수단들을 추구해 왔다. 추출과 변형은 자연적 집합들의 몇 가지 구성 요소들을 최초로 채취하는 결과를 낳는다. 즉 "재료" ― "경작"의 대상으로서의 땅을 포함하여 ― 란 물리 · 생물학적 체계들 속에 다소 느슨하게 통합된 요소들에 대한 그같은 채취로부터 결과한 것이다.

200만 년 이상의 세월을 거치면서, 기술의 느리고 점차적인 잠재적 성장은 가속화되었고, 도구 집합의 사용 결과들을 재료로 삼고 생산물로 생산할 수 있는 그것의 증가하는 다양화 또한 가속화되었다. 그 이후, 사물들의 일반적 배열에 대한 인간 사회들의 개입 능력은 지구 환경을 기초짓는 상호 작용과 관련지어 보았을 때 무시할 수 없게 되었다.

또 그것은, 우리가 인간 존재와의 관계를 살펴보았던 사물들과 흐름들의 새로운 형태 부여information 및 형태 획득 방식의 출현에 기초해서 결과의 극대화를 지향하는 것이야말로 적극적 반응들이라고 말하는 것이기도 하다. 원인들을 향한 결과들의 "작용적 회귀"로부터 조건들을 강화시키는 그 반응들은 자기 보존적이고 자기 가속적이며, 그렇기에 어떤 내적 추진력의 토대 위에서 증폭된 나선형의 발전을 낳는다.

그 모든 것은, 생명의 질서와 강제들과 관련해 외재화된 형태 부여 과정의 원천이자 산물인 한에서 우리 자신인 바와 관련되어 있다. 또 그것은 ─ 적어도 신석기 시대의 정착 이래 국지적으로 회복할 수 없는 ─ 자연 환경의 변화들이, 적어도 전 인류가 예기치 못한 사건의 산물이라고 생각하지 않는 한, 결코 어떤 우연이나 역사적으로 예기치 못한 사건의 결과가 아님을 말하는 것이다. 그것은 우리가 묘사한 현존 방식들을 통해서 그것을 표현하는 한 우리의 고유한 "본질"에 속한다. 그것은 또한 "자연의 주인이자 소유주"로[13] 성장하도록 우리를 이끄는, 데카르트에서 클로드-앙리 드 생-시몽을 거쳐 에른스트 블로흐[14]*8에 이르는 진보 이데올로기들이 충분히 이해했던 바이기도 하다. 생-시몽은 "가능한 한 인간 종에 가장 유리하게 자연을 변화시키기 위해 그것에 영향을 미치는 데 관심을 갖고, 인간들이 사물들에 대한 일반적 작용에 의지하도록 결심시키기 위해서만 그들에게 작용을 가하도록 지향하는"[15] 목적을 인류에게 부여했다. "인간들에게 명령하고자 하는 욕망은 우리 마음대로 자연을 만들고 파괴시키려는 욕망 속에서 조금씩 변화되었다. 모든 인간에게 내재하는 지배하려는 욕망은 그때부터 해롭지 않게 되었거나 적어도 그것이 해롭지 않게 될 시대, 그것이 유용하게 될 시대를 알아볼 수 있게 되었다."

아무튼, 이미 말했던 것처럼, 우리는 생태계의 질서로서의 생물권의 거대 균형들에 의존하고 있다. 그때 어떤 내적 긴장, 즉 보존의 명령과 변형을 함축하는 발전의 추진력 사이에 놓인 긴장이 우리 자신의 존재 속에 새겨져 있을 수 있다. 특정 경향을 갖는 그 이원론은 그 속에 위험뿐만 아니라 위대함 역시 가지고 있으며, 다양한 결과들을 낳을 모험의 관점에서, 기획 가능한 시나리오들*Scenarii*[9]의 노출이 분명해지는 자각 및 제도적 심급들의 역할, 집단적 논쟁, 그리고 원하는 목적들과 받아들일 수 없는 것의 거부에 대해 자발적 추진력을 종속시키는 선택들과 규제적 메커니즘들의 결정을 포함하고 있다.

그런데 인간 현존 양식 ― 인간 존재 ― 에 대한 우리의 탐구가 두 방향 속에서 전개될 수 있음을 강조하면서 언급했던 질문의 마지막 축이 아직 남아 있다. 위에서 탐색한 첫번째는 다른 유형의 존재자들과 더불어 인간들이 맺고 있는 관계와 관련되고, 그것은 그들이 함께 공존하는 모든 것과 관련된 그들의 존재 방식의 특이성과 독창성을 나타낸다. 게다가 그때 우리의 관심을 사로잡았음이 분명한 것은 바로 공존의, 특히 인간적인 형태들이었다. 그 차원들의 두 번째는 우리와 다른 것과의 우리의 관계들로 더 이상 열리는 것이 아니라, 우리의 결정들과 더불어 우리가 그로부터 나타나는 것으로 열리는 것이다. 달리 말해서, 그것은 우리가 차별화된 존재로서, 즉 우리가 구별하고 재인식하는 모든 존재에 공통적인 토대 위에서 결정된 차별화로서 그로부터 오는 것과 관련되어 있다. 인간에 대한 모든 질문을 위해서 결코 회피할 수 없는 이 두 방향들은 여기서 스피노자에 의한 능산적 자연*la natura naturans*과 소산적 자연*la natura naturata*의 구별과 관련하여 의미를 갖는다.

우리는 여기서 한정할 수 없기에 말할 수 없는 토대를 향한 모든 현존의 방향 전환에 만족한다. 그 토대에서부터, 한편으로는 자연의 공통 질서에 통합되어 있는 존재들이 형태를 갖게 된다. 스피노자는 그

존재들을 하나이고 유일한 실체에 영향을 주는 양태로 소개했다. 실체
는 오성이 본질들의 무한성에 의해서만 그 실체를 이해하기 때문에
포착될 수 없다. 그것은 본질들 속에서만 표현되고, 따라서 각각의 본
질 자체는 무한한 속성이다. 그때 실체를 통해 양태들은 현존, 즉 차별
화에 도달한다. 사유하기 어려운 그 차별화의 통일성은 어떤 신체론,
더 정확히 말하면 구성된 신체들 — 하나의 "고유한 본성"을 가질 유
일자들 — 의 이론에서 도입된 개별자 자체의 정의를 낳는다. 그 존재
론의 적합성이 어떠하건 간에 세 가지 대립들을 이끌어 내기 위해 스
피노자가 우리에게 제안하는 강독에 기댈 것인지 말 것인지는 전적으
로 우리에게 달려 있다. 그리고 그 세 가지 대립들을 이용해서 우리는
스피노자의 맥락과는 너무도 다른 어떤 맥락 속에서 제기된 한 의문
에 대한 답을 분명하게 제공할 수 있다.

그중 첫번째 대립은 형태들 자체의 형성 및 구조화 등급들이 연쇄
되는 시간적 차원과의 대면에 있다. 그 구조화는 관계들과 한정들의
지속적인 장 속에서 차별화된 개별성들의 조직화에 도달한다. 스피노
자는 자기 대상에 별로 부합하지 않는 기계적 모델에서 출발해서 개
별자의 이름 아래 그 차별화된 개별성들의 이유를 설명하려고 애쓴다.
우리는 형태에서 인식해야 하는 중요성을 알고 있다. 형태 속에 요소
들의 다양성이 포착되고, 형태와 더불어 어떤 존재의 현존을 결정하는
관계 능력들이 출현한다. 형태들의 탄생을 사유하는 것이 우리 시대의
중요한 논쟁들을 불러일으킨다. 하지만 기하학적 모델에서 영감을 받
는 어떤 사유는 그 논쟁들을 알지 못한다. 기하학적 모델에 의하면, 이
성의 명령에 의해 구상된 것은 영원의 상 아래에서 사유된다.

구성된 개별자들이 생성되는 그 시간적 차원에 대한 고려는 우리를
『윤리학』과 관련해 간격이 있는 두 번째 관점으로 이끌고 간다. 만약
그『윤리학』이 실체가 무한한 양태 속에서 무한한 사물들을 더불어 생

산하는 필연성의 영향 하에서 현실적인 것과 가능한 것의 차이를 배제한다면, 우리는 새로운 구조들의 출현과 조건들이 담지하고 있는 잠재성들의 지평 사이에 패인 간격에 더 예민해질 것이다. 예측 가능성은 연기되어 있을 뿐만 아니라, 존재할 수도 있었을 모든 것 가운데 실현된 조합의 선택에 우연을 도입함으로써 본질적으로 불확실성에 감염되어 있다. 여기서는 자크 모노가 데모크리토스에게 경의를 표한 『우연과 필연』[16]보다는 자콥F. Jacob의 『가능성들의 작동』을 더 생각해야 할 것이다.

거기에 대립의 세 번째 범위가 더해진다. 그 대립의 토대를 분명히 하고, 그것의 심층적인 결과들을 고려해야 할 것이다. 그 세 번째 범위에서는 우리가 이해할 수 있는 모델 속에서 사건이 대거 발생한다. 사건 가능성은 어떤 사유 앞에서 그것의 권리를 되찾는다. 그 사유는 어떤 생성이 이루어지는 동안 무질서와 형태 부여의 작동들과 대치하고 있다. 그 생성은 전제들과 결론들이 서로 연쇄되어 있는 연역 가능성과 필연성의 다양한 형태뿐만 아니라, 미리 목적이 주어진 과정 속의 모순들과 타자성들의 추월의 다양한 형태까지도 회피한다.

그러므로 스피노자를 강독한다는 것은 외관상 그것에 가장 낯선 것을 마주 대해야 한다는 것이다. 어떤 시대에는 우연이 실재적인 것이나 현실화 과정에 힘을 재투자했을 것이다. 그리고 그 현실화 과정을 통해 자신의 통일성을 잃지 않고, 오히려 모든 한정을 넘어 존재하는 것이 차별화된다.

개별적 핵 생성, 다양한 형태의 상호 작용들의 중심을 생산하는 그 차별화 가운데서, 인간들은 그들이 의존하고 있는 것과 그들을 결합시키는 공동체, 그 속에서 그들이 힘을 펼치는 그 공동체를 파괴하지 않으면서 자신들에게 적합한 존재 방식을 표현한다. 그들은 양립 불가능한 가능성들로 열린 모험에 참가해, 서로 그것들을 재현할 수 있고 서로 그것들을 의사소통할 수 있으며 그들이 받아들일 준비가 되어 있고 거부하기로 결정한 것과 더불어 그것들에 직면할 수 있는, 물론 제한된 능력을 이용한다. 가능성들의 재현은 경쟁하는 선택들 사이에서 어느 순간 우뚝 솟아오른 선택에 선행하는 조건이라기보다는, 도래할 기회들이 처음으로 영향을 받는 기회들을 수정하기 위해 어떤 활동의 지속성을 약속하는 거리두기와 돌출시키기의 노력의 산물이다. 그것은 자유의 인간적인 의미의 원리에 속한다.

여기서 사물들과의 특별한 관계 방식, 타인들과의 특별한 관계 방식, 자기 자신과의 특별한 관계 방식의 위상과 기능에 대해 다시 질문해야 할 것이다. 또 자연의 은총이 제공한 빛이라기보다는 그 제국을 발전시키려는 노력의 표적, 즉 의식이라는 그들 현존의 궁극적인 조건과의 특별한 관계 방식의 위상과 기능에 대해 다시 질문해야 할 것이다. 자신의 독자에게 이렇게 호소했던 이의 틀림없이 변질된, 어쩌면 정도正道를 벗어나 있는, 하지만 다시 취해진 것이 분명한 교훈이 바로 그것이다. "자신의 본성이 자기에게 그것을 허용하고, 자신을 그것으로 인도하는 한, 어린 시절의 신체를 다양한 능력들이 주어진 다른 신체로, 즉 자기, 신 그리고 사물들에 대해 충분히 인식하고 있는 어떤 정신과 연결된 다른 신체로 변화되도록 하라."[17]

주

1) "어떤 물체들이 서로 기대고 있도록 강요될 때, 혹은 그것들이 서로 운동한다면 어떤 관계에 따라 그 운동을 서로 전달하도록 강요될 때, 우리는 그 물체들이 서로 결합되어 있다고 말하고, 모두 함께 단 하나의 물체, 즉 물체들의 결합에

의해 다른 것들로부터 구별되는 하나의 개별자un individu를 구성한다고 말한다"(스피노자, 『기하학적 질서에 따라 증명된 윤리학』, 제2부, R. Misrahi 번역, Paris; PUF, 1990). 그 개별자들은 "그 형태에 있어 아무런 변화도 없이 본성을 보존"하고 있는 것으로 언급된다. 개별자가 그 결합 속에서 통합하고 있는 물체들 사이의 관계들이 항상적인 한에서 말이다. 그리고 그것은 개별자가 다른 물체들과 그 구성 요소들의 교환을 통해 "재생된régénéré" 것으로 보일 때도 마찬가지이다.

2) 유전자 변이형allèle의 특징이라는 관점에서 한 개체의 유전자 전체를 말한다 — 옮긴이.

3) 유전자형의 표현과 환경의 영향으로 결과되는, 세포나 유기체의 외적(형태적, 화학적) 특질들 전체를 말한다 — 옮긴이.

4) 저자는 중간, 한가운데라는 의미를 가지고 있는 단어 'milieu'를, 중간이라는 의미의 'mi'와 자리라는 의미의 'lieu'가 결합되어 형성된 복합명사로 표현하여 그 단어의 기원을 보여 주고 있다 — 옮긴이.

5) médium은 논리학 용어로서 매개념媒槪念의 의미도 있다 — 옮긴이.

6) J. Piveteau, 『최초의 척추동물에서 인간까지 *Des premiers vertébrés à l'homme*』, Paris, Albin Michel, 1963, p. 196, et Jacques Monod, 『우연과 필연』, Paris, Seuil, 1970, p. 144 sq.

7) "바로 언어 속에서, 또 언어에 의해서 인간은 주체로 구성된다. 현실에, 존재의 현실인 자기 현실에 기초하고 있는 유일한 언어인 에고*ego*의 개념… 사람들이 스스로 바라듯이, 그 주체성을 현상학이나 심리학 속에 위치시키는데, 우리는 그것이 언어의 한 근본적인 속성이 존재 속에 출현한 것에 불과하다고 주장한다. 에고를 말하는 에고는 존재한다. 우리는 거기서 '인칭personne'의 언어학적 위상에 의해 한정되는 주체성의 토대를 발견한다… 언어는 각 화자가 자신의 담론 속에서 자기 자신을 나*je*로 가리키면서 **주체로서의** 태도를 취한다는 이유에서만 가능하다. 그러한 사실에서 나는 어떤 다른 인칭, 그것이 아무리 **자아** 밖에 있다고

할지라도, 내가 너*tu*라고 말하고 내게 너라고 말하는 어떤 반향이 되는 인칭을 가정하고 있다[…] 주체성의 토대는 언어 속에 있다"(Émile Benveniste, 『일반 언어학의 문제들*Problèmes de linguistique générale*』, t. I, Paris, Gallimard, 1968, p. 259).

8) "인간에게 있어 기술적 노력의 연속은 테크놀러지를 하나의 분과 학문으로 만드는데, 그 분과에서는 민족학의 공통 가치들이 단지 부분적으로만 적용될 수 있다. 테크놀러지의 현실적 인척 관계를 찾고자 한다면, 고생물학을 향해, 넓은 의미에서는 생물학을 향해 방향을 잡아야 한다. 매 순간, 기술적 요소들이 살아 있는 유기체들의 방식으로 이어지고 조직됨을 느낄 수 있을 것이다"(André Leroi-Gourhan, 『환경과 기술들*Milieu et techniques*』, Paris, Albin Michel, 1945, p. 472).

9) Hans Jonas, 『책임의 원칙. 기술 문명을 위한 한 윤리학*Le principe responsabilité. Une éthique pour la civilisation technologique*』, Paris, Éd. du Cerf, trad. Jean Greish, 1990.

10) 참고. Franck Tinland, 『야만인*L'homme sauvage: homo ferus et homo sylvestris*』, Paris, Payot, 1968.

11) "만약 인간 본성에서 동물 본성으로 내려갈 수 있는 어떤 정도가 존재한다면, 만약 그 본성의 본질이 전적으로 그 신체 형태 속에 있고 그 조직화에 의존한다면, 그 원숭이는 어떤 동물보다도 인간과 더 유사한 채로 있을 것이다. 즉 존재들의 두 번째 서열에 자리잡고 있는 그것은 비록 첫번째로 명령하지는 않을지라도, 적어도 다른 것들에게 자신의 우월성을 느끼게 하려고 할 것이고 복종하지 않으려고 애쓸 것이다." 다행히도 어떤 다른 점, 신체적 유사성이 부각시키는 차이가 존재한다. "그러므로 호텐토트 족과 원숭이 사이에는 유사성이 존재하지만, 그것들을 가르는 간격은 엄청나다. 그 이유는 그것이 내부는 사유로, 외부는 말로 채워져 있다는 점에 있다"(Buffon, Nomenclature des singes, in 『일반적이고 특수한 자연사*Histoire naturelle générale et particulière*』, Paris, Imprimerie

royale, 1749-1767, vol. XIV, p. 70 et 32). 그것에 라트레이여P.-A. Latreille는 소니니Sonnini에 의해 수정된 판본에 이렇게 덧붙인다(Paris, Dufort, an VII). "우리는 우선 우리 종의 경쟁자를 짐승 가운데 발견하리라고 생각했다. 그러나 우리 자신 속에 다시 들어갈 때, 그런 생각은 즉시 사라졌고, 우리는 원숭이가 […] 인간 형태의 가면만을 가지고 있을 뿐이며, 단지 인간의 물질적 형태만을 가지고 있음을 재인식했다. 신의 입김을 우리에게 불어넣어 주시고 우리에게만 자신의 성스러운 지성의 작은 조각을 부여해 주신 그 지고지상의 존재 앞에 무한한 감사와 더불어 우리는 무릎을 꿇었다"(t. 35, p. 153).

12) Michel Serre, 『자연 계약 *Le contrat naturel*』, Paris, Ed. F. Bourin, 1990.

13) "학교에서 가르치는 사변적인 철학 대신에 사람들은 그것의 적용을 발견할 수 있다. 우리는 그 적용에 의해, 우리 장인들의 다양한 직업들을 알고 있는 것만큼 분명하게 알고 있는, 불, 물, 공기, 별들, 천체 그리고 다른 모든 사물의 힘과 작용을 인식하면서 그것들을 적합한 모든 용도와 같은 방식으로 이용할 수 있기에, 우리를 자연의 주인이자 소유주로 만들 수 있을 것이다"(René Descartes, 『방법서설 *Discours de la méthode*』, 6ᵉ partie, 1637).

14) "틀림없이, 인공 비료와 인공 조명이 지체 없이 등장할 것이다. 아마도 그것들은, 손의 오목한 곳에서 자라는 밀, 즉 밀밭의 종합적인 한계 개념에까지 이르게 될 것이며, 유일무이한 '반反데메테르주의 운동'의 지나침으로 말미암아 땅에서 천 배나 더 많은 과일을 생산하게 하는 방향 속으로 이미 제대로 들어서 있을 것이다. 요컨대 기술 자체는 자연에 의한 최초의 재료들의 지역적으로 한정된 느린 가공으로부터 독립성을 획득할 준비가 되어 있고, 이미 거의 그럴 능력을 갖추고 있을 것이다[…] 주어진 자연의 어떤 초자연화의 시대는 그때 끝났다"(Ernst Bloch, 『희망의 원리 *Das Prinzip Hoffnung*』, Suhrkamp, 1959, p. 1055. Cité d'après H. Jonas, Op. cit., p. 246).

그 "주어진 자연의 초자연화"에 에티엔느 볼프Etienne Wolff의 프랑스 아카데미 입회를 기념하는 인사 연설에서 장 로스탕Jean Rostand이 말했던 "주어진 인간성의 초인간화"를 덧붙일 수 있을 것이다. "결국 나는 생물이 인간보다 우월한 존재의 탄생을 기획할 때도 여전히 그것이 희망을 담지하고 있는 것처럼 보인다고 내가 고백해야 할 것인가? 당신이 과학의 미래학의 분야에서 아무리 신중하다고 해도, 당신은 호모 사피엔스보다 더 나은 것을 창조하려는, 어떤 진화하는 기형을 생성하려는 꿈은 미친 짓일 뿐임을 고백하고 있다[…] 당신은 몇몇 분비물들, 특히 파충류의 독이 신경조직의 증식을 자극하는 속성을 가지고 있다는 것을 상기시켰다. 두뇌가 형성되는 동안 뇌세포들의 보충적인 분할을 이러저러한 방식으로 획득한다는 것도 상기시켰다. 아마도 지적 능력들의 고양은 뉴런 수의 증가에 상응할 것이다.

만약 그같은 야심이 완전히 정신나간 짓이 아니라면 우리가 어떻게 우리 자신의 것에 그런 짓을 하지 않을 수 있겠는가? … 우리에게 새로운 사유 방식을 열어 보이면서, 우리 이마를 헛되이 쥐어박고 있는 문제들을 해결해 주고 우리가 인식할 수 없는 것에 대해서는 우리에게 그것을 해결할 수단을 제공해 줄 그러한 호모 사피엔스를 어떻게 조금도 꿈꾸지 않을 수 있겠는가?"

15) Claude-Henri de Saint-Simon, *L'organisateur*, in *Œuvres*, t. 2, Paris, Anthropos, p. 120.

16) "우주 속에 존재하는 모든 것은 우연과 필연의 산물이다"(『우연과 필연』의 첫 머리에 인용한 데모크리토스의 말).

17) Spinoza, 『윤리학』, 5^{e} partie, Prop. 39, Scolie. 이것은 제2부 명제 13의 비평적 주석 아래 분명해진다. "신체가 다른 것들과 관련해서 더 많은 수의 작용을 받거나 겪으면 겪을수록, 그 신체의 정신은 다른 것들과 관련해서 훨씬 더 많은 수의 대상들을 동시에 지각할 수 있다. 그리고 어떤 신체의 작용이 자기 자신에게만 의존할수록 다른 신체들은 전자의 작용에 덜 의존하고, 그 신체의 정신은 모든 것을 더 분명하게 이해할 수 있다"(trad. Robert Misrahi, Paris, PUF, 1990).

보주

*1. 다양한 형태의 주고받기는 곧 다양한 성격의 교환과 관계된다. 즉 재화, 서비스, 명예의 표시의 교환이 그것에 해당될 수 있다. 게다가, 결혼에 의한 가족 관계를 통합하는 교환도 포함될 수 있다. 교환의 상호성은 주로 불문법에 상응하는 관계와 의무를 발생시킨다. 이 의무는 다소 암묵적으로 계약된 부채의 형태로 나타나며, 의무의 이행은 받았을 때 되갚아야만 하는 것에서 해방되는 과정이다. 이 다양한 형태의 교환에 비할 때, 경제적 교환은 빈약하고 일차원적이다. 이것은 모두 마르셀 모스Marcel Mauss의 '증여의 경제학'과 레비-스트로스의 친족 관계의 기본 구조들에서 영감을 받았다.

*2 '도구 집합l'outillage'은 도구들outiles의 집합 명사이다. 여기서 도구 집합을 도구들의 단순한 모음으로 생각해서는 안 된다. 그것은 어떤 체계를 형성하는데, 그 체계의 모든 요소들이 서로를 조건짓기 때문에 집합은 그 요소들 각각의 가능성의 조건이 된다. 기술성technicité은 인간 존재의 어떤 능력을 가리키는 것으로, 기술은 그 능력의 이용에서 결과된다. 기술성은 인간 존재의 특징이라고 생각할 수 있으며, 기술적인 것은 장소와 시대에 따라 다양한 형태를 띤다. 그러므로 기술성은 모든 기술적 실천에 의해 가정된 공동의 지평이다.

*3. 'art'는 생산하는 활동을 가리키는 것으로, 'artifice'는 생산물을 가리키는 것으로 이해할 수 있다. 그런 점에서 'art'는 'artifice'를 생산한다고 할 수 있다.

*4. 일반적으로 코드code란 서로 긴밀히 결합되어 있는 규칙들règles의 집합의 통일성을 가리킨다. 그래서 각각의 개별적 규칙은 규칙들의 집합 속에 위치할 때만 이해될 수 있다. 집합은 관계에 기초해서 형성되고, 그 관계를 통해 규칙들은 서로 한정된다.

규범normes은 목적론적 특징을 가진 원리이다. 원리는 조직화를 지배하고, 규칙을 따라야 하는 자들에게 공통되는 지표들을 구성한다.

*5. 매개물들은 그것들이 관계 맺게 할 때의 관계를 조직한다. 관계 맺기는 도

구, 말을 사용하거나 교환의 작용 속으로 들어가는 자들이 추구하는 목적들의 범위 내에서 이루어진다. 그 목적들은 강제하는 조건들을 존중할 때에만 실현될 수 있다. 원하는 결과를 얻으려면 그같은 강제들, 즉 재료들의 저항, 문법이나 구문 규칙, 교환의 상호성 안에서의 균형 등을 고려해야 한다. 강제를 고려할 때에만 매개물을 사용하는 행위들이 효과적이기 때문에 그것은 필수적이다. 즉 그때에만 매개물들이 '실제적operationnelles'이기 때문이다. 예를 들어 대장장이는 망치와 못을 '실제적으로' 이용하기 위해 적당한 온도에서 철물을 다루어야 하는 것이다.

*6. 본문 주에 대한 보충. 호모 페루스homo ferus와 호모 실베스트리스homo syvestris라는 용어는 다양한 저자들에 의해 다시 취해져 왔는데, 그중에서도 자연주의자인 린네가 가장 체계적이었다. 그는 동물들에 대해 보편적인 주장을 담은 최초의 분류를 시도했다. 당시, 동물성과 인간성의 경계는 잘 인식되지 못했으며, 특히 큰 원숭이와 관련된 지식들은 아주 모호하고 뒤죽박죽이었다. 그 지식들은 신화나, 지역적 전통들을 여기저기에서 수집했던 항해자들의 환상적인 이야기에 근거하고 있었다. 그러한 맥락에서 호모 페루스란 늑대-아이 또는 숲에서 발견된 야만인 아이를 가리킨다. 즉 말을 하지 못하고, 심히 비정상적 태도를 보이는 것이 특징이다. 호모 실베스트리스(숲의 인간)는 아시아와 아프리카에 사는 세 종류의 유인원(침팬지, 고릴라, 오랑우탄)을 모호하게 가리키고 있다.

*7. 'infans'는 라틴어로 '어린이'를 의미하지만, 여기서는 아직 언어를 가지고 있지 못한 자, 즉 말을 하지 못하는 자를 의미한다. 일반적으로는 '어린이'를 표현할 때 'puer'라는 단어를 사용한다.

*8. 본문 주의 '반-데메테르주의 운동'에 대한 보충 설명. 데메테르는 자연의 풍요의 여신, 대지의 여신으로서 계절의 변화를 통해 싹을 키우고, 영글게 한다. 여기서 '반anti'이라는 접두어는 자연의 강제로부터 해방되고자 하는 인간의 의지를 의미하며, 수확과 관련된 불확실성을 포함하고 있는 자연 현상을 인위적 과정으로 대체하는 것을 의미한다.

*9. 'scenarii'는 '시나리오'의 복수형에 해당하는 이탈리아어이다. 그것은 다소 다양한 방향들과 관련되어 있는데, 그 방향 속에서 요소들 가운데 하나 혹은 몇몇의 변화에 따른 그 요소들 전체의 변화를 구상할 수 있다. 이 방법은 전략 분석 도구로서의 컴퓨터 시뮬레이션의 가능성들로부터 체계적으로 발전되었다.

3

기술과 그 "수단들"

La technique et ses "moyens"

　외관상 우리 기술보다, 아니 오히려 우리를 에워싸고 있는 기술적 "대상들"의 다수성이 기술에서부터 드러내 보여 주는 것보다 우리에게 더 친숙한 것은 없다. 물론 그 친숙함은 그러한 기술 사용이 근거하고 있는 메커니즘이나 과정에 대한 무지와 함께하는 것이다. 우리의 전자 레인지, 텔레비전, 전화기 그리고 그 전산망에의 접속, 이웃 기업의 콘크리트로 둘러싸인 중앙 처리 장치, 우리 구좌의 명세서를 순식간에, 아니 거의 순식간에 기록하는 은행의 컴퓨터에, 훨씬 더 친숙한 우리의 칼과 포크, 만년필, 손목시계 그리고 신발끈까지 더해진다. 그것들은 우리 기술의 산물로서, 또 우리가 마음대로 사용할 수 있는 기술 수단들로서 우리 주변에, 바로 거기에 존재한다.

　그 수단들이 최선의 원천일 뿐만 아니라 최악의 원천일 수도 있다는, 일상적인 판단을 넘어서는 심오한 사색의 재료가 거기에 있을 것 같지는 않다. 그것들은 스스로 움직일 힘은 없지만 우리의 의도와 계획에 도움을 주기에 적합한 그것들 자체로, 우리가 기대하는 결과를 위한 사용의 합당성 때문에 혹은 추구된 목적들의 가치에 준거하여 평가될 수 있다. 그러므로 다소 고효율적이면서 효과적인 기술적 장치들이 존재한다. 기술자들의 능력도나 기술적 대상들의 신뢰도가 아니라 사용자들을 주관하는 의지의 방향 설정을 기준으로 삼는, 동일한 수단들의 좋은 사용들과 잘못된 사용들을 구별하도록 이끄는, 사용자에게 적합한 이용들이 존재하듯이 말이다.

기술의 엄폐

사실 우리 사유의 역사가 이루어지는 동안, 기술 생산이 호기심을 일깨우거나 인간의 천재성의 찬양을 야기할지라도, 그에 대립되는 것의 특이성 — 아주 빈번하게는 가치 — 을 강조하기 위해서가 아니면 기술 그 자체는 거의 언급되지 않았다. 무사심한 인식, 즉 에피스테메 *épistémé*는 테크네*techné*와 구별된다. 자연은 인간들의 인위적 수단 artifice에 의해 생산된 것에 대립된다. 노래나 춤처럼 자체로서 그것의 완성을 발견하는 것은, 가치가 자신과는 다른 것 속에 있는 수단일 뿐인 것에 맞서 있다. 그러한 수단일 뿐인 것은 행위 자체와는 다른 결과를 획득하기 위해 이루어진다. 플라톤의 경우, 기술이 그것에 맞서 있는 것에 비해 때때로 "좋은 쪽"에 있음을 바로 덧붙일 수 있겠다. 그러므로 기술인l'homme de l'Art인『고르기아스』에 의하면,.환자의 참된 선을 위해 무엇을 해야 하는지 알고 있는 의사는, 다가가는 아이들의 입맛에 아첨할 뿐 그들의 건강에는 별다른 관심이 없는 과자 제조업자와 대립된다. 그 대립 자체는 정치적인 참된 기술Art의 소유자인 철학자와 웅변가의 관계에 대한 메타포이다. 그가 소피스트 학파에게서 얻은 말솜씨는 사기일 따름이다. 참된 기술은 참된 유용성을 목적으로 하며, 따라서 그것이 도움을 주는 자들의 선을 목적으로 하기 때문이다. 『국가』에서도, 이상적인 침대에 부합하는 침대를 만드는 목수의 기술Art이나, 감각계에서 이데아의 반영을 투영하는 목공일과는 달리, 그가 모방하는 대상의 거짓된 외관에 기초한 현전의 허상을 제공하는 예술가가 그러한 점을 유사하게 보여 주고 있다. 그러나 같은 책에서 같은 사람인 플라톤은 재료를 가공하기 위해 도구를 사용하는 일에 수고롭게 얽매여 있는 인간에 대해 언급하면서, 자신의 대화자들에게 그렇게 비루한 일들에 종사하고 있는 사람과 그들의 딸을 기꺼이 결혼시킬 것인지를 묻고 있다.

그와 같은 이야기에는 사회적이고 문화적인 이유들이 존재한다. 그러나 그 흔적은 지워지지 않고 있다. 우리의 말에서도 그것이 나타난다. 왜냐하면 우리 각자는, 우아한 영혼에 그다지 어울려 보이지 않는 것에 대립하는 자유직과 자유 예술이 무엇인지를 알고 있기 때문이다. 경우에 따라서는 바람과는 반대로, 또 수많은 정부의 노력에도 불구하고 우리 기술 교육의 상대적인 비하는, 도구 조작을 통해 실현되며 기술적 능력을 요구하는, 재료에 대한 노동과 결부되어 있는 오랜 불신을 연장하고 있다.

만일 그것에 다른 결론들이 없다면, 기나긴 역사를 가리키는 그러한 의미들을 떠올리는 것은 무용할 것이다. 그 다른 결론들의 첫번째는, 우리가 ─ 뒤로 한 발 물러나 우리의 상황을 사유하기 위해 ─ 지식이나 자유에 대해 상속받은 지표를 발견하듯이, 수세기의 논쟁에서 상속받은 지표들의 부재이다. 그 상황은 우리가 무한히 다양하게 이용하는 힘인 한에서의 기술의 중요성에 의해 특징지워진다. 우리의 일상적 삶의 대부분에서 가장 구경거리가 될 만하지만, 또한 가장 일상적인 형태들 속에서 우리가 그것을 거의 의식하지 못하고 있을 때조차 말이다.

그 힘은 우리의 개입 수단과 변형 수단의 갑작스러운 확장의 결과이다. 그 수단들은 상호 작용에 의해 미세한 것과 광대한 것 사이에서 우리가 "실재"에 대면할 수 있는 모든 차원에서 우리를 행동하도록 만든다. 그러한 상호 작용은, 값이 전자-볼트의 용어로 표현될 수 있는 단계들에서 적합한 단위가 수천 메가와트 급에 속하는 단계들까지 동원할 수 있는 에너지를 이용한다. 경우에 따라, 수천 메가와트가 요구되는 것은, 질료의 가장 미세한 구조들에 영향을 미치거나 그 내적 관계들을 드러내기 위해서이다.

우리의 개입 수단과 변형 수단의 잠재적 성장에 속하는 효과들에도 불구하고, 우리에게는 고려할 만한 가치가 있는 것의 부속물 수준에서 기술을 다루는 습관이 있다. 우리가 테크놀러지 발전의 진지한 이유를 특히 물리학이나 생물학에서의 "근본적" 지식들의 완성이나, 생산성의 이익뿐만 아니라 그로부터 결과하는 고용의 동요와 함께 생산에 영향을 끼치는 혁신과 관계가 있는 경제 과정에서 찾으려 할 때 그렇다. 이론적 경험들의 적용으로 환원되고, 경제적 맥락에 의해 추진되거나 조절되는 기술은 그때 진정한 특이성을 갖고 있지 못하다. 기술을 이해하는 것은 메커니즘을 포착하는 것으로 귀결된다. 그 메커니즘은 기술을 돌출시키고 그것을 틀에 넣으며, 그것에 "가치"를 부여하는 조건들에 기술을 연결시킨다. 하지만 물론 기술을 이해한다는 것이 의존적이지 않고 자율적인 질서로 그것을 이해하는 것으로 귀결되지는 않는다. 이 경우, 기술은 과학 지식의 형성이나 경제적인 조절을 주관하는 특징들로 환원될 수 없는 (특히 역동적인) 특징들을 가지고 있는 어떤 전체의 운동 속에서, 그것의 고유한 법칙과 내적 규범에 따라 외적 공헌들과 권유들을 통합시킨다.

하물며 기술 질서를 실재에 참여하는 것의 독창적인 구조화 방식으로 만드는 특이성은, 그것이 예찬에 한몫하는 인간의 천재성에 대한 증명으로, 또는 수단들의 과도함을 야기시키는 지배 의지의 징표로 기술 발명을 내세울 때 부인된다. 경우에 따라서는, 그 수단들의 과도함에 직면하여, 시간상으로 오래되었거나 공간상으로 멀리 있는 어떤 지혜로부터 영감받은 절제를 호소해야 할지도 모르겠다.

그러나 우리 기술의 잠재적 성장에 연결되어 있는 모든 종류의 변화 규모는, 인간의 기술성과 그 결과에 속하는 것을 그것의 고유한 특이성 속에서 고려하는 것을 더욱 거부하기 힘들게 만들고, 게다가 그러한 거부를 정당화할 수도 없게 만든다. 기술을 그 자체로 또 그것에 의해 이해하려고 시도해야지, 그것의 고유한 영역 밖에서 작동하는 것의 부수적 결과나 징후, 부대 현상으로 이해하려 해서는 안 된다. 거기에는 기술적 맥락과 관련된 기술의 독립성이 전혀 함축되어 있지 않다. 그런 주장은 분명 부조리할 것이다. 그러나 우리는 우리가 언급한 전통, 우리가 우리의 기준들을 퍼올리는 전통에서 본질적으로 한정되어 있는 것과 같은 인간의 인간성, 그것이 드러나는 활동들의 다른 측면들이나 생산들로부터 우리의 기술 "수단들"의 동기를 설명하려고 하는 대신, 우리가 몸담고 있는 기술 환경, 우리의 몸짓, 표상 그리고 욕망이 구조화되는 기술 환경에 의해 포착된 형태들로부터 우리 자신의 힘의 원천을 다시 포착해야만 한다.

결국 우리인 바와 우리 자신의 능력에서부터 우리가 사용하는 것을 이해하기보다는, 우리 현존의 특이한 표현들에서부터 우리인 바, 우리가 해야 하고 할 수 있는 것, 세계 내에서의 우리의 존재 방식과 우리 인간 존재를 이해해야 한다는 것은 분명하다. 우리 현존의 특이한 표현들 가운데 본질적인 부분은 우리 시대의 큰 변화들 안에 있는 것으로 귀결된다. 즉 우리의 기술 세계들에 속하는 모든 것의 확장, 다양화 그리고 잠재적 성장이 그것이다. 그러나 실수해서는 안 된다. 사물들에 대해, 살아 있는 몸에 대해, 인간 상호 관계에 대해, 사회에 대해 우리가 작용할 수 있는 능력들의 현대적 형태들이 우리의 존재 자체에 투사하는 조명은, 회고적인 조명임과 동시에 생각지도 못하고 있거나 관심에서 멀리 떨어져 있는 것을 기원들의 어둠 속까지 드러내 보일 수도 있는 조명이다.

언어의 작업들(신화, 과학, 철학 등)이나 제도들과 같은 이유에서 기술은 객관화되고 세계에 통합된 매개물들에 속한다. 그 매개물 속에서 인간들과 세계의 관계들은 형태를 갖게 되고 기나긴 진화의 관점에서 **호모** 사피엔스에게 열려진 현존 방식들은 구체적인 결정들의 망 속에서 구조화된다.

그러므로 기술의 연구와 기술의 해석은 우리를 우리인 바, 존재하는 것 가운데서의 우리 상황, 우리가 할 수 있는 것, 우리가 위험을 무릅쓸 수 있는 것의 베일을 벗기고, 그래서 또 우리 책임들의 베일을 벗기는 최선이기는 하지만 무시되고 있는 길로 이끌어 간다.

동시에 우리가 강조했듯이, 그 기획 — 기술을 기술 자체로부터 사유하는 것과 그것의 불투명성을 밝히는 것, 그것의 능력을 측정하는 것 — 의 어려움과 필요성은, 그 기획이 익숙한 느낌이 만드는 장애물에 부딪힌다는 점에서 유래한다. 또, 특히 그 어려움과 필요성은 그 기획이 거짓 가시성을 획득하면서 우리에게 나타나는 방식들과도 관계된다.

익숙함은 우리가 우리 삶의 대부분에 걸쳐 "기술적 수단들," 즉 기구들instruments, 도구들outils,[1] 모터들, 기계들, 망들을 사용한다는 사실과 관계가 있다. 그것들의 이용 가능성은 우리를 순간적인 목적에 도달할 수 있게 해준다. 그것들이 바로 "매개자들"이다. 물론 그것들의 고유한 기능은 우리를 벗어날 수도 있지만, 그 제어는 다소 단순하고 적절한 교육에 힘입어 우리가 획득할 수 있는 능력에 의존한다.

목수나 기술자의 장비 세트를 구성하는 도구들이 그렇듯이, 그 "수단들"은 원칙상 각각 제자리에 있으면서 서로 구별되는 물건들이나 장치들로 나타난다. 전기 면도기에서 자동차까지, 전기 램프에서 컴퓨터까지, 비행기에서 우주 로켓까지 공간 속에 병렬되어 있고 스스로 움직일 수는 없는 그 기술적 물건들은, 하나의 망에 단지 연결되어 있거나 접속되어 있을 뿐인 조작용일 때조차 이산적離散的 단위들의 한 집합을 구성한다. 그 물건들에는 대부분 윤곽이 있다. 그래서 그것들은 공간 속에 한계지워져 있고 시간 속에서 마모되며 낙후되고, 때때로는 제조되자마자 "쓰고 버릴 수 있도록" 되어 있다.

물건들, 순서들, (경작에서 수확까지의) 밀 재배의 기술들이나 (광물 추출에서 완성된 생산품까지의) 제철술, (마이크로폰의 진동판에서 통신 위성까지의) 원거리 통신 기술들처럼 특별한 기술들을 구성하는 조작적 연속들의 집합들이 존재하듯이 기술적 물건들이 존재한다. 우리가 보고 만지고 옮기며 조작하는 물건들이 그 집합들과 연결되어 있다. 그 집합들 밖에서는, 우리 몸짓의 효율성을 보장하고 기대한 결과들을 얻기 위해 사용하는 "수단"의 의미를 갖지 못할 것이다.

그러나 더 멀리 나아가, 자신들의 고유한 특징들로부터 구별되고 묘사 가능한 그 물건들은 특별한 기술들에 "속하고," 전문화된 능력을 획득할 의무를 가리키며, 실천들의 동일한 한 "몸체"에 형태들, 과정들, 순서들을 결부시킨다는 점을 고려해야 한다. 뿐만 아니라, 그것들은 분명히 하기도 정의하기도 쉽지 않은 어떤 배후에 가시성을 제공하는 노출의 지점들일 따름이다. 그리고 그 배후는 심오한 통일성 속에서, 어떤 사회가 존재하는 순간에 그것을 특징짓는 "환경"으로 나타나는 것에 일종의 연속성을 제공한다. 이 기술 환경은 방향이 설정되어 있는 불가역적 역사 속에 자리잡고 있다. 그 역사 밖에서 현재를 생각할 수는 없다. 그 기술 환경은 또한 가능성, 도래할 현실화, 잠재성의 담지자이다. 그것들을 통해 미래가 현재와 겹쳐진다.

우리 시대에 부합하는 세계화의 본질적 차원인 현대 기술의 보편화는 "기술권"의 차원에서 "환경"의 구성을 목적으로 하는 기술적 단일성을 낳는다고 덧붙일 필요가 있겠다. 그 기술권 속에서는 혁신들과 그 결과들이 끊임없이 감소하는 잠재성의 지속과 더불어 나타난다. 그러므로 아무리 익숙하다 하더라도, 도구들, 기계들, 게다가 (에너지 분배의, 커뮤니케이션의, 공급의…) 망들에 연결된 생산 단위들의 다양성과 불연속성으로부터 기술을 이해한다는 것이 너무나 표면적이고 불충분하다는 것은 오랫동안 사색할 필요도 없을 것이다.

기술 환경의 통일성과 연속성

기술 표현들의 다양성뿐만 아니라 그 다양성의 기초를 이루는 통일성 속에서, 그 자체로 이해되는 기술 뒤에서 작동하고 있는 것을 이해하기 위해서는 눈에 보이는 것, 또는 전문화된 능력 획득이 요구하는 것을 뛰어넘어야만 한다. 여기서 우리는, 기술의 가시적 노출의 불연속성을 넘어 생산, 사용, 완성, 경우에 따라서는 우리 기술 "수단들"의 발명을 가능하게 하는 상호 의존과 상호 조절의 관계망을 재빨리 참조하게 되는 것 같다. 그 연결성은 기술을 지속적 환경으로 만드는 데 제대로 기여한다. 그 지속적 환경은 우리를 포괄하고, 도구나 기계로의 각각의 "구체화" 혹은 물질화는 그 환경으로부터 그것의 가능성 ― 말하자면 제조된 물건으로서의 현존과 동시에 그것의 조작적 효율성 ― 을 이끌어 낸다.

그러므로 넓은 의미에서, 우리의 "도구 집합"을 구성하는 각 통일체는 어떤 지속적인 "매개"를 형성하는 조건들 전체에 접목되어 있거나 접속되어 있다. 우리는 하나의 도구를 이동시키거나 조작할 수 있지만, 우리 자신들 역시 도구 집합에 기초해서 스스로 운동하며, 바로 우리 수단들의 그 체계를 매개로 해서 우리는 우리를 둘러싸고 있는 것, 혹은 우리가 그 속에 자리잡고 있는 세계에 연결되어 있다. 그때 그 관계는, 우리의 기대에 부응하는 결과를 획득하고자 하는 우리 행위에 의해 추구된 효율성의 특징 하에 놓여 있다. 그러나 그 수단들의 체계를 조작하는 행위는 소위 기술자技術者의 조작성을 넘어 연장된다.

"매개," "중개"의 용어들은 항들간의 관계를 지시하고, 보다 분명히 말하면, 태고 이래 산술이 "외항外項"이라고 부르는 항들 사이에 자리를 잡고 있기에, 한정적으로 그것들 사이에서 연결되어 있는 것에 준거한다. 즉 "외항의 곱은 내항의 곱과 같다."

우리의 기술 수단들은 욕망을 포함한 우리와 우리가 자리잡고 있는 세계 사이의 매개적 역할을 수행한다. 마찬가지로 그것들은 다양한 측면에서 인간들 서로가 맺고 있는 관계들을 중재한다. 그 중재는, 우리 주변에서 발견하는 것을 변화시키기 위한 행위를 한다는 관점에서 우리가 우리를 둘러싸고 있는 것과 관계 맺을 때 최초로 작동한다. 그 변화는 넓은 의미에서, 즉 사물들의 배치 속에서의 변화, 어떤 형태에서 다른 형태로 이전한 것에 어떤 다른 형태의 강제라는 의미에서 이해되어야만 한다.

특히, 도구는 그 행위의 수단을 제공하는 것이다. 하지만 그것이 차츰 모두 도구 집합이 되는 것 ― 도구들은 도구들을 생산하는 데 이용되고 일련의 몸짓들은 도구들을 동원하는 최종 생산품의 제조로 이끌고 간다 ― 을 아무 도구로나 보여 주는 것은 쉬운 일이다. 그 도구 집합은 각 기술 조작 속에서, 심지어는 국한된 기술 조작에서까지 작동하고 있다. 점차적으로 그리고 마음대로 이용할 수 있는 모든 기술 장치는 그것의 특별한 적용들 각각에 함축되어 있다. 시몽동G. Simondon은, 훌륭한 공학자라면 강철 바늘 하나를 주시하면서도 그것이 언제

어디에 세워진 공장에서 나온 것인지 말할 수 있을지도 모른다는 것을 주목하게 할 수 있었다. 그것은 재료의 변화와 지속적인 형태 획득을 주재했던 모든 테크놀러지적 상황의 흔적을 담고 있다.[1] 어떤 사회의 기술 환경은 그 사회의 인간들이 세계와 맺고 있는 관계들의 매개 속에 총체적으로 함축되어 있는데, 그 관계들은 소유의 목적을 가진 어떤 변형의 특징 아래 자리잡고 있다. 소유한다는 것은 사물들을 그저 그것들에 대한 다른 사람들의 기대에 부합시키는 것을 넘어 자신의 필요나 욕망의 충족에 적합하도록 만드는 것이다. 경우에 따라, 그 활동은 이러저러한 것을 소유하고 있는 자에게 부여된 권리들 ― 혹은 그 조작을 현실화시킬 권리들 ― 에 의해 아무에게도 속하지 않는 것의 미분화된 공동체로부터 그것들을 빠져 나오도록 만든다. 그때 그 활동은 사회적으로 인정된 규칙에 따라 실현된다. 그러나 인간 집단 전체는 그가 이용하는 도구 집합에 힘입어 항상 "자신의" 세계를 소유한다.

그러므로 그 의미가 예고된 결과의 획득을 목적으로 하는 유용성으로 축소된 수단들을 우리의 재량 하에 놓는 것을 기술로 간주할 때, 무시된 것에 대해 재빨리 검토함으로써 그런 전망의 한계뿐만 아니라 그 착각에 빠지게 하는 특징을 충분히 드러내 보일 수 있음이 분명하다.

사실, 기술 표현의 모든 수준에 있어 그것의 매개적 역할의 함축과 결과는 기대된 효과의 생산을 넘어선다.

그 역할은, 기술 수단들의 기능, 유지와 완성을 가능하게 하기 때문에, 제도 기관들을 통해 "전문가"를 양성할 수 있는 능력 있는 인간을 전제한다. 그때 제도 기관들은 기술 경험을 전달하고, 그 개선을 통해 그것이 성과를 올릴 수 있게 하는 능력을 발전시킨다. 동시에 "사물들"에 가해지는 변형의 힘은 어떤 집단들에게 다른 집단들의 존재 방식들에 개입할 수 있는 힘을 제공함에도 불구하고, 이해 관계와 이질적인 목적을 가진 사회 집단들 간의 긴장과 분쟁을 야기시킨다. 사람들은 기술적 하부구조의 대규모 계획들에 대한 참여와 실현에 대한 논쟁, 새로운 기술들의 적용에 대한 논쟁, 또는 사회 압력에 대한 논쟁을 고려해 보면 그것을 쉽게 살펴볼 수 있을 것이다. 경제적 삶이 의존하고 있는 망들이 포함하고 있는 주요 지점들의 제어는 그 사회 압력의 행사, 특히 파업 개시에 의한 행사를 허용한다.

그러므로 기술 수단들로부터, 그것들의 물질적 실재에의 개입 능력뿐만 아니라 그것들의 공간 구조화의 능력으로부터, 또 현대 기술 발전에 대한 대전망을 이루는 권력 관계들로부터 정치적 결정들의 목표와 국가의 사업이 창안된다. 무엇보다 먼저, 인간들과 그들의 물리적 환경을 매개하는 기술적 매개(의학, 원거리 통신 그리고 물론 군사 무장의 경우에 있어서도 인간 현존에 직접적으로 개입하는 것을 최우선 목표로 하는 기술들은 제외하고)는 인간들 상호간의 다양한 관계를 형성함과 동시에 근본적인 목표들을 이동시킨다. 그 목표들 주변에서 집단적 삶에 있어서의 본질적인 이해 관계들, 즉 협조 및 대립이 서로 구조화된다.

게다가 우리가 사유하기 위해, 또 우리 자신을 사유하기 위해 사용하는 "수단들"에까지 기술이 매개적 효율성을 발휘하고 있음을 덧붙일 수 있겠다. 왜냐하면 우리의 표상은 대개 개념과 도식에 의존하고 있으며, 장비와 기술 실천에 결부된 조작 방식에서 곧바로 유래된 이미지에 의존하고 있기 때문이다. 17, 18세기에 역학적 자동 기계의 기능에서 나온 메타포가 개인의 태도 및 제도 기관의 이론화에 가질 수 있었던 중요성, 19세기에 "화력" 및 증기 기계의 효율에 대한 연구들에서 나온 열역학에서 차용한 모델들이 가질 수 있었던 중요성, 또는 오늘날에조차, 때로는 어쩔 수 없이 사이버네틱스, 계산기 혹은 인공

지능의 시뮬레이션들이 가질 수 있는 중요성을 주장하는 것은 아무런 소용이 없다.

그리고 흔히들 말하듯이 사용중인 기술적인 물건들을 고려할 때 모든 범위에서 포착된 "기술적 사실"을 우리가 이해하고 이용하는 것으로만 전적으로 환원시키는 것은 부적합하다는 것을 더 분명히 보도록 하기 위해서만 그 모든 것을 간단히 떠올리곤 했다.

우리는 기술 수단이라는 개념을 더욱 상세하게 다시 다룰 것이다. 그것은 인간의 기술성이 생산하는 것이 점하고 있는 "지점"과 관련해서 기술 수단들이라는 개념이 적합함을 더욱더 강조하기 위해서이며, 동시에 인간들이 사물들, 세계, 타자들 그리고 자기 자신과 관계 맺는 방식들과 관련된 결과들의 비중과 다차원적 특징을 더욱더 강조하기 위해서이다.

도구들, 기계들 혹은 망들의 존재가 함축하는 차원들 속에 다시 자리잡은 어떤 기술의 범위와 복잡성에 직면해서, 세 가지 의문이 검토될 수 있을 것이다. 첫번째 의문은 기술이 무엇을 드러내 보이는지에 기초한다. 즉 우리 자신의 기술 능력이 우리에게 만들어 주는 상황은 우리가 무엇인지, 우리가 무엇으로 이루어져 있는지를, 경우에 따라 과거로 소급해서, 어떻게 조명해 주고 있는가?

이미 개괄적으로 접근했던 두 번째 의문은 기술 수단들의 이용의 주요 결과들과 관련되어 있다. 그 결과들이, 우리가 행위를 가하는 것을 변화시키고 적합하게 만들기 위해 우리가 사용하고 이용하는 것을 이용함으로써 기대하고 획득한 결과들로 환원되지 않는 한에서 말이다.

세 번째로, 우리 자신의 "수단들"에 의해 포착된 형태가 우리에게 제기하는 문제들, 그리고 아마도 그것이 우리에게 던질 수 있는 도전들에 대한 어떤 사색이 요구된다.

이 모든 것은 기술력에 의해 광범위하게 지배되는 우리의 현 조건 속에서 본질적으로 새로운 것에 대한 분석과 평가로 수렴되어야 할 것이고, 그 새로움과 과거와의 관계뿐만 아니라 그 새로움과 우리가 우리 미래를 사유할 수 있는 방식과의 관계에 있어 그것이 함축하고 있는 바에 대한 분석과 평가로도 수렴되어야 할 것이다.

기술의 영향권들

세 의문들의 소개는 논리적 순서에 따른 것이다. 그러나 우리는 그 순서를 따르지 않고, 노동이 가해진 재료들에 대한 영향을 넘어서는 기술의 영향에 관한 두 번째 의문에서부터 시작하기로 하겠다.

기술이 이끌어낸 효과들은 우선 다양한 사용자들이 그로부터 기대하는 효과들이 틀림없다. 즉 기술 환경을 구성하는 요소들을 제작하고 완성하며 적용하고 이용하는 효과들 말이다. 망치, 자동차 혹은 원거리 통신 위성의 효과들이 문제가 된다. 하지만 우리의 관심을 집중시키고 기술적 앎을 동원하며 우리의 몸짓들을 인도하는 것과는 별도로, 우리가 부차적이라 부를 수도 있는 다양한 효과들 역시 존재한다. 용어의 애매성 때문에, 기술 활동에 먼저 동기를 제공하는 결과들에 쓸데없이 추가되는 것은 무시해도 된다는 말에 솔깃하지만 않았다면 말이다. 물론 사실은 다르다. 최근에 우리는 우리의 힘에 수단들의 이용을 덧붙이는 결과들, 즉 인간들 서로간의 관계들만큼 자연과 관련된 결과들에 관심을 갖게 되었다. 그러나 우리는 전통적인 농업과 수공업에 있어서는 여전히 광범위하게 현시대의 사고 방식을 보존해 왔다. 우리는 우리 자신의 행위들뿐만 아니라 우리 주변에서 일어나는 것과 상상적 지표들과 사유 도식들을 통해서도 관계 맺고 있다. 그 상상적 지표들과 사유 도식들은 인간 활동들과 그 맥락 사이의 어떤 불균형이 감지되는 시간으로부터 도래한다. 그 불균형은, 사용 가능한 에너지의 조절과 기술적 앎으로 인한 것으로, 한편으로는 세계나 자연의 일반적 조직화가, 또 한편으로는 사물들에 대한 인간의 영향력이 의지해 온 질량과 힘을 무한한 것으로 만드는 불균형이다.

물론 우리는 재료를 추출·가공할 수 있었고 사물을 제작할 수 있었지만, 그때조차 세계의 영원한 질서에 기대어 있고 본래 모습으로 곧 되돌아오는, 어떤 안정적 환경을 조성했던 것의 일반적 배열을 뒤흔들어 놓을 수는 없었다. 즉 세계는 인간 노동의 효과들을 국지적으로 체험한 후 스스로에게 남겨졌고, 그때 자연은 자기 권리를 "다시 회복한다."

사고 구조들, 즉 경작 활동에서 버려진 땅, 또는 인간 노동의 흔적이 어떤 "야생" 식물의 증식으로 인해 사라지게 된 버려진 땅에 대한 경험에서의 암시, 변형 활동에 의해 정확히 야기된 결과들의 급속한 소멸, 연기 및 인간 활동의 다른 부산물의 제거나 자연에 의해 "해소되는" 물질들로의 쓰레기들의 점차적 환원과 같은 식의 사고 구조가 기술 활동이 이루어지는 생산을 둘러싸고 있는 부차적인 효과들을 장기적으로 무시할 수 있는 것으로 생각하게 만든다. 정돈된 공간들의 특수성을 유지하기 위해서, 또 사물들의 자연적 흐름에 역행하여 생산된 물건들을 보호하기 위해서는 인간들의 항상적인 노력이 필요했다. 우리는 "자연적 힘"의 자발적인 작용에서, 그리고 사물들에 대한 우리 영향력의 잠재적 증가뿐 아니라 그것의 결과들을 배가시키는 인구 증가에 앞서 형성된 사고 방식에 내재해 있는 불충분성에서 그러한 조절 유형의 한계를 자각했다. 오늘날 그러하듯이, 우리는 기하급수적인 기술 증가가 함축하는 바를 전혀 계산하지 못했다.

기술의 본질은 변형시키는 것, 즉 재료들을 생산품으로 항상 가공할 수 있는 능력이 더 향상되면서 발전하는 것이다. 그것은 기술 추진 력에 의해 야기된 작용 가능성과 가공 가능성에 따라 그 자체로 나타 나는 재료들의 발견과 더불어 이루어진다.

사실 "본래부터" 존재하는 것, 재료 상태에서 약속된 고유한 목적은 아무것도 없으며, 또 그로부터 배제된 것도 없다. 즉 모든 것은 그것을 이용 가능한 재료로 가공할 수 있는 능력들에 따라 원료가 될 수 있다. 철광과 보크사이트는 몇천 년 전에는, 즉 그 광물을 추출할 수 있는 기 술이 개발되기 전에는 아무런 관심도 끌지 못하는 돌이었을 뿐이다. 대신 그것들은 새로운 테크놀러지에 기반한다. 재료들, 방법들 그리고 도구들은 세계 소유를 가능하게 하는 변형 활동들의 동일한 발전의 움직임 속에 통합된다. 자연 환경의 보전이나 보호에 대한 모든 고찰 은 기술과 변형, 기술 발전과 소유 능력의 증가 사이의 본질적인 관계 를 크게 변화시키지는 못할 우려가 크다. 어쨌든, 사람들이 영향을 미 치는 것에 원초적인 — 천연적이고 자연적인 — 형태와는 다른 형태 를 제공하는 것이 문제가 된다. 제련업이나 화학 산업과 마찬가지로 땅의 노동을 가능하게 하는 것도 사실은 기술들이다. 그것에 변형이 존재한다면 생산품을 낳는 형태 변화로 이끌고 가는 활동들의 부산물 들 역시 존재한다고 덧붙여야만 한다. 잔여물과 부산물은 재료의 소유 에 필연적으로 동반되며, 재료의 소유는 가공을 통해 필요의 만족에 적합하게 된다.

그런데 우리가 영향력을 확장할 수 있는 모든 것은 두 가지 측면을 나타낸다. 첫번째 측면에 의하면, 필요한 수단들을 이용한다는 조건 하에서, 모든 것은 그것의 최초의 맥락에서 추출될 수 있으며 최초의 특징들을 변경시키는 과정의 대상이 될 수 있다. 그런 이유에서 그것 은 바로 재료이고, 그로부터 기술 활동들은 하나의 "생산물"로 귀결된 다. 그때 이 과정에 대한 관심은 최선의 결과를 획득하도록 해줄 수단들의 배합뿐만 아니라 그것들의 개선을 보장하는 선에 한정된다. 경우에 따라, 부차적 결과가 분명 유해할 때, 예를 들어 성가시고 해로우며 유독한 부산물, 혹은 단순히 악취만 나는 부산물이 문제가 될 때는 마찬가지로 그 부차적인 결과들 역시 고려의 대상이 된다.

그러나 특히 기술 활동에 저항이나 한계를 대비시키고 적합한 과정의 연계에 따라 고려될 수 있는 한에서 모든 것이 고유한 특징들 속에서 구분되어 고려될 수 있다면, 그것들은 항상 존재하지만 잘 보이지 않는 다른 차원들도 포함하는 것이다. 왜냐하면 지속적인 현실의 토대 위에서 구별된 형태인 모든 "것"은 그것들을 둘러싸고 있는 것을 배재한 채 그 자체로 고려될 때의 자기 자신인 바이기도 하지만, 서로 교차된 체계들의 요소이기도 하기 때문이다. 그런 이유에서 그것들은 전체의 안정성에 있어 본질적임과 동시에, 모든 현실태가 자신들의 특징을 끌어내는 구조 유지와 양립 가능한 외적 조건들의 변동 폭에 따라, 각 요소의 항구성에 있어서도 본질적인 상호 작용들에 의해 지지되는 어떤 관계 구조 속으로 다소 가시적으로 통합된다.

분자뿐만 아니라 세계를 구성하는 원자들 가운데에서 가장 안정적인 것들조차, 어떤 동일한 현실의 구성 요소들간의 상호 작용들이 자리잡고 있는 에너지의 수준들에 부합하는 물리적 맥락 속에서만 그것들의 (항상 복합적인) 단일성과 속성들을 보존하고 있다.

그러므로 우리가 조작할 수 있는 "것들"로 고려되는 것, 즉 그것들인 바도 그것들의 환경도 변화시키지 않으면서 자리를 바꿀 수 있는 "것들"로 고려되는 것, 그것은 병렬되어 구별되는 단일체들의 모자이크가 아니라, 관계들의 장場에, 또 상호 작용의 과정에 통합되는 지속적인 것들을 구성한다. 그 상호 작용의 과정들은 그것들을, 서로 조건 짓고 그것들이 구성하는 데 기여하는 맥락들에 의해 조건지워지는 요소들로 만든다.

생명체의 존재를 사례로 드는 것이 가장 적합한, 상대적으로 제한된 영역들을 제외하면 실천적 의미도 결과적 적합성도 전혀 없는 실재로 간주되는 것의 모든 형태에 내재하는 것을 과장하거나 지나치게 확대시켜서는 분명히 안 된다. 그러나 그것은 아무튼, 모든 것의 맥락 밖으로의 축출은 그 맥락을 불안정하게 만들 수 있고, 어떤 영역의 항상성, 결국 지구의 항상성이 근거하고 있는 조절 과정들을 위태롭게 할 수 있다고 생각하게 해준다. 우리는 코스모스 속에서의 지구의 예외적 특징들과 더불어, 조금 이해한 열역학의 가르침에 비추어볼 때, 특히 개별적인 생성의 시초를 주관한 요소들의 불확실한 윤곽들을 발견했을 때 지구의 취약성을 이해하게 되었다.

그래서 추출되고 변형된 모든 재료, 또 같은 이유에서 자연 속으로 되돌려 보내진 모든 부산물은 점유의 가치를 갖는 기술적 변형 과정의 대상이다. 하지만 그것들은 질료와 에너지의 흐름에 참여하는 요소들이었거나 그런 요소들이 될 퍼즐 조각이기도 하다. 그 흐름 위에 생성중인 균형들이 근거하고 있고, 그 생성은 지구의 윤곽이 뚜렷이 드러나는 세계 순환들의 가장 가까운 것에서부터 가장 먼 지평에까지 우리 세계에 그것의 배열과 변화 리듬을 제공한다.

그러므로 사물과 자연에 대한 기술 영향의 부차적인 결과들, 하지만 꼭 부차적이지만은 않은 결과들이 존재한다. 결국, 다들 우리가 직접 예상 가능하고 탐색 가능한 결과들에서 국부적인 실천들의 예기치 못한, 장기적이고 총체적인 결과들을 밝히지 못하고 만다며 우리를 공격한다.

"사물들"이 체계들 속에서 구조화된 물리-생물학적 실재에 속하는 한에서의 그것들에 대해 행사되는 작용의 그런 결과들에 사람들의 관계들과 관계되는 결과들을 덧붙여야만 한다. 그것들은 우리 시대의 기술 확산에 종속된 모든 사회의 내재적 조직화에 영향을 끼친다. 그러나 그것들이 사회·정치적 거대 집합들 사이의 관계들에는 훨씬 더 많은 영향을 끼친다.

기술 잠재력의 갑작스럽고 불균등하게 배분된 확산은 대립과 갈등이 구체화되는 "전선들"을 바꾸어 놓는다. 고전적 산업화에서 잉태된 사회 "전선들"이 "감지될" 때, 다른 분배선과 새로운 목적들에 의해 그것들은 두 번째로 밀려나는 경향이 있다. 그 다른 분배선과 새로운 목적들에 의해 기술 능력들, 그것들의 조절, 그 조건의 통제 그리고 그것들의 결과물의 소유에 직면한 이해 관계의 차이와 의견 차이에 근거한 대치가 심화된다. 우리는 분명 그러한 기술 잠재력의 수단과 그 목적의 재분배를 아직까지도 평가하지 못했다. 우리가 우리를 앞선 세기로부터 분리시키는 간격들을 체계적으로 평가할 때에야 비로소 그것에 대해 분명히 자각할 수 있을 것이다. 사실 우리는 앞선 세기에서 우리 잣대의 본질적인 부분을 빌리고자 한다. 우리가 모든 타당성을 잃지 않고 우리 사회의 내적 긴장에 따라 방향타로 이용하고자 하는 과거의 코드는 테크놀러지의 갑작스러운 확산, 그 테크놀러지와 관련되는 잠재력, 재분배 방식이나 통제 방식의 결과들에 의해 뒤집힌 채로 남아 있다.

여기서는, 한편으로는 우리의 소유 능력에 직면해 상대적 취약성이 발견되는 자연과 우리의 관계들의 전선, 또 한편으로는 대륙의 차원에서의 사회들간의 불균형에서 양산된 전선을 언급하는 것으로 충분하겠다. 지나치게 단순화된 남북 대립[2]은 여러 관점에서 이미 관심의 대상이 되지 못한다.

우리가 국부적 표시들과 일시적 진정 상태들을 넘어 단 하나의 동일한 위기를 구성하는 것의 징후들이 증가하는 것을 결국 보지 못했다고 생각하는 것이 종말론적 염세주의를 드러낸다는 것은 아니다. 그 위기는 우리의 사유와 행위의 지배적 모델이 그 주변에서 적합성을 상실하고 있는 한계들로의 접근과 일치한다. 로마 클럽의 첫번째 보고서[2] 속에 포함되어 있는 무수히 특별한 예측들이 사실에 의해서는 반박되고 있음에도 불구하고, 지구의 생활 환경을 벗어나는 (기술) 능력을 통해서조차 그 유한성이 드러나는 한 세계의 외피 속에서 무한한 확장이 불가능함은 이론적으로 명백하다. 기술과 인구의 이중적 확장에 있어 한계들로의 접근 방식들과 그러한 접근의 최종일만이 예측을 벗어난다. 그 예측이 기술의 도움을 받을 때조차 말이다.

그러므로 3세기 전 이래로 우리가 체험하고 있는 발전 양식들이 다시 문제로 부상한다. 그 문제 제기는 고유한 의미에서 근본적이다. 그것이 우리를 우리 습관, 특히 우리의 일상적 재현 방식들이 힘을 얻는 뿌리까지 끌고 가기 때문이다.

우리는 그러한 지적을 넘어가지 않고 이렇게 결론지을 수 있다. 기술 현상들이 그것들의 단일성과 심오한 연속성 속에서 구성하는 심층적 현실을 기술 대상들이 우리에게 숨기고 있는 것과 마찬가지로, 우리 기술의 결과들은 주어진 어떤 장소와 시간 속에서 이용 가능한 기술적 잠재성을 활용하는 활동들의 예측된 결과들인 것처럼 보이는 것 이상으로 훨씬 넘쳐난다. 기술 대상과 기술 생산물의 일상적 사용에 의해 야기된 친숙함 뒤에서 지각하기 어려운 세부 조직망 속에 포착된 것으로 나타나는 것을 여전히 계산하고 있기는 하지만, 앞으로는 과소평가될 수 있을지도 모르겠다.

인간과 자연, 기술력과 새로운 조명들

그때, 기술이 그것의 현재 형태 속에서 드러내 보이는 것, 또 그것의 가장 동떨어진 표명들 속에서까지 드러내 보이는 것에 근거해 근본적인 의문의 토대 위에서 그 모든 것의 제자리를 다시 찾아 주지 않으면 안 된다. 알다시피 기술의 가장 동떨어진 표명들은 우리라는 존재자의 그 존재 방식의 출현과 일치한다. 우리는 우리 "종"의 출현에 앞서 있는 것의 상속자이자, 동시에 세계, 동포들, 시간 및 모든 것이 의미를 획득하는 지평과의 특별한 관계 방식들을 표현하는 존재들이다.

간략히 말해서, 그처럼 서둘러 언급된 것을 정당화하기에 앞서 특별히 인간적인 — 혹은 인간의 — 기술성의 표명들이 인간 종의 출현과 거의 일치한다면, 우리의 존재 방식과 우리를 인간 존재로 만드는 것과 부차적으로 관련될 수 있는 어떤 것이 문제가 될 수는 없다. 기술은 언어와 같은 이유에서 우리에게 "고유한" 것을 드러낸다.

특이한 측면에서의 기술성의 등장이 인간화, 즉 열등하고 우월한 사지들의 진화적 분열에 의해 가능하게 된 직립 보행 상태의 운동 획득의 주요한 측면과 개요상 일치하고 있음을 지적하는 것은 결코 무용하지 않다.

손과 발의 차이에서 그리고 특히 엄지발가락의 위치에서 감지될 수 있는 그 진화적 분열은 기능적 전문화와 일치한다. 손 조작과 관련된 잡는 기능들은 두 발을 가진 것과 관련된 운동 작용에서 이끌어낼 수 있다. 이 형태론적이고 기능론적 구분은 영장류에게만 속하는 유일한 현상이다. 나무 위에 사는 영장류는 사수류四手類인데, 그들의 운동은 사지의 잡는 능력과 밀접하게 연결되어 있다. 땅 위에 사는 영장류는 비비나 만드릴처럼 외형상 사족류四足類, 특히 개 과科와 유사하다. 어떤 기능적 전문화로 이끌고 가는 진화적 분열은, 19세기에 수용된 용어들에 따르면 우리를 이수류二手類임과 동시에 이족류二足類로 만든다.

우리는 한 생물체의 형태, 그것의 신체의 일반적 구조가 그것이 세계에 자리잡는 방식들을 조건짓는다는 중요한 사실을 잊어버리는 경향이 있다. 가능성들과 한계들, 강제들과 능력들에 따라 한 생명체가 그것의 환경을 구성하는 모든 것과 맺는 관계들이 형성되는데, 그것들은 골격과 근육의 사용에 따라 윤곽이 잡힌다. 동시에, 다시 말하면 각 생명체의 현존에 있어서의 신체적 외피는 가능성들과 한계들의 그러한 작용에 의해서 결정된다. 감각 수신기로서의 상이한 골-근육 효과기들의 대뇌 피질의 투사는 그 덕분에 관계적 삶이 형성되는 주변부적 장치들이 참여하는 조작적인 조합들의 복잡성에 직접적으로 비례한다. 르루아-구랑은 신체의 중력장 속으로의 통합 및 각 자세 유형에 부합하는 균형의 기계론적 조건들을 이유로 자세에 의한, 따라서 신체의 일반적 외형에 의한 신경 체계, 특히 두뇌 진화의 조건화, 혹은 환경 만들기를 오랫동안 주장해 왔다.

그러므로 인간 진화를 특징짓는 두뇌 형성은 신체 전체가 겪은 구조적 변화와는 별개라고 생각된다. 대뇌 피질은 결과적인 태도들을 허용하기에 앞서 그것들의 모든 신체적 장치에 내재화해 있는 합리적인 잠재성들을 표현한다.

그런데 넓은 의미에서 인간적인 특징을 갖는 기술성은, 인간 종의 최초의 대표자들의 두뇌 부피와 린네가 **안트로포모르파**(유인원)라고 이름 붙인 거대 영장류의 두뇌 부피 사이의 중요한 차이가 분명해지기 훨씬 전에도 나타난다.

그 대신, 오늘날 우리가 알고 있는 것처럼, 오스트랄로피테쿠스 이래로 두 개의 발을 갖게 되었고, 이러한 자세와 운동의 혁신에서부터 우리 조상들과 현재의 유인원들의 조상들 사이의 분열이 시작되었다. 그 아주 오랜 시기 동안 넓은 의미에서의 우리 역사와 일치하는, 도구의 발전과 기술 수단들의 발전 사이에 주목할 만한 연속성이 입증된다는 것을 앞선 고찰에 덧붙여야만 할 것이다. 인간 종의 여러 부류를 뛰어넘어 총체적으로 고려된 인류는 그들이 사용하는 기술 장비의 기하급수적 성장의 혜택을 누리고 있다.

그 연속성은 기술 유형들의 다양화에 있어, 그리고 수단들의 정확성과 작동 에너지의 효율성에 있어 두드러지며, 지리적 다양화나 침체 및 급성장 시기들의 교체, 혁신의 중심지의 이동을 고려해 봐도 마찬가지이다. 또 그것은 어떤 지속적인 추진력을 나타내는데, 그 추진력은 인간들이 ― 우리 같은 인간에 앞선 존재조차 ― 자신들의 환경과의 대치 속에서 그들이 소유 가능한 것을 소유 가능하게 만들기 위해 사용할 수 있는 영향력을 배가시키도록 이끈다.

그 연속성과 추진력은 개인들뿐만 아니라 집단들을 넘어서는 어떤 것, 게다가 기술력의 출현에 참여하는 그들 자신에 의해서는 감지가 불가능한 어떤 것이 존재한다는 표시이다. 인간들에게 주어진 수단들의 발전은 양태들에 따라 이루어지고, 그 인간들 스스로가 행하는 것 그리고 행하기를 원하는 것에 대한 자각을 뛰어넘어 그것의 원리를 발견한다. 그들의 몸짓과 그들의 재현은 과정 속에 포함되어 있고, 그것들을 가능하게 하는 추진력에, 각각의 조작에 주관적으로 주어진 의미를 뛰어넘어 그것들에 궁극적 의미를 부여하는 추진력에 통합된다. 우리는 여기서, 특별히 인간적인 현존 방식 ― 인간 존재 ― 의 기초는 생물학적 개체 발생과 같은 진화에 적합한 방식에 따라 구조화되었고, 조직화되는 것과는 별도로 형태들과 정보를 외재화할 수 있는 능력과 일치한다는 가설을 인정하게 된다.

그때 인간적일 뿐 아니라 인간화하는 활동들에 제공되는 자연적이고 "물리적인" 현실은 ("관념들"의 현실화로 표현되는 것을 훨씬 넘어가는) 구조화 과정에 종속된다. 그 과정은 자기 속에서 표현하는 질서에 의한 정보 담지자 그 자체인 새로운 현실태들의 세계 속에 자리잡는다. 그 질서는 사용자들이 그 정보들을 사용하자마자 그들에게 강제되며, 그 구조화 과정은 어떤 효과적인 사용의 강제들에 종속된다.

생물학적 질서(그리고 그 역사)에 근거해 그러한 질서를 특징짓는 것을 넘어서는 그 활동성의 산물들은, 한편으로는 한 생물학적 종의 대표자의 지위에서 고려되는 인간인 바와 또 한편으로는 그것 없이는 한 순간도 삶을 유지할 수 없을 항구적인 교환을 더불어 유지하는 자연 환경 사이에 개입한다.

그러므로 근본적인 인간학적 특징은 매개적인 형태 아래에서, 즉 우리의 고유한 활동들이 이루어지는 매개물에 의해 구조들과 기능들을 객관화할 수 있는 그 능력 속에 있다. 사실, 그 활동들은 적어도 그 수단들에 의해 가능하고 그 수단들 덕분에 구체화되며 효력을 발생한다. 뿐만 아니라 그것들은 그 수단들의 "생산 동인들"이다.

현실로 실현되는 것은 (생물 형태의 역사를 따라 이루어지는 자연적 형태 발생으로부터 생겨나는) 우리의 본성 속에 존재하는 것과 우리 밖의 자연(지구의 생성 이래 서로를 관계 속에서 진화시켰고 그 공동 진화로부터 상호 의존의 상황을 발생시키는 시스템 전체) 사이에서 구조화된다. 그것은, 인간답게 현존하기 위해서는 살아야만 하고 따라서 우리 조직에 내재하며 생명태들의 공동 진화로부터 야기된 우리 조직의 의존에 내재하는 생물학적 요구들을 만족시켜야 한다는 사실과 관련된 한계들과 강제들을 강요함에도 불구하고, 인간 현존을 단지 살아 있기만 하는 존재자의 엄격한 한정으로부터 분리시킬 수 있게 했다.

기술은 인간들이 그들 속의 본성nature en eux과 그들 밖의 자연 nature hors d'eux 사이에 개입시키는 매개물들 중 하나를 구성한다. 그것만이 유일한 것은 아니다. 상징적이고, 특히 언어학적인 체계들은 우리가 그 가운데 현존하는 세계의 재현을 허용하는 시니피앙signifi-ant[3)의 망을 확장한다. 세계의 해독(그것의 해석…)에 고유한 강제들과 지각할 수 있는 다양한 인상들의 체계적인 형태 제공에 고유한 강제들을 강요함에도 불구하고, 그것들은 이 세계의 객관화의 조건들이다. 바로 여기서도 우리를 형성하는 것, 우리가 경험하는 것 그리고 우리가 의미를 부여하는 것의 통일성과 정합성을 허용하는 그 망(네트, 그물망)의 매개에 의한 하나의 소유 과정이 문제가 된다. 세계 강독의 망들이자, 삶의 자연적이고 사회적인 배경을 구성하는 모든 것과의 공존 관계들의, 특히 의식적儀式的 조직화의 망들인 신화들을 완성시킬 가능성에 있어서도 그러하다.

언어, 신화, 의식儀式, 법규화된 전통, 방법론적으로 구성된 지식들과 같이 끼워 맞춰진 상징 체계들을 넘어, 모든 인간 사회에는 광의의 체계들로 고려될 수 있는 규범들과 법규들의 체계들이 주어져 왔다. 그 법규들에 따라서 권력 관계와 종속 관계와 같은 인간들간의 교환이 조절된다. 게다가 자연적 현존 속에서 고려된 타자와의 관계들은 체계들의 기초 위에서 구조화되어 있다. 그 체계들은 어떤 전통에 의해 상속된 상징망들의 기초 위에 배치되어 있는 세계만큼이나 객관적이고 일반적으로 "자연적인" 것으로 체험된 어떤 집합 속에서 사회화된 태도들에 질서와 정합성을 부여한다.

기술은 그 본래 방식에 따라 근본적이고 인간학적인 동일한 특징을 표현한다. 그것은 세계의 소유가 실현되는 몸짓들에 가능성과 효율성을 제공한다. 기술 수단들은 관계들이 구조화되는 토대 위에서 매개물의 집합에 속하며, 그 관계들을 통해 개인들 및 집단들의 자연과의 공존뿐만 아니라 개인들 및 집단들 상호간의 공존 역시 특별히 인간적인 방식으로 구체화된다. 기술적 매개는 고유한 가치 주변에서 질서지워진다. 여기서 그 고유한 가치는 효율성이고, 그것은 상징 질서 속에서 우선권을 갖는 질서와 정합성의 요구를 회피하지 않는다.

우리 — 인간성의 구별되는 특징들이 그 속에 드러나는 삶을 살고 있는 모든 사람 — 는 우리의 실천들에서 구조화되고 객관화되는 것과 더불어 "체계를 만든다." 한편으로 이미 구성되어 있고 비시간적인 인간 본성이란 존재하지 않으며, 또 한편으로 상징적이고 제도적인 기술 집합들도 존재하지 않는다. 그 기술 집합들은 우리가 우리 태도들과 표상들에 효율성, 질서 및 정합성을 제공하는 것에 앞서, 또 그것에 독립해서 우리일 수 있는 바의 자유 재량에 맡겨져 있는지도 모른다. 우리는 그 점을 우리 사유들, "관념들" 그리고 "표현 수단들" 사이의 관계들과 관련해서 잘 알고 있다. 그 어떤 말로 언급되지 않았을 때조차 우리가 사유하는 것이 의식에 도달하는 것은 바로 단어들의 연속 속에서 그것이 형성되고 구체화될 때이다.

우리가 존재하는 방식, 동일한 세계 속에서의 사물들뿐 아니라 타인들과의 공존으로 이해된 우리 현존이 구조화되는 방식은 우리 주변과, 또 우리가 태어나자마자 집단적 기억의 형태로 객관화되어 있다고 생각되는 것과 연결되어 있고 사용 규칙을 가진 사물들과 연결되어 있으며 우리의 역할과 위상을 고정시키는 제도와 연결되어 있다. 그래서 우리 삶을 엮어가는 관계들, 인간답게 존재하는, 우리의 고유한 방식이 표현되는 관계들은 우리의 기술 수단들의 전체가 속하는 그 "매개자들"의 원리 혹은 원천이자 결과이다.

인간 활동의 결과 아래 윤곽이 드러나고 우리를 둘러싸고 있는 것과 우리의 관계를 구체화시키는 매개물들의 한 중요한 측면을 반복해서 강조해야만 한다. 인간 활동의 산물로 생산되는 것은, 분리되어 있건 아니건 간에 서로에게 의존하고 있는 요소들의 수집으로 결코 환원될 수는 없다. 오늘날, 우리는 모든 언어가 각각의 분석 수준에서 각 단위들이 (체계가 항상 열려 있을 뿐 아니라 항상 불일치들 및 분열로 이끌고 갈 요인들을 담지하고 있을 때조차) 상호적으로 결정되는 하나의 체계 — 혹은 체계들의 구조물 — 로 나타남을 잘 알고 있다. 바로 그 체계에서부터 우리 사유가 윤곽을 드러내고, 말이 형성되기 위해 필요한 것을 차용해 오는 전체를 우리 말이 변화시킬 수 있음에도 불구하고 바로 그 체계로부터 우리의 말은 조직화된다. 어떤 능변가도, 자신이 완벽하게 다룰 수 있는 어떤 언어로 스스로를 표현하는 데 능숙한 그 어떤 사람도 자신이 사용하는 단어들의 유의미한 힘이 근거하고 있는 관계들 전체를 인식하지 못하며, 그것을 인식한 이후에도 그가 말하고 있는 언어의 문법과 구문법을 따르면서 그가 존중하는 규칙들을 분명하게 설명할 수는 없다. 우리는 특히 우리의 담론을 기록하기 위해 그 문법과 그 구문을 배울 필요가 있으며 그러한 인식은 대개 모국어를 이미 복잡하게 숙달시키고 난 후에야 가능하다.

변화되어야 할 것은 변화시켜야 하는 법이다. 그것은 우리 도구에 있어서도 마찬가지이다. 장비들의 "고도의 복잡성"의 정도는 일단 배제하고, 어떤 결정된 사회 속에서 이용할 수 있는 기술 장비들을 포함시킬 수 있을 정도로 넓은 의미에서 그 용어를 취한다. 언어처럼 도구 역시 모든 기술 장비가 통합될 수 있는 전체를 가리키며 그것은 그 요소들 각각을 조건짓거나 그 요소들 각각이 서로를 조건짓는 것과 같다. 달리 말해서 언어와 마찬가지로 도구는 체계로 구성되는 경향이 있다. 어떤 도구(혹은 기계, 혹은 망)도, 그것의 제작과 의미 부여를 조건짓는, 다시 말해 알려진 방식들 및 다른 기술적 대상들에 대한 그것의 보완성에 따라 적합한 사용 범위를 조건짓는 모든 맥락을 배제한 채 고립시켜 생각할 수는 없다. 단어의 언어적 "가치"가 그 속에서 획득되는 언어를 알지 못하는 자 누구에게나 한 단어는 일련의 소리에 불과할 뿐 아무런 의미도 없는 것처럼, 하나의 도구도 어떤 테크놀러지 전체 속에서 "이해되지" 못한다면 그것의 사용 목적에 따른 기술적이고 조작적인 대상의 지위를 갖지 못할 것이다.

도구는 체계의 특징을 가지고 있는 기술 환경 속에 통합되어 있고, 기술 질서 속에서의 그것의 작용력은 동일한 "기술 환경"에 속하는 모든 것과 그것이 점차적으로 맺어 가는 관계들과 관련되어 있다. 어떤 주어진 사회 속에서 인간들 — 그리고 오늘날 전세계적 규모의 특징을 갖는 기술들과 "관련되어 있는" 인간들 — 이 사용하는 도구는 조직화와 발전의 내적 법칙들에 근거하며 특유의 정합성을 가지고 있다. 결론적으로 기술 수단들 전체는 인간들의 활동, 그것들의 조건 그리고 그것들의 결과에 의해 형성된 다차원적 전체성을 구성하는 것 가운데서 다소 강조되는 어느 정도의 자율성이 주어져 있는 것처럼 보이는 경향이 있다.

도구 집합은 그것의 구성 요소들을 이용하기 위해 요구되는 능력들의 획득 수단과 방식을 포함하고, ("장애"의 예에서처럼 그 진단과 제거 덕분에) 그것들의 규칙적인 기능과 발전을 보장하는 내적이고 역동적인 규제를 생산하는데, 그 도구 집합의 구성 요소들의 상호 의존은 우리가 습관적으로 사용하고 있는 테크놀러지라는 용어에 충분한 의미를 제공한다. 사실 그것은 강력하게 통합되어 있고 충분히 자율적인, 그런 유형의 집합들(그것들이 고유한 법칙들에 의존하고 있는 내적 질서를 나타나도록 한다는 엄밀한 의미에서 말이다)에 관련된다. 우리가 어떤 상호 의존 속에서 전자공학, 정보학, 원자핵공학, 그리고 부호의 제어와 처리, 무기無機 재료들처럼 극단적 조건들에 저항하는 재료들의 생산, 공간 탐사를 위해 요구되는 계산과 능력 속에서의, 게놈의 탐구와 유전자 조작에 필수 불가결한 설비의 정밀성과 정확성 속에서의 새로운 "도구들"의 다양한 폭을 결합시키는 복합체를 가리키기 위해 선진 테크놀러지에 대해 말할 때, 우리는 그런 유형의 집합들에 준거하고 있다.

우리의 지각과 행위의 자연적 수단들을 끝없이 넘어서는 것, 모든 경우에 있어 정보를 다루는 기계들과 결부되어 있는 미세한 차이들의 탐지를 가리키는 판별력, 또는 고도의 에너지 사용을 함축하는 차원의 "첨단" 테크놀러지들은, 그 요소들 각각에 의존하고 있으면서 그것의 생산들이나 적용들의 각각에 자기 흔적을 강요하는 어떤 동일한 과학 기술의 집합 속에서 연결되어 있다.

그러한 통일성과 상호 의존성은 테크놀러지의 진보라는 요청에 따라 가시화된다. 그것은 미래학의 노력들, 목적들의 프로그램화 그리고 예산의 할당 속에서 강력히 요구될 뿐만 아니라, 정치적인 일반 문제들 속에서 그 중요성이 증가하는 과학 기술 발전에 대한 정치적 책임의 요구 속에서도 강력히 요구된다. 그러나 아주 흥미롭게도, 우리 기술의 진보를 함축하는 총체적인 "움직임"을 지적하기 위해 테크놀러지라는 용어를 사용하는 것은, 선사학자들이 올뒤바이엔기期, 무스테리엔기 혹은 솔뤼트레엔기의 생업industrie을 말할 때 생각하는 수단들 및 형태들의 복합체를 지적하기 위해 그 엥뒤스트리industrie라는 용어를 사용하는 경우에 그들이 자발적으로 사용하는 의미를 다시 확인하게 해준다.

아무튼 우리는 그것의 지시, 내적 정합성 그리고 자율성의 양상들 자체를 통해 드러나는 하나의 동일한 집합의 모든 구성 요소의 연계성에 주목한다. 그 구성 요소들의 관계에 기초하고 있는 집합은 그것에 속하지 않는 것과의 차이가 드러나도록 한다. 따라서 그것은 그것의 생산물 각각에서 숙련된 눈에 의해 읽히는 자기 고유의 정체성을 전파시키는 것과의 차이가 드러나도록 한다. 그러므로 기술 수단들 전체 — 르루아–구랑의 표현에 따르면 기술 환경[4] — 가 그것의 고유한 문화적 맥락에서 분리될 수 없고 그것에 외재하는 것과의 충돌 및 교환에서 분리될 수 없을 때조차, 체계를 형성하거나 그것의 내적 법칙들에 따라 그 자체로 조직되고 발전되는 경향을 갖는 것이 오늘날만의 일은 아니다. 여기서, 그것의 최초 사용 조건에서 멀리 떨어져 차용한 것의 방향 전환에 의해 "낯설게 된 것"을 통합하는 능력들과 동시에 동화되지 않은 채 채택된 것의 불안정하고 파괴적이기까지 한 결과들을 강조하기 위해, 한 기술 환경에서 다른 기술 환경으로 기술 수단들, 도구들 및 재료들을 이전하는 어려움과 때때로 그것의 예기치 못한 결과들로 다시 되돌아가야만 한다.

분명히, 기술 수단과 기술 활동 전체의 뒤에서는 훨씬 더 오래된 토대를 복구해야 한다. 그 토대 밖에 기술성의 심오한 의미가 숨어 있을지도 모르겠다. 어떤 의미에서 기술, 즉 좀더 과거의 우리 조상들의 기술과 그로부터 간격 없이 파생된 우리 기술은, 우리가 상기시켰듯이 환경의 점유 능력에 뿌리박고 있다. 그리고 르루아-구랑에 의하면[5] 최초의 생명 조직들로부터 특정 환경의 개발 수단들과 방법들의 다양화에 의해 표현되는 자연 환경과의 효과적인 접촉을 추구하는 데까지 거슬러 올라가야만 한다. 아메바의 위족僞足에서부터 일련의 발톱, 집게발, 가늘고 긴 발, 송곳니까지, 더 장황하게는 아래턱뼈의 장치나 곤충들의 다리 끝을 상기하지 않더라도, 생물학적 진화는 생명체가 내부 환경과 외부 환경의 차이 유지를 통해 자기 고유의 정체성을 지키도록 하는 외부와의 교환 흐름들이 유기체와 그것의 환경이 맞닿는 면에서 이루어지는 방식들의 증가를 표현한다.

인간 기술은 무無로부터 생겨나지 않는다. 그것은 우선 생명체의 존재 방식에 내재하는 어떤 필연성인 바를 연장하고 확장한다. 그러나 이런 연장은 새로운 불연속적 현실 질서를 등장시킨다. 불연속성은 유기적이거나 기술적인 형태들의 생산이나 재생산을 위해 요구되는 정보 전달 매체와 정보 전달 방식을 보면 명백하다. 게놈이라는 "종의 기억"에, 인간 세대들이 전통이라는 방식으로 서로 전달하고 민속학자들이 문화라고 명명하는, 상징들, 몸짓 모델들, 리듬 있는 연속들, 의식들 및 유형화된 대상들로 이루어진 기억들이 중첩된다.

그러한 불연속성에 실재적인 것의 새로운 구조화 방식 — 구성 요소들의 특징들로 환원될 수 없는 특징들을 나타내는 체계들, 안정화된 집합들 속에 통합시키기 위해 앞선 것들을 이용하는 새로운 실재 형태들 — 의 출현 가능성이 이식된다. 특히 이러한 특징들은 그 형태들이 그것들의 주변과 발전시킬 수 있는 관계 능력들에 근거하고 있다.

소리 부호들의 경우도 마찬가지이다. 인간이 사용함으로써 소리 부호들은 한 언어 속에서 포넴[6]들의 집합으로 통합된다. 그 언어 속에서 소리 부호들은 그것들의 사용과 승인이 요구하는 무거운 강제들을 겪으면서 말한다는 것parler이 의미하는 모든 바를 의미할 수 있게 된다. 우리는 우리의 표상 및 의사소통 방식이 발전되는 언어적 매개가 그렇게 구성됨을 알 수 있다.

도구 집합을 구성하는 기술 요소들에 있어서도 마찬가지이다. 우리는 그 도구 집합이 도구들, 수단들 그리고 그것들의 사용을 조건짓는다는 것을 도구 집합을 통해 알고 있다. 인간들이 칼, 도끼, 대석臺石, 압착기 그리고 컴퓨터를 제작할 때도, 모든 도구는 다른 도구들로부터 파생된다. 모든 도구는 도구 그룹에서 생겨나며 기술 그룹에 속한다.

기술 수단들은 상호 조건화가 기초를 이루는 어떤 집합 속에서 질서잡힌다. 그 상호 조건화는 인간들과 그들의 환경 사이의 체계적인 매개를 형성한다. 그 "기술 환경"은 그것의 기원에서부터 그것의 어떤 고유 추진력에 의해 변화된다(또한 우리 자신의 기술 세계와 "다른 곳의" 또는 "이전의" 기술 집합의 가장 큰 안정성 사이의 대비와 관계된 외관들에도 불구하고 그러하다). 그것은 확장의 추진력이다. 그것은 300만 년 전에 등장한 최초의 톱니형 돌 이래 지구 표면에서 인간들이 전체적으로 사용해 온 수단들의 역사의 추진력에서부터 제법 장기간 동안 결정된 어떤 문화 영역에 속하는 기술 발전의 연구를 거쳐 최근 30여 년 동안의 정보 폭발의 추진력에까지 다양한 수위에서 읽혀질 수 있다.

그러한 추진력은 기술 형태들, 그것들을 작동시키는 수단들, 사용

주기에 통합되는 재료들의 다양화에 의해 표현된다. 그 다양화는 일반적으로 점차적인 축소화라는 경향을 동반한다. 증가하는 에너지 수위의 동반과 점점 더 정밀해지는 활동의 점점 더 세밀해지는 통제와 함께 말이다.

분명 그 추진력은 그것의 일반성 속에서, 또 경제적이거나 전략적인 요소들에 의한 그것의 다원적 결정을 넘어, 가능성의 질서와 기술이 맺는 관계들로부터, 기술 행위에 있어 본질적 가치인 효율성에 대한 관심이 가하는 압력에 근거하여 이해되어야 한다. 가죽을 다루는 장인뿐만 아니라 그들 사회에서 사용하는 배의 전통적인 유형에 일치하는 배 바닥을 만드는 자의 그러한 관심, 그리고 우리의 자동차 공장이나 항공기 제작자의 기술 연구실의 분명한 원칙은 살아 있는 형태들의 역사가 보여 주는 상호 작용과 교환을 강화시키는 접촉의 추구와 동일선상에 있다.

그러나 인간의 기술성이 시작된 이래 착수되어 온 과정의 차원에서 다음의 사실과 연결될 때만 그 관심은 결실을 맺는다. 기술은 사실상의 현실화보다 훨씬 더 큰 가능성을 생산한다는 사실 말이다. 보다 분명히 말하면, 그것은 다양한 리듬을 따르고 있음에도 불구하고, 현실적 실현을 넘어 어떤 잠재성의 후광처럼 구성되는 가능성들의 지평을 지속적으로 재생시킨다. 각각의 테크놀러지적 진보는 도래할 가능성들의 새로운 지평 및 가능성들의 가능성들의 새로운 지평까지도 펼쳐 보인다. 현실 결과들에서의 성급한 일반화에 의해 실현될 수 있을 것처럼 어렴풋이 엿보인 가능성들에 여전히 근접할 수 없는 것, 하지만 때때로 단순히 꿈꾼 목적의 특징을 가진 것이 덧붙여진다.

그런데 새로운 가능성들의 모든 출현 — 예를 들어 어떤 새로운 수단의 예측 가능한 적용들의 폭 — 은 인간들의 욕망, 표상 및 노동의 동원을 관통해서, 그리고 세계의 지속적인 개발의 토대 위에서 실현되는 경향이 있다. 게다가 우리가 속한 사회 속에서 나타나는 것, 예를 들어 우선적 프로그램과 같은 것을 위한 집단적 자원들의 동원을 덧붙여야 한다.

다양한 기술 환경들과 마찬가지로 총체적인 기술에 내재하는 내인內因적 추진력의 조망 아래 고려된 기술 발전은 두 개의 주요한 원천을 가지고 있다. 첫번째 원천은 인접한 영역들 속에서 직접적으로 실현될 수 있는 어떤 진보에 대립하는 장애물들의 약화에 있다. 사실 모든 기술 환경에는 저해 요인이 존재한다. 어떤 수단의 불완전성 혹은 그것에 대한 무지, 어떤 적합한 재료에 대한 신뢰 결여, 혹은 그 재료의 부재가 기술 진보를 방해하고 어떤 사회가 이용하는 수단 체계의 침체 현상을 야기하는 것이다. 베르트랑 쥘에 의하면,[7] 고대 그리스에서 질 좋은 주철을 얻을 수 있는 수단들에 대한 무지가 그와 같다. 그것은 바로 사회적 요인들에 대한 통상적 의존이 충분한 해명을 제공하지 못하는 어떤 침체 현상에 대한 설명 가운데 하나일 것이다. 저자에 의하면, 선택적이고 단선적인 운동에서 지속적이고 순환적인 운동으로의 이행을 가능하게 하는 메커니즘, 즉 구동축 장치가 부재한 경우도 마찬가지이다. 그 구동축 장치에 대한 최초의 구상은 유입과 관련되어 있거나 우리 조상들의 실잣는 일의 등장과 일치했다. 게다가 그같은 구동축–크랭크축 장치는 기나긴 기술 계보의 발전 원리가 되고, 19세기 증기 기관차 바퀴의 완전히 표면적인 연동 시스템과 더불어 구경거리가 될 정도로 눈에 띄게 되었음을 덧붙일 수 있을 것이다.[8]

다른 관점에서 기술 환경 속에 존재하는 가능성들에 족쇄를 채우는 "국부적" 빗장들의 존재는, 사람들이 말하듯이 그것들을 열고자 하는 목적에서 연구의 강력한 동인 중 하나가 된다. 우리 자신의 테크놀러지적 수단들의 범위 안에서 한계 조건 내의 사용 강제에 대처하는 재료들의 부재는 "새로운 재료들"에 대한 관심들, 특히 무기 재료 제작에 대한 관심의 원천이다.

그래서 총체적으로 고려된 기술 장비들의 공백이나 취약성에 초점을 맞춘 인간들의 활동을 넘어, 조절의 강력한 내적 요소들은 기술 진보가 가능할 수도 있는 바로 그곳에서 그 기술 진보를 중지시키는 "국부적" 장애물들의 범람 덕분에 잠재적 성장의 추진력을 보장한다.

두 번째 원천(그것은 사실 첫번째 원천과 추상적으로 구별될 수 있다)은 어떤 수단이나 재료의 사용이 사용의 최초 조건에서부터 펼쳐지는 중에 있다. 따라서 그 원천은 그것의 사용이 가능한 사용들의 전체로 점차 확장되는 중에 있다. 계보는 때때로 장기간 연구되기도 하지만 포착되지 않을 수도 있으며, 게다가 예기치 못한 길을 향해 나갈 수도 있다. 이미 인용된 사례의 경우도 그러하다. 그것은 중세 시대의 물레 획득의 연장에 우리 증기 기관의 기계적 전달 체계와 우리 자동차들의 연결봉을 위치지운다. 더 최근에, 또 요 근래에는 외과 의술에 레이저 방사, 야금술을 적용하거나 대단히 정밀한 유도 장치에 원격 탐지 기술을 적용하는 것에 주의를 기울여야 할 것이다. 제한된 사용의 범위 내에서 국부적으로 등장하는 모든 것은 최초의 적용과는 너무도 동떨어진 사용 영역들 속에서 예기치 못한 효율성을 드러내도록 만드는 수단으로 전파되는 경향이 있다.

그러한 고찰들은 아주 일반적인 중요성을 갖는다. 즉 새로운 장비가 제공하는 새로운 가능성들, 새로운 수단, 새로운 재료는 최초의 영역에서 멀리 떨어진 영역들 속에 등장하는 수단들의 풍부한 다양함 속에서 실현되는 경향이 있다. 르루아-구랑이 순환적인 지속 운동에 대해 썼던 것을 여기서 생각해 보자. 그것은 "두 가지 경향으로 나누어진다. 하나는 질량을, 다른 하나는 속도를 향해 가고, 하나는 낙차와 풍차에, 다른 하나는 물레와 실 감는 기계에 이른다. 그리고 하나를 소유하고 있는 민족들은 다른 하나를 얻었다. […] 회전숫돌, 도기 제조공의 선반, 나무 선반, 수차水車, 물레, [방적기의] 실감개 그리고 수레가 같은 그룹 속에서 공존하기 위해서는 지속적인 기술 환경의 개념이 절실히 요구된다."[9]

그 기술 환경은 스스로 완성되는 경향이 있고, 그러한 경향성 자체는 새로운 개방을 등장시킨다. 물론 그러한 추진력의 자발적 이용은 우리 사회 속에서 기술 혁신의 리듬에 의해 표현된다. 그 기술 혁신의 리듬은, 더 큰 보편성 속에서 포착된 인간 기술성에 의해 구조화되거나 재구조화된 세계의 본질적 특징들 속에 심오한 통일성이 존재할 수 있음을 우리에게 숨기고 있다.

이 모든 것은, 우리가 필요에 따라 이용하는, 눈에 띄지 않는 물건들의 집합을 훨씬 넘는 이 기술이 체계화되는 경향이 있다는 것을 다시 강조하게 한다. 그 체계의 조직, 규제 및 발전의 내적 방식들은 인간 활동들에 어떤 잘못 지각된 영향력을 행사한다. 어떤 의미에서 인간 활동들은 기술 "수단들"의 체계적인 집합에 연결된 강제와 가능성의 작용에 의해 갈망되고, 집중되며, 추진되는 것 같다. 도구 집합이 자연적 현실(과 인간적 현실)에 미치는 영향에 의지하면서 그들의 몸짓들에 효율성을 부여하려고 노력하는 한에서 인간들은 도구들이나 기계들을 사용하는 만큼 기술 체계에 "봉사"하게 된다. 사실, 그들의 실천은 추구된 결과를 획득하는 것을 넘어 세계의 소유 능력이 의존하고 있는 그 "기술 환경"을 내적인 요구에 따라 강화시키는 데 기여한다.

여기서 자크 라피트 같은 기술자 겸 공학자들, 르루아구랑과 같은 선사학자들, 베르트랑 쥘과 같은 역사가들, 또 쥘베르 시몽동과 같은 철학자들에게서 너무나 일치하고 있는 분석들을 빌려야 할지도 모르겠다. 그들은 그 분석들을 통해, 한편으로는 기술 대상들이 형태 발전에 내재하는 어떤 논리를 드러내 보이는 주된 방향에 따라 시간 속에서 어떻게 연속되는지, 또 한편으로는 동일한 도구 집합의 다양한 "조각들"이 하나의 동일한 공시적 집합 속에서 어떻게 연결되어 있는지를 보여 주었다. 바로 거기에 훨씬 더 매혹적인 탐구 영역이 존재한다. 우리가 습관적으로 "역사"로 간주하고 있는 것보다 훨씬 더 기나긴 역사의 양끝에서 기술 현상들의 놀라울 정도로 유사한 표현들이 재발견되고 있는 만큼 더더욱 그러하다. 특히 르루아-구랑이 구석기 시대를 따라 타제 석기들의 발전을 분석할 때, 또 시몽동이 내연 기관의 역사 혹은 트랜지스터에 의해 대체되기 전에 전파 공학에 이용된 진공관의 역사를 서술할 때가 바로 그 경우에 해당한다.

인간 기술성이 드러나는 도구 집합의 공시적 통합이나 통시적 발전의 내적 방식들은, 총체적인 기술 현상들 속에서 개인이나 집단에 의해 취해진 몫이 어떠하건, 인간 동작주들의 행위는 인간들이 행하는 것을 하고 획득하고자 하는 것을 추구한다는 자각과는 너무나 거리가 있는 요인들에 의해(분기나 일탈을 배제하지 않는, 비록 유연한 방식이라고 할지라도) 조종되고, 방향지워지고 집중되는 것 같다는 것을 분명하게 보여 준다. 그들의 표상과 몸짓이 틀 속으로 자리잡으러 온다. 더 분명히 말하면, 장소와 시간의 기술 능력들에 대한 고려 하에 제공되는 가능성들의 탐색과 개발에 의한 세계 소유의 내적인 요구들에 의해 지배되는 영역 속으로 자리잡으러 온다.

장기간에 걸쳐 자리잡는다는 것을 분명히 해야 할 것이다. 바로 그 장기간에 대한 고려가 선택에 대한 전망, 기술 발전에 속하는 발명과 혁신을 변화시킨다. 기술 매개 속에서 개인적이고 집단적인 실천들을 시작하고 자리잡게 하며, 그러한 실천들은 기술 매개에 의해 존재하게 됨을 분명히 해야 할 것이다. 우리 시대에는 그런 의문이 순수하게 이론적이지 않다. 그것은 틀림없이 우리 습관의 미래와 우리의 존재 방식에 대한 사유에 있어 아주 중요하다.

선행하는 것이 지평을 구성하고, 그 지평 위에서 기술이 자리잡고 있는 "지점"을 분석하는 것은 그것[기술]이 인간 속의 본성(생물학적이고 자연적인 형태 발생들의 유산)과 환경으로서의 자연 사이의 매개자로서 구성되고 펼쳐진다는 점에서 모든 의미를 갖는다. 자연 환경과의 지속적인 교환은 모든 생명에 필수 불가결한 물질과 에너지 흐름의 형태로 이루어지며, 그 물질과 에너지의 흐름은 단순한 생명체의 현존에 속하는 강제들로부터 자유롭다. 사실 "기술 수단"의 표현이 의미를 갖는 것은, 그 덕분에 인간 사회가 사물들과 자연적 존재들에 대한 영향력을 확보하는 장비들이라는 그 보조적 "매개물"의 체계성과 역동성에 속하는 특징들에 근거하기 때문이다. 그 의미는 아주 환원적인 해석에 의해 지시되며 동시에 감춰져 있다. 그러한 해석이 주어지는 것은 그 의미가 그것에 할당된 목적과 더불어 형성하는 양극들 중 하나로 나타날 때이다.

그때 수단은 주어진 것과 의욕된 것, 실제적인 것과 가능한 것 사이에 자리잡고 있는 것이다. 가능한 것이 실현될 수 있는 한에서, 또 기술에 의해 효과적인 것이 된 몸짓이 그것을 기대에 부합해 실현될 수 있도록 하는 한에서 말이다. 우리는 그처럼 이루어진 매개 위에서 취해진 전망의 제한된 특징으로 되돌아가지는 않을 것이다. 그것의 "수단"이라는 상황은 도구(그리고 그것의 현존과 사용을 조건짓는 모든 것)를 "사물들," 타자들, 그것의 총체적인 세계, 게다가 그것 자체와의 관계들을 조직화하는 다차원적 중심으로 만든다. 그 작용력은 생산물의 형태가 부여될 것으로 기대되는 재료, 원료로 지각된 것을 제작·변형시키는 몸짓에 주어진 효율성을 훨씬 넘쳐난다. 즉 기술적 매개는 그것에 고유한 요구들과 그것이 열어 보이고 또 엿보도록 내버려두는 가능성들의 후광에 연결된 특별한 강제들을 담지하고 있다.

기술 활동이 인간사에서 중심 자리를 차지하게 될 때 ─ 우리 사회가 그 경우이다 ―, 그것은 동시에 효율성의 특징 아래, 효율성이라는 목적의 특징 아래 우리 현존의 지평을 구성하는 것과 우리의 관계에 있어 본질적인 것을 배치하도록 인도한다. 그래서 그것은 각자 세계와의 관계에 있어("기분 전환"이나 "보상" 수준의) 다른 차원들을 숨기기는커녕, 적어도 부차적인 것으로 나타나도록 하는 경향이 있다. "행하기"보다는 "즐기는 것"에 속하는 것, 사물들의 실제적인 지배보다는 의미의 상징적 추구에 속하는 것이 그러하다. 인간 사회의 조직과 경영에 있어 그러한 기술자적 "합리성"의 결과들은 수없이 분석되었으며 공공연히 고발되고 있다. 상황과 전망의 합리적 분석과 관련된 선택의 적정화를 거부하면서, 그리고 그렇기 때문에 사건들의 흐름을 불확실한 요인들 혹은 순간이나 개인들의 변덕에 내맡기는 것을 심각하게 문제삼지 않으면서 말이다. 그때 사람들은 어떤 상황의 구성 요소들을 지배할 수 있게 하는 수단들을 사용하거나 사용할 수 있는 것처럼 보인다.

인간과 사물의 관계, 인간과 공간의 관계, 인간들 사이의 관계 전체로의 "기술성"의 외부 한계 없는 점차적인 확장을 자크 엘륄은 지나친 일반화를 행하지 않은 채 "기술자적 체계"라고 묘사했다. 그것은, 객관적 인식의 토대 위에서 수단을 목적에 엄격히 종속시킴과 동시에 수단이 행할 가능성을 제공하는 것의 토대 위에서 목적들을 결정하도록 이끄는 것과는 "다른" 합리성의 형태에 속하는 것을 우리 기술 체계에 의해 식민화 혹은 흡수하는 것을 가리킨다.

수단과 목적의 그러한 봉쇄는, 미리 결정된 목적들의 실현을 가능하게 하고 개인과 집단이 사용하는 기술 능력, 또는 더 정확히 말해서 기술 환경이 그들에게 제공하는 기술 능력에 앞서, 혹은 그 능력들 밖에 존재하거나 존재할 듯한 개인과 집단의 열망들을 가리키는 매개적 역할로는 기술적 매개자를 축소시킬 수 없음을 명백하게 드러낸다.

그런데 구체적으로 말해서, 수단보다 시간상으로 선행하는 표상이나 욕망은 존재하지 않는다. 여기서 수단의 추구나 사용은 시간상으로 두 번째 일 ― 원하는 것과 그것을 획득할 수단을 관계짓는 것 ― 이 될 것이다. 스토아 학파의 글을 강독한 데카르트가 너무나 잘 알고 있었던 것처럼, 우리는 가능해 보이는 것 이외에는 결코 그 무엇도 진정으로 욕망하지 않는다. 가능한 것과 그 실현 사이에 존재할 수 있는 한에서 말이다. 개인에게 있어 그것은 사실이다. 국가에 있어서도 그것은 사실이다. 그렇기에 의학의 진보 속에서 해독된 테크놀러지(생명공학)의 가능성을 기대하면서, 또 인간을 치명적인 결과로 이끄는 질병에 대해 현재 부재하는 치료 수단을 고대하면서 사후 냉동 보관을 위해 거액을 퍼붓는 사람들의 리스트가 존재할 수 있다. 보다 심각히 말하면, 우리를 지구 중력으로부터 해방시킬 수 있는 공간적 매개물의 가능성이 달에 가려는 욕망이나 태양계를 탐사하려는 욕망을 어마어마한 비용과 엄청난 수의 기술자들의 노력이 동원된 하나의 목적으로 만들었다. 우리의 조건을 조명하기 위해 인용한 보기들에서, 모든 일상적 삶은 소위 개인적이고 집단적인 열망들을 집중시키는 기술 수단들의 상태에 의해 조직된다.

기술이 체험에 의미를 제공하는 가능성들의 지평의 항상적인 쇄신이라면, 바로 그 사실로부터 그것은 우리의 기대들, 계획들 ― 그리고 우선은 우리의 욕망들, 필요들 ― 의 결정에 기여한다. 인간인 바와 인간에게 할 수 있는 힘을 제공하는 것 사이의 상호적 외재성은 존재하지 않는다. 한편으로 우리가 우리를 둘러싸고 있는 것과 그 속에서 공존하는 조건들에 독립해서 우리일 수 있는 바 속에, 또 다른 한편으로 우리 재량에 달려 있는 것, 즉 우리 목적들 "밖의" 수단들의 완전한 중립성 속에 미리 형성되어 있는 필요나 욕망이 존재한다는 것은 사실이 아니다. 우리는 우리의 수단으로 신체와 영혼을 만든다. 물론 우리가 세계와 우리의 관계 차원으로 환원되지 않을 때조차, 그리고 특히 우리가 그것에 대해 가지는 자각이 모든 지혜의 중심에 있는 그 거리 두기를 허용할 때조차, 우리는 자발적으로 기술 체계에 통합되어 있다. 그 기술 체계는 우리 현존을 조건들의 작용 속에서 주조할 그 내적 조절들에 의해 자극받는다. 그 조건들은 그것 자체의 발전을 허용하며, 동시에 우리 활동들이 효율성의 특징 하에서 우리에게 가능하고 바람직한 것, 욕구할 만하고 실현될 수 있는 것처럼 보이는 것의 현실화 속에 자리잡는 한 그것들의 적정화를 보장한다.

환각의 매혹에까지 우리의 가장 내밀한 열망들과 그 만족을 비춰 보여 주는 도구 집합을 결합시키는 내적 관계에 대한 그같은 언급을 뒷받침하기 위해서, 당사자들이 노력하겠다고 자유롭게 동의하는 것을 조건으로, 무미건조한 고문실과 우리의 제어권을 나타내는 다양한 지시등들이 그 위에서 깜박이는 계기판 사이인 이 중간을 차지하고 있는 장치들 덕분에, 시간의 공격에서 충분히 벗어난 꿈을 조각할 수 있도록 만들어 주는 중장비들을 생각하는 것이 틀림없이 부적합하지만은 않을 것이다.

그래서 현대적인 형태의 기술은, 수단들이 연결시키는 두 측면에 대한, 충분히 회귀적 가치가 있는 조명 가능한, 시사적인 힘을 가지고 있다. 우리가 그 수단들을 자유로이 이용할 수 있게 해주는 듯하지만, 기술은 그 수단들을 통해 우리를 기술자의 세계 속에, 다시 말하면 기술자적 힘의 영역 속에 배치시킨다.

그 두 측면들 중 첫번째는 우리인 바와 관련되고, 두 번째는 우리를 구성하고 있는 것과 관련된다. 모든 현존에 대해 그것이 본질적으로 공존이라고 말할 수 있다면 그 두 측면은 구분될 수 없다. 즉 경우에 따라 때로는 물질로, 때로는 에너지로, 때로는 정보로 표현될 수 있는 것이 영원히, 또 빈틈없이 서로 교환되는 어떤 세계 속에 자리잡는 것이 바로 공존이다.

그 측면들 가운데 첫번째와 관련해서, 그 점을 결론짓기 위해 소위 인간의 공존 형태에 속하는 관계 방식에 따라 인간 현존으로서의 우리 현존이 두 가지 정보 원천의 만남과 충돌 속에서 그려짐을 상기시키는 것으로 우리는 만족하고자 한다. 즉 그것은 계통 발생과 개체 발생의 이중적 차원에서 고려된 자연적인 형태 발생들로부터 기원한다. 또 그것은 우리가 행하는 몸짓과 기호로부터 세계에 도래하지만, 동시에 우리가 소유하고 있는 의식 밖에서 객관화되고 자율화되며 스스로 조직되는 것으로부터 기원하는 것이기도 하다.

그 측면들 가운데 두 번째와 관련해서, 실재로부터 구분되는 모든 형태에 대한, 즉 우리가 한정된 경험을 가질 수 있는 모든 것에 대한 두 가지 관점을 상기시키는 것에서 그치겠다. 그 사물들 각각, 그 개별적인 실재들 각각은 그것이 그 가운데 머물러 있는 것들과 구분되고, 우리의 기술이 영향을 끼침에 따라 생산물이 되도록 운명지워진 원료라는 이유에서 분리되고 추출되며 변형된다. 그러나 동시에 그것은 다소 안정적인 균형 상태에 있는 집합들, 체계들의 요소이다. 있는 그대로의 그것은, 우리가 자연적 질서라고 해석하는 항상성을 유지할 때 영향을 받고 영향을 준다는 두 가지 방식으로 그것이 참여하는 상호 작용과 조절의 망 속에 연루되어 있다. 인간의 과도함 이전의 조화를 드러내 보이는 듯한, 사물들의 자연적 성향의 "신성한" 특징을 성급하게 결론지어서는 안될 때조차, 우리의 개입 기술 능력들의 계발은 모든 것 가운데서도 특히 이 두 번째 측면의 명증성으로 우리를 인도한다.

우리가 인식하는 것, 우리는 그것을 우리의 감각 인상들에서부터 우리 가정들을 테스트할 목적에서 이성적으로 질서 정연한 우리 실천들의 결과에까지, 우리가 영향을 받는 방식에서 인식한다. 우리는 도구들에 기대면서 모형화를 야기하는 상호 작용을 토대로 하여 어떤 논리 정연한 과학을 발전시켰다. 그 도구들 덕분에 측정된 결과들은 한편으로 조절 가능한 조건 속에서, 또 한편으로 측정 결과들에 적용된 계산의 조작 능력 위에서 생겨날 수 있다. (사유 방식이 어떠하건) 우리가 실재로 간주하는 것에 대한 인식은, 우리의 측정 활동과 계산 활동이 이성적 계산 형식들의 발전으로 열린 모형들 속에 통합시킬 수 있게 만든 차이들로부터 발생된 조절된 개입 작용의 토대 위에서 우리의 행위 능력과 세계 탐지 능력이 맞닿은 면에서부터 구성된다. 이성적 계산 형식들은, 본질적으로 분석적인 실천들의 결과들이 그 속에서 자리잡는, 이해 가능한 배경을 제공한다. 우리의 물리학이 구성되었던 것은, 바로 "다른 관점에서 동등한 모든 것"을 유지하려고 애쓰면서 어떤 현상의 발생 조건들의 논리 정연한 조절로부터 이끌어낸 관계들의 체계적 탐구 위에서이다. 그 인식과 기술들을 연결시키는 본질적 관계 — 이중적 의미에서의 관계 — 는 우리의 기술 정보로서 우리 앎의 발전 양식과 연관되어 있다.

그러나 우리의 생산 능력, 즉 변형 능력의 총체성에 직면해서 물질계의 "실재"의 보완적 측면들이 나타난다. 체계성 속에서 지구 환경에 맞서고 있는 우리 수단들의 힘은 동시에 상호 작용의 구조를 드러낸다. 그 환경의 항구성과 취약성 또는 항구적인 질서처럼 보였던 것의 일시성, 혹은 우리가 영향력을 행사하지 못했던 생성은 그 상호 작용에 기초하고 있다. 그러므로 우리가 그 속에 개입하는 것과 그 항구성이 우리 생존 조건인 것에 관해서조차 기술적 매개물은 자연의 차원들을 나타나도록 만든다. 그러한 자연의 차원들은 그 기술적 매개물들이 적어도 부분적으로는 관계들을 구조화하는 두 대립항들 위에서의 폭로의 힘에 속한다. 우리 수단들이 우리에게 직면하게 만드는 도전들과 그것들이 전망을 열어 보이는, 지금까지는 전대미문인 가능성들은

우리 능력에 의한 자연 그 자체에 대한 조명을 더욱 분명하게 하도록
한다.

잠재력의 도전들

세 번째 의문은 그러했다. 우리는 우리 조건의 결정적인 요소를 형
성하는 데 협력하는 모든 영역들 속에서 회복된, 기술을 고려해야 할
처지에 놓임으로써 그 의문을 제기한 바 있다.

그러한 도전은, 장구한 역사에 비한다면 항상 일시적인 관점에 위
치한다. 그 역사는 총체적으로 또 불가역적으로 상승하는 곡선의 연속
성과 그 연속성을 나누는 굴절점들이 그리는 개별성들을 이어가는 것
이다.

작동하고 있는 연속성은 매개물에 의한 기술 장비들의 점차 가속화
된 잠재력 증가의 연속성이다. 인간 사회들은 그 매개물에 의해 초기
부터 우리 시대까지 그것들의 환경과 결부되고 그것들이 영향을 끼친
것을 소유하면서 그것을 개발해 왔다. 그 연속성은 200만 년 이상에
걸쳐 있다. 그것이 나타내는 가속화는, 주기화의 노력 속에서 선사학
이 이용하는 시간 단위들과 우리 자신의 테크놀러지의 변화의 리듬을
표현하기 위해 사용하는 시간 단위들을 비교할 때 표현될 수 있을 것
이다. 전자는 전기 구석기 시대[10]에 있어서의 기술 발전을 설명하기
위해 수억 년을 "끼워 맞춘다." 정보학의 최근 역사 속에서 단 몇 년
동안에 — 통상적인 것이 된 용어들을 다시 취하자면 — 컴퓨터의 "세
대"가 네 차례나 연이어 바뀌었다. 직전 단계는 십 년 단위로 셈하며,
시간을 거슬러 올라가면서 연대기적으로 테크놀러지 생성 단계를 경
계짓도록 하는 단위는 바로 세기와 천 년이다.

테크놀러지의 비약적 발전의 연속성, 예를 들어 르루아-구랑과 프랑수아 마이어가 유의미하다고 판단되는 요인들의 관계를 특권화시키는 곡선들 속에서 그것을 표현하려고 시도했듯이,[11] 그 연속성은 본질적인 우리의 존재 방식에 기술성을 밀접하게 결합시키는 관계를 드러낸다. 강조했듯이, 사회들의 다양성과 연속성을 관통하는 기술 수단들의 잠재력의 증가는 언어와 똑같은 이유에서(또 동일한 근본적 "인류학적 특징"에 속하면서) 우리와 동질적인 세계 간의 어떤 관계 유형을 표현한다. 그러한 덤불 모양의 정향定向 진화 형태의 연속성은 도구 집합의 전개가 개인과 세대를 어느 지점까지 지배하는지를 똑같은 경우로 보여 준다. 그것이 자연과 인간 집단들이 맞닿는 지점에서 효율성 추구라는 특징 아래 자리잡은 소유 수단들을 발전시키기 위한 인간 집단들의 어떤 긴장 효과로 해석될 수도 있겠다. 그러나 세계와의 자연적이고 인간적인 다른 관계 차원들 중에서 그러한 관계 차원이 계산의 조작성뿐만 아니라 실험의 조작성에 근거하는 새로운 인식 형태와 완벽하게 공생하면서 상징적 균형이 부재한 채로 전개되었던 것은 십중팔구 유럽에서 근대 초기에 등장했던 사회들 속에서였을 따름이다. 현대 기술은 그것과 우리 인간성에 있어 본질적인 것의 관계에서 그러한 풍부한 지속성의 토대 위에 위치한다. 그것은 석기들의 비약적 발전의 기초가 된 것과 동일한 추진력을 자기 식으로 표현하고 있다.

그러나 그 연속성에서, 기술 발전의 곡선 위에 이미 도입된 굴절점이라는 개념이 상기시키는 급격한 변화에 상응하는 특권적 순간들이 도입하는 리듬의 갑작스런 변화와 각운 나누기는 배제되지 않는다. 그렇기에 인간성의 국면에서조차 거의 침체적이라 할 긴 시기들과 상대적으로 갑작스러운 쇄신, 확장 그리고 혁신의 순간들이 존재했다.

여전히 그 "갑작스러움"을 상대화시켜야만 할 것이다. 사람들은 그것을 평가하기 위해, 신석기에서 구석기로의 이행, 야금술의 출현, 그리고 19세기 증기 기관의 "화력" 사용을 뒤쫓는 에너지 "혁명들"이나 우리 컴퓨터의 정보 저장과 정보 처리를 미리 가정하는 테크놀러지들의 출현과 관련된 연속적 변동을 참조함에 따라 시간의 표준 단위를 정하는 데 있어서도 동일한 길이를 재발견하게 될 것이다.

발전하는 유산의 연속성의 토대 위에 있는 특별한 순간들은 그것이 발생하는 사회들의 총체적인 역사 속에 이중적으로 위치한다. 그 순간들은 그 맥락의 변동들과 연결되어 있고, 그것들이 전개되는 사회·문화적 집합의 강력한 변화 요인들과는 동일한 운동에 속해 있다. 그 순간들은 사회·정치적 영역의 재구성뿐만 아니라 표상의 재구조화에 참여하고 세계와의 관계를 변화시키며, 게다가 아마도 희망과 공포가 그 속에서 투영될 미래에 참여한다.

근대성의 굴절: 우리의 유산

우리가 그렇게 후퇴의 부재라고 판단하는 이상, 우리는 그같은 순간과 동시대적이다. 그러나 그 순간은 근대성의 출현과 더불어 제자리를 잡게 된 것에서 이해될 수 있을 따름이다. 근대의 출현과 더불어, 그리고 그것을 준비했던 근본적이고 지속적인 움직임을 무시하지 않으면서, 자연 및 신과의 관계뿐만 아니라 과거 및 미래와의 관계에서의 너무도 갑작스러운 재구조화는, 그 성공 자체가 그것의 미래로의 투사를 통해 직면한 한계들에 대한 인식에 근거할 때조차, 우리가 의존하고 있을지도 모르는 어떤 새로운 추진력을 작동시키기 시작했다. 제도들과의 관계 변화로 그것이 함축하는 바와 함께 말이다.

이미 언급된 연속성에 의해 분명해진 것처럼, 문제가 되는 시기는 틀림없이 기술 발전에 고유한 압력들과 방향들에 의해, 또 기술 도약이 위치할 모든 맥락으로부터 아직까지는 결코 어렴풋하게도 보인 적이 없는 상조相助 작용에 의해 특징지워진다. 그것은 세계적인 차원에서의 "난파자들의 행성"[12)]을 배제하면서(혹은 고려하면서) 서구 유럽 차원에서의 사회들을 구조화하는 중심이 되도록 하는 것이다. 그리고 자원들을 "이용하는" 수단들과 사회적 맥락의 측면에서 의미를 갖게 되는 "자원들"의 소유에 있어 효과적인 수단들을 추구함으로써 내부로부터 생기를 얻은, 기술 발전의 그러한 상조 작용은 간략히 언급될 수 있을 따름이다.

우선 그것은, 물리적 실재에 대한 제어와 인식을 결합시킴과 동시에 근대적 의미의 과학과 기술의 효율성에 대한 새로운 추구 방식을 기초짓는 관계 속에서 표현된다. 대수학과 관련된 계산의 이중적 조작성은 새로운 형식주의의 증식의 전조가 된다. 현상들의 연구와 그 생산 조건의 지배를 가정하는 실험 연구에 적용된 체계적인 측정에 의해 제공된 숫자 데이터들을 다룰 수 있는 과학은 자연 법칙 속에서 확립된 관계들의 노출에 사물들의 배치의 조작과 변형을 결합시킨다. 이론의 산물이자 인식 수단인 과학적 도구와 기계 장치의 차이는 본질이라기보다는 (밖에서 주어진) 목적성에 속하고, 동일한 운동에 대한 계산 그 자체는 하나의 동일한 합리적 망 속에서 관찰 결과를 연결시키고 그것들의 지배가 소망된 결과를 획득하도록 허용하는 수단들을 가장 적합하게 만드는 데 이용된다. 실험적-수학적 과학과 기술 사이에는 동질성이 존재하고, 물질적 상호 작용들을 지배하는 불변이며 도처에서 동일한 법칙들에 종속되는, 자연적 인과 관계를 조건과 결과의 관계들로 환원시킴으로써 발생하는 가능성들이 그 기술 앞에서 열린다.

그러므로 과거와의 관계, 또 미래와의 관계는 변화된 채로 있다. 견습을 통해 세대를 이어 전달되는 기술 정보에 대한 느리고 충실한 입문 ― 그것이 과거의 것의 변화로서 함축하고 있는 바와 더불어 ― 을, 아직까지는 결코 실현되지 못했던 장치들의 계산된 표상을 관통해 혁신의 추구가 대체한다. 생성의 의미는 변화된 채로 있고, 프랜시스 베이컨에서 콩도르세까지의 발전 개념의 대단히 점진적인 출현은 집단적 삶을 조직하는 지표들의 어떤 재조직을 나타낸다. 시민 질서와 제도들의 토대들은(물론 모든 유형의 투쟁들, 특히 신학적인 투쟁들을 관통해서) 다시 문제제기되고, 시민 관계의 계약 이론에서처럼 인간 관계들의 자연 상태의 어떤 재조직의 원리로서 인간의 의지를 등장시킨다. 사람들은, 예를 들어 군주가 평화와 안전의 유지라는 자신의 임무를 완수할 수 있도록 하는 기구들의 배치와 조직에 대한 토마스 홉스의 분석에서 어느 지점까지 기계에 대한 참조가 중요한지를 알고 있다.

　고유한 목적이 배제되거나 약화된 어떤 세계, 그래서 인간의 계획에 내맡겨진 채로 있는 세계 ― 인간의 욕망과 의지 속에서 원리를 가지고 있는 목적들을 자신에게 투영하도록 하는 세계 ― 에 직면해, 데카르트가 하듯이 인식의 진보와 관련된 기술의 영향력의 발전과 더불어 나날이 증가해 갈 자연 지배를 위해서라면 대지와 하늘의 힘을 동원하는 것도 허용된다. 그 세계 속에 존중해야 할 특권적 질서는 존재하지 않는다. 신의 초월성에 대한 주장뿐 아니라 창조주에게 보편 법칙들 ― 그것의 체계는 그 "노동자"의 완전성을 입증한다 ― 의 특수 상황 속에서의 결함일 수 있는 모순을 결부시킬 수 없다는 주장(유일한 참된 기적만이 무한한 지혜와 신의 영원성을 문제삼을 것이다)에 따라 데카르트와 홉스는 목적도 없고 내적인 위계도 없는 어떤 세계와, 다른 형태이기는 하지만 전혀 무질서와 과도함의 원천으로 만들지 않고 무한성으로의 개방을 강조하는 인간 의지를 서로 마주하게 한다.

그 속에서는 모든 것이 공간 속에서의 사물들의 관계들과 어떤 신성한 질서에 준거하지 않고 그 관계들을 변경시키는 (우선, 기계적인) 상호 작용의 작동에 의해 설명되는 그 세계는 자연 법칙들을 인식하고 있고, 그러므로 자신들의 필요와 열망에 의해 그것을 사용할 수 있는 힘을 획득하는 자들의 재량에 맡겨져 있다. 근대 유럽 사회들의 도약과 집단적 삶, 인간과 자연의 관계, 게다가 인간과 신의 관계의 앞선 (또한 외적인) 조절 형태와 관련해 점차적으로 벌어지는 거리를 이해하기 위해 중요한 이 순간에, 기술력의 점진적 증가를 드러내는 궤적의 기술력의 추구는 그것이 통합되어 있는 사회·문화적 맥락과 긴밀하게 맞아 들어간다.[13] 세계의 기술자적 소유에서 균형이나 장애가, 특히 상징적인 균형이나 장애가 체계적으로 사라져 간다.

우리는 결국 최근에 출현한 것이라고는 생각하기 어려운, 그 이성적 조직화 유형의 상속자이다. 그것은 우리의 힘의 원리에, 그리고 과학-기술의 추진력에 의해 점유된 중심부의 원리에 속한다. 그러한 추진력의 결과는, 그것[경제 성장]에 의존하고 있음에도 불구하고 제도적인 조절을 호소하고 정치적 중재를 요구하는, 시장 균형으로서의 경제 성장을 조건짓는다.

연속성의 토대 위에서 종결되지 않은 상황

그러나 고려된 사회들의 내적 관계들뿐만 아니라 세계와의 관계들의 재구조화에 의해 발생된 도약의 연장 속에서 획득된 성공 자체는, 우리가 살펴보았던 것처럼 불확실하지만 그에 대한 인식이 불가피한 한계들의 지평 위에 집단적인 노력 추구를 자리잡게 하도록 이끈다. 그 한계들, 그것을 우리는 "서구적" 움직임에 참여하고 있는 사회들과 그러한 현대적 테크놀러지의 차원에 의해 (어떤 골조의 조각들이 서로 연결되어 있다는 의미에서) "연대한" 인류의 다른 구성 요소들 사이의 인접면에서뿐만 아니라 그 사회들과 자연적 자원이나 자연적 균형 사이의 인접면에서도 만난 바 있다. 마찬가지로 그러한 자각은 새로운 매체를 매개로 해서 충분히 이루어졌으며, 그 새로운 매체의 대차대조표에는 상대 없는 수동적인 것을 기록해서는 안 된다.

1965년에서 1975년까지 십여 년의 기간 동안 우리의 표상들과 실천들이 그 위에서 조정되는 전망들의 굴절의 순간이 시작되었는지를 검토하는 것 — 진정한 후퇴 없이 역사가가 해야 할 일 — 은 어떤 관점에서는 틀림없이 흥미로울 것이다. 혼란, 1968년의 사회·문화적 폭발, 오일 쇼크, 프랑스 및 다른 국가에서의 최초의 환경부 창설, 로마 클럽 보고서에 포함된 경고, 제3세계라는 표현 아래 모인 무수한 국가들의 독립을 향한 발걸음으로 생각되었던, 발전 정책에 포함된 환상의 발견은 일방향적 발전이라는 특징 하에 자리잡은 미래에 대한 기대를 짓눌렀다. "후기 산업 사회," 혹은 "포스트 모더니티" 같은 표현들이 우리를 그 앞에서 당황하게 만드는 그러한 굴절의 징후들이다.

근대 초기부터 점진적으로 활기를 띠어온 추진력의 성공에 내재해 있는 한계들에 대한 자각, 그 자각이 아무리 모호한 것이라고는 해도, 지금까지도 종결되지 않은 어떤 상황이 생겨나도록 하고 있다는 것은 우리의 관심을 끄는 것인데, 우리는 그 점을 강조해야 한다.

그것은 오늘날 테크놀러지의 진보가 이루어지는 방식에 그 결과를 더한다. 한편, 테크놀러지의 진보는 "국지적 자원"을 초과하는 과학기술 프로그램 주변에 모여드는 초국가적인 협력을 요구할 만큼 엄청난 경제적 투자를 요구한다. 또 한편, 기술이 앞서 열린 것을 현실화하는 것보다 더 많은 새로운 가능성을 생산해 낸다는 것이 사실이라면 현재의 테크놀러지적 진보는, 기대하는 결과에 관심을 두지 않고 그 진로를 개척하는 편이 경제적으로 바람직한 경우보다 더 많은 발전의 전망을 낳을 것이다.

가능성들과 세계 소유의 적정화 탐색을 향한 도약의 토대 위에서조차 이용할 수 있는 자원의 할당에서의 선택과 우선권이 강제됨에 따라 그 상황은 종결되지 않은 채로 있다. 그리고 그 상황은 자발성과 기술 발전에 의해 프로그램되지 않는 우연적 특징과 대비되고, 마찬가지로 전통적으로 사회 기능들뿐만 아니라 자연에 대한 집단적 태도 역시 조절해 온 상징적 체계들의 토대 위에서 이루어지는 수단들의 사용에 대한 조절과도 대비된다.

작동되고 있는 경제 자원들의 중요성과 테크놀러지의 추구에 있어 해야 할 선택의 필요성에 의해, 우리 수단들의 힘은 그 자발적인 발전으로 인도된다. 이미 말했듯이, 보다 더 높은 단계에서 조심스럽고 정통한 테크놀러지 정치는, 사회가 자신의 운명을 방향잡는 — 혹은 그러려고 시도하는 — 일반 정치의 중심에서 중요성을 획득한다. 앞서 언급한 두 전선 위에서 나타나는 강제들과 가능성들이 서로 통합되어야만 하는 것은 바로 우리의 기술 환경 내부 자체에 만연된 요구들 때문이다. 첫번째는 더 이상 물질적이고 에너지적인 자원의 저장고로서만이 아니라 여전히 장구한 공동 진화의 토대 위에서 안정화되어 있고 동시에 영원한 긴장에 굴복하는 하나의 체계 조직으로 다루어지는 어떤 자연과 우리와의 관계의 전선이다. 우연성, 불확실성, 또 일시성의 느낌을 다시 불러들이는, 지구에 대한 역사적 접근들이 부족하지 않을 때조차도 그러하다.

두 번째는 적어도 불균등한 발전 리듬을 가진 지리학적 영역들간의 테크놀러지 및 증가하는 인구의 파행의 전선이다. 바로 그것이 두 번째 도전이며, 그에 대한 고려는 전 지구적 차원에서, 우리 수단들의 범위와의 관계에서 고려된 우리의 자연 "환경"의 소유 노력에 연결된 우리의 개입 능력과 변형 능력이 우리와 직면하게 만드는 선택들 속에 통합된다. 또는 통합되어야 할 것이다. 그래서 그것은, 현대적인 방식으로 인간 기술성과 관련된 추진력이 연장되고, 예전에는 생각지도 않았던 차원들을 획득한다는 그 사실 자체 때문에 심화된 정보에 근거한, 자발적인 조절이 우리에게 요구되는 상황에 속한다.

그러나 현재의 불균형의 증가를 예측하기 위해 요구될지도 모르는 시간 속에서 그러한 요구들을 만족시키려는 데에서 봉착하게 되는 어려움과 저항을 조금도 무시해서는 안 된다. 한 가지 문제는 확인하는 것, 더욱이 고발하고 알리는 것이며, 또 다른 것은 우리 수단들의 사용에 있어 조절 형태들 및 우리 힘에 의해 매개된 공생공존의 형태들을 만들어 내는 것이다.

또 가장 일반적으로 검토된 기술에 대해 언급했던 모든 것을 인간 생명체를 포함한 생명들에게 영향을 주는 테크놀러지에 적용시켜, 그것이 재언급되어야 할 것임을 상기해야 할 것이다. 1994년에 잔여 인간 수정란의 복제 실험에 관해 기초적인 준비를 하는 동안 주변에서 발생한 잡음들은 우리 각자의 현존의 토대 자체를 이루는 것에 대한 우리의 개입 능력에 의해 제기되는 문제의 범위를 상기시키기에 충분한 것이었다.

모든 영역에서 우리의 기술적 소유 능력은 우리가 (사실상) 실현할 수 있는 것의 기초 위에서 우리가 (정당하게, 합법적으로) 할 수 있는 것을 정의하는, 제도적이고 정치적이며 사법적인 제어와 관련해, 말하자면, 힘든 상황에 처해 있다.

그러나 표현이 연상시키는 맥락에서 이끌어낸 "기술의 본질"[14]로 간주될 수 있는 것에 직면한 분개한 항의로서의 도덕적 권고는 그다지 큰 무게를 갖지 못한다. 그러한 도덕적 권고는, 적어도 서구 사회에서는 최초 적용의 핵심에서부터 가능하게 된 광범위한 이용 범위에 걸친 사용을 결코 막지 못한 채 새로운 수단들이 출현할 때면 항상 다시 나타났기 때문이다.

그러나 우리가 직면하고 있는 도전들은 그 규모에서 차이가 있다. 그것을 우리가 인식한다고 해서 그때까지 우리 사회가 나아가던 방향을 바로 변경할 수는 없다. 그러나 그것은 칼이나 드릴의 사용에 대한 우리의 인식에 준거해 우리가 이용할 수 있다고 믿는 기술 확장 뒤에서 작용하고 있는 것을 더 잘 평가하게 해준다. 우리는 현재의 시도를 넘어 우리 자신의 도구들을 그것들의 멀거나 가까운 가능 조건의 지평 위에 다시 위치하게 하면서 사유할 수 있도록 만드는 개념들이나 모델들을 자유자재로 다룰 수는 없다.

기술의 아주 머나먼 근원은 사물과의 관계 방식, 우리 존재와 동질적인 공존으로서의 존재 방식을 형성한다. 그것은 두 가지 측면에서 우리가 다른 생물체들과 공통으로 가지고 있는 것과 우리가 단순한 생명체의 질서를 초월하게 하는 것을 가리키고 있다. 우리는, 자연 환경이 우리 종과 우리 인류를 형성할 수 있도록 했던 것처럼 자연 환경의 안정성과 항상성 ─ "생명의" 필요 ─ 을 필요로 한다. 동시에, 우리는 자신을 인간으로 만든 것 자체에 의해 다른 종들의 생물학적 환경 소유 형태와는 다른 방식들로 그 환경을 이용해 왔다. 그 방식들은 우리가 그것에 대해 가지는 인식을, 또 발명, 제작 그리고 도구의 사용이 근거를 두고 있는 것처럼 보이는 의도를 꽤나 초월해 왔다. 그래서 우리의 손에서 생겨나는 것은 동시에 사용하는 자들이 알지 못하는 추진력에 따라 그것의 이용 방향을 결정하는 것이다 ─ 자연 현상들과의 내적 관계들을 해명하려는 노력이 존재해야만 하듯이 적어도 그것에 대한 인식을 발전시키려는 노력이 존재하지 않는 한에서 말이다.

너무도 기나긴 역사의 (일시적인) 관점에서, 우리의 어려움과 불확실성은 그런 식으로 우리인 바를 표현하고, 세계를 형성하고 사물들과 존재들 간의 차별화를 조건짓는 흐름과 교환 속에서 인간이 현존하고, 공존하며 자리잡는 방식에 속하는 것을 드러내 보인다. 그래서 현재의 긴장들은 우리인 바를 우리에게 만들어 주는 것 속에 내재하고 있다. 우리의 존재 방식을 구성하는 것으로 보이는 것을 회피하기는 어렵지만, 아마도 편향성을 띠는 이원성을 주장하면서 과거의 실체론적 이원론을 재해석할 수는 있을 것이다. 즉 우리의 생물학적 삶을 조건짓는 항상성을 갖고 있고, 본질적으로 보존적인 부정적 반작용들에 의해 근본적인 메커니즘이 지배되고 있는 어떤 자연 속에 우리가 뿌리를 두고 있다는 것에 관계되는 것과, 점차적으로 가속화되는 어떤 확장을 향해 방향 잡힌 상호 작용들을 지시하는 추진력을 소유하고 있는 수단들의 어떤 체계의 매개로 그 자연을 개발하고 변형시키도록 우리를 이끌고 가는 것이 그것이다.

오늘날 우리의 사물에 대한 영향력의 상승이 우리에게 안겨준 상황에서 우리는 거의 빈털터리와 다를 바 없다. 낡은 지혜나 이국적인 비결로는 결국 오늘날 전 인류에게 던져진 도전들을 감당할 수 없다. 인문 과학 편에서 레비-스트로스,[15] 생명 과학 편에서 자크 모노[16]가 수년 전에 언급했던 것과 같은 염세적인 말들의 메아리가 울려올 때나 정신 차리게 되기를 바라지는 않는다. 그러면서 또한 어떤 위대한 책에도 인류 자체가 너무나 비극적인 조건으로 떨어져 내릴 것이라고,[17] 또 자신들을 위해 그들에게 활기를 제공해 온 긴장들을 해결할 수 없을 것이라고 씌어 있지는 않다는 것을 생각해 볼 수 있겠다. 결국, 자각이란 우리가 그것들을 통해 세계를 사유하고 형성해 온 매개물들의 외재화와 관련되어 있고, 우리는 그러한 자각에 의해 우리가 참여하고 있는 자발적 발전을 우리가 수용할 수 있고 바람직한 것으로 표상하는 것에 종속시킬 수 있다. 우리는 가능성의 존재들이다. 우리에 의해 가능성들이 출현하고 때로는 우리가 가능성 중에서 선택한다. 그때 우리는 생성의 분기점에 서 있다.

아무튼, 그것이 이미 개인으로서 감당하기 어려운 책임이라면, 국민들로서는 훨씬 더 어려울 것임에는 변함이 없다. 조엘 드 로스네가 세계 두뇌, 즉 기술이 매개된 의사소통 망으로 묘사했던 것[18]을 우리가 배치하는 — 혹은 그 속에 배치되어 있는 — 것은 사실이다. 우리 각자는 그 망의 하나의 신경세포일 수 있을 것이고, 그래서 기술이 허용하는 것에 기초해 인류 스스로에 의한 최선의 인식을 출현케 하는 데 참여할 수도 있을 것이다…. 역시 후퇴된 지평에 직면해 시대가 불확실하다. 게다가 사람들이 아사餓死할 정도로 우리 모두가 밀접하게 연결되어 있는 그것을 보전해야 할 필요성을 우리가 결코 인정하게 만들 수 없음에는 변함이 없다.

주

1) G. Simondon, 『기술적 대상의 존재 방식에 대해서*Du mode d'existence des objets techiques*』, Paris, Éd. Aubier-Montaigne, 1969, p. 72.

2) '남북Nord-Sud' 에서 '남' 이란 '제3세계tiers-monde(s)' 라는 표현을 대치하기 위해 등장한다. '제3세계' 란 1952년 프랑스의 인구학자인 알프레드 소비Alfred Sauvy가 동서 어느 진영에도 속하지 않는 다수의 나라들(식민 지배의 경험이 있고, 경제 발전이 부재한 나라들)을 프랑스 구체제의 '제3신분' 에 비유해 사용한 데서 기인하지만, 냉전이 종식된 후 실정에 잘 맞지 않는다는 의견에 따라 몇몇 학자들이 '제3세계' 라는 표현을 버리고 '남' 이라는 표현으로 대체하고자 했던 데서 쓰이기 시작된 것이 이 '남북' 이라는 용어이다. 여기서는 산업 선진국들을 '북' 으로, 개발도상국들을 '남' 으로 지칭한다. 하지만 실제로 '남북' 이라는

개념이 썩 만족스러운 것으로 여겨지고 있지는 않다 ― 옮긴이.

3) 언어학에서 언어 기호의 의미론적 내용인 시니피에signifié와는 달리 시니피앙이란 그 언어 기호의 구체적인 형태, 즉 청각 이미지와 시각적 상징을 뜻한다. '시니피앙'을 '기표,' '시니피에'를 '기의'로 번역하기도 한다 ― 옮긴이.

4) 르루아-구랑에게서 빌린 표현: 참고 ― "만약 내부 환경의 각각의 요소가 다른 것들의 전체성과 지속적으로 관계하고 있다면, 모든 기술 요소는 서로 지속적으로 반응할 것이라고 가정할 수 있다. 그것은 기술 환경의 연속성을 본질적인 것으로 간주하게 한다"(t. II,『환경과 기술들*Milieu et techniques*』, Paris, Albin Michel, 1945, p. 366).

5) "인간 집단은 자연 속에서 살아 있는 유기체처럼 행동한다. […] 인간 집단은 대상의 장막(도구들이나 장비들)을 통해 자기 환경에 동화한다. 그들은 손도끼로 나무를, 화살, 칼, 솥 그리고 손가락으로 고기를 소비한다. 가운데 놓여진 이 막으로 그는 영양을 취하고 자신을 보호하며 이동한다. […] 이 인위적인 덮개의 연구가 테크놀러지이고, 그 발전의 법칙들은 기술 경제학에 속한다"(*Op. cit.*, p. 352).

6) 포넴phonèmes이란 언어학에서 변별 자질에 의해 정의된 한 언어의 소리를 말한다. 그 변별 자질에 따라 한 언어의 어떤 소리와 다른 소리들이 대립된다 ― 옮긴이.

7) B. Gille,『그리스의 메커니즘들. 테크놀러지의 탄생*Les mécanismes grecs. La naissance de la technologie*』, Paris, Éd. Seuil, 1980.

8) "발명의 상호 영향을 충분히 이끌어 내지 못했고, 사람들은 물레가 없었다면 우리가 증기 기관도 갖지 못했을 것이라는 것을 알지 못한다. 보일러를 추가하고, 피스톤으로 인간의 팔을 대체하는 것으로 충분했다. 왜냐하면 구동축은 페달 속에 존재하고 크랭크는 최초의 기계 운송 수단과 마찬가지로 물레에도 장착되어 있으며, 속도 변화는 실감개 속에 잠재해 있기 때문이다"(A. Leroi-Gourhan,『진화와 기술*Evolution et technique*』; t. I:『인간과 재료*L'homme et la matière*』, Paris, Ed. Albin Michel, 1943, p. 104).

9) A. Leroi-Gourhanm, 『환경과 기술들』, *op. cit.*, p. 366.

10) 유럽에서는 구석기 시대를 전기, 중기, 후기로 나누는데, 전기 구석기 시대를 기원전 15만 년 전까지로, 중기 구석기 시대를 기원전 4만 년 전까지로, 후기 구석기 시대를 기원전 9천 년 전까지로 이해한다 — 옮긴이.

11) A. Leroi-Gourhan, 『몸짓과 말*Le geste et la parole*』; t. I: *Technique et Langage*(기술과 언어), Ed. Albin Michel, 1966, p. 192 et 196 et François Meyer, 『성장의 과열. 진보의 추진력에 대한 시론*La surchauffe de la croissance. Essai sur la dynamique de l'évolution*』, Fayard, 1974(passim).

12) S. Latouche, 『난파자들의 행성 *La planète des naufragés*』, La Découverte, 1993.

13) 『신기관*Novum Organum*』에서 "만약 사멸하는 존재가 무변광대한 사물들에 대한 전 인류의 영향력과 우선권을 확장하려는 야심 이외의 어떤 다른 야심도 가지고 있지 않다면, […] 그 야심은 그 어떤 야심들보다 큰 것이다. 인간의 사물에 대한 영향력에는 기술과 과학 이외의 어떤 다른 토대도 없다"라고 쓴 베이컨의 『아틀란티스에 대한 부분 원고: 과학 발전을 위한 인류의 연대 노력들 *Fragment sur l'Atlantide: des efforts combinés de l'espèce humaine pour le progrès des sciences*』에서 "그것의 통상적인 작용의 흐름이 우리의 시선에 감추고 있는 것을 우리에게 드러내도록 자연에 강요하면서 그것에서 법칙의 비밀을 밝혀 내는 그 경험들에 거대한 체계들을 바치고 있다. […] 사람들은 거기서 인간을 조명해야만 하는 모든 것 또 그것을 보존하거나 그것에 봉사할 수 있는 모든 것을 이해한다. 거기서, 우리의 감각이나 우리의 공장에 덧붙일 수 있거나 우리의 힘을 증가시키거나 우리의 관찰 수단, 인식 수단 혹은 생산 수단을 증대시킬 수 있었던 모든 장치, 도구, 기계가 철학자의 교육뿐만 아니라 기술자의 교육을 위해서도 합류된다. 진리에 대한 사랑은 공통된 정념의 희생이 그럴만한 가치가 있도록 만든 인간들을 거기에 집합시킨다. 그리고 인간 종의 행복을 위해 진리가 할 수 있는 모든 것을 인식하고 있는 개화된 국가들"은 거기서 천재에게 — 그의 활

동과 그의 힘을 — 펼칠 수 있는 수단을 아끼지 않는다고 그에게 경의를 표하고 있는 콩도르세까지(『인간 정신의 발전에 대한 도표 스케치 *Esquisses d'un tableau des progrès de l'esprit humain*』에 첨부된 텍스트, Éd. par A. Pons, Paris, Garnier-Flammarion, 1988), 여기서 언급된 관점들이 18세기를 넘어 끝을 맞이하고 있는 세기까지 연장될 것인지를 명시하는 것은 무용하다.

14) "기술의 본질"이라는 표현이 여기서 분리되어야 하는 맥락은 하이데거가 그것을 사용하는 강의, 즉 "기술의 문제"라는 제목으로 번역되고 있는 강의의 그 것이다 M. Heidegger, *Essais et conférences*, Gallimard, 1958.

15) 참고. *Tristes tropiques*의 마지막 페이지들, Paris, Éd. Plon, 1955. 특히, 인간 "자신은 최초의 질서를 해체하고 강력하게 조직되어 있는 어떤 질료를 언젠가는 마지막이 될, 항상 보다 더 큰 타성을 향하도록 떠미는, 아마도 다른 어떤 것들보다 더 완벽한 기계인 것 같다." (이 텍스트는 동양의 지혜에 대한 찬사이다.)

16) 참고. "인간은 자신의 전면적인 고독과 철저한 낯섦을 발견하기 위해 천 년의 꿈에서 깨어나야만 했다. 인간은 이제 떠돌이 집시처럼 살아가야 하는 우주의 주변부에 자신이 서있다는 것을 안다. 그의 음악을 듣지 못하고 그의 희망뿐 아니라 그의 고통과 죄악에조차 무관심한 우주 […] 과거의 동맹은 깨어졌다. 결국 인간은 자신이 우주의 무심한 광활함 속에 우연히 나타났으며 혼자 존재할 뿐임을 알게 되었다"(J. Monod, *Le hasard et la nécessité*, Paris, Seuil, 1970, p. 187 et 194).

17) "인간은 자신이 생각과 팔을 빌려준 어떤 기술-경제의 조합의 도구가 된다. 그래서 인간 사회는 폭력이나 노동에 의해 인간들의 모든 형태의 소비를 주동하게 된다. 거기서, 인간은 만약 사람들이 미래 속에 현재의 기술-경제적 관점들을 투영한다면 전면적인 승리로 마무리지을 것임에 틀림없는, 자연 세계의 소유를 점차적으로 확고부동하게 만드는 결과를 얻게 된다. 즉 최후의 쥐에게 먹힌 최후의 풀뿌리를 데우기 위해 소비된 최후의 기름"(A. Leroi-Gourhan, *Le geste et la parole*, op. cit., p. 260).

18) Joël de Rosnay, 『세계 두뇌 *Le cerveau planétaire*』, Orban, 1986.

보주

*1. 여기서 instrument와 outil를 두 가지 측면에서 구분할 수 있다. 우선, instrument은 어떤 특별한 목적 하에 어떤 적확한 순간에 사용되는 도구를 가리킨다. 다소 마키아벨리적 음모의 수단으로 이용되는 사람이 그 경우에 해당될 것이다. 하지만 자신이 즉시 이해할 수 없는 것을 자신에게 불러일으키는 어떤 징후 때문에 땅에서 주운 막대기를 우연히 사용하는 것도 그에 해당된다. 하지만 outil는 다양한 상황에서 다양하게 사용될 수 있는 스테레오 타입의 모델에 따라 제작된 것이다. 두 번째로, instrument은 인식을 목적으로 하는 과학적인 장비인 반면 outil는 사물의 유용한 변형을 목적으로 하는 장비이다.

그러나 instument과 outil의 구분은 때때로 아주 모호하고 그 선택은 맥락에 따라 결정된다. 예를 들어 망치(outil)가 범죄의 instrument이 될 수도 있고, 자물쇠를 비틀어 열기 위해 나사돌리개(outil)를 사용한다면, 그것은 instrument의 특징을 갖게 되는 것이다.

*2. 이 보고서는 로마 클럽 보고서 시리즈의 첫번째에 해당되며, 메도우즈 Meadows 보고서로 잘 알려져 있다. 메도우즈는 MIT의 교수로서 정보들의 정보학적 처리, 즉 정보들의 모형화와 예측에 도달하는 계산을 실현했다. 그 보고서는 『성장의 한계 *The limits of growth*』라는 제목으로 출판되었다.

제3부

감시와 항로

1

폭로와 질의로서의 기술
책임성의 토대로의 회귀

더 광범위한 논증 — 다른 곳에서 했던 논증 — 을 하지 않고, 우리는 우리 주변에서 구별하기 쉬운, 다양한 도구들이나 기계들이 기술에 제공하는 가시성을 넘어 기술이 각각의 사회 속에서, 또 오늘날 전 지구를 뒤덮고 있는 인류의 차원에서 고유한 안정성을 갖는 하나의 체계로 나타나고 있음을 인정할 것이다. 그 체계는 서로 의존하고 있는 대상들로 구성되어 있고, 그것들의 "용도"에 따른 그 대상들의 생산과 사용을 조건짓는 표상들로 구성되어 있으며, 특히 어떤 주어진 장소나 시간 속에서 이용할 수 있는 "도구 집합"의 보존과 발전에 필요한 능력을 인간들에게 제공함으로써 그들의 형성을 보장하는 제도들로 구성되어 있고, 재료들을 생산물로 변화시키는 수단들에 따른 재료의 결정에 기초하여 개발 가능한 자원들 등으로 구성되어 있다. 그 모든 것이 체계를 결정한다고 말하는 것은, 도구와 기계로 환원되지는 않지만 그것들을 포함하고 뒷받침하는 한 집합의 다양한 구성 요소들이 다양한 상호 의존 관계로 연결되어 있고, 동시에 상호 작용의 복잡한 작용들 속에서 원인과 결과가 된다고 말하는 것이다. 기술 대상들은 서로를 조건짓는다. 그래서 사람들은 모든 도구는 한 가족에서 혹은 한 도구 가족에서 "탄생한다"고 말할 수 있을 것이다. 또, 기술 대상들 전체는 동일한 테크놀러지(또는 선사학자들이 아슐리언기, 무스테리언기, 솔뤼트렌기의 생업industrie에 대해 언급할 때나 역사가가 19세기 산업 industrie을 언급할 때, 사디 카르노[*1]식으로 말하자면, 본질적으로 석탄 채굴과 화력 사용에 관련된 기술로 생각한다는 의미에서 하나의 엥뒤스트리)를 가리키고 있다고 말할 수 있을 것이다.

그러나 우리 기술 수단들의 집합의 체계적 특징을 인정한다는 것은 인간 집단에게 자신의 자연적이고 인간적인 환경에 미치는 영향에 있어서 효율성을 제공하는 것의 어떤 상대적 자율성의 원리를 주장하는 것이다. 사실, 그같은 체계는 그것의 논리적 일관성을 보장하는 내적 상호 작용들과 제어들에 근거하고 있다. 그 자율성은 그러한 집합과 요소들의 분석이 뒤따르는 두 축, 즉 한 사회가 그것의 역사 속에서 주어진 순간에 이용하는 수단들의 통합이라는 축과 그것들의 여러 시대들에 걸친 발전이라는 축에 따라 표현된다.

그 축들 가운데 첫번째 것 — 공시적 축 — 은 어떤 내적 "논리"를 위해 상호 의존하고 배치되는 요소들을 갖는 한 체계의 내적인 조직화를 드러낸다. 두 번째 것 — 통시적 축 — 은 서로 관련된 기술 유형들의 "친자 관계," 때로는 아주 강력하게 정향 진화적 발전을 연상시키는 "계보들"로의 그 귀속과 동시에 앞서 획득한 것들에 기초한 도구 집합이 갑작스럽게 재조직화될 때 서로 이어지는 기술 주기들의 의존(따라서 18세기 이래의 유럽의 산업 혁명들)을 드러낸다.

그러므로 인간들이 자신들의 몸짓의 효율성과 그들이 변형시킬 수 있는 것에 미치는 영향력을 이끌어 내는 수단들의 집합의 이중적 연속성이 발생한다. 우선, 사회 속에서 그것의 "자연 환경"의 자원 개발이 실현되는 그 "기술 환경"[1]의 연속성이 있다. 그것은 한 사회와 그것의 "물리적" 기반 사이의 교환 흐름들이 강화되는 참된 인접면이다. 그 흐름들은, "주어진 것"을 "생산물"로 변형시켜 개발된 자원들의 "소유," 즉 사용할 수 없는 "부산물"의 거부 — 경우에 따라서는 공해나 폐해를 일으키는 쓰레기 형태의 잔여물이나 잉여물들의 분해, 유포 그리고 붕괴 — 와 결합된 소유를 목적으로 하는 에너지, 재료들 및 지식들의 추출에서 생겨난다.

기술 환경의 공시적 연속성에 수단 발전의 통시적 연속성을 연결시켜야 한다. 인간 사회들은 우선 인간 신체의 자연적인 포획을 넘어 존재하는 것에 대한 소유 능력을 수단에서 이끌어 낸다. 침체 시기들도, 갑작스런 과속도, 혁신이 밀집되는 중심지의 이동도 배제하지 않는 그 연속성은 힘의 점진적 상승으로 나타나고, 도구 집합과 그 사용 방법에 의해 점차적으로 가속화된다.

그 힘의 증가는 도구 집합의 다양화, 증가하는 강도에 따라 이용 가능한 에너지의 동원, 그리고 정확성의 향상(또 소형화)이라는 삼중적 측면 하에서 특별히 인간적인(혹은 사람의) 기술성의 최초의 표명으로부터 우리를 구분짓는 기간(즉 약 200만 년)과 공통적인 외연을 갖는다.

높은 수준의 자율성을 표현하는 그러한 연속성의 효과들은, 어떤 사회 전체가 이용하는 장치의 본질과 기술 대상들의 발전을 포함할 만큼 광범위한 기술 전체를 아주 장기적으로 — 역사적인 우여곡절을 넘어 — 고려할 때 요구되는 후퇴에 의해서만 드러난다. 그것들은 틀을 제공하며, 인간 행위자들은 그 속에 자리잡으러 오고 그 속에서 자신들의 역량을 측정한다. 그것들은 우선 혁신이 표상 속에서, 그러나 특히 기술 형태들 자체 속에서 천천히 누적된 획득물의 전달, 즉 기억의 돌출된 전면일 따름이라는 점을 고려하도록 강요한다. 또 그것들은, 기술 환경이 조직되도록 하고 그것의 결핍 또는 한계를 뛰어넘도록 하며, 사물들, 신체들, 또 경우에 따라 정신들에 영향을 끼치는 수단들의 힘의 증가의 기초를 이루는 추진력은 인간과 기술의 관계를 재고하게 한다는 것을 생각하게 한다. 도구가 그것을 사용하는 자에게 봉사한다는 것이 사실이라면, 그 역도 사실이다. 도구, 기계, 망을 사용하는 모든 이는 기술 체계 속에 통합되며, 어떤 점에서는 그것에 봉사한다. 기술적 가치는 특히 효율성이다. 효율성과 유용성이 오랫동안 함께 쌍을 이루어 왔을지라도, 기술에 고유한 추진력의 내적인 요구들은 본질적으로 유용성과 구별된다. 유용성은, 발전하는 도구 체계에 내재하는 가능성들 및 요구들과 근본적으로 연결되어 있는 결정들이나 활동들을 뒤늦게야 정당화하는 어떤 합리화의 요청에 의해 상기될 수 있다. 르루아-구랑이 석기 기술이 발전되어 온 수십만 년을 두드러져 보이게 하고, 생물학적 진화를 거치는 동안 있었던 자연 환경 개발과 개척의 유기적 장치의 연장과 다양화 속에 그 기술을 다시 위치지우면서, 환경으로부터 추출될 수 있는 것을 변화시키고 동화시키기에 효과적인, 조작적이고 다양화된 어떤 "접촉"에 대한 탐구라는 특징 아래 위치시킨 것이 바로 그것이다.

사실상, 본질적인 통일성 속에 있는 기술이란 상징적 사유와 인간-존재의 언어, 즉 인간이라는 존재자의 유형을 특징짓는 존재 방식으로서의 언어와 동일한 이유에서 표현적이며, 변형시킬 수 있는 능력이다. 즉 모든 점유 활동(우선 낯설고 다루기 어려우며 저항하는 것을 "자기 것으로 만드는" 모든 노력)에 선행해 "바로 거기에" 있는 것을 재구조화하고 형태를 제공할 수 있는 능력이다. 기술의 힘의 증가는 포획되고 제작된다. 그래서 본래적 경향성이 박탈된 것에 대한 영향력을 증가시키고 새로운 "포획물"을 나타나게 한다. 모든 생명체를 특징짓는 것의 연장의 시초에서 그것은 생물학적 형태 발생 아래 깔려 있는 과정들로부터 해방되어 조직화와 발전의 자율성을 획득한다. 바로 그러한 자율성에 의해 그것은 우선은 느린 리듬의 지속, 하지만 이미 진화의 작동 리듬과는 공동 보조를 맞추지 않는 지속 속으로 인류를 맞아들인다. 그것은 역시 스스로가 발명하고 제작하며 사용하는 것에 대해 인간들이 가지고 있는 자각으로, 또 그들이 그러저러한 결과를 생산하고자 하는 의지로 환원될 수 있다.

우리는 역사가 은폐하고 있는 것보다 훨씬 더 오래된 기원을 가진 그 역사의 상속자들이다. 그리고 우리는 우리 활동의 효율성을 이끌어내는 수단들의 그러한 증가의 연속성 속에 자리잡는다. 그러나 동시에 우리는 그 갑작스러운 출현이 우리의 친숙한 기준들과 규칙들이나 규범들의 허를 찌르는 새로운 상황에 처해 있다. 우리가 사물들, 신체들, 종들에 대해, 또 인간들과 — 각자가 자기 자신에 대해 가지고 있는 인식의 저 깊은 곳에까지, 인간들이 자기 자신에 대해 가지고 있는 표상들을 포함한 — 인간들의 표상들의 상호 작용 방식들에 대해 개입시켜야 했던 힘의 사용들은 그 규칙들이나 규범들에 따라 정돈되는데 말이다.

인간 존재의 현존 방식에 본질적인 것으로, 또 **호모 사피엔스**가 접근하는 인간-존재에 본질적인 것으로 나타나는 어떤 것의 연장 속에 우리를 위치시키는 것은 우리가 새로운 전망들에 동시에 직면하도록 만든다. 그러므로 현대의 기술은 오늘날 우리 힘의 원천들뿐만 아니라 그것의 조건들과 우리의 사용이 준거해야만 할 규범들을 사색하도록 요구한다.

그러한 사색 — 우리가 참여하고 있는 과정들의 조건과 의미에 대해 이해하려는 노력의 굴절 — 은 삼중의 임무에 직면하게 된다. 우선,

인간 기술성의 현실적 표현들이 우리인 바에 대해 드러내 보이는 것을 명백히 해야 한다. 또 우리의 존재 조건에 대한 개입 능력의 수준에서 우리가 책임질 수 있도록, 그 책임성의 의미를 일깨워야 한다. 마지막으로, 책임성 자체의 토대들을 탐색하기 위해서 우리의 습관과 능력 사이의 괴리를 이용해야 한다.

오늘날 기술성의 결과들로 인해 야기된 상황들에 기대고 있는 어떤 사유에 제공된 그 임무들 가운데 첫번째는 기술 영역의 체계성 및 자율성과 관련된 앞선 고려들에 의해 대략적이나마 이미 준비되었다. 사실상 우리가 기술을 이해할 수 있는 것은 인간에 대한 선행적인 입장보다는 기술성의 표현들에서이다. 그것들로부터 우리는 인간-존재, 인간에게 고유한 존재 방식, 그리고 그 함축들을 사유할 수 있다.

물론 우리는 똑같은 것을 다시 언급하거나 언어를, 보다 일반적으로는 상징적 질서를 고려하면서 똑같은 여정을 제안할 수도 있을 것이다. 하지만 기호와 언어적 의사소통의 작용을 위한 선택이라기보다 효과적으로 작용하기l'agir efficace에 함축되어 있는 체계를 위한 이 선택은 우리의 기술 영역 — 혹은 자크 엘륄의 표현에 의하면, 우리의 기술 체계 — 이 우리에게 제공한 상황의 새로움과 일치하는 것이다.

철학의 시초에서부터 인간은 본질적으로 말하는 존재이고, 존재 l'Être로의 접근, 진리 추구, 설득하기 위한 노력, 명령하는 힘의 사용에서, 또 경우에 따라서는 유혹하고, 속이고, 거짓말하려는 시도 속에서 언어를 사용하는 존재이다.

그러한 사용 중에, 또 더 특별하게, "로고스"가 이성과 언술을 지시하는 사용 중에 인간과 다른 존재들의 분명한 차이가 드러나며, 전 활동 속에 있는 인간성을 평가하는 잣대 역시 바로 언어이다. 이 인간성은 노예나 농노, 평민의 속성과는 대립되는 자유로운 활동 속에서 표현된다. 노예, 농노나 평민은 사상가, 정치가, 군인에 비추어 볼 때 신분이 낮은 사람들이다. 또한 노동에 종사하는 사람들 ─ 그들과 트리팔리옴[2]의 관계는 알려져 있다 ─ 과 물질적 현실의 관계는 그들의 기술이 중재하며, 그때 물질적 현실은 그것의 무거움뿐만 아니라 하층 신분과 그것의 친화성에 있어서의 어떤 점을 장인 자신에게 전달한다.

우리를 인간으로 만드는 것과 언어 및 상징적 생산 간의 본질적 관계를 부인하는 것에는 의문의 여지가 없다. 하지만 우리의 고유한 바를 표현하는 한에서의 기술은 무시되고 있음에도 불구하고 오늘날에도 거의 잊혀질 만큼 방치되지는 않는다. 인간 정신의 능란함을 나름의 방식으로 나타내는 다수의 물건이나 장치 때문이라기보다는 기술이 담지하고 있는 기능 장애나 위협들 때문이다. 사실, 기술은 한편으로는 그것의 실패작들이나 사고들 때문에, 또 한편으로는 그것의 고능률성 때문에, 특히 우리의 개체로서의 구성이 함축하는 정보information에 비추어 볼 때 우리를 위태롭게 할 수 있을 것으로 보인다.

그같은 말들은 비난도 평가도 아니다. 단지 오늘날 맹위를 떨치고 있는 기술이 우리에게 안겨준 상황과 별도로 우리 자신을 사유할 수는 없다는 사실을 반영하고 있을 뿐이다. 그러나 동시에 기술은 도구 집합과 언어에 공통된 뿌리를 드러내 보이면서 우리 상황에 반복적인 빛을 투사시킨다.[3] 신화와 제의의 유의미한 통일체처럼 도구와 단어는 그 상호 관계에서 분리될 수 없고, 제어력과 조직력이 나타나는 체계들과 발전 법칙들을 형성한다. 그 발전 법칙들을 통해서 그것들은 자율화로의 경향을 나타내며, 인간들을 그것들의 고유한 세력권 속에 통합시키려는 경향성을 갖는다. 그러므로 그것들은 우선 우리라는 생명체의 현존에 인간적인 형태를 부여하고 우리와 우리 주변의 관계를 구조화한다. 기술 수단들이 자연적 소여의 점유 행위에 효율성을 제공하듯이, 언어와 상징적 구성들, 신화들과 지식들은 표상들의 다양한 작용을 관통해서 감각 경험에 통일성, 질서 및 정합성을 부여하는, 감각 경험의 점유 수단들이다.

그러므로 인간-존재는, 다른 곳에서 생물학적 유기화에 내재하는 것을 외재화함으로써 객관화된 형태 및 정보를 생산하는 활동 방식에서 기인한 체계들의 중개 능력으로 한정된다. 동시에, 그 수단들 — 살아 있는 신체의 자연적 조직화와 자연 환경을 분리시키면서 그 둘 사이에서 작동하는 매개물들 — 에 내재하는 가능성들 및 강제들에서부터 구조화된 관계들의 중심으로 한정된다.

역사의 다양한 형태들 속에서 나타나는 역사성에 의해 특징지워진 어떤 존재 방식의 출현을 이해하기 위해서는, 제도화뿐만 아니라 투쟁들의 전개를 낳는, 모든 질서의 교환과 계층 질서적 조직화를 그것에 덧붙여야 한다.

그러한 고려가 여기서 발전시킬 수는 없는 분석으로 여겨지지만 지적해 볼 수는 있겠다. 몇몇 분석들은 기술적이고 제도적인 상징적 매개물들의 생산에 숨겨진 공통적인 인간학적 특징을 인간의 살아 있는 신체 속에서, 자연적 생산으로서의 인간의 개별성 속에서 조건짓는 쪽으로 향할 것이다. 여기서는 신체의 일반적인 형태와 자세 및 기능적 차별화에 대한 것이다. 그것들은 감각 기관, 운동 기관 및 포착 기관들에 인간적인 특이성을 제공하며, 분석자들은 이러한 특이성에 관심을 기울여야만 할 것이다. 중앙 신경 조직 속에서 스스로를 표현하는, 일반적 구조의 신체는 태도와 몸짓의 가능성들의 개방인 한, 또 다른 적응 잠재력들을 배제하는 한계인 한에서 밑그림을 그린다.[2] 그 신체는 세계 내 존재 방식, 어떤 환경 속에도 자리잡는 방식의 원리에 속하고, 그러한 존재 방식은 인간 형태와 연결된 기능적 "장치"가 넓은 의미에서 인간 조건에 제공하는 심오한 독창성을 나타낸다.

또 다른 분석들은 훨씬 더 많은 정당화와 뉘앙스를 요구할 것이다. 그것들은 그 최초의(그리고 모든 인간 개별자가 세계에 등장하는 것과 더불어 항상 재생산되는) 상황의 효과와 결과에 근거할 것이다 여기서는 분화가 문제가 된다. 그것은 그 양태의 다양함 하에서, 그러나 기술 모험의 첫 단계들에서부터 생물학적 진화와 그 리듬에 관련된 인간 조건의 역사성이 나타내는 것이다.

그러나 기술에 의해 새롭게 주목하게 된, 근본적인 인간학적 특징을 조건짓는 것과 그 결과인 것에 대한 필수적인 분석을 넘어, 기술은 우리가 우리 자신의 힘과 대면하게 한다. 그리고 이러한 대면을 넘어 그것은 큰 대립들에 대한 비판적 회귀를 요구한다. 바로 그 큰 대립에서부터 서구 사고들, 특히 그 근대적인 형태가 구조화되었다.

뿌리는 과거에 속하지만 항들은 새로운 대립, 즉 원리가 된 주체성과 어떤 객관적인 세계관 사이의 대립이 근대성에 의해 급진적으로 되었던 그 순간을 이해해야 한다. 그 객관적 세계관 속에서는 대상이 대상의 척도이고, 그 척도는 세계 내 관계들의 양화된 기술의 장을 연다. 사람들은 거기서 극화된 어떤 대립의 급진화에 의해서 사유가 본질적 특징인 주체(또 우선 "실체")와 현대적 의미에서의 과학에 제공된 어떤 연장적 세계의 공동 출현을 알아볼 수 있을 것이다. 그때 경험적 소여들의 관계의 무한히 개선 가능한 변화로서의 연산을 허용하는, 그 소여들의 수량화의 연산 기호로서의 도량 단위의 체계적인 사용 덕분에 경험의 수학적 기술記述과 일치하는 패러다임의 역할 역시 알아볼 수 있을 것이다. 그러한 양극성은 우선 데카르트적인 실체 이원론을 떠올리게 하기 때문이다. 『형이상학적 성찰들』의 제2권에서 자신의 명증성을 강요하는 코기토의 특권을 발견했을 때, 의심의 공격으로부터 벗어나는 것과 혼동과 애매함의 덩어리인 인간에의 준거가 상기시키는 것을 서로 혼동하지 않도록 주의해야 한다고 데카르트가 확

인했음을 상기하는 것이 허용되기 때문이다. 애매함과 혼동의 덩어리
로서의 인간의 의미는 훨씬 뒤에 가서야 밝혀지게 되겠지만, 여기서는
신체성과 사유의 통일인 한에서 스스로를 명석판명한 관념에 의해 사
유될 수 없는 현존으로 인식하기 위해서일 따름이다. 사유하는 것과
연장적인 것 사이의 균열은 그 결합의 느낌은 남아 있도록 내버려두
지만, 그렇다고 해서 특징들의 어떤 공유 속에서 우리가 스스로에 대
해 느끼는 혼합된 통일체의 토대를 이루고 있는 것을 사람들이 발견
할 수 있다고 보지는 않는다.

이후의 사유는 물*res*의 두 가지 형태의 대립[4]을 다른 것들로 대체할
것이다. 예를 들면 자연 세계에 직면한 자유 세계의 대립들, 즉 역사와
자연의 대립, 문화와 자연의 대립, 우선 적대적이고 저항하는 어떤 자
연에 영향력을 확장하면서 스스로를 실현하는 노동하는 인간과 자연
의 대립 말이다.

자연은 우리가 스스로를 동일시하는 것 — 혹은 그렇게 하도록 권
유되는 것 — 의 타자로서 나타난다. 세계의 가지성可知性을 기초짓는
원리들 밖으로의 목적성의 추방, 자연에 내재하는 모든 자발성의 거
부, 보편 법칙들에 종속하는 한에서의 현상들의 전체로서의 자연의 고
려는 인간의 의지에 그 자체로 중립적인 기술 적용의 장을 제공한다.
기술은 그 자체로 가치 있는, 혹은 신의 의지의 징표로서 가치 있는,
사물들의 질서에의 모든 준거로부터 해방된다. 그것은 사물들의 성향
들을 지배하는 법칙에 대한 인식의 토대 위에서 그 성향들을 변화시
킬 수 있다(사람들이 사법적 능력에 대해 말할 때의 의미도 포함해서이
다). 그리고 그것은 물리적 현실이 앎과 행위를 동시에 낳는 본질적인
두 차원에서 비롯된다. "자연이 생기를 띠게 되는 힘들"과 요소들의
공간 배치가 생겨난다. 그리고 그 힘들은 "물질적" 요소들이 서로를
조건짓는 토대 위에서의 근본적인 상호 작용 속에서 다시 이해되고

수정된다.

그때 자연적 "공급"을 개발 가능한 재료들과 자원들로 변화시키는 일을 주관하는 단 하나의 규칙을 찾아야 한다면, 바로 주체, 의지, 욕망의 편에서 찾아야 할 것이다.

하지만 그러한 세계의 표상, 인식 형태, 그것이 허용하는 실천의 성공 자체는 그 고유한 한계들로 가까이 다가가도록 만든다.

약 300만 년 간의 테크놀러지적 진보에 의해 우리 손안에 놓인 힘, 이중적으로 조작된 어떤 인식 형태에 의해 (현상들의 생산 조건들을 실험적으로 조작함에 따라, 또 연산을 사용함으로써) 갑자기 가속화된 힘은 어떤 사유하는 주체의, 어떤 자유로운 의지의, 어떤 역사적 행위자의 타자성에 기초한 인간-자연 관계의 불충분성을 드러낸다. 한편으로 그 힘은 노동하는 생산자의 힘이나 "부정의 힘에 의해" 특징지워진 의식의 힘이고, 또 한편으로는 다양한 힘에 종속되어 운동하는 요소들의 작용으로 환원된 자연의 힘이다. 그 힘들은 요소들 상호간의 관계를 결정하고, 동시에 요소들의 상호 작용을 주재하는 법칙들의 인식에 기대고 있는 기술 개입을 야기한다.

우리 자신의 현존의 자연적인 가정들로 다시 관심을 되돌리려 한다. 즉 살아 있는 종들과 그것들의 물리적 환경의 장기간의 공동 진화 중에 우리 형태가 출현할 수 있었던 조건들이 중요하고, 우리의 인식에 미루어볼 때 우주 속에서 지금까지 등가물을 찾을 수 없는 우주적 특이성으로서의 생명권의 존재 자체가 근거하고 있는 큰 균형들이 중요하다. 인류에 의해 이용된 총체적 기술력뿐만 아니라 인구 증가로 인해 야기된 변화들은 우리 현존의 자연적 조건들에 대한 의존과 공모를 상기시킨다. 3세기 전 이래로, 우리 사회를 점진적으로 조직해 왔던 변화 활동들에 직면해, 다른 예들 가운데서도 특히 최근 20년 이래 수많은 나라의 정부 기관 내에 환경부가 신설되고 있다는 사실이 입증하는 보존 및 보호의 요구는 분명하게 드러났다. 적어도 처음에는 국토 개발의 관심과는 모순되는 이러한 관심이 낯설었음을 강조하기 위해, 프랑스에서 그 정부 부서의 최초의 장관[*3]이 『불가능의 부서』[5]라는 제목의 저서를 출간하면서 그 자리를 떠났다는 사실을 상기하자.

그러나 그것은, 우리가 밀접히 관련되어 있는 체계들의 항상성이 근거를 두고 있는 균형들의 변화와 연결된 위험들을 넘어, "생물학적이고, 미학적이며 과학적인 장점을 지닌 어떤 자연 환경"[6]을 향유할 권리를 재고하는 것에 속한다. 그래서 우리로 하여금 우리가 ― 우리 신체 및 부정성의 정신이자 능력인 한에서의 우리 육화肉化의 우연성(혹은 인위성)에 의해서뿐만 아니라 ― 본질적으로 자연에 속한다는 사실을 발견하도록 이끈다.[*4]

그것에, 기술이 우리 손에 쥐어준 힘 속에 내재하는 위험들이 근대성의 비약적 발전 이래 자리잡은 합리성의 형태들 속에 통합되어 있는 측면들보다 더 계시적인 측면들을 지금까지 드러내 보여 왔다는 것을 덧붙여야만 하겠다.

그러므로 모든 자연적 실재 ― 모든 "것" ― 는 두 가지 모습을 보인다. 첫번째 모습에 의하면 그것은, 사람들이 그것의 최초의 맥락을 고려하지 않은 채 관찰하고 분석하며 변형시킬 수 있는, 고립될 수 있는 하나의 통일체이다. 그것은 최초의 맥락에서 추출될 수 있고, 해체-재구성이라는 우리의 통상적 방법들에 의해 연구될 수 있으며, 우리의 필요나 욕망에 종속된 채 변화될 수 있다. 두 번째 모습에 의하면 그것은 어떤 전체 속의 한 요소로 나타난다. 그 전체 속에서 그 요소는 수많은 상호 의존 관계를 통해 다른 요소들에 연결되어 있다. 그때 그것은, 상호 작용과 조절이 내적 정합성에 따라 지속될 수 있는 그 체계적인 통일성을 보장함에 따라 "유지되는" 어떤 건축물에 속한다.

최근까지, 또 우리의 지중해 경치가 불행히도 그 흔적(플라톤이『크리티아스』에서 묘사한 아티카가 이미 갖고 있던 흔적)을 간직하고 있는 지역적 불균형을 제외하면, 우리는 드러나는 대로의 자연의 총체적 질서 아래 놓여 있는 질량과 힘보다 우리가 이용할 수 있는 수단들이 훨씬 더 취약함을 고찰할 수 있었다.

더 이상 그런 상황은 아니다. 우리는 어떤 본질적인 방식으로 우리가 지속적으로 의존하고 있는 것을 근본적으로 변화시킬 수 있는 능력에 기초해서 우리 힘의 행사에 대해 사유해야 한다. 하지만 우리 현존의 기초들을 스스로 보장할 수 있는 우리 능력의 일시적 취약성 때문에 사유해야 하는 것은 아니다.

이 새로운 상황 — 그러나 예외적이고 불가능해 보이는 것이 우리에게 지속적이고 일상적인 진행을 숨겨서는 안될 것이다 — 의 한계에 우리가 뜻하지 않게, 또는 통제되지 않는 결정으로 인해 우리 자신의 역사에 종지부를 찍을 수도 있는 여러 길이 존재한다.

우리 것이 된 조건의 새로움은, 우리의 대지와 그 역사 — 게다가 태양계 자체 — 의 고유한 구조들과 균형들의 우연적이고 더욱이 (엄밀히 통계적인 의미에서) 불확실한 특징을 다양한 관점에서 강조하고 있는 주장에 의해 강조된 채로 남아 있다.『우연과 필연』에서 다양한 단계에서 포착된 실재의 혼돈스런 차원들에 관련된 보다 최신 이론들까지, 국지적 질서들이 부차적 표현이고 부분적인 무질서가 참된 중요성을 가지고 있지 못한 "고립 지대"로 나타나는, 어떤 신성불가침의 보편적 질서에 대한 생각은 맹렬한 공격을 받았다. 아무튼 그래서 일반적인 삶에 필수적인 균형들, 특수한 인간적 삶에 필수적인 균형들, 그

균형들의 불확실성이 분명해진다.

앞선 고찰에, 우리라는 생물학적 체계들에 개입할 우리 능력의 확장이 요구하는 고찰들이 덧붙여져야 할 것이다. 생물 공학들과 특히 게놈에 대한 다양한 조작 방식들은, 우리 형태와 우리 삶의 원리들 자체가 인간 기술성의 본질에 처음부터 내재하는 변형 능력이 작동되는 자연 성향들의 공통 묶음을 되찾도록 만든다.

조심성에도 불구하고 최근의 인간 배아 복제 시도들이 불러일으킨 격렬한 저항들은, 그때 (물리적, 생태학적, 생물학적 등의) 자연 구조들에 대한 개입 능력과 규범들을 분리시키는 간격을 분명하게 한다. 그 규범들이 모든 인간 사회에서 실제적으로 사용 가능한 수단들을 사용하는 힘과 작용을 가하는 힘의 합법적이고 불법적인 사용들의 차이를 결정한다.

기술의 본질은, 역사적으로 구성된 방법들의 변화에 따라 저항력과 동시에 유연성, 더불어 구성해야 할 강제들과 개발해야 할 성질들을 제공하는 재료들로 간주되는 것을 변화시킬 수 있는 능력을 제공하는 효과적인 영향력으로 발전되는 것이다. 그 어떤 것도 그 자체로는 재료가 아니다. 즉 그 어떤 것도 그 자체로는 인간 기술의 정보 활동에 적합한 일차적 원료가 아니다. 모든 것은 기술 환경과 그것이 영향을 끼치는 물리적이고 생물학적이며 사회적인 환경 사이의 접촉면들의 확장에 의해서 재료가 될 수 있다.

가능한 변화의 장으로 들어가는 것에 대한 영향력을 발휘하려는 기술적 경향성, 즉 인간들에 의해, 우리가 살펴보았듯이, 체제 형성으로 인해 상대적인 내적 자율성을 획득하는 도구, 기계, 방법의 매개에 의해 이루어지는 활동들의 효율성, 집단적으로 수용된 효율성을 보장하는 수단들의 잠재력의 증가와 다양화에 의해 열린 가능성들을 실현하려는 기술적 경향성에는 어떠한 내재적 한계도 존재하지 않는다.

아무튼 우리는 반 세기 전 이래로 힘을 생산하는 수단들의 ─ 프랑수아 마이어가 보여 주었듯이 초기하급수적 특징을 띤 ─ 점차 가속화되는 확장에 참여해 왔다. 거시 현상들의 단계에서뿐만 아니라 미세한 것의 중심으로 개입하는 것, 특히 엄청난 규모의 장비들로 아주 고도화된 에너지 통제로부터 미세한 것의 중심으로 개입하는 것이 문제일 때, 우리가 해낼 수 있는 일은 예전에 상상 가능했던 것을 뛰어넘는 것이다. 그러한 힘은 인류가 등장한 이래 기술 활동에 생기를 부여해 온 추진력들과 동일선상에서 그 힘을 이용하려는 열망의 원천이며 우리 사회 속에 항상 존재하는 제어와 영향력의 욕망 위에서 작동하는 유혹의 원천임과 동시에 미래 앞에서의 위험과 위협, 공포와 불안의 원천이기도 하다. 한편으로 그것은 이미 거기에 있거나 가까운 미래에 기대되는 능력들로 귀결된다. 그리고 그 능력들은 조금 전까지만 해도 생각할 수 없었던 변형, 수정 그리고 변화들과 관련되어 있다. 그래서 우리가 상속받은 표상들을 넘어서는 것은 동시에 문화적이고 제도적인 기준들을 넘어서는 것이다. 그 기준들은 개인적 실천이나 어떤 집단, 더욱이 인류가 이용할 수 있는 능력에 관계되는 이용 가능한 힘의 사용을 밖에서부터 틀지우고 제한해 왔다.

우리의 개입 가능성과 힘의 사용의 문화적, 윤리적, 사법적인 조절 사이의 그러한 불일치는 다양한 국면에서 발견될 수 있다. 세 가지를 이야기해 보기로 하자. 우선 생명 유전에, 치료적 혹은 "우생학적" 목적 하의 개체 발생에서의 형태 발생의 조절 그리고 생사의 한계까지 생명 기능 유지에의 생명 공학의 적용이 존재한다. 또, 생물권에 통합된 거대 자연 체계 속에서의 변형 과정들에 의해 야기된 변화들이 있다. 그 생물권의 내적 균형이 우리가 인식하고 참여하는 생명 형태의 현존을 조건짓는다. 마지막으로, 집단적 삶을 틀짓는 사회 관계들과 구조들의 기초를 형성하는 상호 작용들에서 생성된 변화들이 있다. 그것은 의사소통 및 정보 교환을 연결하는 거대한 망을 관통해서이다. 그 망들은 권력 관계들과 권력 목적들을 이동시키기 때문에 최근 역사를 가로질러 천천히 완성된 제도적 균형들이 작동하지 않게 만든다.

사람들은 그 가운데 첫번째 국면 — 생명에 대한 직접적인 행위와 관계되는 것 — 만이 그 힘을 책임지고 있는 인간들이 숙고한 끝에 바라는 것을 가장 중요한 위치에 놓고 있다고 지적할 것이다. 모든 기술에서처럼, 비록 이루어져 있는 것과 기술자가 참여하는 것에 대한 인식이 빙산의 "일각"에 관련되어 있을 뿐이라 할지라도 말이다. 그 두 번째 국면 — 생물권 전체 속에서 그것의 국지적 생태계들의 변화와 관계되는 것 — 은 일반적으로 실천들에 의해서는 파악되지 않으며, 바라지 않은 결과들에 속한다. 그 실천들은 그 결과들에 의해 "맥락화"되지 않고, 목적한 활동들의 결과들을 생산하는 데 만족하고 만다. 세 번째 국면은 정보의 정치적인 면(그리고 반정치적인 면)과 관련되는 만큼 더 모호하다. 그러나 거기서 또, 본질적인 것은 망의 배치와 사용을 통해 숙고해서 연구된 것의 외곽에 놓여진다. 그때, 망의 밀도와 다양한 수준의 상호 작용성은 인접한 의사소통에서 지구적 차원의 전달로 확대된다.

우리 수단의 확장에 앞선 어떤 시기로부터 상속받은 조절들과 우리의 현재 상황 사이의 불일치는 어떤 잠재력의 이용을 존속시키려는 노력을 인도할 규범들에 대한 사색을 불러일으킬 수 있다. 우리의 현존이 우리의 기술 세계로의 귀속으로 환원되지 않는 한, 그 규범들은 우리가 원할 수 있는 것의 범위 안에서 무한한 자기 개발의 자율성을 나타낸다.

그런 만큼, 우리는 우리가 행하는 것과 우리로 하여금 행하도록 내버려두는 것을 동시에 책임져야만 한다.

우리는 그것들을 책임져야 하지만, 우리의 행위 능력, 변형·변화 능력이 여전히 분명하게 상상될 수 없었던 어떤 시기에 속하는 기준들에는 결코 준거할 수 없을 것이다. 그러므로 우리의 책임성은 할 수 있고 해야만 하는 것과 할 수 있는 잠재력을 가지고 있는 것을 구별짓는 판단 원리들을 결정하는 노력에까지 관련된다. 동시에, 인간 책임성의 궁극적 기초들이라는 방향 속에서 우리는 사유하도록 촉구된다. 예를 들어 50대, 아니 60대 이상인 여성에게 아이를 갖고자 하는 욕망을 충족시켜줄 수 있을 만큼 우리의 힘이 확장되어 있을 때라 할지라도, 어떤 미명 하에서, 가능한 우리의 사용을 제한시키는 이유는 무엇인가? 또 우리가 우생학적 수단으로 인간의 수행 능력들을 증가시킬 수 있을 때,[7] 그리고 아마도 특수한 임무들에 앞서 개별자들을 선택하면서 그들을 차별화할 수 있을 때, 가능한 우리의 사용을 제한시키는 이유는 또 무엇인가? 어떤 공동의 재산의 보존, 즉 풍경이나 생물학적 다양성의 보호를 위해 재산권, 우리 자신의 재산의 사용권을 제한시키는 것은 어떤 이유에서인가? 소위 개발도상국이 자기 나라의 숲과 땅속을 대량 개발하지 못하도록 금지해서 그 나라의 자원들을 제한시키는 이유는 무엇인가? 경우에 따라, 어떤 미명 하에 지구 이용이 후손들에게 물려줄 재산을 변화시키지 않는다는 조건에 의해서만 현재의 인류에게 지구를 이용하도록 요구하는 이유는 또 무엇인가?

그 의문들에 완벽한 대답을 제공하는 것이 중요한 것은 아니다. 한편으로, 그것들은 각자의 참여에 따라 해결책들을 요구하며, 개인적인 자각에 속한다. 또 다른 한편으로는 이론적이거나 종교적인 다양성을 넘어 공동의 토대 위에서의 사람들과 국가들의 합의를 지적하고 있다. 그래서 논의와 숙고의 분야에 속하는 것을 미리 전제하고 있다.

그러나 우리 수단들의 수준에서 어떤 책임성의 토대들에 대한 연구가 자리잡을 조건들의 분석에 착수하는 것은 가능하다.

그러한 사색이 착수할 첫번째 방향은 현존의 가장 일반적인 조건들과 인간 현존의 특수성을 규정하는 특별한 방식들에 기초를 두고 있다. 우리가 직접적이건 간접적이건 그 현존에 대한 경험의 토대 위에 존재한다고 말하는 모든 것은, 그것이 다양화된 끝없는 관계들을 맺고 있는 어떤 맥락에 의존하고 있는 구조 혹은 구조의 집합으로서만 그것인 바이다. 한편으로 동시에 단순하고 포착할 수 있고 정체화할 수 있으며 안정적인 것으로 나타나는 그 무엇도 우리는 인식할 수 없다. 우리의 물리학은 연속적인 순간들을 가로질러 동일화를 허용하는 속성들을 부여받은, 눈에 띄지 않는, 궁극적인 요소들로 거슬러 올라가려고 부단히 애쓴 후에, 근본적인 속성들이 내재하고 있고 모든 다른 형태의 실재를 형성하는 "벽돌들"[5]에 대한 소박한 상상물을 모든 구성 밖에서 포기해야만 했다. 원자 같은 기초적인 체계들 외에는 더 이상 아무것도 살아남지 못하고 있다. 그 체계들 내에서 어떤 특수한 구름과 그것들의 구성 요소를 결합시키는 상호 작용들은 "실재"라는 중심핵 속에서 꼼짝달싹하지 못하고 안정화되어 있는 것 같다.

다른 한편으로, 그러한 실재 형태들 가운데 그 무엇도 그것의 통일성과 동일성을 유지할 수 있는 가능성이 의존하고 있는 맥락에서 분리될 수는 없다. 그러므로 성급하게 말하면, 세계 속에서 질량을 가지고 있는 모든 것은 중력장 속에 통합되어 있다. 예를 들어 그것은 다음의 결과를 낳는다. 즉 지구의 질량과 상호 작용하는 우리는 무게를 가지게 되고, 우리의 정적이고 동적인 균형을 조건짓는 역학적 강제들에 복종하게 된다. 모든 "것"과 모든 존재는 그것의 현존을 허용하는 것의 토대 위에서 차별화된 개별성으로 나타난다. 그것의 특수한 조건에의 의존과 그 협소한 변화의 한계들에 대한 의존은 그것의 정합성을 보장하는 내적인 관계들의 취약성을 고려할 때 그 복잡성에 달려 있는 것이 분명하다. 그래서 생명체는 수정이나 원자보다 훨씬 분명한 조건들에 연결되어 있다. 그같은 것들은 에너지 흐름의 어떤 맥락 속에서도 유지될 수 없을 것이다. 그것에, 우리가 상호 작용하지 못하는 것은 그 무엇도 인식할 수 없을 것이라는 점을 덧붙여야 하겠다. 또 우리는 모든 실재 형태로부터, 그것이 상황에 따라 그것의 맥락과 맺을 수 있는 관계들만 인식할 수 있다. 우리의 감각과는 가장 동떨어져 있는 원자나 가장 멀리 있는 별과 같은 것들 가운데 가장 친숙한 것의 속성들을 열거하는 것은 자연적이거나 실험적인 이러저러한 상황 속에서 그것들의 반응들을 묘사하고 예측하는 것이다. 그래서 모든 현존은 공존으로서만 지속될 수 있고 사유될 수 있다. 그러한 공존이 실현된 형태들은 어떤 공동의 생성을 가리킨다. 그러므로 그것들은 가장 넓은 의미에서, 또는 가장 정확한 의미에서 사람들이 공동 진화로 생각할 수 있는 것을 가리킨다. 그로부터, 사물들의 영원한 질서라는 관념, 즉 지속의 다양한 구분들을 가지고 있는 불가침적 틀의 구실을 하는 시간 밖의 체계라는 관념과 관련된 우리 사고가 모든 영역 속에 표현하는 간격이 생겨난다. 3세기 전 이래로 우리는 하늘, 별들, 대지, 종種들 — 그리고 살아 있는 개체와 인간들뿐만 아니라 —, 원자들이 탄생했고 그것들이 일시적 성향들을 구성한다는 것을 고려하는 법을 배웠다. 그러한 일시성은, 표명되기 위해 아주 다른 차원에서의 시간 단위들을 선택할 것을 요구한다. 태양은 우리와 똑같은 리듬으로 "늙지" 않으며 우리의 지속은 일시적인 것들의 지속이 아니다. 하늘의 진화, 생명 형태들의 공동 진화 혹은 인간 사회들의 역사가 문제일 때, 우리 시대가 생성에 대해 우리에게 제안하는 상이한 강독에의 준거를 앞의 것에 덧붙여야만 한다. 라플라스의 예정론은 우연의 작동이 균열시키는 필연적인 "해안"에 자리를 양보했다. 그리고 만약 사람들이 우연을 피하고자 한다면, 최근의 카오스 이론들은 외관상 가장 잘 질서잡힌 체계들에 불안정성을 되돌려줄 수 있다. 세계는 모험의 무대가 되거나 다시 그렇게 되었다. 인간의 모험 역시 바로 그러한 모험들 가운데 이루어진다. 그 모든 것 중 어떤 것이라도, 개인적이거나 집단적인 우리의 윤리적이고 제도적인 책임성의 문제가 제기될 수 있는 방식과 무관하지는 않다. 틀림없이 사람들은 한 마리 나비의 날갯짓의 결과와 그것의 기상학적 책임성에 대해 엄청나게 많은 말들을 했음에도 불구하고, 사건성événementialité[6]과 우연성은 "우리" 세계의 역사 속에서 자신의 자리를 다시 확보했다. 그러한 생성 방식들 속에서 가능한 분기分岐들은 우리 자신의 선택(또는 우리의 회피)에 있어서의 책임성을 강조한다.

케플러가 행성들의 음악[7] 속에서 메아리를 느꼈던 비시간적인 조화에 더 이상 기대지 못하는 세계 안에서 지구 생태권의 제한된 공간 속에서의 재료 및 에너지의 흐름의 조절은 "고전적" 질서가 허용하지 않았던 반향들을 발견한다. 그것에 대해 사람들이 무엇을 말했든지 간에, 로마 클럽의 첫번째 보고서는 숫자에 대한 부주의를 넘어 "닫힌 세계에서 무한한 우주"로의 이행이라는 본말이 전도된 운동의 복고적 관점들을 등장시켰다. 즉 일반적으로 더 "무균적"인 코스모스 내에서 우리의 지구라는 주거지의 유한성과 특이성에 대한 관점이 그것이다.

그때, 우리가 모든 실재 형태들의 공존 방식들을 결정하는 관계의 망 속으로 개입할 수 있는 힘은 우리가 우리의 책임성에 직면하도록 만든다. 우리가 대기나 많은 사람들이 모이는 장소들에 야기한 온갖 혼란에 대해 스스로 책임이 있다고 느껴야 하기 때문은 아니다. 그러나 우리는 현존하며 도래할 의식 있는 존재들 앞에서 기술의 확장에 우리가 기여한 부분에 대해 책임져야 한다. 그들의 존재는 공존이고 그들의 공존 방식은 각 인간 개별자가 담지하고 있는 가능성과 잠재성에 일치하는 어떤 삶의 가능성과 한계를 결정한다. 문제는, 모든 이에게 어떤 동일한 원형 — 어디에서나 항상 보편적인 모델을 만드는 인간 속성의 그것 — 을 실현하도록 하는 것이 아니라, 각자에게 자신의 발전을 가능하게 하는 조건들에 일치하는 자신의 삶을 창조할 기회를 남겨두는 것이다. 그런데 그 발전이 모든 인간 생명체가 참여하는 어떤 공존에서 유래하는 환경의 바같에서 실현될 수는 없을 것이다. 비록 자연이 어떤 목가적인 점도, 또 어떤 천사 같은 점도 가지고 있지 않을 때조차 모든 인간 생명체는 자신이 배제될 수 없는 물리적이고 생물학적인 큰 균형에 합치하는 부분으로 존재한다. 다른 것들 가운데 그것은 인접한 주거들과 관계되고, 풍경들과 관계되며, 형태들 및 흐름들의 자연적인 다양성과 관계되는 조건들에 대한 존중을 함축하고 있다. 몇 년 전에 사람들이 이야기했던 것처럼, 분명 삶의 질에 대한 권리는 자연적인 만큼 인위적인 환경의 변화들로부터 생겨나는 권리이다 — 만약 모든 권리가 인간 현존의 기본적인 요구가 위협받거나 반대로 보장 가능할 때 등장하는 것이 사실이라면 말이다. 요컨대 그러한 요구가 가능하게 된다는 것은 다시 말하면, 동시에 필연적이지는 않다는 것을 의미한다.

그래서 사물들, 즉 모든 맥락에 미치는, 모든 획득된 힘의 증가는 동시에 어떤 이들이 다른 이들의 삶에 대한, 또 그들의 의지가 우선 자기 자신의 의욕임에 따라 그 의지에 대한 영향력의 발전이라는 사실을 자각해야만 한다. 우리 모두는 우리 동류의 현존 — 공존 — 조건들에 작용을 가하는 데 있어 중요해진 어떤 힘을 이용한다. 가속으로 파리 시내를 가로지르는, 충분한 소음 제어 장치를 갖추지 못한 오토바이의 소음에 몇 명의 사람이 잠을 깨는지(또는 방해를 받는지) 세어 보지는 못했지만, 그것은 바로 기술 수단들의 사용이 영향을 미치는 사실적 연대성의(종속으로 이해될 수 있는 상호 작용의) 평범한 상징이다. 그래서 책임 있는 교육과 우선 우리가 책임져야만 하는 것, 즉 우리가 그 앞에서 책임을 느껴야만 하는 것에 대한 자각은 기술 발전이 우리 손에 쥐어준 힘과 나란히 나아가야만 한다. 또 우리의 출발점을 잊어서는 안 된다. 자기-조직화와 확장이나 증가의 내적 추진력이라는 이중적 차원에서의 기술 체계의 자율성으로의 경향성은 우리 사회에 어떤 도전장을 던진다. 그러한 도전은, 발전의 매 순간마다 기술 발전이 가능하게 하는 모든 것을 우리가 실현할 수는 없다는 점에서 동시에 가능해지고 필요하게 된 우리의 방향의 제어에 대한 것이다. 돈과 인간의 투자는 여기서 선택의, 즉 우선성의 숙고된 결정의 한계임과 동시에 기회이기도 하다. 그것은 우리 모두가 참여하고 있는 어떤 집단 조직의 일이다. 따라서 우리의 책임성은 현대 기술의 특징들 그 자체로 인해 그 어느 때보다 더 정치적이다.

주

1) 앙드레 르루아-구랑: "기술은 암묵적으로 두 환경의 작용 속에 포함되어 있다. 즉 인간 집단의 내부 환경과 외부 환경이 그것이다. 우리는 특히 우리의 관심을 사로잡는 내부 환경, 즉 기술 환경의 그 부분에 대한 정의를 곧 시도할 것이다." […] "만약 내부 환경의 각각의 요소가 다른 요소들의 전체성과 지속적으로 관계하고 있다면, 모든 기술 요소는 서로 지속적으로 반응할 것이라고 가정할 수 있다. 그것은 기술 환경의 연속성을 본질적인 것으로 간주하게 한다." […] "인간 집단은 대상의 장막(도구들이나 장비들)을 통해 자기 환경에 동화한다… 그 가운데 놓여진 막 속에서 그것은 영양을 공급받고, 자신을 보호하며 이동한다… 그 인

위적인 덮개의 연구가 테크놀러지이다"(*Milieu et technique*, Paris, Albin Michel, 1945, pp. 354-366 et 352).

2) 트리팔리옴: 노예에게 벌을 줄 때 사용하는 "세 개의 말뚝"이 있는 고문 도구.

3) 앙드레 르루아구랑: "그것은, 언어 역시 도구만큼이나 인간의 특징이며 그것들[언어와 도구]은 인간의 동일한 속성을 표현하고 있다는 것을 고려하게 만든다. 정확히 말해서, 침팬지가 이용하는 30가지의 상이한 음성 부호는 매달려 있는 바나나를 끌어당기기 위해 이용하는 손잡이 있는 막대기들의 정확한 정신적 상응물이다. 즉 막대기의 조작은 언어일 뿐만 아니라 분명한 의미에서 기술이다(『몸짓과 말*Le geste et la parole*』, t. I: *Technique et langage*, Paris, Albin Michel, 1966, p. 162).

4) 여기서 물*res*의 두 가지 형태의 대립이란 사유하는 것과 연장적인 것을 말한다 — 옮긴이.

5) Robert Poujade, 『불가능의 부서*Le ministère de l'Impossible*』.

6) Philippe Saint-Marc, 『자연의 사회화*Socialisation de la Nature*』, Paris, Calmann-Lévy, 1975, p. 183.

7) 장 로스탕: "당신이 과학의 미래학의 분야에서 아무리 신중하다고 해도, 당신은 호모 사피엔스보다 더 나은 것을 창조하려는, 어떤 진화하는 기형을 생성하려는 꿈은, 과학의 현 상황에 있어 유토피아로 보이지만, 미친 짓일 뿐임을 고백하고 있다. 당신은 몇몇 분비물들, 특히 파충류의 독이 신경조직의 증식을 자극하는 속성을 가지고 있다는 것을 상기시켰다. 두뇌가 형성되는 동안, 뇌세포들의 보충적인 분할을 이러저러한 방식으로 획득한다는 것도 상기시켰다. 아마도 지적 능력들의 고양은 뉴런 수의 증가에 상응할 것이다.

만약 그같은 야심이 완전히 정신나간 짓이 아니라면, 우리가 어떻게 우리 자신의 것에 그런 짓을 하지 않을 수 있겠는가? 프리드리히 니체가 호소했고 에드가 퀴네가 두려워했던 그 새로운 존재를 어떻게 조금도 꿈꾸지 않겠는가? 우리에게 새로운 사유 방식을 열어 보이면서, 우리 이마를 헛되이 쥐어박고 있는 문제들을 해결해 주고 우리가 인식할 수 없는 것에 대해서는 우리에게 그것을 해결할 수단을 제공해 줄 그러한 호모 사피엔티오르를 어떻게 조금도 꿈꾸지 않을 수 있겠는가? 한계를 밀어붙이는 힘을 과학에서 수용한 그 최고 정신은 아마도 발생학의 어떤 실험실에서부터 생겨날 것이다"(「에티엔 볼프의 입회 승인을 위한 프랑스 아카데미 공개 회의 때의 강연 *Discours prononcés dans la séance publique tenue par l'académie française pour la réception de M. Etienne Wolf*」, le jeudi 19 octobre 1972, Paris, Imprimerie de l'Institut de France, 1972).

보주

*1. 사디 카르노Sadi Carnot는 라자르 카르노Lazare Carnot(1789년 프랑스 혁명 시절, 또 제1제정 시절의 장교, 정치가이자 수학자)의 아들로서, 부친의 과학 업무를 계속했다. 1824년 한 저서에서 열역학의 토대들을 팽개쳤으며, 자신의 제2법칙, 즉 닫힌 체계의 진화 동안 에너지 점감漸減 또는 엔트로피 증가의 법칙을 진술했다. 증기 기관 및 그것의 효율 개선 조건과 한계에 대해 연구한 그 저서의 제목은 『화력과 그 힘을 발전시키는 데 적합한 증기 기관에 대한 사색들*Réflexions sur la puissance motrice du feu et sur les machines à vapeur propres à développer cette puissance*』이다.

*2. 신체가 실현되지 않고 있거나 실현될 가능성들의 영역을 제한한다는 의미에서 그것은 그림의 밑그림에 비유할 수 있을 것이다.

*3. 로베르 푸자드Robert Poujade는 지리학 교수이자 당시 드골 정당이었던 RPR의 의원이었으며, 프랑스 최초의 환경부 장관이 되었다. 이전에는 존재하지 않았던 이 부서는 산업부, 국토개발부 등과 갈등을 일으켰다. 환경부가 전통적으로 행정을 특징짓는 국토 개발 및 발전의 논리에 반대했기 때문이다. 환경부는 자

연 유산과 생태 균형을 지키고 보호하는 데 주의를 기울여야 하는 부서이다. 푸자드는 환경부를 떠날 때, 자신에게 부여되었던 임무가 수행 불가능한 것이었음을 말하기 위해 책을 출판했지만 그 이유는 충분한 국가 예산을 확보하기 어려웠기 때문이었을 따름이다(그의 계승자들은 모두 예산 부족에 항의했다).

*4. 자연이 본질적인 점을 가지고 있다는 점에서, 또 우리가 우리 자신을 탐구할 때, 자연사에서 발생한 체계들에 통합된 살아 있는 신체는 부차적이거나 무시될 수 있는 존재들로서 우리가 아니라는 점에서 우리가 자연에 참여하고 있음을 재발견하려는 것은 고전적인 철학에 대립되는 것이다. 예를 들어 데카르트의 이원론이나 헤겔 변증법의 '부정성'(헤겔 변증법의 동력은 '실현된 것'의 적극적인 부정과 새로운 현실화 속에서 그 부정의 이행이다)과 대립된다.

*5. '벽돌들'은 구성의 가장 단순한 최초의 요소들, 기초가 되는 통일체들과 관련된다. 그것들의 결합이 복잡한 건축물들을 낳는다. 달리 말해서, '벽돌들'은 서로 분리될 수 없는 요소들의 표상, 즉 고유한 특징들을 담지하고 있으며, 다른 것들과의 연합에서 구분되는 표상을 가리킨다. 마치 원자 구조를 발견하기 이전의 원자가 그랬던 것처럼 말이다.

*6. 사건événement은 사물들의 일상적이고 예측 가능한 흐름을 깨는 것이다. 그것은 환원 불가능한 새로움을 도입한다. 그 새로움에서부터 그 무엇도 완전히 예전처럼 될 수는 없을 것이다. 여기서 사건성이란, 결정론적 사유들이 어떤 발전의 법칙에 종속시킨 생성의 흐름에의 사건의 침입을 가리킨다. 그 결정론적 사유에 의하면, 발전하는 동안 앞선 것은 뒤따르는 것의 원인을 구성한다. 모든 결정론적 설명은 실재를 부인하고 사건들의 작용력을 부인하는 경향이 있다. 즉 사건성을 거부하는 경향이 있다. 그래서 사물들의 흐름 속에 우연적인 부분을 재도입하는 것이 문제가 된다.

*7. 여기서 행성들의 음악이란 천체의 관조가 드러내는 조화들, 천구의 행성들 간의 관계를 주재하는 수학 법칙들의 인식이 드러내는 조화들을 가리킨다.

2

인간답게 살 권리와 차이에 대한 권리
인권의 인간학적 토대에 대한 사색

인권 개념 자체의 토대를 탐색할 때면 문제삼게 되는 것이 인간 현존의 본질적인 특징들과 더불어 그 용어 아래 다시 규합되는 개념들의 관계이다. 그 특징들은 그같은 현존 — 인간의 고유한 현존 방식 — 을 다른 형태의 현존들과 구별짓는 간격을 드러나게 할 때에만 결정될 수 있고 적어도 분명해질 수 있다. 모든 인간이 주장할 수 있고 단지 인간만 주장할 수 있는 권리의 기원은 바로 인간 존재에 속하는 것 속에 있다. 그 간격의 특징들과 그 차이의 원리들 속에서 인간들의 구체적인 삶의 방식들의 다양성을 알아보는 것은 어렵지 않다. 그 다양성은 문화의 다수성을 통해 표현되고, 적어도 문화들 각각의 잠재적인 역사성을 가능하게 한다. 그것은 동일한 문화에 속하는 부분 집합들의 차원에서뿐만 아니라 개별자들의 차원에서도 존재한다. 그것은 우리에게 인간성의 통일성을 낳는 것 속에, 또 그 인간성이 표현되는 다수의 구체적 형태들을 통해 차별화될 수 있는, 인간 존재들의 능력 속에 권리의 기원을 위치시키도록 강제한다. 각자 인간답게 살 권리는 모든 다른 존재와 동일한 이유에서 자신을 인간 존재로 만드는 것과 일치하는 어떤 현존을 영위할 수 있는 가능성을 포함하고 있을 뿐만 아니라 인간성이 실현되는 상이한 형태들을 낳을 수 있는 그 인간성의 특징적인 능력을 표현하는 개별적인 방식들의 존중 역시 포함하고 있다. 있는 그대로의 인간성이 인간들의 다양화 및 그들의 구체적인 현존 방식들의 다양화를 포함하는 것이야말로 본질적이다.

또 각자의 인간성이 존중받도록 하기 위해서 동일한 삶의 권리의 두 가지 측면이 어떻게 연결되어 있는지를 보다 분명하게 탐구해야만 한다. 즉 자기와의 유사성에서 얻은 권리를 타자에게 인식하게 하는 것과 다를 수 있는 능력 및 달라야 할 소명 — 자기와 관련해 자신의 타자성을 표현할 수 있는 능력 및 표현해야 할 소명 — 의 기초를 이루는 것이 그것이다.

둘 사이의 균형은 보장되지 않는다. 인간 존재인 한에서의 — 각자의 인간성이 존중받도록 — 어떤 삶의 권리에 대한 주장이 어떤 인간관과 밀접하게 연결되어 있음은 아주 확실하다. 물론 그 입장은 다양하고, 또 우리의 철학적 전통에 따라 다양한 특징들을 드러내 보였다. 그러나 그 형태에 있어서, 그것은 어떤 "본질" 혹은 어떤 "본성" 속에 묶여 있는 한정들의 집합으로 나타나는데, 그 본질 및 본성은 차이를 넘어 모든 인간에게서 불평등하게 실현되는 보편적인 특징들을 포함하고 있다. 다양한 면을 가지고 있는 상황들은 다소간 그 특징들의 실제적인 실현을 가능하게 하거나 그것들을 변화시킨다. 그러나 인간에게 "고유한" 것은 상황적 다양성들을 넘어 현실화, 실현, 경험적 표명을 배려해야만 하는 것의 관념으로 나타난다. 요컨대 그러한 입장은, 사회적 삶의 상황들이 인간의 인간성의 가능한 가장 완전한 실현을 준비하도록, 특히 입법자와 법학자에게 영감을 줄 수 있는 규범적인 관념의 역할을 한다.

특히 그것의 다양한 해석들을 관통해, 또 예를 들어 홉스나 스피노자와 더불어, 자기 욕망의 실현을 위해 이용 가능한 수단들 ─ 힘 ─ 을 사용할 권리에 그것을 동일시하는 흐름, 즉 자연권 개념의 의미를 별도로 놓을 때 더욱 그러하다. 자연권은 인간 본성에 내재하는 권리들에 관련되고, 어떤 주어진 사회의 적극적인 현행 규칙들은 배제한다. 인간 본성에 내재하는, 따라서 (합리성, 자유 등으로 정의되는) 인간의 인간성에 내재하는 권리라는 개념은 상황이 어떠하건 간에 타자를 존중할 의무에 대한 긍정으로 제시된다. 그것은 타자에게 작용하기 위해 사용 가능한 수단들의 사용에 있어, 특히 종복들이나 시민들을 억제하거나 강제하기 위해 공권력의 소유자들이 이용하는 힘의 사용에 있어 한계 인식을 함축한다. 보다 일반적으로, 행위의 정당성이나 부당성을 제외한다면 타자를 억압하거나 폭력을 가하기 위한 사용에 강제되는 규범 원리들과 관련된다.

물론, 그같은 한계의 재인식이 몇몇 경우에 있어, 인간들이 그러한 위협이 없다면 자발적으로 행할 수도 있는 것과는 다른 것을 하도록 이끄는, 이용 가능한 강제 수단들 전체에 대한 거부를 의미하지는 않는다. 그러한 거부는 모든 집단적 삶, 또 우선 모든 권리 상태를 불가능하게 하는 것과 일치한다. 그러므로 인간 존재인 한에서의 각각의 인간이 본질적인 특징들을 존중하면서 체험하게 되는 권리의 재인식만이 문제가 된다. 그것은 모든 조직 사회 내의 강제권의 정당한 발동과 상황이 어떠하든지 간에 참기 어려운, 비난할 만한 폐해로 나타나는 것을 구분짓는 경계를 표시할 수 있게 한다. 세계 인권 선언이 잔혹하고 비인간적이며 퇴행적인 처벌이나 처우라고 지적하는 것이 그러하다.[1]

자연권의 고전 이론들은 본질적으로 통치자의 권력과 그의 종복 간의 관계나 전쟁 상태나 다른 상태에 의해 그의 권력 안으로 떨어진 외국 거류민들과 관련되어 왔다. 현시대는 그것에, 통치 국가들의 업무 또 더 일반적으로 "다른" 사회들의 업무 속에 일종의 간섭 원리를 도입하도록 하는, 확립된 권력의 관할 범위와 관련된 외부 입장에서의 인권 존중에 주의할 수 있는 능력이나 그렇게 할 의무를 덧붙인다.

그로부터 어려움들이 생겨난다. 한편으로 그 어려움들은 자연권 이론이나 인권 이론들이 의존하고 있는 인간성 개념의 모호성을 분명하게 만든다.

사실 인간답게 존재하기, 즉 개별사個別史를 상속하는 전통과 관습에 기초한 어떤 문화와 연결된 현존의 특수성들을 보편적 가치를 갖는 모델 속에서 확립하지 않으면서 모든 인간이 스스로 실현 가능한 인간성을 실현할 목적으로 살아가야 한다는 소명에 따라 존재하기가 무엇을 의미하는지를 분명히 하는 것은 쉽지 않다. 특권적 장소나 시간과 관련된 상황들 속에서 정상적이고 가능한 현존의 모델을 전 인간성에 투사하려는 유혹은 크다. 그래서 가정된 본질성 속에서의 인간의 규범적 관념은 인간성에의 귀속에 의해 함축된 가능성들, 다른 가능성들 가운데에서, 또 다른 가능성들을 배제하는 가능성들 중에서 하나를 실현하는 어떤 현존 형태의 보편화일 따름이다.

특수한 상황들과 관련되는 어떤 인간형의 절대화는 동시에 지배적인 매혹을 품고 있다. 그와 더불어, 문명의 고전적 개념은 인간성이 미개성이나 야만성에 사로잡혀 있는 도처에서 그런 인간형의 출현을 조장하는 함축적인 계획을 유포한다. 문명화 과정이 이루어지고 인간성의 진보 — 인간의 인간성 실현을 향한 전진 — 가 실현되는 단선적인 역사가 존재할 때, 가장 문명화된 국가들은 인간들hommes 가운데 참 인간Homme을 출현시키는 과정에서 뒤처진 민족들을 자신들의 완전한 상태에까지 인도할 소명을 갖는다. 문명화의 사명이라는 미명 하에서, 계몽주의 시대의 상속자들은 식민화 계획을 구상했다. 그 식민화 계획이 야만성 및 동물성에서 문명화로 이어지는 시간의 축 위에서 지체된 사회들에 자신들의 규범과 모델들을 강제하려는 시도로서 함축한 바와 더불어서 말이다.

여기서 그 논의의 자리를 마련하지는 못하지만, 그러한 고찰들에 확증된 사실들을 덧붙여야만 한다. 그 사실들에 의하면, 오늘날의 인권 개념은 ― 다음의 용례로 환원되지 않는다 할지라도 ― 다른 국가들의 내정 개입을 정당화하기 위한 이데올로기적 트로이의 목마 구실을 한다. 사회 관계 망을 형성하는 힘의 관계들의 작용 속으로 통합되는 모든 개념은 그러한 이데올로기의 두께를 획득한다. 그 이데올로기의 두께는 국무장관의 선출에서부터 인권의 창출을 둘러싼 논쟁들에까지 불가피하게 재발견된다. 한편으로, 그 모든 개념이 분리될 수 없는 그러한 맥락 속에 있는 인간 개념이라는 것은, 이론 영역에서 군림해야 할 순수성의 질서와는 무관한 고찰에 따라 범죄 구성 사실을 늘이거나 줄일 수 있는 프로크루테스의 침대와 비슷해질 우려가 너무도 크다.

여러 가지 이유에서 그렇게 될 우려가 있지만, 그 개념이 특별히 그렇게 사용될 여지가 있다면 그것은 그 모호성 때문이다. 그것은 본질적인 인간성을 표현함과 동시에 인간의 특별한 이미지를 확립하지는 못한다는 어려움에 근거하는 것이다. 그 원죄는 상황들에서 어떤 ― 이 경우에는 인간적인 ― 존재인 바를 분리시키는 파악 방식과 연결되어 있다. 그 존재는 바로 그 상황들 속에 현존한다. 아니 그 속에서 현존하지 않을 수 없다. 비록 상황들이 가변적일 수는 있겠지만, 그 존재의 현존은 필연적으로 그 상황들과 밀접히 연결되어 있다. 상황적인 것 ― 즉 주위에 있는 모든 것 ― 과의 관계는 그 존재인 바에 본질적이다. 그것의 고유한 존재 방식, 즉 인간 존재들을 특징짓는 방식은 바로 그것이 상황들과 맺고 있는 관계 속에 있다.

달리 말하면, 자신이 현존하고 있는 상황들과 인간이 맺고 있는 특별한 관계들로부터 스스로를 분리시키면서 인간인 바를 고찰하려 해서는 안 된다. 자신의 인간성에 내재하는 권리 개념을 기초짓기 위해서는, 인간 속에서의 인간성의 완전한 실현일 수 있는 것의 일종의 보편적인 모델을 구성하기 위한, 서로 연결되어 있는 한정들의 중심핵인 어떤 본질적 인간과, 인간들이 그 속에 자리잡고 있는, 그럭저럭 유리한 상황들을 분리해서 생각해서는 안 된다. 여기서 인간들 사이의 관계들과 그들의 현존 범위가 바로 그들의 현존의 인간성, 즉 그들의 현존의 인간적 방식을 결정한다.

그러나 그러한 방향 속에서 나아갈 때, "고전적인" 관점(어떤 "인간 본성" 속에서 연결되어 있는 특징들에 대한 결정의 그것)의 반테제적 관점이 — 인간 고유의 존재 방식 속에서 제기된 인권의 토대에 대한 문제에 전혀 더 이상의 발판을 제공하지 못하면서 — 윤곽을 드러낸다.

그러한 관점에 의하면, 인간에게 고유하고 모든 인간 존재에게 공통된 특징들의 보편적 핵심은 다소 유리하거나 불리한 상황에 따라 실현된다. 그 관점은 — 특히 사회적이고 문화적인 — 상황들이 체계를 형성한다는 관점과는 대립된다. 후자는 고유한 정합성과 내적 논리를 갖추고 있으며, 모든 제도들, 문화적 특징들에 질서를 강요하고, 전체의 변화에 따라 개인들의 현존을 형성하는 균형 조건들 역시 갖고 있다.

그래서 외적 규범들 혹은 외적 모델에 준거해서 이루어지는 모든 외적인 개입은 그 체계를 구성하는 항들을 밀접하게 연결시키는 상호작용의 작동에 참여하는 모든 것의 조화로운 현존에 필수적임과 동시에 취약한 어떤 구조의 불균형과 붕괴의 조짐을 안고 있다. 그렇기에 선한 의도에서 이루어질 때조차, 외부 활동은 과거 마오리족이나 아메리카 인디언으로 하여금 전통 문화를 포기하게 했던 것들만큼이나 재난을 초래할 수 있으며, 실제로 초래한다.

인권 보호에 대한 사색에서 두 관점의 대립 — 보편적 모델에의 준거를 가정하는 것과 사회 문화적 체계 내에서의 정합성을 주장하는 것 — 은 단순한 이론에 속하는 것이 아니다. 관습적인 신체 절단과 관련된 논쟁, 특히 서구 전통과 분리되어 있는 수많은 사회들에서 소녀들에게 실시하는 음핵 절제에 대한 논쟁을 통해 수많은 개인적인 비극들의 진위를 따져 보지 않는다면, 그 두 관점의 대립에 대한 예시도 우스꽝스럽게 될 따름이다. 인간 제물의 경우가 이에 해당하겠고, 또 사람들이 그다지 생각해 보지 않는 부차적인 것들 가운데는 자신의 남편을 죽음으로 뒤따라야 할 의무나 좀더 관대한 경우이긴 하지만 죽을 때까지 검은 옷을 입어야 할 의무, 재혼해서는 안될 의무를 생각해 볼 수 있겠다.

분명, 문제는 그 두 관점을 갈라놓는 것이 아니다. 여기서 그 두 관점이란, 특수한 특징들의 보편성 속에서 포착된 인간 존재에 대한 입장에 인권 존중을 기대고 있는 것과 문화의 복수성뿐만 아니라 삶의 방식들의 동등한 정당성에 준거하는 것을 말한다. 오히려 그 이원성을 이해해야만 하고, 우선 그것을 가능하게 하는 근본적인 인간학적 특징들을 드러내는 것으로 그것을 이용해야만 한다. 요컨대, 박탈되면 참을 수 없는 그 조건들 속에서 각 인간이 살아갈 권리를 더 잘 기초지을 수 있는 규범적 고찰들로 그것이 어떻게 인도할 수 있는지를 고찰하기에 앞서 인간답게 산다는 것이 함축하고 있는 바로 되돌아가야만 한다.

고찰들의 첫번째 특징은 모든 인간 존재 속에서 분리할 수 없는 두 측면들을 찾아내도록 인도한다. 그 평범한 첫번째 특징은 인간 각자가 잘 정의된 특성들을 소유하고 있는 살아 있는 한 종의 대표자로서 태어난다는 점에 있다. 그래서 각자는, 특히 외형, 발전의 리듬 그리고 신체의 기능적 능력과 관련되는 공동 자산에 참여한다. 여기서 종의 통일성은 논쟁의 여지가 없고, 사람들 역시 자연적 능력에 있어서의 어떤 차별화의 원리인, 인종 차별들의 부족한 토대로 되돌아오지는 않을 것이다. 마찬가지로, 그 신체가 그것의 특별한 특성들 전체와 더불어 생명 형태들과 환경의 공동 진화로만, 전 생명권의 진화와 분리될 수 없는 진화로만 생각되는 어떤 생물학적인 진화의 산물이라는 사실을 장황하게 주장하는 것은 쓸데없는 일이다.

인간 신체의 구조는 ― 게다가 모든 다른 살아 있는 존재들의 구조처럼 ― 사물과의 관계 방식, 타자와의 관계 방식, 그리고 세계와의 관계 방식을 정의한다. 직립, 손의 포착 능력과 이동 능력의 기능적 분리, 중앙 신경 체계의 부피와 구조, 성숙의 느림 그리고 신생아의 최초의 의존은 동시에 한계와 가능성, 강제와 형성 능력으로 이루어진 인류의 조건을 결정한다.

그러나 자가 발전의 독자적 과정들, 인류의 특별한 유산에 위치하는 독자적 추진력 또 그것의 자연적 조절로 인도하는 그 특징들, 우리의 "자연적 유산"을 구성하는 그 특징들이 우리를 **호모 사피엔스**의 세계-내-존재, 관계적 삶의 인간적인 조직으로 인도할 수는 없다는 것을 덧붙여야만 한다.

그 인류의 특징들 전체는 강제와 가능성을 잘 결정하고 있지만, 동시에 전달될 수 있고 장래의 재산과 관련되어 형성될 수 있는 가능성으로 나타난다. 그 재산은 항상, 우선 문화적인, 즉 어떤 전통에 의해 구조화된 환경과의 대면과 연결되어 있다. 전통은 특수한 역사와 관계가 있고 그것은 정보를 특수화시키며, 그 정보로부터 인간 현존이 조직화된다. 그것은 그 속에 태도의 모델들을, 본질적으로 상징, 기호,

도구, 규칙의 세계를 전달하며, 그 세계의 상대성은 인류의 특징들의 보편성과 대비된다.

바로 거기서 문화적 유산이 문제가 된다. 모든 개별자는 그것과 직접 대면하고 있다. 그 문화적 유산, 즉 권유와 격려의 근원에서부터 그들과 세계와의 관계가 조직된다: 자연적 — 물리적이고 생물학적인 — 현실과 모든 인간 존재의 관계는 사물에 대해서뿐만 아니라 타자에 대한 태도들에 효율성과 질서를 제공하는 중간 "매개자"와의 대면 속에서 구조화된다.

그러므로 한 종의 일부로서의 모든 인간 개별자 각각에게서 그 종의 특징이 발견되며, 물론 그 인간 개별자는 강제에 의해 틀지워진 가능성들 전체의 담지자로 태어난다. 이때 가능성은 강제에 의해 실현되고, 모든 다른 역사와 구분되는 어떤 집단적 역사의 전개에 따라 특수화된 어떤 삶이라 할지라도 역시 그 강제에 의해 조직된다.

그러한 고찰들 — 요컨대, 오랜 시간이 걸리는 발전을 야기할 수도 있는 것에 대한 상기 — 은 다양한 형태와 다양한 수준에서 모든 개별자를 그것 주변의 것들에 연결시키는 본질적인 연결성을 주장하게 한다. 그 주장은 인간 존재들만큼 많은 다른 존재 형태들에 해당된다. 외관상, 어떤 존재를 그 자체로 관찰하기 위해 그것을 모든 맥락으로부터 분리시키고 떼어놓을 가능성을 암시하고 있음에도 불구하고, 모든 현존은 공존으로 생각될 수 있을 따름이다. 그리고 그러한 공존은 종속에서의 순수 병렬로 환원될 수 없는 것이다. 세계, 즉 우리가 경험하는 모든 것의 공통 장소이자 모든 사물이 우리에게 나타나는 지평은 동일한 장소를 차지하고 있음에도 불구하고 서로 외적인 현실들의 모자이크가 아니다. 현존하기, 그것은 바로 에너지, 질료 및 정보가 순환하고 교환되는 다양한 흐름과 상호 작용에의 참여 방식 위에서 공존하기이다.

그 어떤 것도 세계에의 귀속과 분리해서 생각할 수 없다. 그 세계 속에서 모든 존재는 그것이 밀접하게 연결되어 있는 어떤 환경과의 상호 작용의 망 속에 자리잡고 있는 안정된 핵으로 나타난다. 만약 "외적" 조건들의 변화가 몇몇 문턱을 넘어선다면, 그 무엇도 그것이 존재하듯이 존재할 수는 없을 것이다. 또 그것은 원자, 식물, 동물 그리고 인간에 있어 참되다.

아무튼 그 공존 방식들이 너무도 다양하다는 점과 교환의 망들도 아주 상이한 특징들을 가질 수 있고 무한히 다양한 수준의 복잡성과 더불어 나타난다는 점은 분명하다. 세계의 토대 위에서 차별화된 채 존재하는 것으로 나타나는 모든 것의 그 일반적 특징은 모든 것이 동일한 방식으로 현존함을 함축하고 있지는 않다. 어떤 살아 있는 존재가 자신의 환경 속에 자리잡는 방식이 현실의 순수 물리적 차원으로 환원될 수 없는 교환 형태, 의존 형태 및 상호 작용 형태를 나타나게 한다는 것은 아주 분명하다.

그러므로 문제는 공존으로서의 현존의 그 공동 결정의 토대 위에서 인간 현존의 고유한 방식은 무엇인가 하는 것이다. 바로 그들의 인식과 관련해서 어떻게 상황에 따른 그들의 변화가 인간 현존을 돕거나 도울 수 없는지를 이해할 수 있다. 그래서 문제는 인간들이 인간적인 삶을 영위하기 위해 준수해야 하는 규범들의 평가를 무엇이 초래하는가 하는 것이다. 그 규범들은 본질적으로는 관계적 본성에 속하지만 우연적으로 그것에 속하는 것은 아닌 것과 관계된다. 그것들은 개인과 집단이 그들의 삶이 펼쳐지는 범위 안에서 맺고 있는 관계들의 수준과 형태에 기초하는데, 그 관계들의 문턱을 넘어서는 규범들의 위반은 참을 수 없는 것이 된다.

그래서 관계들의 수준을 구별해야만 한다. 그 수준들의 서열은 피라미드의 이미지를 암시하고, 그 꼭대기는 비록 아랫부분과 구별되지만 그것을 미리 전제하고 있다. 예를 들어 인간답게 살기 위해서는 우선 순수하고 단순하게 살아야만 하고 그것은 모든 것 가운데 숨쉴 가능성을 함축한다. 만약 모든 인간이 권리가 있다는 것에 동의한다면, 그의 숨쉴 권리를 인정해야만 한다. 그것은, 예를 들어 태양빛의 혜택을 누릴 권리를 인정해야 하는 것과 마찬가지이다. 물론, 태양빛의 배분이 스펙트럼에 적합한 한에서 말이다. 그 스펙트럼의 변화에 따라 우리 인류의 출현을 가능하게 했던 것과 같은 생명권이 구성되었다.

그것은 다른 것 중에서도 대기 상층부의 오존층 유지에 대한 각자의 권리와 모두의 권리를 함축하고 있다. 우리는 최근에서야 그것의 기능과 취약성을 발견했다. 그래서 우리의 특별한 유산이 관계되는 생태학적 유산을 전승시킬 권리를 인정해야만 한다. 그 권리는, 새로이 인정되고 모든 인간 현존의 자연 조건의 현실적이고 잠재적인 변화에 따라 발전한, 환경에 대한 권리의 일부이다.

그러나 우리 삶의 본질적인 상호 작용 망과 연결된 그 층을 넘어, 동물의 현존이 조직화되는 자연적 메커니즘의 불완전성과 더불어, 다른 것들 중에서도, 특별한 환경과 종의 요구의 적합성이 기초하는 균형들의 탈조절에 의해 우리 인류가 특징지워지는 것은 분명하다. 분명히, 모든 문명은 전통적 유산의 토대 위에서 살아 있는 존재로서의 인간과 자연 세계 사이에 바로 그 물질적(또 상징적) 매개의 원인이자 결과인 것을 개입시킨다. 그것은 더 이상 유전적이지는 않지만 태도, 세계 독해의 틀, 상징적 체계 및 의식의 모형들로부터 형성된 어떤 유산에의 의존이 종적 특징들로부터 인간 현존을 형성하기 위해서는 필수 불가결함을 의미한다. 특수할 뿐만 아니라 특수화시키는 어떤 역사를 관통해서 구성되고 전달되는 것과의 관계 속에서 모든 인간과 그의 세계가 되는 어떤 세계와의 관계들이 구조화된다. 그가 그것을 인식하고 그것에 준거하며 그 자신의 고유한 방식으로 그것을 향해 방향을 잡는 한 말이다. 그 관계들은 그 인간인 바와 분리될 수 없다. 즉 그것들은 상황 정돈의 표면적 효과가 아니라, 인간적인 존재 방식의 고유한 방식들을 드러내면서 어떤 창조적인 삶을 구성하는 관계의 망이다.

주거지, 사는 방식, 의미와 계획에 의해 구조화된 어떤 차별화된 세계 속에서 자리잡는 방식이 모두에게 동일하게 분할하여 제공된 물리적 현실 속에 자리잡는 것으로 환원되지는 않는다. 각자가 자기 현존의 자리와 맺고 있는 관계는 항상 새로워지는 상황들 속에서 다시 자기 것으로 삼는 집단적 유산을 매개로 해서 형성된다. 모든 인간은 자신의 고유한 지평 — 삶의 균형과 질을 내포하고 있지는 않지만 그것에 필수적인 어떤 질서와 익숙함의 조건 — 을 구성하는, 인식, 상징적 가치, 가능성과 한계, 의무와 강제의 망을 짜는 데 있어 능동자임과 동시에 수동자이다. 그것은 실패와 갈등을 배제하지 않는다. 그러한 그 관계망과 분리된 채로 있는 것에서부터 도래한, 모든 갑작스러운 순간 순간의 개입은 주관적 요구들과 현실의 공급 사이에 있는 항상 일시적인 타협들을 결렬시킬 우려를 안고 있다.

그래서 각자가 세계를 제것으로 만들고 자신의 현존을 조직하는 공동체적 유산의 토대 위에서 짜여진 긴밀한 연대들에 대한 존중은, 있는 그대로의 인간 존재에게 있어 본질적 권리가 된다. 그 권리는 동시에 각자가 자신의 세계와 합치해서 살아갈 권리, 또는 상징 체계 및 가치 체계의 지배를 허용하는 어떤 세계 속에서의 삶을, 어떻든 시도해볼 권리이다. 그때, 상징 체계 및 가치 체계에 근거해 어떤 전통에 속하는 관계망이 짜여진다. 비록 전통이 영원히 수정된다고 할지라도 말이다. 분명히 그 권리는 차이에 대한 권리, 어떤 현존을 영위할 권리이다. 그 현존의 정상성은 어떤 보편적이고 비시간적인 모형이 아니라 어떤 익숙한 형성에 속하며 그것에 내재하는 지표들을 가리킨다. 그것은 어떤 다른 낯선 곳에 속하는 규범들을 전달한다. 강제적으로 이주되고, 다른 모형들에 대한 준거를 요구하면서 다른 요구들이 표현되는 어떤 세계에 직면한 사람들은 그러한 본질적인 재산이 박탈된 채로 있는 것이다. 그러한 박탈은, 가능한 한 일관성 있고 포괄적인 방식으로 구조화된, 어떤 새로운 관계의 장 속으로의 통합을 가능하게 만드는 수단들에 대한 타자들의 관심에 권리를 열어 준다.

그러나 공존으로 한정된 현존의 구체적 방식들의 조직망은 사람들을 숨막히게 하고, 소외시킬 수도 있음을 덧붙여야겠다. 그것은 이러저러한 이유로 개별자가 내부에서 "살기"를 중지할 때 일어나는 것이다. 특히 그가 상이한 문화들이 맞대어 있는 지점에 위치하고 있다면 말이다. 살아가는 데 있어서, 또 세계 속에서 존재하는 데 있어 어떤 다른 방식, 따라서 다른 주거지를 상황에 따라 선택할 수 있을 권리는 어떤 문화의 생활에 완전히 참여할 권리와 관계가 있는 권리이다. 어떤 "정상적인" 인간적 삶에서 배제되어 있다고 스스로 느끼는 방식이 두 가지 존재하는데, 그것들은 대립되지만 그럼에도 불구하고 어떤 동일한 근본적인 조건을 가리키고 있다. 첫번째 방식은 익숙한 집단적 매개물로 구성되어 있는 체계들에 의해 구조화된 어떤 세계에 기초하고 있다. 두 번째 방식은 그 세계와는 동떨어져 있다는 느낌, 억압받고 소외당하고 있다는 느낌과 연결되어 있다.

그러므로, 자기 자신의 문화에 완전히 참여하고 따라서 자신의 정체성을 기초짓는 차이들을 유지할 권리, 자신의 귀속망을 선택하고 새로운 교환 방식들 및 새로운 의사소통의 순환 방식들 속에 자리잡을 권리는 인간화된 세계 속에서 인간적으로 살 동일한 권리의 두 측면으로 나타난다.

사실 모든 경우에 있어 사물들과의 관계, 타자들과의 관계 및 세계와의 관계뿐만 아니라 사후 세계와의 관계망은, 비록 집단적 유산의 전승과 변형이 사회적 관계에 복잡성과 응집성을 제공한다고 할지라도, 그것들을 보장하는 것에 토대를 두고 구성되는 것이다. 그리고 그것의 모든 형태 아래에서 조절된 교환에 관계된다. 즉 물질적 재화들, 상징들, 정보들, 게다가 사람들의 순환을 가능하게 하고 강제하는 제도들을 존중하고 코드를 사용하면서, 인간들이 서로 의사소통하는 것과 관계된다는 뜻이다. 그러한 순환은 코드의 지배와 순환에의 접근을 미리 전제한다. 그것들을 통해서 상호 교환이 이루어지고, 그 교환들은 레비-스트로스가 친인척 관계의 체계, 경제적 교환 체계 그리고 말의 체계를 의사소통의 왕국이라는 동일한 왕국의 — 분명히 구별되는 — 변방들로 만들었을 때 분류하고 정리한 복잡하고 무의식적인 규칙들을 따른다.

사실 특별히 인간적인 삶이 실현될 수 있는 현존을 기초지을 수 있는, 그 질서잡힌 세계의 한가운데에, "주기"와 "받기"의 교대를 허용하는 모든 것, 즉 규칙과 코드의 존중 속에서 각자를 모든 이의 파트너로 만드는 그 교환 관계들의 작용 속으로 통합될 수 있는 모든 것이 존재한다. 그 규칙과 코드는 그러한 교환 관계들의 작용을 주재하고 개별자들을 강제하며 그들을 의사소통의 집단적 공간 속으로 통합시킨다.

모든 문화는 그 교환 방식들에 근거하고 있으며, 그 교환 방식들을 통해 사물들과 말들의 전달, 생산품들과 메시지들의 전달, 또 사람들의 전달을 나타내고 조절하는 그 망 속에서 각자가 통합되기에 이른다.

인간답게 살 모든 권리는 어떤 맥락 속에서 살 권리, 그 조절된 교환들에 참여할 권리를 함축한다. 그 교환들 밖에서는 어떤 인간성도 불가능하지만, 그것들은 집단들의 삶에 대해서와 마찬가지로 개별자들의 삶에 아주 다른 방식으로 형태를 부여한다. 물질적 자원들이 관통하는 순환들과 관련된 배제로 인해 인간의 기초적 권리들이 부인되는 극빈의 문턱이 존재한다면, 어떤 가난 혹은 보다 은밀히 진행되는 어떤 빈곤화가 존재한다. 또한 그 빈곤화는 참으로 인간적인 삶과는 양립할 수 없으며, 기호들, 정보들, 지식들이 상호 교환되는 순환들과 관련된 주변화marginalisation에 근거하고 있다.

만약 어떤 인간 현존의 정상성에 대해 언급해야 한다면, 다시 말해서 또한 각각의 인간에게 존중이 강요되는 규범들의 원천에 대해 언급해야 한다면, 캉길렘G. Canguilhem이 생물학적 정상성에 대해 이야기했던 것을 참고할 수 있겠다. 생명체도 환경도 분리해서 포착될 때는 정상적이지 않으며, 그것들의 관계만이 어떤 정상적인 삶의 원리에 속한다.[2] 마찬가지로 모든 사람은 생명체인 한 그가 의존하고 있는 생태학적 균형에 참여함과 동시에, 어떤 문화의 내적 조직화에 의해 가능한 인간 상호 교환들로서의 상징적 세계에 참여할 수 있을 때에만 어떤 인간적 삶의 규범들에 따라 살아갈 수 있다. 인간들 서로간에 조절된 의사소통은 서로에게 공통된 것이지만 다른 곳에서 형성되는 것과는 구별되는 어떤 전통적 유산에 기초한다. 그 의사소통은 그들에게 속하는 세계의 존재 구조들 속에 기입된 어떤 필요이며, 그 필요는 보편주의자의 야심찬 기준들보다 우세하다. 그때, 그 기준들은 익숙한 태도들과 표상들이 조절되는 사회·문화적 환경과 관련해 뿌리 뽑기와 주변화의 위험을 포함하고 있다.

검증에 의해 이렇게 덧붙이도록 하자. 즉 교환들의 정상적인 작용과 관련한 배제, 내쫓기나 가두기에 의한 고립이 또한 공동체적 삶의 침해에 대한 가장 공공연한 제재라고 말이다. 그 제재가 제재 대상인 자의 인간성을 다시 문제삼지 않는 한, 그것은 근본적일 수도, 완전히 결정적일 수도 없을 것이다.

만약 어떤 사회의 현행 코드에 기초해 조직되는 것으로서의 물질적이고 상징적인 교환들에 입문하고 적극적으로 참여할 인간들의 근본적인 권리를 그렇게 재인식해야 한다면, 그 권리는 결과 속에서 증가된다. 그것들 중 하나가 교육에의 권리이다. 교육만이 급속히 변화하는 복잡한 사회들 속에서 순환들(문자, 인위적 언어 등)에의 근접을 가능하게 만든다. 다른 하나는 노동에의 권리인데, 노동은 동일한 사회 속에서 일어나는 경제 교환들의 작용에 대한 특권적인 통합의 조건이다.

결국 그 권리는 오랫동안 거대 조직화들의 결정에 참여할 권리로 발전되어 왔으며, 바로 그 조직화를 통해 사회는 미래로 투사된다. 집단적 삶에의 참여는 그것의 정치적 참여 속으로 연장된다. 정치적 삶은 분명 등급들을 가질 수 있고, 아주 다른 제도적 장치들을 이용해서 이루어질 수 있다. 자신들이 그 속에서 능동자이자 수동자인 전체에 대해 행사할 수 있는 행위를 매개로 해서 자신들의 운명 결정에 참여할 개별자들의 권리는, 인간 존재들인 한에서의 그들의 현존에 본질적인 것의 구조 자체에 위치하고 있다. 물론 관계들의 우위에 대한 고려, 또 모든 삶에서뿐만 아니라 특히 모든 인간의 삶에서의 그 관계들의 특질에 대한 고려는 추상적으로 정의된 권리, 모든 시간, 모든 장소에서 똑같이 가치 있는 권리를 존중한다는 허울 아래 이루어지는 외적인 간섭을 배제한다. 그러나 다른 측면 역시 여전히 남아 있다. 그것은 개별자들의 깊은 열망과 그들의 사회·문화적 환경이 강제하는 것 사이에 심각한 불균형이 가능하다는 것이다. 인간 관계들이 구조화되는 조절된 관계망에의 참여가 강제의 대상일 수는 없을 것이다. 그때 강제란 공동체 유지의 비용이 얼마이건 간에 당사자가 본래 또 개인적으로 애착을 가지고 있는 공동체를 유지하기 위한 것이 아닐 것이다. 우리가 말했듯이, 그때 소위 연대를 변화시킬 권리 또 순수 소외로 체험된 것에서 벗어날 권리가 요구된다. 다른 삶을 시도할 권리, 그 실행은 위험과 고통을 암시하는 것이다. 그 권리 자체는 그러한 암시와 더불어 공존으로 정의된 현존의 구조 자체로부터 파생되는 어떤 것이다.

최후의 보루로, 도피처로 보이는 사람의 접대해야 할 의무를 암시하고 있는 이 가능성 이외에, 상호 계약이 아닌 그 어떤 외부 개입의 이유도 존재하지 않는다. 그 상호 계약은 동일한 가치 인식 속에서 결합한 사회들 사이에서 이루어진다. 그 사회들은 존중해야 할 최소한의 권리, 즉 계약 당사자들이 존중해야 할 최소한의 권리를 설정한다. 그 계약은 어떤 공동 의견의 향상으로 이루어지는데, 그것 자체는 관념 및 정보 교환의 확장, 의사소통 망의 개방을 전제로 하고, 마침내는 전 인류로 확장된 공동체 의식의 출현에 기초한 새로운 연대의 확립을 고무하게 된다.

인간 존재들의 현존 방식이 함축하고 있는 것에 대한 고찰들에서 출발하는 그 모든 것에는 사색의 도정이 되는 것 이외의 어떤 다른 야심도 있을 수 없다. 특히 법률학자에게 있어서 말이다. 귀속 및 참여의 권리뿐만 아니라 일반화된 망명의 권리를 분명히 하기 위해 인간 삶의 관계적 입장에서 출발하는 것은 필수적이다. 각자의 삶의 질서에의 참여, 또 그래서 아주 장구한 공동 진화가 그에게 복종하길 강요했던 자연 환경 속에서의 그것의 유지가 함축하고 있는 권리의 가장 근원적인 층을 망각해서는 안 된다.

틀림없이, 입법적이고 사법적인 노동에 영감을 제공하는 규제적인 관념으로 나타나는 것은 소위 인간적인 현존에의 권리 — 인권의 다른 표현 — 라는 개념의 본성에 속한다. 그러나 그것은 또한 그 "권리"가 법과 법률 자체에 정당성과 권위를 제공한 것과는 다를 뿐만 아니라, 그 법과 법률이 의무와 제재 사이의 관계로부터 암시하는 것과도 달리 나타남을 암시한다. 우리 사색의 범위를 멀리 넘어가는 고찰들로 나아가지 않고 인간 현존의 구조에 내재하고 실증적 권리와 대립하는 권리 개념의 위상만을 지적하기 위해, 우리는 법률에 권위와 정당성을 제공하는 것, 그것이 어떤 준계약 — 홉스, 로크 그리고 루소의 저작들이 그렇게 해석한다는 의미에서 — 에 기초해서 공동체적 현존에 참여하는 자들의 의지라고 말한다.

결국, 앞서 정의된 절차들에 기초해서 의무적이 되거나 금지된 것, 또 그렇게 언급될 수 있는 것에 대한 거의 완전한 동의가 이끌어 내져야만 한다고 언급하기에 이른다. 여기서 절차를 향한 내용이 강조된다. 그 내용은 그러한 절차를 통해, 관련된 사회·정치적 공동체에 참여하는 자들의 의지 자체에 의해 주장된다. 공적 토의의 그같은 매개는 필수적이다. 그리고 그것은, 인간 현존의 조건들에 대한 규제 행위에 영감을 줄 수 있는 어떤 규범이, 가능한 강제의 지평과 분리될 수 없는 사법적 규율의 속성인 권위와 정당성을 발견하도록 하기 위한 목적에서 확립된 제도를 통해서이다.

만약 그것이 권리 개념의 그 두 가지 사용의 교차에 속하고, 또 그 교차가 존재한다면, 그것은 각자가 스스로 복종할 규칙들의 결정에 자기 능력에 따라 참여할 기본권 — 또한 기본 의무 — 의 편에서이다. 결국 사회 계약 속에는 그것 이외의 다른 어떤 것도 존재하지 않았다. 인권 개념은 각자에게 있어 어떤 형태의 인간성 실현과 일치하는 현존이 전제하는 조건들의 분석을 기초지을 수 있는 개념이다. 그러나 그것은 그것의 결과들을 사회 내부의, 혹은 사회들 사이의 실제적인 관계들의 질서 속에 위치시킬 수 있다. 단지 조건들이 수와 힘의 관계로부터 생겨나는 절차들을 관통해서 의욕되고 정해진다는 조건에서이기는 하지만 말이다. 그래서 그 인권 개념의 타당성을 요구하는 자들의 첫번째 의무는 바로 그 개념의 함축들에 대한 재인식을 세론에 보급시키기 위한 노력이라고 할 수 있다.

주

1) 1948년 12월 10일 유엔 총회에서 채택된 선언.

2) 『정상적인 것과 병리적인 것에 대한 몇 가지 문제에 대한 시론*Essai sur quelques problèmes concernant le normal et le pathologique*』(1943), rééd. PU Strasbourg, 1950.

3

상호 의존, 상호 작용성, 정보
기술의 매개와 잠재적 폭력

Interdépendance, Interactivité, In-formation:
Médiation technique et violence potentielle

단지 자기 자신과만 의사소통이 가능한 유아론을 벗어나는 것, 그 것은 아마도 데카르트 이래 철학의 주요 문제들 가운데 하나일 것이다. 어쨌거나, 나는 내가 나의 표상들로 환원될 수 없는 내 동포들 사이에 현존하고 있다고 생각한다.

더 진지하게 말해서, 나는 우리가 함께 존재한다고 느끼고 그렇게 생각하며, 우리가 동일한 공간 속에 공존한다고 생각한다. 그것이 단지 내 주변에 있는 인간 존재들과 관련되는 것만은 아니다. 그것은 또 날아다니는 파리들, 그것들을 날 수 있게 만들고 우리가 서로의 말을 들을 수 있게 만드는 공기, 탁자 그리고 의자들과도 관계된다. 뿐만 아니라, 존재하고 있는 나무, 대지, 초원의 소들, 하늘의 별들이나 태양 역시 마찬가지이다.

내가 그렇게 느끼고 생각하는 이유는, 구별되고 한정되며 차별화된 현실로서의 현존이라고 내가 주장할 수 있는 모든 것이 내가 세계라고 부르는 거대한 집합의 한 부분 집합에 포함되어 있기 때문이다.

달리 말해서, 내가 존재자로 간주하는 모든 것은 공존의 상황 속에서만 현존할 수 있다. 그 공존은 어떤 모자이크된 공간 속에 병렬해 위치를 정하는 것을 의미하지는 않는다. 그것은 다양화된 항상적인 상호 작용, 교환의 순환 및 힘의 장 속으로의 통합을 의미하고, 그 장 밖에는 천사, 엘프 혹은 요정만이 존재할 수 있다. 그들의 실재가 인정되기는 하지만, 나에게는 그들의 현실성에 대한 어떤 증거도 없다.

그것이 무엇이든 간에 내가 그것의 현존을 주장할 수 있기 위해서는 내가 내 것과는 다른 어떤 실재와 나라는 것 사이의 상호 작용들에 근거할 수 있어야만 한다. 그것은 무언가가 이루어지는 단계에서 우리 사이에 접촉면들이 존재하도록 할 수 있는 것에 우리가 공동으로 참여할 수 있을 때에만 가능하다.

예를 들어 — 물론 이것은 하나의 사례일 따름이다 — 질량을 가지고 있는 모든 것은 지구의 중력장 속으로 통합됨으로써, 다시 말하면 그 두 질량, 즉 우리가 무게를 재는 신체(예를 들어 우리 신체)의 질량과 지구의 질량 사이의 관계에서 생겨나는 상호 작용 때문에 어떤 무게에 의해 영향을 받고 있다. 우리는 걸을 때, 또 한 층을 내려오기 위해 계단을 이용할 때 그 점을 잘 고려하게 된다.

그것은 다음을 언급하기 위해서이다. 우리가 관계 맺고 있는 것뿐만 아니라 우리인 바가 지속적이고 영원한 상호 작용의 망 속에 포함되어 있고, 동시에 원칙적으로 질료, 에너지 및 정보로 차례차례 등장할 수 있는 것의 다양한 순환이 이루어지는 흐름들 속에 포함되어 있다. 그 상호 작용들과 흐름들은 어떤 동일한 세계에의 귀속을 전제한다. 그리고 그 세계 속에 공존하고 있는 것만이 직접적으로 알려질 수 있다.

그것은 또한, 그것이 무엇이건 간에 표현되지 못하는 한, 다시 말해서 그것이 그것을 둘러싸고 있는 것과 맺고 있는 관계들을 통해 구별되는 속성들, 고유한 특징들을 표현하지 못하는 한, 우리는 그것에서 아무것도 인식할 수 없음을 의미한다. 그래서 그것이 무엇이든지, 우리가 그에 대해 말할 수 있는 모든 것은 상황이 허용하는 한 현실화될 수 있는 그 관계 능력들, 잠재적 관계들을 표현한다.

또 그 관계들이 미리 구성된 어떤 본질적 관계의 표현, 표명만은 아니라는 것을 덧붙여야 한다. 다소 중요한 측면에서, 그것들은 또 그 실재인 바의 원리에, 그것의 구성 원리에 속한다. 다시 말해서 어떤 형태, 어떤 구조를 가지고 있는 관계 중심의 원리에 속한다. 그 형태, 그 구조가 맞닿는 부분에서 상호 작용들의 정해진 움직임 속으로 들어갈 수 있는 능력들이 작동한다. 그러므로 가장 중요한 것은 "사이에서," 그 "매개물"에서 발생하거나 발생될 수 있는 것이다. 그 매개물에서 서로의 존재 방식이 구별되는 사물들이나 존재들이 표현되고, 그 매개물이 바로 인식의 원천이다.

우리는 분명 낯선 그 서두 때문에 인간 상호 의사소통인 그런 상호 작용 및 교환 유형 뒤에서 문제되는 것을 고려한다. 그것은 아주 특수한 교환 유형이지만 동시에 내가 언급했던 지평에서 분리될 수는 없는 것이다.

우선, 각자가 모든 정보 교환이 에너지의 상호 작용을 전제함을 알고 있다는 이유에서 그러하다. 또 다른 형태들과 대면할 때에만 그것의 특이성과 독창성을 분명히 할 수 있다는 이유에서 그러하다.

내가 조금 전에 언급했던 지구 중력장과 같은 물리적인 영역 속에 통합된다는 사실을 인간들은 돌이나 탁자와 공유하고 있다. 그들은 호흡과 신진대사 유지에 중요한 모든 흐름을 통해 자신들의 환경과 항상적인 교환 상황 속에 있어야만 할 필요성을 데이지꽃, 제비 혹은 고양이와 공유하고 있다. 그러나 그 공통의 "초석" 위에 그들은 상호 작용들에 속하는 형태들을 결합시킨다. 그 상호 작용을 통해 그들은 자신들인 바를 표현하고 자신들이 되는 것으로 된다. 즉 그들의 현존이 형태를 띤다는 의미에서, 다시 말해서 인간 현존의 형태를 띤다는 의미에서 "형태가 부여in-formés"된다. 우리 각자인 바와 그것을 통해 우리 각자가 인간의 잠재성을 표현하는 것, 그것은 기호와 상징이 교환되는 순환들 속에 들어갈 때 그렇게 되었다. 소아과 의사들에 의하면, 우리의 탄생 이전에 그랬다.

사람들은 인간 상호간의 의사소통 세계에 입문하는 데 있어 모든 "실패자"나 "실패"의 참담한 결과를 알고 있다.

기호 및 상징 교환의 흐름에의 참여를 통해 형태를 띠는 것, 그것은 있는 그대로의 현존이다. 타자들과의 관계, 자기 자신과의 관계, 세계와의 관계, 그리고 경우에 따라서는 사후 세계와의 관계가 의사소통을 가능하게 하는 수단이나 방법의 매개에 의해 실현되는 한에서 말이다. 그 매개는 언어le langage, 말들les langues, 발화la parole의 매개물 혹은 공기에 영향을 끼치는 일련의 물리적 변화로부터 기인한 "발언 mise en mots"을 초래할 수 있는 것의 매개물들, 전화의 임펄스를 전달하는 전자의 흐름들, 가시광선의 스펙트럼에서 우리 라디오 방송의 장파에 이르는 전자기적 진동들을 전제한다.

바로 기호들과 그것들에 순환을 허용하는 것의 매개가 제공하는 강제 및 가능성-불가능성의 작용을 통해 각자의 표상들이 구성된다. 그 표상들은 세계의 구성, 거기서 추구할 수 있는 것, 어떤 가치를 가지고 있는 것에, 그리고 그것들에 도달할 목적과 수단에 기초하고 있다. 그것들은 각자가 자신의 전진 및 장애와 더불어 세계를 자기 것으로 만드는 방식을 조건짓고, 자신의 계획을 구상하고 자신의 전략을 완성하며 그것의 만족과 좌절을 받아들이는 방식을 조건짓는다.

요컨대, 공존인 모든 인간적인 유형의 현존은 그 "수단들"을 전제한다. 그러나 수단이란 무엇인가? 그것은 중간자인 "메디움"인 것이고,

분리와 간격을 지시함과 동시에 연결시키고 그 연결에 형태를 부여하는 것이다. 산수를 배우는 모든 학생은 중간항이 끝에 있는 항들 사이의 관계를 결정한다는 것을 알고 있다. 우리가 언급했듯이 만약 상호 작용들이 스스로 연결시키는 항들을 드러낼 뿐만 아니라 그것들을 형성하고 형태를 부여하는 데 기여한다면, 그때 구체적인 현존으로서 세계에 참여하고 있는 각자의 현존은 각자가 자신을 둘러싸고 있는 것과 관계 속에 놓이는 방식에 의해 충분히 결정된다. 의사소통을 가능하게 하는 것의 매개 덕분이다.

다시 말해서, 우리의 현존 방식은 의사소통과 그것의 수단들에 긴밀히 의존하고 있다. 후자들은 우리와 타자들과의 관계, 사물들과의 관계, 우리 자신과의 관계 그리고 우리가 대지 위에서 사는 방식이나, 달리 말해 우리의 세계–내–존재 방식의 윤곽이 드러나는 지평과의 관계를 구조짓는 데 기여한다. 그러나 기호와 상징의 흐름들에의 참여, 또 발화의 교환에의 참여는 상호 작용성이라는 상호 작용의 그 특이한 형태를 가능하게 하는 특수성을 나타낸다. 상호 작용성은 물리적이고 생물학적인 세계의 안정성이 기초하고 있는 상호 작용 이상을 가리키고 있을 뿐만 아니라 모래성이나 도미노가 몇몇 "역동적인" 측면들을 드러내는 불안정성의 위험을 지시하고 있다. 그것은 항들에 밀접하게 연결되어 있는 어떤 진화를 야기시킨다. 바로 그 항들 사이에서 그것이 이루어진다. 그것은 예측 불가능하고 무한히 열려 있는 발전의 나선형 추진력 위로 개방된다. 그것은 열린 창조이며 파트너들의 공동 창조이다.

만약 현존하기가 우리가 머물러 있는 — 인간적이거나 물리적인 — 세계와 특이한 방식으로 관계 맺을 수 있는 능력을 나타내는 것이라면, 상호 작용성은 그러한 능력을 현실화시키는 방식들의 구조화 또는 재구조화의 원리에 속한다. 그것은 그것이 연결시키고 재결합시키는

"순간들"을 하나의 통합 과정의 "순간들"로 만든다. 그 통합 과정 속에서 파트너들은 그들이 어떤 점에서는 공동 주체자였던 변화들에 따라 자신들의 표상과 태도를 수정한다. 바로 그 과정을 통해 세계와의 관계들은 상호 작용적 상징 교환의 왕복에 의해 형성되는 것 같다. 그것들이 표상과 의미에 의존하는 태도 자체에 기대고 있음에 따라서 말이다.

그러므로 그것의 방식들이 어떠하건 그것들은 아주 다양할 수 있고, 그 교환은 (필요하다면 논쟁의 토대 위에서, 관점들의 대립 속에서, 게다가 우리의 정치적 삶이 몇 가지 사례를 제공할 수도 있을, 어떤 자기 파괴적 추진력 속으로 서로가 말려들 수 있는 분쟁의 형태로) 상호 의사소통 과정 속에 참여하고 있는 당사자들에게 연대 책임을 지우며, 그 경우에 그들은 개척되고 안정화되는 순환들 속에 있다.

의미를 담지하고 있는 메시지가 문제라면 그 의미는 이해되어야 한다. 그 이해의 함정과 허상에도 불구하고 말이다. 의미의 이해(혹은 그것의 투사)는, 서로를 지나가고 거기서 발생하는 것에 의해 연결되어 있는 자들에 의해 공유된 역사, 경우에 따라서는 공동의 짧은 역사를 가리킨다. 그 공동체는 그러한 순환들 밖에 머물러 있는 개인들이나 집단들과 어떤 간격을 만들고 전수한다. 그것은 순환하는 것의 "흐름 속"에 존재하는 자들과 그 공동의 토대, 즉 암시적인 규범들에의 입문에 근거한 미시-전통의 외곽에 자리잡고 있는 자들 간의 어떤 차별화의 원리에 속한다. 안정화되고 있는 상호 작용성은 "안"과 "밖" 사이에, 그리고 다소 손쉽게 정체화할 수 있는 집단들 가운데 긴밀하게 개인들이 "소속"되어 있는 집합들과 그것들 밖에 있는 것 사이에 차이를 만든다.

그러므로 어떤 소속 공동체 의식, 따라서 무언의 기획인 공동체 의식에 근거하는 소위 "우리"가 생겨난다. 다시 말하면 ─ 어떤 방송이

"그것의" 청중public을 가지고 있다는 의미에서 — 소위 "공중들
publics"이 생겨난다. 그 공중들은, 기준들과 표상들을 유포시키는 핵
들의, 그물망으로 짜여 있는 개별성들의 사회 영역 속에 어떤 관계 조
직을 도입한다. 그 관계 조직을 통해 본질적인 공존으로서의 각자의
현존의 구체적인 형태들이 근본적으로 형성되고 재형성된다.

표상들과 목표 선택에 기초한 기본적인 태도들, 개별적이거나 집단
적인 전략 원칙들은, 가장 일반적인 형태 하에서 상호 작용성들이 이
루어지는 그 닫힌 교환들에 의존하고 있다. 그 형태는 그것의 일반성
자체에 의해 인간적 삶과 동일한 연장을 갖는다.

그러나 그것이 상호 의존의 다양한 관계가 맺어지는 그 조직의 아
주 다른 방식들을 배제하지는 않는다. 상호 의존은 죄가 아니다. 그것
은 아주 널리 퍼져 있는 상황이기까지 하다. 자기 자신의 원인인 자,
자기 자신의 원인일지도 모르는 자만이 자신에게만 의존하는 법이다.
사람들은 바로 거기서 전통적으로 신에게 할당한 특권을 알아차릴 수
있을 것이다. 그러나 유한성에 참여하고 있는 모든 것은 자신이 아닌
것에 의존하고, 마찬가지로 다른 것들이나 다른 존재는 그에게 의존한
다.

그러나 두 형태의 상호 의존은 구분되어야 한다. 만약 때때로 인간
상호 관계가 제기하는 윤리적 문제가 존재한다면, 부분적으로 모든 형
태의 상호 의존이나 모든 상호 의존 방식이 똑같은 가치를 갖지 않기
때문임에는 의심의 여지가 없다. 그때, 문제는 어디에서 그리고 어떤
이름 아래 좋은 상호 의존 관계와 나쁜 상호 의존 관계 사이의 경계를
그릴 것인가, 또 그래서 어떤 규범과 절차에 따라 그것들이 규제될 수
있을 것인가 하는 것이다.

일부 사람들이 원하거나 행하는 것이 다른 사람들이 원하거나 행할 수 있는 것을 결정하는 관계들이 권력 관계이다. 권력은 일부 사람들이 자기 자신들의 목표를 추구하도록 다른 사람들을 복종시킬 수 있는 능력이나 자기 자신의 목적을 추구할 때 다른 사람들이 저항하며 내세우는 장애물들을 무력화시킬 수 있는 능력으로 평가된다. 그것은 사회 관계들을 구조화시키는 데 기여하는 제휴, 협동, 경쟁 혹은 대립의 복잡한 조합을 초래한다.

그 규모가 어떠하건, 어떤 사회도 자발적으로 생겨나는 그 권력 관계들로부터 자유롭지는 않다. 그러므로 또 다음과 같은 사실이 결과한다. 즉 인간들이 공존하는 환경은 그 자체의 모든 차원에서 힘의 영역이라는 사실, 또는 오히려 각자가 힘의 다양한 영역들이 교차하는 지점에 있다는 사실 말이다. 일부 사람들과 다른 사람들은 거기서 다른 지위를 차지하고 있고, 자신의 상황에서부터 그들의 전략을 펼치고 자신들의 목표를 달성하기 위해 그들이 이용할 수 있는 수단들을 동원한다. 그들의 수단들은 가장 넓은 의미에서의 그들의 힘puissance이다. 홉스가 대충 언급했듯이, 물리적 힘이나 돈, 명성, 지식, 왕의 총애의 표시 등, 그 모든 것은 힘이고, 경제적 재산이나 기술 능력 역시 그렇다.[1]

힘은, 그 조건들이 물리적이든 사회적이든, 어떤 행동하는 존재의 현존이 위치하고 있는 조건들에 개입하는 모든 수단에 공통적인 총칭적 측면을 말한다. 아무튼, 그것은 의지와 의지의 관계로 확장된 권력 관계들을 결정하거나 변경시킨다. 이 권력 관계가 사회적이고 정치적인 질서 속에서 제도에 의해 매개되어 있는지 아닌지는 중요하지 않다. 사회적이고 정치적인 질서는 이용 가능한 행동 수단들의 사용을 정당화하거나 비판하는 의식 형태들 혹은 의지 형태들을 관통해서 그 권력 관계들의 작동을 조절한다.

살아 있는 한, 그렇게 이해되는 힘을 전적으로 박탈당한 사람은 아무도 없다. 물론, 이 주장은 그러한 수단들의 평등한 분배도 공정한 분배도 뜻하고 있지 않다. 문제는 힘에 기대고 있는 권력 관계들이 좋으냐 나쁘냐를 아는 데 있지 않다. 그것은 오히려 경계를 그어야만 하는지, 또 어디에 경계를 그어야만 하는지를 아는 것이다. 즉 그 안에서는 수단들의 사용, 힘의 사용이 정당하고 수용 가능하지만, 그 밖에서는 그 사용이 정당하지 않게 되고, 다시 말해서 악용된 권력, 권력의 악용이 되는 바로 그 경계가 문제이다.

그리고 다들 잘 알고 있듯이, 모든 권력은 악용되기에, 문제는 어떻게 그것을 예방할 것인가 하는 것이다. 폭력의 수단과 양상이 어떠하건 그것이 권력 악용에 있음은 인정할 수 있을 것이다. 그 폭력은 자유롭게 수용된 반대론 없이 다른 사람들에게 그들에게 낯선, 경우에 따라서는 그들 자신의 관심이나 계획과 반대되는 전략과 목표에 봉사할 수단들이 되도록 강제하는 데 있다.

도중에, 수단의 정당한 사용과 폭력적 사용의 차이에 대한 문제가 아무런 의미도 갖지 못한다고 가정할 때, 각자에게 유일한 문제는 차례로 힘을 축적해서 가장 강한 자가 되고자 하는 것일지 모르겠다는 점을 지적하기로 하자.

우리는 우리와 관련된 것으로부터 너무 멀리 떨어져 있는 것 같다. 그렇다면 요점을 정리하는 것이 도움이 될 것이다.

우리는 모든 현존이 공존이라 했다. 인간 현존은 다른 현존 형태들을 결정하는 관계 방식에 우리가 의사소통이라고 부르는 것을 덧붙여야 한다. 그리고 그 의사소통은 그 최초의 형태에 있어 상호 작용적이다. 관련된 개인들과 집단들 "사이에서" 이루어지는 것은 예측할 수 없는, 열린 추진력으로 귀착된다는 의미에서 말이다. 그때 각자의 답은 상황이다. 상황 대면은 다른 사람들이 제 차례에 하게 될 어떤 대답을 만들어 내야만 한다. 예를 들어 옛날에 틴버겐이 큰가시고기의 짝짓기 행동에서 분석했던 유전적 프로그래밍의 레일 없이[2] 말이다.[*1]

인간 상호간의 의사소통이란 우리인 바의 표명과 구조화, 즉 우리가 우리를 둘러싸고 있는 것과 맺을 수 있는 관계들의 표명이자 구조화이다. 게다가 그것은 그 용어의 모든 의미에서 인간 생성의 원리에 속한다. 그 의사소통은 근원적으로 상호 작용성interactivité이다. 그 상호 작용성은, 인간 사회 속에서 개인들과 집단들을 연대시키는 상호 의존 관계들의 어떤 구조화에 기초하는 "핵 생성" 과정 혹은 "그물 모양" — 망의 구성 — 과정으로 인도된다. 다소 중요한 어떤 측면에서, 그 상황은 권력 관계의 관점에서 기술될 수 있다. 사람들은 권력 관계들이 윤리적인 요구들에 부합하는 범위 내에서 그것들의 작용을 포함할 수 있는 규범들과 규칙들에 관련된 문제들을 제기한다고 미리 가정할 것이다. 그러한 요구들의 존중 밖에서의 힘의 사용은, 그것의 본성이 어떠하건 간에, 폭력이다. 즉 강제를 겪는 자에게는 폭력이 된다.

그때 우리에게는, 의사소통이 고통스럽지 않고 오히려 즐거운 풍자에 속할 때조차 그것이 어떤 점에서 부당한 폭력의 원천일 수 있는지를 아는 것이 문제가 된다.

최종적인 판단을 위해, 인간이라는 관념 또는 오히려 인간이 그렇게 존재해야만 하는 바, 게다가 인간 속에 보존되어 있어야 하는 바를 소유하고 있어야만 한다. 이것은 분명 엄청난 일이다. 나는 그것의 비밀을 알고 있다고 주장하지 않으려고 조심할 것이다. 모든 사람, 아니 거의 모든 사람이 자기 방식으로 인간에 대한 어떤 이미지를 가지고 있다고 할지라도 말이다. 인간 속에서 인간성의 가능한 형태, 즉 역사적이고 사회 문화적으로 결정된 형태, "다른 사람들"에게는 곧 억압적으로 작용하는 형태를 보편적인 모델로 내세우는 것을 두려워해야 할 것이다.

그러나 틀림없이 더 겸손하게, 만약 어떤 사람이 뒤엉킨 관계들 속에 있고, 그 관계들에 의해 의존 상황에 처해 있을 뿐만 아니라 자신의 표상들, 목표들, 전략들과 관련한 — 두 가지 의미를 가지고 있는 — 정보(형태 부여, information)를 기대하고 있다면, 그는 또한 자율적인 중심, 자기-조직화의 자리 혹은 바렐라Varela가 말하듯이 오토-포이에즈의 자리[3]라고 말할 수 있겠다. 적어도 그가 밀랍이 인장의 흔적을 받아들이듯이 형태를 받아들일 수는 없을 것이다.

여기서 외적 상호 작용성이 내적 유사물처럼 존재한다. 바로 그 상호 작용성을 통해 자기 결정의 잠재성 및 거의 "자율"인 잠재성이 표명된다. 그 잠재성에 의해 각자가 자기 자신을 책임지고, 따라서 다른 사람들을 위해, 칸트가 보다 엄밀한 용어로 다르게 존중의 의무 — 타자를 자기 의지와 다른 의지의 단순한 도구로 전락시키지 말라 — 로 제시했던, 그 책임성의 형태를 만들어 낸다.

나는 더 이상 이 영역 속에 머물러 있지 않을 것이다. 하지만 나는 상호 작용성의 지평과 관련된 몇 가지 결과를 이끌어 내고자 한다. 그 지평 밖에서는 참으로 인간적인 그 어떤 삶도 생각할 수 없다. 인간이 타자들이나 사물들 사이에서 현존할 때 실제 의존하고 있는 의사소통 형태들을 이용해서 인간 속의 인간성을 존중하는 것만이 문제일 것이다.

인간적인 현존 형태로의 모든 접근 원리 속에는 공동의 역사, 분배된 유산의 토대 위에서 가능한 기호, 상징, 규범, 규칙, 제도 그리고 실천의 세계로의 입장이 존재한다.

우리의 타인들 및 사물들과의 관계들 전체가 실현되는 어떤 세계로의 입장은 탄생 이전부터, 또 다양한 방식들에 따라 상호 작용적 교환들에의 참여, 상호간의 의사소통, 즉 귀속을 기초짓는 공동화 및 공동체적 관계망 짜기를 미리 가정한다.

아마도 그 교환은 결코 동등하지 않을 것이다. 그리고 모든 종류의 권력 관계 및 권력의 목표가 거기서 작용할 것이다. 뿐만 아니라, 그것은 각각의 사회에 속하는 다양한 규범들에 의해 조절된다. 그러나 그것은 열려 있고 불안정하며 개방된 체계를 낳는 지속적인 창조이다. 그 열린 체계 속에서 서로의 입장이 상호 협의되고, 거기서 계획이 세워지며 가능성들이 열린다.

그 교환은 우선 일반적으로 말의 사용과 몸짓이나 표현의 사용에 의해 실현된다. 그 사용들은 매개물들 — 사이에 있는 것, "중개자" — 로의 접근을 전제하는데, 그것들은 모든 삶에 전제되기에 당연히 거기에 있다. 의사소통의 그러한 매개물들이 중요하다. 그 매개물들은 원래 빛과 공기이고, 그것들에 우리 기관의 발신기와 수신기, 청각 기관과 발성 기관, 신체 표현과 시각, 게다가 청각이 맞춰진다.

그 "중개자들"의 사용은 물론 실증법이나 관습법에 의해 엄밀히 틀지워진다. 예를 들어 예의범절은 상대적으로 가볍다. 계층적 구조와 권위의 작용으로 말하자면, 비록 그 결과는 이미 무겁다고 할지라도 말이다. 그러나 매개물이나 중개자들은 모두가 사용 가능한 채로 있고 의사소통하는 자들의 상호적인 "노출"을 허용한다. 물론, 그들의 동기에 있어서의 어떤 투명성은 아니라고 할지라도, 적어도 그들이 하고 있는 역할에 있어서의 투명성은 허용한다.

폭력이 배제되지는 않는다. 그것은 지나친 말과 위협보다는 기만과 유혹으로 그 영향력을 행사한다. 주어진 말의 존중과 관련되는 윤리적, 관습적 혹은 제도적인 규범들, 메시지의 진실성, 은폐의 부재는 도처에서, 삶의 일상적 상황들 속에서 상호 작용성의 윤리적 틀짓기의 본질 및 윤리적 틀짓기가 인간 상호 의존 방식에 미치는 영향의 본질을 구성한다.

동시에, 타자에게 가해진 폭력적 행위의 난무는 자연적 “중개자들”의 사용 가능성에 의해 가능해진 다양한 “의존들”에 의해 제한된 채로 있다. 공기와 빛은 제3자들, 즉 증인들, 여론, 구성된 권위들에 호소하는 것을 허용하며, 그때 부당하게 겪은 권력의 악용에 대한 자각이 생겨난다.

그 호소는 동시에 공동으로 분배된 원칙들이나 가치들에 준거한다. 그래서 일반화된 상호 작용성 — 만약 그렇게 말할 수 있다면 말이다 — 은 자발적이거나 제도화된 대항 세력들이 감시하는 한계들 속에서 상호 의존의 결과들을 유지하는 규제들의 원천에 속한다.

나는 단지 윤리와 의사소통 관계에 대한 탐구가 발전할 수 있는 조건들이 생겨나도록 하기 위해서만 그 모든 것을 언급하려 한다. 물론, 모든 인간 사회는 어떤 의사소통 윤리를 가지고 있다. 나는 조금 전에 그 점을 암시했다. 그 윤리는 담론의 투명성과 주어진 말에 대한 신뢰를 가리킨다. 다른 폭력 형태의 경우에서처럼, 실제 효과를 낳는 힘의 그러한 틀짓기는 전쟁 속에서 사라진다. 하지만 여기서는 아무래도 상관없다.

그러나 새로운 수고를 무릅쓰고서라도 그 의문이 제기된다면, 의사소통 관계의 조건들이 갑작스러운 변화를 겪었기 때문일 것이다. 그것들은 의사소통 행위하기l'agir communicationnel가 어떤 새로운 힘을 이용하면 이용할수록 변했다. 그 새로운 힘이 새로운 권력 효과를 낳을 수 있다. 그 새로운 권력 효과 자체는 끝없는 권력 악용으로 이어지고, 그래서 어떤 새로운 폭력을 낳는다.

말이나 몸짓의 의사소통이 이루어지는 공기와 빛의 자연“욕浴” 속에서 그 결과가 전개되는 어떤 상호 작용성과 우리의 기술-매개적 의사소통의 중도에서 많은 점에서 본보기가 되는 문자의 경우로 되돌아가는 것도 흥미로울 것이다. 나는 젤브가 『하나의 문자론을 위해』[4]
에서 분석했던 권력 효과 및 정치적 재구조화의 효과, 그리고 노라와
밍크가 그들의 『사회의 정보화』[5]에 대한 보고서에서 의지했던 기준을
상기시키는 것으로 만족할 것이다. 젤브는 이렇게 적고 있다. "문자가
형태를 갖추게 될 때마다 그것은 정부, 예술, 무역, 산업, 제철업의 놀
라운 발전이기도 하다. 또, 그것은 모든 농업이자 동물 사육이며, 문자
가 없었던 앞선 모든 시대가 아주 빈약한 조합의 인상을 주는 어떤 상
황이다. 하지만 문자의 도입이 새로운 문명의 원인이라고 생각할 이유
는 없다. 오히려, 어떤 주요한 문명을 이끌어낸 그 모든 — 지리 · 사
회 · 경제적 — 요소가 바로 그 사실 때문에, 진실로 문자의 도움에 의
해서만 생명을 지닐 수 있었던 일종의 유기체를 구성했던 것으로 보
인다." 여기서 사람들은 프랑스 공화국 대통령의 요구에 의해 쓰여진
보고서의 두 저자들에 의해 제기된 비교 검토를 이해하게 될 것이다.
"수메르 사람들이 밀랍판 위에 최초의 상형 문자를 기록했을 때, 그들
은 거의 이해하지도 못한 상태로 인간성의 결정적인 변화, 즉 문자의
등장을 체험했다. 그 문자는 세계를 변화시켰다. 오늘날 아마도 정보
학이 비교 가능한 현상을 예고하고 있다. 유사성이 가히 놀랄 지경이
다. 기억의 확장, 정보 체계의 증가와 변화, 권력 모델들의 우연적 변
형이 그것이다."

정보의 그 새로운 방향, 즉 씌어진 서류들의 생산, 순환 그리고 수용
의 조건들로 접근하고 있는 자들과 그 혁신으로부터 배제된 채로 있
는 자들 사이의 분할은 본질적인 권력 목표들이 두루 갖춘 균열들 가
운데 한 사례이다. 브라질에서 있었던 최초의 자유 선거 때, 문맹률이
높았음에도 불구하고 유권자들은 스스로 투표 용지를 기재해야만 했
다. 큰 정당들은 유권자의 지시에 따라 투표함에 넣을 용지를 기재할
수 있는 "작성자"를 투표소에 보냈다. 결국, 당시 어떤 유권자는 자기

표에 실제로 기재되어 있던 이름들을 전혀 알지 못했을 수도 있다.[6] 바로 거기에 어떤 통제 수단이 존재한다. 그것은 어떤 사회 "계급"에 의한 지배 유지를 보장해 왔던 결과에 대한 통제 수단이라기보다는 우리의 과거 납세 유권자 선거가 원칙상 실행했던 바로 그 통제 수단 이다.

새로운 의사소통 방식들이 상호 작용적이기를 원하건 원하지 않건 간에, 그것들은 우선 메시지가 통과되는 물리적 매개물들로 이해된 "매개 수단들vecteurs"의 직접적인 이용 가능성의 부재에 의해 특징 지워진다.[7]

그것은 이미 인쇄된 종이와 우편 업무에 의한 그것의 배포와 관련 해서는 사실이다. 물리적 흐름들이 집중되어 있는 선들이나 망들에 있 어서는 더더욱 그러하다. 이때, 그 흐름들의 변조는 정보를 담지하고 있다. 이 주장이 적합하다면, 그것은 우리 사회가 무장하고 있는 테크 놀러지 전체 속에서 자신의 원리를 발견하는 어떤 힘과 새로운 의사 소통 수단들을 묶어 주는 밀접한 의존 때문이다. 아주 일반적으로 그 힘, 오히려 힘의 증가는 수단들의 사용 및 그것들의 권력 작용과의 접 촉이 조절되어 왔던 전통 규범들의 허를 찌르고, 게다가 배후에서 공 격한다.

그러므로 고려된 "중간자들"의 역할, 그것들의 사회 영역 속으로의 개입, 권력들과 권력 대항 세력들의 불안정한 균형들 속에서의 그것들 의 중요성이 기술 수단들의 잠재력의 증가에 의해 생성된 전체의 움 직임 속에서는 단지 변방에 불과하다. 사람들이 때때로 윤리적 관심의 재등장으로 해석하는 것은, 넓게 고려할 때 질료, 생명체, 인간 존재 및 인간 상호 관계로의 우리의 개입 능력 속에서의 규모 변화의 여파 이다.

아무튼, 그럼에도 불구하고 그 변방은 그것이 제기하는 문제들과 그것이 요구하는 조절들에 의해 특별한 지위를 누리고 있음이 분명하다. 핵심적 지점들, 망 속에서의 매듭들에 의해 인간 상호 의사소통 속에서의 기술 집합의 매개는 메시지들의 생산, 연결 및 선택의 가능성들뿐만 아니라 정보 저장 및 흐름에의 접근 차단 가능성들로 해석된다. 그로부터 망들의 확장과 구조화, 망들의 순환의 확장과 구조화, 망들로의 접근 가능성의 확장과 구조화 그리고 망들의 통제 장치 및 명령 장치의 확장과 구조화에 의해 생산되는 특이한 힘이 생겨난다. 바로 거기서 어떤 집단과의 동일성 혹은 어떤 "대중"과의 동질성을 제공하는 표상들과 태도들의 상호 조정 아래 깔려 있는 과정들의 활성화나 무력화의 수단이 문제가 된다. 요컨대, 가장 고전적 의미에서 망들은 정보에 본질적인 것으로 여겨진다. 이때 정보란 사회적 질료에의 형태 부여로서, [기존의] 효과에 새로운 효과를 중첩시키는 것이다. 그것들에 의해 상징 교환, 물질 교환 그리고 사적 교환이 만드는 다양한 관계들이 의사소통의 테크놀러지적 매개 수단들에 앞선 상호 작용성의 자발적 유형이나 조절된 유형들의 기초 위에서 어떤 공동체를 조직한다.

그 "형태 부여"는 순환들에 의해 이루어지고, 그 순환들의 공간적 등록은 사회적 삶의 능동자들과 수동자들 간의 근접성, 거리, 귀속성을 결정한다. 그뿐 아니라, 그것은 유포된 메시지로부터 결과한 부호 및 기호 유형들에 의해 이루어진다. 그것들은 어떤 차별적인 "입문," 하지만 거의 감지하기 어려운 어떤 입문에 상응하는, 다양한 형태의 교육 자체로부터 상속받은 코드들에 따라 그것들을 "이해할" 능력을 미리 가정하거나, 어떤 기준들에 따라 선택된 "정보" 내용들에 의해 그것들을 "이해할" 능력을 미리 가정한다. 그 기준들은 그것들이 제시하는 이해 관계의 확실성 아래 포장된 채로 있기에 당연한 우선권에 속하는 것으로 강요되고 있다.

그러므로 차별화된 사회들의 부분 집합들이 구조화되고, 그것들은 그처럼 비형태적 공동체나 "공중"의 움직임 속에 자리잡은 채 있는 자들의 선택적 참여의 기초가 된다. 그것은 "밖에" 있거나 다른 순환들 속에 있는 자들의 주변화와 나란히 간다.

바로 거기서 그것은 유지되거나 유지되지 않는 다소간 인종 차별적인 배제들의 전주곡일 수 있다. 그것은 어떤 타자성에서 생겨난다. 그 타자성은 수많은 단계들을 보여 주고, 규범적 기준들의 급속히 증가하는 이질성에 의해 표명될 수 있다. 그것은 또한 차이들의 재분배의 원천일 수 있다. 그래서 기술 수단들은 어떤 "타자들"의 표상을 통합하고 접근하는 과정들을 장려하는 소임을 갖고 있고, 그 표상은 그것의 창조성을 이해시키고, 그것과 관련된 권리들과 근접성 — 구별되는 것을 가능하게 하는 공통의 토대에의 귀속성 — 을 이해시킬 수 있다.

통신 기술의 발전과 연결되어 있는 힘이 그 자체로, 필연적으로 폭력의 원천인 것은 아니다. 그것은 어떤 사회에 있어 논쟁을 불러일으키는 분쟁들의 출현(그것들의 표상)을 관통해 그것들을 관리하는 수단임과 동시에 그 사회의 구성 요소들에게 있어 수용할 수 있는 어떤 미래로 스스로를 투사시키는 수단일 수 있다. 소여들의 전달 속도뿐만 아니라 그렇게 뒤덮여 있는 공간과 관련되고, 그렇게 창조된 흐름들을 배분하는 수단들의 전파와 관련되는 그 힘은 사회 단위들 속에서의 우리의 공존의 본질적 토대들 가운데 하나가 된다. 그러한 사회 단위들의 앞선 상호 작용 및 상호 작용성의 형태는 확장과 다양성을 거의 포괄해 낼 수 없을 것이다.

그러나 만일 정보 선택과 전달 장치들로의 접근 부족으로 인해 다양한 관점들의 상호 대면이 불가능한 상태에서 인간들의 상호 관계나 인간 집단들의 상호 관계 속의 그러한 기술적 매개가 평가를 위한 행위 모형들이나 기준들을 강요하기 위해, 몇몇 사람들이나 집단들에 의한 발신의 원천과 전달망의 통제를 허용한다면, 그것은 동시에 폭력적이게 된다. (아주 넓은 의미에서, 단지 심심풀이로 보이지만 가장 효과적인 것의 자기 정체화 도식과 유형을 수없이 전달하는 것도 포함한다.)

그래서 어떤 테크놀러지화된 세계에서 발전된 힘과 관계된 잠재적 폭력은 다층적 의미를 갖는 주변화와 배제 효과를 낳을 수 있는 규범들이나 준거 모형들에 동의하는 태도를 가리킨다. "메디아적 의미에서" "공중들"을 낳는 순환들과 관련된 주변화를 통한 배제에 다른 배제가 더해진다. 그것은 규범적 기준들의 이질성의 토대 위에서 타자성의 출현에 기초하는 배제이다. 즉 전통적으로 희생양이 담당해 온 역할을 할 준비가 되어 있는 "우리"와 "그 사람들"이 존재한다.

그때, 의사소통 수단들의 네트워크에 기초해 구조화된 공간들의 지배 속에 내재하는 잠재적 폭력은, 대치와 거부의 더 고전적인 형태와 더불어 가능한 반향에 의해 배가되고, 동화에 의한 타자 통합의 허용에 대한 거부와 차이들의 정당성, 타자성에의 권리 인정에 대한 거부의 이중적인 움직임 속에서 배가된다. 여기서 타자성이란, 어쩔 수 없이 분쟁의 소지가 있는 공존, 동시에 공동 규정들에 의해 조정되는 공존의 토대 자체를 그것이 문제삼지 않는 한에서의 타자성을 말한다.

여기서 문제가 되는 것은 특별히 인간적인 공존 형태들을 조건지우는 것에 참여하는 방식들과 더불어, 타자들과의 관계, 사물들과의 관계, 게다가 자신과의 관계로서 그것들이 함축하는 바와 각자 자신이 살아가는 세계의 표상을 스스로 결정하는 능력이다.

그 형태들은 항상 쇄신되어 온 어떤 집단적 완성의 목적이다. 그리고 그것들은 실천들에 의해 생겨나는데, 그 실천들과 관련해 어떤 이들과 다른 이들은 달리 위치지워진다. 그것들은 또한 몇몇 사람들이 "전달된" 메시지들을 통해 다른 사람들에게 행사하는 영향력의 발전에 참여한다. 그 메시지들은, 그 완성에 참가하지 않으면서 그것들을 수용하고, 그때 "회유"될 우려가 있는 자들, 즉 무의식적으로 겪은, 경우에 따라 맥락의 유혹에 의한 조심스러운 폭력의 대상들의 의견과 태도를 형성한다. 만약 그 상황이 정말로 현실이라면, 그것은 메시지들이 구성되고 전달되는 순환들의 가장자리로 내몰린 사회 행위자들 일부의 배제를 예방하기 위한 노력을 함축함과 동시에, "중간자들"의 기술화가 새로운 가능성을 열어 보임에도 불구하고 자발적으로 배제하려는 경향이 있는 어떤 상호 작용성의 길들의 의지주의적 정리 정돈, 지배적 위치를 남용할 우려가 있는 권력들을 제한할 규칙들의 집단적 완성을 함축한다.

독점 없이 수집되고 모순들을 향해 열려 있는 어떤 복수 정보에 대한 절대적 필요성은 당연하다. 그러나 사실상 제한된 어떤 공간 속에서의 인간들의 상호 연결을 보장하는 보편적 매개자들인 공기와 빛의 직접 이용에 의해 가능한 상호 작용성의 상응물이 관점들의 공적인 "노출"과 의사소통을 보장하는 체계의 "가시성"에 기초해 유지되고 발전될 수 있는 조건들을 재구성하는 것이 이상理想일 것이다.

새로운 기술적 소여들이 가정家庭을 고립시키기까지 하면서 원거리 활동으로 허용하는 것과 더불어, 만약 이 새로운 기술적 소여들의 범위 내로 옮겨진 그 이상理想이 단지 어떤 조절 기능만을 가질 수 있다면, 그것은 적어도 장거리 활동의 어떤 의사소통을 위해 요구되는 힘의 집중이 강화시키는 권력 관계의 사회 통제 요청을 이해할 수 있게 해준다. 그러한 요청은 절차들에 대한 관심을 함축하고 있으며, 그 절차들을 통해 망들의 구성 및 기능에 대한 규범들과 그 활동에 있어 상이한 행위자들에게 강제되는 행동 규칙들을 결정하는 의무론적 원칙들이 토의된다.

내가 주목시키고자 하는 모든 것은, 의사소통이 그 모든 형태에 있어 몇몇 사람들이 다른 사람들에 대해 가지는 권력과 어떤 밀접한 관계를 가지고 있다는 사실에 기초한다. 이때 권력은 상호성을 전적으로 배제하는 것은 아니지만, 결코 공정하게 분배되어 있는 것도 아니다.

분명 고려해 볼 만한 어떤 면에서, 윤리적 요구는 권력 악용, 즉 타자에게 폭력의 원천인 영향력을 행사하기 위해 힘을 부당하게 사용하는 것에 직면해서 생겨난다.

일반적 의미에서 정보란 타인에게 영향을 미치기 위한 수단이다. 그 점에, 그것이 타인에 대한 정보일 때는 권력을 낳는다는 것을 덧붙여야만 하겠다. 그것은 모든 사회에 있어 참이다. 그러나 메시지의 매개체들("중간자들")의 직접적인 사용 가능성에 기초하고 있는 의사소통 방식들 속에서 권력 작용들은 과정의 공개(공적인 성격)에 의해, 또 결과들의 원천에 대한 반작용을 낳는 상호 작용성에 의해 완화된다(또는 그럴 수 있다).

선들과 망들의 조직이 통로들 속의 정보를 담지하고 있는 흐름들을 모을 때는 더 이상 그렇지 못할 것이다. 그 통로들의 접근과 통제는 더 이상 "공공선"의 특징, 게다가 청각적 의사소통의 매개체인 공기나, 모두에게 그리고 의사소통의 대단한 사회 정치적 활동의 모든 행위자에게 가시성을 제공하는 "매체"인 빛이 가졌던 그 누구의 것도 아닌 것 *res nullius*이라는 특징을 갖고 있지 못하다.

그때 순환들의 조직, 그것들을 관통하는 흐름에의 접근 조건들, 그리고 준수해야 할 규칙들에 대한 선택 방식들에 대한 논의가 요구된다. 마찬가지로 — 강독에의 입문이 공화국의 우선권이고 복수적이고 모순적인 정보의 보장이었던 것처럼 — 메시지들과 다른 "비물질적 재산들"의 순환으로의 참여 능력의 보편화를 보장해야 한다.

"이미 완성되어 있다"는 이유에서 영원한 천상의 관념들을 찾는 것은 문제가 아니다. 현대의 의사소통 수단들의 정당한 사용과 정신과 마음에 대한 불의의 폭력의 원천으로 비난받는 사용 사이에서 경계의 원리를 찾는 것 역시 문제가 아니다. 문제는 세계와의 관계, 유산과의 관계 그리고 미래와의 관계가 형태를 갖게 되는 교환에 모두가 참여할 수 있도록 하는 것, 또 그 교환이 이루어져야만 하는 방식들에 대한 논의에 모두가 참여할 수 있도록 하는 것이다.

그러한 참여는 수용 가능한 것의 표명을 조건짓는다. 왜냐하면 먼저 논의된 규칙들에 따른 중재를 조건으로 입장들이 서로 대치하는 토론의 관점에서 그것이 요구되기 때문이다. 그러므로 의사소통 과정 속에서 각자가 능동자이면서 수동자가 될 가능성들을 제공하는 공동의 매개물들로의 접근에 기초해 일반화된 어떤 상호 작용성의 과정 속에서 실현되고 있는 것, 실현되어 온 것, 혹은 실현될 것을 의지적이고 집단적인 책임을 관통해 복구하려 하는 것은 오늘날의 임무이다.

만약 물질적 재산의 배타적 소유의 규범과 제한의 문제가 적어도 로크 이래 근대 사회의 윤리적이고 정치적인 관심의 중심이 되어 왔다면, 우리의 테크놀러지적 능력의 발전은 우리를 통제할 추진력과 확립해야 할 균형의 부활된 지평 앞에 서 있도록 한다. 그것은 우리가 사회들과 그것들의 자연 환경이 만나는 지점에서 사물들에 대한 우리의 영향력의 관리(그리고 그것의 불평등한 결과들)뿐만 아니라, 그 동일한 사회들 속의 의사소통에 기초해서 발전된 상호 작용들의 조직과 규제와 관련되어 있다. 또 후자가 우선 전자를 조건짓는다는 것에는 의심의 여지가 없음을 덧붙여야 하겠다.

목표들은 우리 수단들에 의해 획득된 힘과 그것들의 매개가 야기하는 권력들에 달려 있다. 이때, 수단들의 매개는 본질적인 상호 의존에 기초해서, 하지만 상황에 따라 다양한 방식으로, 권력들이 익명이건 아니건 간에, 모두의 공존 조건에 영향을 미칠 수 있게 만든다. 만약 그 누구도 모든 의존을 피하지 못한다면, 적어도 그것의 형태들과 결과들을 제어하기를 바랄 수는 있을 것이다. 또 그것을 바라여야만 한다,

주

1) Th. Hobbes, 『리바이어던. 교회와 시민 공화국 형태와 권력 분야에 대한 시론*Léviathan. Traité de la matière de la forme et du pouvoir de la République ecclésiastique et civile*』, tr. fr. Tricaud, Éd. Sirey, 1971, 1ᵉʳ parte, chap. 10.

2) N. Tinbergen, 『충동의 연구*L'étude de l'instinct*』, tr. fr. Payot, 1953.

3) T. Varela, 『자율성과 인식*Autonomie et connaissance*』, Seuil, 1989.

4) I. J. Gelb, 『하나의 문자론을 위해*Pour une théorie de l'écriture*』, tr. fr. Flammarion, 1973, p. 247.

5) S. Nora et A. Minc, 『사회의 정보화. 공화국 대통령께 바치는 보고서*L'informatisation de la société. Rapport à M. Le président de la République*』, La Documentation française, 1978, p. 116.

6) 아리스티드가 어떤 유권자의 요구에 따라 무명의 참사관 추방을 결정하는 투표에서 자신이 선택한 대로 투표할 수 있도록 투표에 필요한 지시 사항을 알려 주었던 일화를 기억하고 있을 것이다. 아테네의 "정의로운 자"의 명예와 관련된 그 사실은, 자신이 행할 행동이 무엇인지 알지 못하고 있는 자기 동포의 무지를 이용해 그 방향을 바꾸는 데 그의 신뢰를 악용하지 않았던 정치인의 미덕을 보여 주고 있다. 또 게다가, 젤브를 다시 인용할 수 있겠다. 그는 모든 문자 체계 가운데 가장 습득하기 어렵다는 중국어와 관련해 다음 사실을 확인한다. "고전들 가운데 가장 간단한 것을 강독하려고 해도 그에 앞서 수년의 공부가 필요하다. 사실, 한 자는 관료 계급 관계자들에게 제대로 봉사해 왔고, 또 그것을 읽고 쓸 수 있는 자들은 비록 서로 통하지 않는 방언들로 말을 했다 할지라고 글로써 의사소통을 할 수 있었다"(*op. cit.*, p. 266).

7) 또, 상이한 활동 방식들에서부터 어떤 동일한 영역을 점하고 있는 수단들이나 매개 수단들의 중첩이 열어 보이는 가능성들에 관심을 가져야만 할 것이다. 표현이(또 표현 때문에) 금지된 임시 정부가 프랑스 본토로 보낸 런던발 메시지가

헤르츠 전파를 통해 전송되었을 당시, 그 전송의 역할을 쉽게 떠올릴 수 있을 것이다. 그리고 라디오 방송들의 전파 방해를 통한 검열이 거의 힘들었던 미국의 소리를 기억할 것이다. 오늘날, 지중해의 양끝에서 위성 안테나가 증가하고 있는 것은 다른 의사소통 수단들의 독점이나 그것들의 검열을 회피할 수 있는 테크놀러지의 혁신들에의 사회적 적응 능력을 나타낸다. 테크놀러지의 다원주의는 표현의 자유에 근거한 다원주의의 대용물일 수 있을 것이다.

보주

*1. 틴버겐Tinbergen은 콘라드 로렌츠Konrad Lorenz와 같은 비교 행동학자로서, 작은 물고기, 즉 큰가시고기의 반복 연속적인 행동을 연구했다. 복잡한 짝짓기 동안의 수컷과 암컷 물고기의 행동을 연구한 결과, 한 물고기의 태도와 움직임이 정확하게 상대 물고기의 태도와 움직임을 결정한다는 것을 알게 되었다. 즉 전자의 행동이 후자의 행동을 야기시킨다는 것이다. 그러므로 자극과 반응의 연쇄가 존재한다. 다시 말하면, 한 물고기의 자극에 대한 상대 물고기의 반응이 새로운 사이클 속에서 자극의 역할을 하는 것이다. 태도와 행위뿐만 아니라 그것들의 연쇄 역시 유전자 속에 엄밀하게 프로그래밍되어 있다(재생산 시기에 각 개체 물고기가 띠는 색깔 변화도 마찬가지이다). 달리 말해서, 모든 태도는 유전적으로 그려진 레일 위에 자리잡고 있다는 것이다(그것은 충동에 대한 전통적인 입장에 상응한다). 분명, 인간 존재간의 만남의 상이한 상황들이 그 같지는 않다. 또 그들 사이에 상호 작용이 존재할 때, 상황도 상대의 행위도 유전자 속에 기록되어 있지 않다. 인간의 상호 작용성은 관계의 가능한 구조화의 무한한 다양성으로 열려 있다. 그러므로 그 관계들은 사회 · 문화적 스트레오 타입들의 대부분의 시대가 때때로 협소한 한계들 속으로 그 태도들을 집중시킨다고 할지라도(예를 들어, 예의 범절) 그처럼 다양하게 이루어진다.

4

효율성 추구에 직면한 윤리학적 요구

교육에 대한 사색들

L'exigence éthique face à la recherche d'efficacité:
Réflexions sur l'éducation

효율성을 비효율성보다 은연중에 더 선호하지 않고서는 그 누구도 어떤 계획 속으로 뛰어들지 못할 것이다. 그 효율성은 가장 적절한 수단들을 선택하고, 그 수단들을 기대 결과에 이르도록 하는 조건에 가장 적합하게 조정하는 것을 전제한다.

틀림없이 몇몇 활동들은 수단들을 그 활동들 자체의 실현이 아닌 어떤 다른 결과를 획득하는 데 종속시키는 것을 피한다. 적어도 오락적이고 미학적인 활동들이 원칙상 그러하며, 경우에 따라서는 스포츠 활동들도 마찬가지이다.

그 활동들은 그 활동들 자체의 전개 속에서 그것들의 정당성을 발견한다. 틀림없이 순수 상태에는 거의 준거할 수 없는 그 활동들을 제외하면, 추구된 효율성은 사물들의 최초 성향의 변화를 목적으로 하는 계획의 실현과 관련해서 평가된다. 즉 그 최초 성향이 우리를 만족시키도록 하기 위해, 다시 말하면 우리의 사용이나 우리의 욕망에 부합하도록 하기 위해서 말이다. 그때 효율적 행위는, 적절한 수단들을 이용해 우리가 제 것으로 삼는 것의 순응이기도 한 그 변형의 측면에서 의미가 있다.

그 적절한 수단들은 우리의 욕망, 우리의 소망, 우리의 기대에 상응하는 어떤 형태를 수용할 수 있는 것에 그 형태를 강요할 수 있도록 만든다.

효율성은 기술 활동이 기준으로 삼는 특별한 가치이다. 그것은 또한 기술 활동이 기술력의 급속한 확장에 굴복한 사회에서 세계와의 관계의 지배적 방식으로 확립될 때 그같은 활동에서부터 보급되는 가치이다. 여기서, 효율성의 추구와 기술 활동을 연결시키는 그 동질적 관계를 뒤따라가야만 한다.

아주 넓은 의미에서 그 기술 활동은 처음에는 필요나 욕망을 만족시키기에 부적절한 재료를 생산품으로 변형시키는 것을 목적으로 한다. 그 생산품은 때로는 직접적으로 유용하고 때로는 교환 사이클 속으로 들어갈 수 있으며, 인간들이 서로 복잡하고 가변적인 관계를 맺는 순환들을 유지하기 위한 재료를 제공할 수 있다.

우리의 필요나 요구에 맞게 사물들을 변형하거나 형성하는 그 활동들, 즉 우리가 제작하는 것을 우리 자신이 사용하기에 적합하게 만드는 활동들의 정당성은 그 활동들이 포착하는 바가 그 자체로는 최초의 형태도, 최종 목적성도 가지고 있지 않음을 전제한다. 그 최초의 형태와 최종 목적성은 그것들을 보전하기 위해, 다시 말하면 수단들이 영향력을 미치는 것에 형태를 재부여하는 데 이용 가능한 그 수단들의 사용에 한계들을 강제하기 위해 인식해야만 하는 것이다.

효율성의 영향 아래 행동하기와 관련된 세계는 가능성들과 저항들, 따라서 지켜야 할 강제들과 장애물들의 작용 주변에서 질서잡히고 구조화된다. 그 세계 속에서 "사물들"은, 그것들이 변형과 소유에 적합해 생산물이 될 때 인간 활동이 거기에 "놓는" 것, 즉 노동, 능력, 자본을 아우르거나 아우를 수 있을 때에만 가치를 갖는다.

그 변형 과정에 참여하고 있지 않거나 아직까지는 참여하지 않은 것, "가공되지 않은 상태로" 있고 사용될 수도 없으며 관심도 끌지 않는 것은 아무런 가치도 없고, 거의 호기심도 불러일으키지 않는다. 소유의 노력이 추구하는 영향력에 반발하는 것은 우리가 "심각"하게 또 "중요"하게 관계 맺고 있는 세계 속에 진정으로 통합되어 있는 것이 아니다. 엄밀히 말해서, 그것은 오락 활동들의 기회일 수도 있고 그것의 배경일 수도 있다. 또 사실 "업무" 세계에 의해 항상 "보충하기" 쉬운 것도 사실이다.

그러므로 효율성의 추구는 사회체 내에서 모든 것이 겪을 수 있는 변형 활동들의 후광에 의해 그 모든 것을 평가하게 만드는 자연 및 세계와의 어떤 근본적인 관계로 우리를 이끌고 간다.

그 관계가 배타적이지 않을 때조차(또 그것의 우월성을 떨쳐 버리려고 할 때조차) 그것은 우리 동포와 우리가 더불어 세계에 거주하고 공존하는 방식에 있어 지배적인 관계가 된다. 그것의 내적 논리 —"생산품"을 높이 평가하는 소유 그 자체에 있어서의 효율성의 논리 — 는 우리의 현실에 대한 영향력, 우리의 "사물들"에 대한 영향력의 힘(그리고 다양성)이 증가함에 따라 보편화되었다.

그러한 전망이 우리가 (지난 3세기 동안) 근대적 의미에서의 과학이라 부르는 것의 구성과 밀접히 연관되어 있음을 보여 주는 것은 가능할지도 모르겠다. 하지만 아주 오랜 시간이 필요할 것이다. 그러한 인식 형태는 자연 현상의 타당한 설명의 영역 밖으로 모든 목적성을 추방하는 부정적 측면이 있지만, 자연 과정들의 전개가 공간 속의 질량들과 그것들의 상호 작용을 지배하는 힘들의 이미 실현된 어떤 성향에서부터 결정된 방식으로 실현되도록 어떤 현상의 변형들을 어떤 다른 현상이나 일련의 조건들의 변형들의 함수로 만드는 관계들을 탐구하는 긍정적 측면도 있다. 수학적으로 함수라는 용어는 크기들 사이의 상관 관계, 즉 측정 활동들에서 진술될 수 있는 것 사이의 상관 관계를 지시하고 있기 때문에 여기서 함수라는 용어를 사용하는 것에 문제가 없지는 않다. 그것은 어떤 과정이 전개되는 조건들의 변형의 결과를 예측하도록 허용하고, 또 원하는 결과를 얻기 위해 최초 조건의 어떤 변형이, 다시 말해서 사물들의 실제 성향에 대해 어떤 작용이 요구되는지 계산할 수 있도록 허용한다.

자발적으로 자연에 "생기를 부여"하고 그 가운데서 생산되는 발전들을 조정하는 어떤 목적성에 대한 거부는 인식이 지배를 허용하는 메커니즘과 다른 그 어떤 것에도 준거할 필요가 없도록, 이를테면 세계에 대한 작용을 "해방시켜 준다." 그렇게 해서 과학적 인식의 규범들에 따라 정의된 진리의 외곽으로의 "목적인들"의 추방은 인간의 욕망이나 의지에 기원을 가지고 있는 목적들의 세계로의 투사에 자유로운 영역을 남겨 준다.

자연 "자원들"로 나타나는 것의 변형은 사물들의 성향에 내재하는 질서의 부재 속에서 어떤 새로운 정당성의 토대를 발견한다. 그 질서의 존중은 기술 활동에 한계와 중용을 요구할지도 모르겠다. 동시에 그 기술 활동은, 현상들이 서로를 연결하고 조건짓는 법칙들에 대한 더 정확하고 더 확장된 인식 덕분에 어떤 새로운 효율성을 발견한다.

계산은 그것의 선행 조건들로부터 제공되는 것에 대한 이유를 제공하고 그 조건들에 대한 어떤 조작들이 개인적이고 집단적인 필요나 욕망과 밀접하게 연결되어 있는 계획 그 자체에 따라 원하는 결과들을 생산하는 데 필수적인지를 정확하게 보여 준다는 이중적인 장점을 가지고 있다.

"근대" 세계 — 우리의 지배적인 견해들과 태도들의 지평을 구성하는 것 — 는 원칙적인 기준이 효율성인 행위 — 지속적으로 확장되는 수단들 자체의 변화에 따라 사물들의 자연적 성향의 개발을 지배하는 것 — 가 자유롭게 펼쳐질 수 있는 어떤 공간이다.

적어도 "심각하게" 고려된 세계와 바로 관련된다. 그 세계는 주변부에 다른 공간들을 살아남도록 내버려둔다. 예를 들어 미학적 활동이나 오락적 활동, 즉 "업무"로 되돌아가기 전에 모자를 벗고 인사를 하는 것이 품위 있는 것일 수 있는 활동들에 제공되는 공간들, "생산" 활동을 야기시키는 사물들이나 공간의 소유와 경제적 잉여가치의 추구를 기초로 삼는 공간들, 효율적으로 작업한 "재료들"이 생산품이 되고 시장에 내놓을 수 있게 되는 공간들 말이다.

바로 그것은, 우리가 기대고 있기에 우리에게 당연해 보이는 근대적 합리성으로 여겨질 수 있는 것의 발전과 연결된 문화적 사실이다. 그렇지만 문제는 발생한 것으로 간주되어야만 하는 어떤 것이다. 물론 우리의 모든 고통들(혹은 위기감들)을 그것에 결부시키면서 그것을 결코 악마적인 것으로 만들어서도 안 되고, (예를 들어 진보의 이름으로) 그것을 결코 신성화시켜서도 안될 것이다.

3세기 전 이래 점차적으로 "견고해진" 바로 그 "근대적인" 경향성이 효율성에 대한 관심에 영향을 끼친다. 그 효율성에 대한 관심에서 태도들, 행동들, 결정들 그리고 선택들의 평가가 분명해지는 경향이 있다. 그때부터 그러한 관심은 우리가 윤곽을 그리고 중심을 분명히 해야만 하는 한계들에 직면하게 된다.

효율성에 대한 있는 그대로의 관심을 비난하는 것은 부조리할 것이다. 아무도 비효율성을 찬양하지는 않기 때문이다. 그렇지만 그것의 논리와 무관하지만 끊임없이 그 논리에 재통합되도록 위협을 받고 있는 것을 발견하기 위해 우리의 사색을 아주 멀리까지 끌고 갈 필요는 없다.

　우리는 우선, 원칙상 그것들 자체의 완성이 목적이지 그것들의 전개의 이유일지도 모르는 어떤 결과의 획득이 목적은 아닌 활동들을 만나게 된다. 그것은 놀이의 경우이며 몇몇 예술 활동들 및 스포츠 활동들의 경우이다. 그 "무동기성의 공간들"의 어떤 전염이나 어떤 "회유"의 우려할 만한 현실에 대해 이야기하는 것은 아무런 소용도 없다. 특히 효율성이 평가되는 목적에 수단을 종속시키는 일이 지배적인 "유용성"의 세계 속에 결과를 재통합시키면서 그것을 실현하는 데 바치는 시간, 그 "시간을 버린다"는 비판에 맞서 소급해서 정당화하는, 어떤 결과 획득에의 관심 아래서 말이다. 최선의 성과를 보장하는 "휴식"으로 이해되는 "놀이"나 (상업적인 유혹에 대해서는 말하지 않은 채) "자신의 건강을 지키기 위해" 행해지는 스포츠가 그렇다.

　그러나 그 모든 것, 다시 말하면 쾌락에의 권리와 무동기적 소비에의 권리 요구에 속하는 것은 무시하자. 그럼에도 불구하고 어떤 결과에 대한 기대에 따라 효율성이 평가됨을 강조하지는 않으면서 그 모든 것을 무시하자. 효율성은 본성상 우위에 놓인 가치에 종속되기 때문에 어떤 결과에 대한 기대는 효율성의 특징 하에 위치한 행위를 목적론적으로 만든다. 유용성과 마찬가지로 효율성 역시 수단들의 배치를 넘어 "최선의" 수단들의 추구와 선택에 합리성을 제공하는 것에 의해서만 의미를 가진다.

　그러나 어떤 결정된 목표를 추구함에 있어 효율적으로 행동하려는 의지에는 더 본질적이고 더 원리적인 한계들이 존재한다.

　그 자체로 고려된 의지는 어떤 전제와 함께한다. 그 전제에 의하면, 사람들이 작용을 가하는 것 — 가장 넓은 의미에서 재료 — 은 고유한 목적성이 없는 것이며, 하나라도 존재할지는 모르지만, 고려될 만한 가치가 있는 그 어떤 점도, 존중받아야만 할 그 어떤 점도 갖고 있지 않은 것이다.

그것은 효율성의 특징 아래 위치한 어떤 활동의 대상이 되는 것, 또 효율성이 문제가 되는 한에서는 외부로부터 그것의 제작 — 어떤 형태에서 다른 형태로의 이행으로 이해된 변형이나 그것의 형태 부여 — 을 강요하는 어떤 계획과 관련해서만 가치나 "품질"을 갖는 것이다.

그같은 계획은 원료, 제공된 재료처럼 그렇게 형성이나 재형성에 복종하는 것에 대한 기대에 기초하고 있고, 인간적인 행위하기에, 그리고 수단들이 미치는 영향력에 강요된 강제들에 기초하고 있다. 오늘날 가장 효율적인 수단은 현대적인 앎으로부터 생겨난다.

우리는 실험적-수학적 형태의 우리 지식들을 특징짓는 방법의 객관화에 대한 체계적 관심에서 확립된 그런 유형의 인식의 비약적 발전에 의해, 이를테면 미리 구상되거나 예고되거나 예정된 것과 같은 세계를 이미 언급했다. 그 세계는 우선 존중할 만한 가치가 있는 질서나 목적을 그 자체로는 갖고 있지 않기 때문에 기술자의 영향력 하에 제공된 세계이다. 우리는 이미 근대 과학 특유의 합리성의 발전이 이를테면 그 세계를 인간 기술성에 제공했으며, 따라서 자연의 소유에 있어 유일한 한계는 이용 가능한 수단의 힘 — 그리고 그 힘은 사람들이 알고 있듯이 확장되고 있다 — 임을 이미 강조한 바 있다.

그러나 그 세계가 사물들, 물리적 대상들, 게다가 생명체들로만 구성되어 있는 것은 아니다. 거기에는 성별이 다른, 다양한 나이의 인간 존재들이 정착해 있으며, 다양한 문화적 전통에서부터 형성된 — 나는 바로 그렇게 말한다 — 인간 존재들이 정착해 있다.

그런데 효율적인 행위의 추구, 다시 말하면 가장 적절한 수단들의 배치를 정당화하는 어떤 목적에 따른 변형이나 형태 부여의 추구는 인간 존재들이 나타나는 거기에서 멈추지 않는다. 언뜻 보기에 그들이 속해 있는 어떤 세계를 자신들 주변에서 구성하고 있는 것과 관련해서 인간 존재들이 치외법권의 위상을 누리고 있는 것은 분명히 아니다.

생산력을 보증하는 방법들에서 나온 투자 방법들이 물리적 현실이나 생물학적 현실에 대한 인식 속에서 이용될 때 우리가 그것들을 인간이나 그들의 태도에까지 확장했다는 것이 그 증거이다. 그리고 어려움들, 필요한 배치들, 결과들의 상당 부분의 불투명성, 게다가 고려해야 할 어떤 특이성의 요구에도 불구하고 그러한 확장이 성공적으로 이루어지지 않았다고는 할 수 없다.

우리는 물리학이 사물들을 제작하고 변형시킬 수 있는 우리의 능력에 중요한 추진력을 제공하고 그것을 상당히 확장시켰던 것과 마찬가지로, 인간에 대한 우리의 지식은 선행하는 목적, (대부분의 경우 모호한 합의에 근거해서 "자명"한) 미리 결정된 목표에 따라 인간 존재들을 형성하고, 따라서 그것에 적합하게 만드는 수단들의 원리에 속한다.

그 수단들은 무제한적이지 않다. 뭐니 뭐니 해도 그것들은 역시 현실적이다. 게다가 우리는 사람들이 우리에게 엔지니어, 교수, 조립공, 원예사를 육성former해야 하고, 육성자들의 육성자들formateurs de formateurs이나 육성formation받고 있는 자문들을 육성해야만 한다고 말할 때 ─ 우리에게 그 육성을 요구할 때 ─ 적지 않은 놀라움을 느끼게 된다. 우리의 기획들은 경제적인 경쟁력의 토양 위에서 효율적이기 위해 마케팅이나 정보학 등의 기술들을 가진 육성된 인물들을 요구하는 것이다.

그러므로 인간의 육성은 더군다나 기술적 장치에 의해 널리 구조화된 사회의 기능적 필요에 따라 효율적인 행동하기라는 활동 속으로 아주 자연스럽게 통합된다. 어떤 결정된 기능의 전망 속에서 효율적 인간을 바로 효율적으로 육성해야만 한다. 그것은 집단적 계획의 배경 속에서 발전된 효율성의 전략에 따라 요구된 효율적 인간 수단들을 육성해야 한다고 말하는 것이다.

그래서 사람들은 반복적으로, 또 물질적 재화 생산과 관련된 활동들 속에서 우리의 기술 발전에서 비롯된 사물들에 대한 증가된 영향력이 그것의 고유한 영향력을 재료에서부터 생산물을 생산하는 변형 활동들 속에 통합된 인간 도구들의 육성에 대신 행사한다고 손쉽게 결론 내릴 수 있을지도 모르겠다.

그것은 그 자체로는 부당하지 않고, 덜 도전적인 용어로 표현될 때에는 충격을 주지도 않으며 관심을 끄는 점도 없다. 하지만 그것은 더 멀리 인간들의 "소유"로 나아갈 수 있고 또 나아간다. 그 인간들은 교육 활동들을 통해 그들이 향해 나아가는 목적에 "적합"하게 만들어진다.

틀림없이 몇몇 사람들은 또 최근 식민지 분쟁 때 발견된 심리학의 활동이 (적어도 그것의 주창자의 상상력 속에서) 무엇이었는지를 잘 기억하고 있을 것이다. 그때 심리학은 어떤 무기로, 즉 방법은 다르지만 다른 도구들과 똑같은 이유에서 효율적인 도구로 간주될 수 있었다. 결국 무기들은 어떤 종류의 시도들에 대해서는 독점권을 갖고 있지 않으며, 그것과는 거리가 멀지 않은가 말이다.

단숨에, 하지만 모든 것을 뒤섞지 않으면서, 여기서 우리와 훨씬 더 또 훨씬 더 밀접하게 관련되는 두 가지 종류의 실천, 즉 교육 활동과 사회적 노동에 대해 언급해 보도록 하자. 그러한 실천들은 직접적이든 아니든 바로 육성과 관련되고, 틀림없이 사물들의 기술적 지배의 전망과 동일한 종류의 전망에 따라 인간 "자원들"의 "합치conformation"[*1] 의 정신과는 거리가 있고 어떤 정신 속에서의 인간 존재들의 "합치"와 관련된다. 사회 활동으로서의 교육적 기획 아래 깔려 있는 다양한 방식의 육성은 재료를 그것의 본질적 존재와는 거리가 있는 어떤 기능에 합치시키는 것을 목적으로 하는 것이 아니라 그것의 이익을 분명한 목적으로 하고 있다. 즉 육성의 다양한 방식들이 그것을 위해 사용된다. 그것은 결국 우리가 앞에서 언급했던 형태의 경우 — 즉 외적인 목적과 관련된 어떤 형태의 주입, 외부에서 강요된 계획에 속하는 추진력이나 존중해야 할 내적 목적성을 가지고 있지 않은 것의 조정 — 를 회피한다고 말하는 것이다.

반대로, 그때의 분명한 목적은 바로 그 활동들이 접근하는 자에 의해, 또 그를 위해 그가 가지고 있지만 그것을 실현하기 위해서는 외부의 지원이 필요한 잠재성들의 완성이나 개발을 가능하게 하는 것이다.

그 완성은 "인간 환경 속에서"만 이루어질 수 있다. 따라서 분명히 사회적인 맥락을 고려해야 한다. 모든 일관성 있는 현존의 기획은 바로 그 사회적 맥락 속에 자리잡고 있으며, 아무리 한계가 결정적이지 않다고 하더라고 그 사회적 맥락이 가능성의 경계를 결정한다.

나는 우선 그렇게 드러난 전망 — 여기서 토대가 되는 공적인 문서를 발견하는 것은 어렵지 않을 것이다 — 이 우리가 이미 언급했던 3세기 전 근대성의 전통 속에 이중적으로 위치하고 있음을 지적하고 싶다. 틀림없이 바로 그 이중적인 자리잡음에서 몇몇 어려움들이 생겨날 수 있다.

그러한 측면들 가운데 첫번째는 우리와 세계의 지배적인 관계를 구조화하는 그 효율성 추구에의 준거와 직접적으로 관련된다. 주인, 방향 설정의 조언자, 사회 서비스의 보조자는 어떤 기업의 엔지니어나 책임자가 효율적이기를 원하는 것과 같이 효율적이고자 원할 것이다. 하지만 그같은 관심은 상이한 방식으로 그 맥락 속으로 통합된다. 즉 여기서는 수단들을 소유하고 있는 자에게 유리한 수단들, 다시 말해 기대되는 결과 획득을 위해 이용 가능한 수단들의 사용이 문제지만, 반대의 경우에는 어떤 육성 활동이나 사회적 개입의 수혜자가 분명한 자들, 그들 자신들에게 봉사하기에 가장 적합한 수단들의 사용이 문제가 된다. 효율성에 대한 동일한 관심 뒤에는 원칙상 태도들의 전적인 대립이 있다. 즉 어떤 태도는 자신 밖에 있는 목표들에 현실을 합치시키기 위해 사용 가능한 수단들의 영향력 아래 있는 것을 이용하는 데 있고, 다른 태도는 수단을 사용함에 있어 타인에게 봉사하는 데 있다. (물론 그때조차 그 타인은 자신에게 정말로 유용한 것이 무엇인지를 평가할 능력이 없다.)

그렇지만 이러한 대립 뒤에는 원천이 되는 공동체가 존재한다. 그리고 우리는 하나의 동일한 균열로부터 결과하는 두 가지 측면에 관심이 있다. 처음에는 역학인 어떤 물리학에 의해 기술되어 있는 것과 같은 세계의 객관화가 사람들이 말하는 인간의 주관화인, 그것의 반대편과 나란히 간다. 그것은 대칭의 이유들 때문에 정식화되자마자 잊혀진 표현, 인간 존재의 본질적인 것에서 세계(또는 자연)를 분리시키는 단절을 급진화시키는 그 움직임의 심오한 통일성을 강조하는 아주 잘못된 표현이다. 수학적 처리를 가능하게 하는 양적量的인 기술記述을 제공하기 위해 대상에 의해 대상을 측정하고 주관적 경험에서 빌린 모든 평가나 속성을 배제하면서 물리적 실재를 인식하려고 노력하는 어떤 과학의 객관성에 주체의 자기 자신으로의 귀환을 대치시키고, 사물들과 그것들의 법칙으로의 주체의 환원 불가능성의 발견 — 주체의 자유, 그 역사성, 그가 "자연의 주인이자 소유자"가 되도록 결정된 운명의 발견 — 을 대치시킨다.

그러한 단절은 인간 의지와 인간적인 행동하기 편으로 모든 평가의 원리와 실천적 특징을 지닌 모든 목적성의 원천을 되돌려 놓는다. 적어도 인간 속에서 세계로 환원될 수 없는 것은 세계에 대한 모든 목적이 종속되어 있는 원천으로 나타난다. 물론 그것은 다른 관계 형태들 — 시적이고 미학적인 것들 — 을 배제하지 않는다. 하지만 그런 관계 형태들은 집단적 현존이 이루어지는 사물들과 타자들과의 "심각한" 관계 형태들에 비해 주변화된다.

그 모든 것에 오랜 유산이 존재한다. 그러나 바로 칸트와 더불어 사유와 연장 사이의 데카르트적 단절의 결과들이 완성된다. 한편으로 사유 및 그것의 고유한 한정 방식, 즉 의지의 자유에 관련되는 것과, 다른 한편으로 모든 것이 법칙들에 따라 연쇄되어 있고 그 법칙들에 대한 인식이 사물들과 과정들의 지배를 허용하는 어떤 세계와 관계가 있는 것 사이의 이원론적 대립은 칸트에 의해 (아주 상이한 "형이상학"의 토대 위에서) 이론화된 실천적 결과들로 인도된다. 하지만 그 결과들은 그것들이 조화를 이루는 어떤 문화 속에 확산되어 있다.

우리 생각으로는, 사물들은 어떤 값을 가지고 있다. 그것들이 내적인 가치를 갖고 있지 않고, 우리와의 관계 속에서 갖게 되는 의미와 관련해서, 또 본질적으로 유용성과 관련해 평가된다는 점을 고려해 보면 말이다. 반대로, 자기 자신에 의해, 또 그 자체로 가치가 있는 것, 그것은 자기 자신에게 그것의 행위와 그 경험적인 표명을 스스로 제공할 수 있는 존재, 즉 인간이다. 그를 위해, 또 그에 의해 사물들은 어떤 값, 즉 그것들의 유용성의 기능, 그것들의 사용 기능을 갖는다. 그러한 전망 밖에서, 그 사물들은 그것들인 바일 따름이다. 즉 자연적 요소들의 작용의 중립적인 결과이다. 그 사물들은 선과 악의 대립, 정당한 것과 금지된 것의 대립을 알지 못하고 인간의 개입에 자신들의 저항과 다른 한계들을 대립시키지 못하며 변형 활동이나 제작 활동에 물리적 장애물들을 대립시킬 뿐이다.

그러나 인간 존재들, 바로 그들이 순수하게 수단들로 고려될 수는 없다. 수단들의 가치는 그것들의 유용성, 어떤 계획의 실현과 관련해서 그것들의 잠재적인 도구적 역할과 관련되어 있다. 결과적으로 자기 자신들과는 다른 사물과의 관계 속에서의 모든 소유나 평가를 넘어,

그들은 어떤 존엄성을 갖는다. 인간 속의 인간성을 존중해야만 한다. 인간들의 봉사를 호소하는 것이 허용될 때조차 그러하다. 만약 그러한 조건이 충족된다면 말이다. 그러므로 여기서 요구되는 태도는 근본적으로 그들인 바와 그들일 수 있는 바의 무조건적 존중의 태도이다.

이런 간단한 분석을 통해서, 사람들은 훨씬 더 오래되고 더 공유된 어떤 표현의 차이를 틀림없이 재발견하게 될 것이다. 그것은 욕망하는 목적이나 의욕하는 목적의 실현을 위한 효율적인 수단들의 신중한 사용과 — 아무도 그가 할 수 있는 모든 것을 할 권리를 가지고 있지 않다는 것을 함축하고 있는 — 윤리적인 요구 사이의 대립을 나타낸다. 한계들이 존재한다. 그 한계들을 넘어가면, 원하는 것을 획득하기 위해 효율적인 방법들 및 적절한 수단들을 사용하는 것은 그 정당성을 상실한다.

위에서 사용된 용어들로 표현된 그것은 사람들이 행동의 영향권 하에 놓이는 것을 변형시키고 합치시키기 위해 필요한 힘을 사용할 때 그 힘의 사용과 그 수단들의 사용이 가장 효과적인 사용 방식의 선택을 결정하는 고려들과는 다른 것을 따라야만 한다는 것을 의미한다.

그러므로 우리는 사람들이 자신의 성별, 나이 혹은 피부색이 어떠하건 자기 자신의 목적과는 다른 목적에 종속된 도구가 되도록 판매되거나 구매될 수는 없다고 생각한다. 그런 토대 위에서 우리는 한 사람이 다른 사람으로부터 획득할 수 있는 권력의 기원이 무엇이건 간에 노예 제도를 비난한다. 하지만, 다들 알고 있듯이, 그것이 항상 비난받지는 않았다.

만약 그것이 근대성의 획득물 중 하나라면, 그 근대성의 특징 중 하나는 인간성에 참여하는 존재(인간 존재들)만이 불가침권의 원리가 되는 존엄성의 이름으로 존중을 무조건 요구한다는 점을 고려하는 것 또한 가능하다. 달리 말하면, 각각의 사람들 속의 인간성, 또 각자에 대한 인간성만이 윤리적 요구의 원리일 수 있다.

그러한 요구의 보편성은 사회적이거나 종교적인 요청들과 종종 혼동되는 것이 사실인데, 바로 그러한 요구의 보편성과 관련된 어떤 제한만이 어떤 정화 및 강화와 함께 간다.

그것에는 세계와 사물들의 비신성화 — 막스 베버에 의하면 근대적 합리성과 연결된 "환멸" — 와 연결된 부분이 있다. 그러한 비신성화는 객관화에 의해 종지부를 찍게 되며, 그 객관화는 세계와 사물들을 전적인 인간 소유로 만들었다.

그것은 재료의 변형이나 합치 속에서의 유용성에 대한 고려 이외의 모든 고려로부터 사물들에 대한 효과적인 영향력의 추구를 해방시키는 근본적인 균열로 이끄는 것이다. 반대로 그것은, 인간을 대상으로 하는 모든 형성이나 개입이 자신 속에서 스스로를 인간적으로 만드는 것을 꽃피우게 하기 위해 현존할 수 있는 능력을 입증하는 것을 존중하도록 만든다.

능숙함에 대한 명령들, 행동의 효율성을 조건짓는 것들은 어떤 경우에도 마음대로 "구부릴 수 있는" 단순한 수단 — 도구나 재료 — 으로 간주될 수 없음을 존중해야 한다.

그러한 존중에 대한 요구는 봉사에 대한 인간들의 의존을 배제하지 않는다. 다시 말하면 그들의 행위 능력, 그들의 노동, 그들의 활동성을 이용하는 것을 배제하지 않는다. 하지만 동시에 그들의 존엄성이 존중되어야 한다는 조건 아래서이다. 그래서 그들의 "가치"는 그들인 바 혹은 그들이 아닐 수 있는 바(그들일 수 있는 바 혹은 그들이 아닌 바)와 관련된다. 예를 들어 그들이 도구나 가축이 다뤄지는 것처럼 다뤄지고 이용될 수 있다면, 그들이 획득할 수 있는 것과 관련된다.

이러한 노선들은 절대로 한 작가의 생각을 성실히 요약한 것에서 그치기를 원하지 않는다. 데카르트이건 칸트이건 혹은 어떤 다른 작가

이건 말이다. 몇몇 작가들, 그리고 또 다른 작가들로부터 몇 가지 기준들을 빌리고, 우리의 태도들뿐만 아니라 아마도 우리의 당혹스러움의 원천인 듯한 것을 다시 포착하는 것이 문제가 된다.

　바로 그러한 전망 속에서 교육 활동과 사회 노동의 ― 인간 환경 속에서의 육성과 개입의 ― 기술들이 해명될 수 있다.

　이미 언급했던 것처럼, 그 기술들은 인간 주체와 객관적 세계의 상호적 정화로부터 유래한 유산의 두 가지 측면이라는 특징을 가지고 있다. 바로 그 정화가 ― "꿈에서 깨어난" ― 객관적 세계를 실천들의 작동의 장으로 만들도록 인도한다. 그 실천들은 보다 발전된 지식에 기초하고 있기 때문에 더욱 효율적이다. 또 한편으로, 그 정화는 각각의 인간 주체를 목적 그 자체로 다루도록 이끈다.

　그런데 분명하게 말하면, 그 구분은 긴장의 기회, 아마도 실천들 자체가 이루어지는 상황들과 관련된 모순의 기회가 되고 있는 것 같다.

　그래서 우리는 지금, 세계는 우리가 그것의 근본적인 불변성에 기초해 재료를 생산품으로 변형시키는 수단들 덕분에 소유할 수 있게 된 것만은 아니라는 것, 인간들과 그들 환경에는 공동의 자연성이 존재한다는 것, 그리고 환경은 우리의 기술적 장비의 힘의 증가가 돌이킬 수 없는 불안정성을 야기할 수 있을 만큼 취약한 균형에 근거하고 있다는 것을 깨닫고 있는 중이다. 그것은 우리인 바와 세계 사이의 본질적인 관계들의 재발견이다. 이때 세계는, 효율적인 노동과 관련되는 것으로서의 가치, 또 우리의 기업과 시장에 원자재로 제공되는 것으로서의 가치와는 다른 가치를 그 속에서 재발견하도록 해준다. 그러나 또한 모든 인간의 인간적 잠재성의 존중이 바로 ― 사람들이 말하듯이 ― 환경을 존중해야 하는 의무를 인식하게 한다고 말할 수도 있겠다. 하지만 우리 자신의 힘이 효율성의 추구에 강제하는 한계들의 그러한 측면은 무시하도록 하자.

사물들에 가해지는 행위와 사람들을 대상으로 삼는 행위를 구분하는 또 다른 측면에 있어, 몇몇 인간 존재들은 그들을 "육성하고" 그들의 사회적인 현존 조건을 "재형성"할 책임을 지고 있는 다른 인간 존재들에게 제공되는 조건들에 대해 보다 더 큰 관심을 가져야만 한다.

확립되고 규범화된, 그같은 제도적 책임성이 있는 사람들은 그들에게 할당된 목표와 관련해서 효율적인 활동을 전개하기 위해 몰두한다. 그들의 실천에 있어 그러한 효율성은 지식 획득의 관점에서 충분히 사유된, 그들 자신의 입문적 교육이나 지속적 교육 자체에 근거하고 있으며, 또한 그런 것으로 여겨진다.

물론 다른 사람들에게 그들의 잠재성들을 발달시킬 수 있도록 하는 문제와 관련되어 있는 것은 분명하다. 그 발달은 그들이 추구해야 할 사명인 인간 존재의 자율성에 접근할 수단들을 가정하고 있고, 인간의 삶은 인종忍從의 운명이 아니라 선택의 과정이며 이상적으로는 자기 결정의 허용 범위 내에서 완성해야 할 활동이라는 사실에 의해 해석되어야만 한다.

물론, 자기 자신에 대한 책임성인 그 자율성은 타자에의 의존과 관련된 자리를 제공하는 물질적인 조건들을 가정한다.

여기서 "육성자"에게 항상 "육성되는 자"의 관심 속에서 행동하라는 권고, 즉 그에게 자기 자신일 수 있도록, 또 스스로 완성될 수 있도록 하라는 권고로 결론을 지으면서 그 사색을 중단할 수 있겠다.

문제는 분명 "그에게 스스로 완성될 수 있도록 하는" 것이 의미하는 바가 무엇인지를 아는 데에는 어떤 어려움이 있을지도 모른다는 것일 것이다.

그를 자신의 환상을 좇도록 격려하면서 경우에 따라서는 그가 자신에게 적당하다고 여기는 것, 게다가 그 순간의 자신의 변덕들을 미리 알아서 만족시켜 주면서 그에게 "만족하며" 살 수 있도록 하는 것이 문제일까? 문제가 되고 있는 것이 육성될 필요가 있는 자를 자기 자신에 대한 책임으로 인도하는 것이 분명하기 때문에 그 대답은 더욱 불만스러울 것이다. 목표가 그러하다면, 모든 육성에 앞서 그것이 이미 실현되어 있다고 사람들은 생각할 수도 있겠다. 육성자는 사람들이 아이들에게서는 인식하지 못하는 그러한 책임성을 임시로 떠맡는다. 그것은 또한 그가 교육 기관에서 그에게 맡겨질 성인成人 앞에서 자신의 행위들을 이상적으로 책임져야만 한다는 것을 의미한다.

그때 그가 "정상적으로" 살고 자기 자신을 책임지는 성인의 예비 모델에 부합되는 것이 문제인가? 그때는 진정한 정당화 없이 강요된 모델의 비판되지 않은 전제에 기초한 어떤 방향으로 시작된 행동을 인도할 우려가 크다. 그리고 그러한 모델은 경우에 따라 육성자가 되고 싶어했을 수도 있는 바의 향수를, 또는 삶의 보상을 막연히 추구하도록 하는 한恨이나 절망을 담고 있다.

그때 인간에 대한 인간 행위의 효율성은 무엇과 관련해서 정리되어야 하는가? 예를 들어 그것은 50년대의 평화주의자들에게 소중했던 심리적 행위와 어떤 점에서 달라야만 하는가? 결국 그들은 어떤 식으로든 자신들에게 맡겨진 자들의 안녕을 위해 행동하려고 생각했다.

대답은 거기서 나타나는 것보다 덜 분명하다. 다소 혼돈스러운 그 기준은 무시하고, 언급했던 것이 우리의 교육 이론사 속에 기준 없이 존재하지는 않음을 주목해 볼 수 있다.

그래서 루소에 의하면, 에밀은 가정교사의 재간 있는, 방향성 없는 교육을 통해서 완성되는 것으로 여겨진다(아, 용기의 씨앗들의 역사를 얼마나 섬세하게 다루고 있는지!). 그러나 동시에 그는 자연적 자발성에 의해 완성되어서는 안 된다. 자연적 자발성은 그를 선하거나 악한 순수한 "야만인" 혹은 착하지도 나쁘지도 않은 — 그러한 차이를 파악하지도 못하고 있기에 — "야만인"으로 만들 것이다. 그는 틀림없이 도시에서 성실하게(또는 가능한 한) 살도록 운명지워졌지만, 그의 동포들의 공동체 속에 자신이 통합될 수도 있어야 하는 것처럼 말이다. 선한 입법자가 (에밀과 동시대의) 사회 계약에 의해 인간 본성을 변화시킬 수 있다고 스스로 느꼈음이 분명할 정도로, 그들의 자연은 결코 인간들에게는 아무것도 부여하지 않은 것이다. 그리고 그것은 다음과 같은 이유에서 그렇다. 즉 교육에 대한 유명한 시론에 의하면, "선한 (교육) 기관들은 인간을 가장 잘 변질시킬 수 있는 것들이다. […] 그래서 각각의 개별자는 더 이상 하나가 아니라 통일체의 부분이며, 전체 속에서가 아니라면 더 이상 지각되지도 못한다"(『에밀』 1권). 바로 어떤 전체적인 교육의 계획인 바가 그렇다.

결국, 일탈을 찾아내고 약화시키기 위한 모델들을 포함해서 자신의 모델들을 필수적으로 갖고 있는 공동체 속에 자리잡을 수 있도록 하기 위해, 어린이는 효율성에 관심을 가지고 있는 실천을 통해 육성될 필요가 있는 것이 사실이다. 달리 말하면 그 "어린이"는 자란 후(또는 그 전부터) 공동체에 통합되어야 할 것이다. 공동체는 사회적인 개입뿐만 아니라 교육적 실천이 준거해야만 하는 규범적 기준들을 갖고 있다.

그러나 사람들이 성공해야만 하는, 즉 효율성을 보장하는 수단들에 의존해야만 하는 육성의 전망 속에 위치하자마자, 한편으로 각자가 자기 자신의 잠재성을 계발하고 자신인 바에 따라 성숙해지도록 제공된 것과, 또 한편으로는 간격이 실패와 배제 — 자기 차례에 넓어진 간격을 낳는다 — 를 낳는, 사회적 기준이 되는 어떤 모델에 합치되는 것은 거의 구별되지 않는다.

그때 사물들에 대해 과학들이 제공하는 영감에 따라 발전된 지식들에 근거하는 것은 그 형성-합치에 어떤 효율성, 물론 드러난 폭력은 없는 효율성(작별 인사, 약속된 손짓)을 제공한다. 다양한 사회적 통제가 그것의 수준을 측정 — 아니, 평가 — 하려 하고, 자신에게 할당된 목표에 도달해야만 하는 자가 획득한 능력을 평가한다.

그래서 결과에 특권을 부여하려는 유혹, 따라서 그 목표에 도달하기 위해 가장 적합하고 가장 효율적인 수단들의 선택에 특권을 부여하려는 유혹이 크다. 아니, 아마도 그렇게 해야 할 의무가 무겁다.

그뿐 아니라 정의된 능력들의 획득이 그 실천들의 대상인 자의 사회적인 통합과 개인적인 성숙의 본질적인 요소임은 부인할 수 없다.

그러므로 능동자이자 수동자로서의 인간 존재를 갖는 행위하기 l'agir에 있어서의 수단들뿐만 아니라 목적들의 배후에 긴장들, 그리고 때때로 모순적인 요구들을 간파할 수 있다. 거기에 갈등과 위기감의 원인이 존재할 수 있다. 그 상황은 효율성에 대한 관심과 타인 속에서 자신인 바를 존중하려는 의지를 변화시키는, 즉 자율성(그것의 칸트적 원천과 존중에 대한 관계를 다시 언급해야 할 것이다)의 다른 이름인 자기 자신에 대한 책임성 또한 불가피하게(특히 최선의 경우에 있어) 변화시키는 그러한 실천들로 이루어져 있다.

그 점에 있어서는 아무도 기적적인 처방이나 안심할 만한 결정적인 해결책에 도달할 수 없다. 교육적이고 사회적인 활동의 목표인 그러한 긴장들에 눈뜨는 것 — 육성과 합치의 쌍을 상기시키는 것 — 이 이미 중요한 이득이다. 비록 그것이 안락함을 더해 주지는 않는다고 할지라도 말이다.

그러나 우리는 계획과 행위하기가 가능한 한 가장 잘 부합하도록 하기 위해 고려해야 할 요소들을 찾아서 좀더 멀리 나갈 수 있을 것이다.

마지막 분석에서의 근본적인 문제는 바로 우리 현대 사회의 구조와 추진력이 높이 평가하는 효율성의 해부와 관련되어 있다. 우리 사회는 수단-결과의 조정이 본질적인 합리성의 주변에서, 또 타자의 잠재성들, 그의 차이들, 그가 자기 자신일 권리와 그가 되고자 하는 것이 될 권리 주변에서 질서 잡혀 있다.

문제가 되는 것은 바로 기존의 사회 질서를 반영하고 있는 모델들이나 규범들에 (사회적 개입뿐만 아니라) 교육 과정을 맞추는 모델 경제학 없이는 불가능한 어떤 육성 속에서의 효율성에 대한 해부이며, 고유한 목적 없이는 어떤 "재료"로 간주될 수 없고 기능, 능력, 사회적 역할로 환원될 수도 없는 존엄성 속에서 인정될 요구를 담지하고 있는 것을 향한 존중에 대한 해부이다.

그때 아마도 우리는 아이와 어른의 차이를 우리 사색의 한가운데 둘 수 있을 것이다. 어른은 교육 관계의 중심에 있다. 그 관계는 사회적 개입에 의미(그리고 필요성)를 제공하는 수많은 상황들 속에서 적합하다.

그 차이는 우리와 관련되는 관점에 있어서 두 가지 측면을 갖고 있다. 첫번째는 선생과 학생 사이의 차이, 즉 육성자와 그가 육성해야만 하거나 사람들이 스스로 육성하도록 도와야만 하는 자의 차이이다. 두번째는 후자와 그가 장차 될 것 혹은 오히려 부분적으로는 상황에 따라 될 수 있는 것의 차이이다.

그 두 측면에 맞닿는 부분이 없지는 않다. 선생은 매개자, 중간자, 즉 또 다른 수단(메디움)이고, 그 덕분에 아이는 자신이 되려는 목적을 가진 어른이 될 것이다.

마지막 분석에서, 바로 그런 입장과 그런 역할로부터 선생은 권위를 이끌어 낸다. 그는 효율적이기 위해 ― 즉 읽는 법을 가르치고, 횡단보도나 수많은 상징들을 존중하는 법을 가르치기 위해 ― 필요한 것을 할 권위를 가지고 있고, 그렇게 하도록(경우에 따라서는 강제하도록) 허락된다.

그 권위는 무수한 구성 요소들을 포함하고 있다. 그것은 제도적인 체계에 기대고 있다. 그것은 획득되거나 인정된 능력에 근거한다. 대학에서 획득되거나 인정된 능력을 예로 들 수 있겠다. 그 권위는 사람들이 말하듯이 선생이 "그것을 강제"하고 강제해야 하도록 만들며 동시에 그가 신뢰를 주도록 만드는, 규모와 물리적 힘의 불균형을 포함한다. 그것은 또한 심리학, 교육학, 케뮤니케이션학의 어떤 교육도 결코 해결해 줄 수 없는 "내가 알지 못하는 것" 전부로부터 나온다.

그러나 그 모든 것은 또한 힘의 관계의 관점에서 기술될 수 있다. 비록 그 힘의 관계들이 아주 자주, 또 다행히도 억눌러질 때조차 말이다. 선생이 스스로 무장 해제되었다고, 게다가 때때로 자기 힘을 넘어서는 어떤 임무의 희생자가 될 정도로 스스로가 내몰려 있다고 생각할 때조차 아이는 선생에 비해 약하다. 그가 자기 힘을 악용하고 싶을 때조차, 존중을 강요당하는 것을 존중하고 싶지 않을 때조차 그렇다.

그가 자신의 힘을 사용할 때도 무엇을 존중해야 하는가? 그가 자신에게 맡겨진 자를 육성할 책임 속에서, 바로 그 책임 때문에 그는 무엇을 존중해야 하는가?

그것은 아이와, 아이가 장차 되어야만 하고 또 되도록 운명지워진 어른의 차이를 가리킨다. 아이 속에서 그가 될 어른, 그가 될 수도 있을 어른을 존중해야 한다. 그 어른은 우선, 또 근본적으로 자기 자신과 그가 되려고 노력하는 것과 마찬가지로 자신의 행동들에 대해 책임을 질 수 있고, 또 스스로 책임질 수 있다고 여길 수 있어야만 한다. 책임진다는 것은 사람들이 하듯이 그가 자신에게 금하는 것을 책임질 수 있다는 것이다.

아이는 자신의 육성에 참여하는 자가 자신을 위한 책임자라는 것과 동일한 이유로 책임자인 것은 아니다. 분별력 있는 우리 법은 로마의 기원에서부터, 비록 갱신되기는 했지만 사법적인 미성년과 성년을 구별한다. 아이들은 미성년자들이다. 유감스럽게도 모든 성인들이 그들의 사법적 능력을 전적으로 소유하고 있는 것은 아니다. 하지만 모든 교육은 아이를 성년인 어른으로, 보다 분명히 말해서 모든 사법적 고려를 넘어 자율적인 어른으로 만드는 것을 목표로 한다. 즉 자기 자신의 기준들을 스스로에게 제공할 수 있고, 자기 삶의 기회에 따라 그리고 조건들이 그 개방성의 유지를 가능하게 하는 한에서 그것을 선택할 수 있는 어른으로 만드는 것을 목표로 한다. 그 개방성 속에서 사람들은 재빨리 그 다른 교대 작업과 사회 노동의 다른 역할을 재발견할 수 있을 것이다.

성인은 어린 시절의 잠재성들의 현실화이다. 즉 우리가 어떤 계획을 실현할 수 있게 하는 효율성을 상기할 때 그 현실화에 제공된 의미 자체에서의 현실화이다. 어떤 타자에 의해 평가받고 지향된 어떤 목적의 그 현실화와 관련해서 어떤 교육의 성공이 평가된다. 요컨대, 그것은 유치원, 중학교, 고등학교 그리고 대학교 등의 수준에서 유아 수준으로 떨어뜨리는 교육을 배제한다는 것이다.

그러나 사람들은 그 평가 기준 — 아이에서 어른으로의 다소 성공적인 이행 — 을 실용화하기가 쉽지 않고, 특히 엔지니어, 교수뿐만 아니라 조립공, 행정가의 능력을 평가할 수 있는 그 기준으로 환원되지도 않으며 환원되어서도 안 된다는 것을 어려움 없이 이해한다.

그 능력은 물론 교육 활동 속에서 무시될 수도 없고 무시되어서도 안될 것이다. 그것은 가능성들 중 하나를 제공한다. 그 가능성들 속에서 자율적 개인의 개인적 기획은 특권적으로 완성될 수 있다. 왜냐하면 자율성은 자기 자신에게 독립의 물질적 수단을 보장할 수 있는 능력을 함의하고 있기 때문이다.

그러나 거기서 아이가 되어야만 하는 것의 차원들 중 하나, 그리고 타인들 가운데서의 한 가능성이 문제가 된다.

아이를 특징짓는 것은 우선, 이미 언급하였듯이 그의 나약함, 즉 그가 타인의 권위 아래 놓이고 반드시 [그 타인에게] 복종해야 한다는 사실이다. 물론, 그에게 권위를 가지는 자들 역시 그를 존중해야 한다. 그러나 그때 문제가 제기된다. 그들이 효율적인 육성 활동을 하기 위해 자신들의 것인 (강제적인 것을 포함한) 수단들을 사용할 때조차 그들은 무엇인가를 존중해야 하는가?

물론 사람들은 다음의 단어들을 나열하는 것으로 그 질문에 답할 수 있을 것이다. 즉 그의 인격, 그의 자유, 그의 존엄성, 어린이의 권리가 존재하는 한에서의 그의 권리 등등.

우리는 그의 기회들을 존중해야 한다고 대답할 것이다. 그것들은 영원한 관념들의 절대성 속에서의 기회들이 아니다. 그것들은 주어진 사회에 상대적이며, 그 사회의 지식과 전문 지식, 그것의 제도, 그것의 교환 방식과 의사소통 방식, 그것의 이상화된 모형뿐만 아니라 그 사회가 되어 가고 있는 중에 있는 것과 관련된다. 즉 진행 중인 발전으로 기대되는 것과 더불어 어떤 상상력의 문화를 강요하는 불확실성의 범위들과 예측 불가능한 것에 대한 기대와 관련된다.

실현되고 완성되는 것은 잠재성들의 실현, 가능했던 것의 실현만은 아니다. 그것은 또한 일반적으로 눈에 보이지는 않지만, 경쟁하고 있는 가능성들의 거부이기도 하다.

삶의 도정 위에서의 전진은 가능성들의 완성 및 실현, 그것들의 축소 그리고 존재할 수도 있었지만 갑작스레 출현한 것으로 인해 그 지위를 상실하는 것의 범위의 제한에서 야기된 어떤 동일한 운동에 속한다. 물론, 모든 단계는 새로운 가능성들, 예기치 못한 전망들이 열리는 것을 본다. 그러나 비록 실현된 것 주변에서 분산되어 있는 가능성들의 후광에 죽음만이 그 종지부를 찍을 수 있을지라도, 도달된 모든 것, 이루어진 모든 것은 이루어질 수도 있었을 것과 이루어진 것의 제거에 근거하여 도달되고 이루어졌다.

자기 자신을 책임질 수 없는 무능과 의존성 속에 있는 아이는 또한 가능성들의 존재이다. 여전히 충분히 결정되지 않은 그 가능성들 중 몇몇, 그 잠재성들 중 몇몇은 부분적으로 상황들, 예측 불가능한 사건들의 행렬, 우연적인 만남들의 영향 하에서 기획의 형태를 띤다.

교육자는 그 열망에 관심을 가지고 동시에 가능성들, 즉 불확실성을 보존하는 미래에 직면해 기회들을 열어 놓는 가능성들의 폭을 보장해야 하는 이중적인 임무를 띠고 있다. 어떤 타인을 책임지고 있는 자는 잠재적 미래들의 다양성을 보장해야 한다. 아이가 열 살에 정기 항로 조종사, 스키 코치, 국경 없는 의사, 게다가 양치기나 곡예사가 되길 원할 때, 필요하다면 아이 자신에게 반대해서라도 그 아이의 잠재적 미래의 다양성을 보장해야 한다.

가능성의 문이 열려 있도록 지키는 것과 변화하고 있는 세계에 직면해서 기회를 보존하는 것은, 예를 들어 우선 타인들과의 근본적인 교환 방식과 말, 지식, 상징이 순환하는 순환에의 참여 능력을 지배하는 상황 속에 사람들이 책임지고 있는 자를 놓는 것이다. 요컨대 오늘날 의사소통이라는 관점에서 모호하게 인정되고 동시에 유일하게 인정되는 모든 것과 관계된다.

그것은 읽기와 쓰기의 메커니즘들의 획득에서부터 외국어의 메커니즘 획득, 전송 수단에 대한 접근 방식의 훈련에까지 걸쳐 있다. 그리고 한편으로 예술 교육이 열어젖히는 분배된 감수성에의 접근을 조건 짓는 것에의 입문에 의해 연장된다.

그러므로 육성하기는 우선 공동체들 — 통합이 분리와 합치하지 않도록 복수 형태로 쓴다 — 에의 참여 기회를 제공하는 것인데, 그 공동체들의 개인들은 연결되어 있고 모든 종류의 교환에 의해 연결된다.

그것을 무시하는 것은 인간들이 서로 의사소통을 하고 공동체들이 구조화되는 순환들의 배제가 고통 및 불행과 연결되어 있지만 그것들과 구별되는 두 가지 형태를 낳는다는 것을 망각하는 것이겠다. 첫번째는 물질적 재화와 화폐 기호가 이동되는 흐름과 관련된 주변화와, 점점 더 중요하게 여겨지고 있는 두 번째는 다소간 광범위한 공동체들 가운데 배분된 코드들에의 입문에 기초한 말, 상징, 정보 및 모든 수준의 지식이 전달되는 순환들과 관련된 주변화와 연결되어 있다.

영원한 재구조화의 자리인 움직이고 있는 사회 내에서 개인이 이용하는 기회들은 공동의 기반 혹은 공동체의 기반을 구성하는 다양한 형태의 교환에 참여할 수 있는 능력과 직접적으로 연결되어 있다. 그 교환들은 "전문화된" 기술적 능력들에 의미를 부여하고 그것들의 발전을 허용한다.

그 발전은 노동 분업과 연결된 필요에서부터 결정된 전망들에 의해 인도된 어떤 육성이 목표로 하는 것으로 틀림없이 필요하다. 하지만 그러한 영역에서조차 각자는 다음의 사실을 알고 있다. 미래의 어른들은 현재의 특성들에의 합치를 넘어 가능성들이 열린 채 있도록 내버려두어야 한다는 것을 말이다. 그들의 기회들은 그 가능성들에 따라 어떤 예측 불가능한 미래 속에서 제공될 기회들에 직면해 최대한으로 존재한다.

물론 그 모든 것은 효율적인 방법들의 사용을 함축한다. 하지만 수단들의 효율성과 같은 이유에서 교육 활동에 요구되는 윤리적 경험은 아직까지 존재하지 않는 것, 그리고 틀림없이 결코 존재하지 않을 것까지도 아동 속에서 존중하도록 이끌어야만 한다. 아이가 스스로 선택하지 못할 때, 현실화될 것과 영원히 잠재성으로 남을 것의 구분이 너무 일찍 이루어져서는 안 된다. 일찍 정의된 어떤 특성에의 합치로 이해된 육성의 효율성은, 성인들에게 임시로 맡겨진 자들 각각의 현존 속에서의 어떤 미래의 시간을 위해 유지된 자기 결정성과 자기 책임성의 능력에 대한 존중에 종속되어야만 한다.

왜냐하면 아주 명확한 목표들에서부터 결정된 획득의 전망 속에 있는 성공은 쉽게 평가되기 때문이다. 동시에 그것은 모두에게 만족감을 주는 혜택의 원천에 속한다.

도달해야 할 목표들과 그 결과를 향한 "정상적인" 단계들의 정확하고 예비적인 결정은, 재료들에 대한 지배 속에서의 또 사물들의 변형 과정 속에서의 발전에서 결과된 전문가 모델의 일반화를 동반했던 효율성의 합리성을 그 영역 속에서 투영하고 있는 것을 반영한다. 그 결정은 사용된 수단들과 획득된 결과들의 관계의 최적화에 주어진 관심과 함께한다.

그것은 그 자체로는 비난받을 만한 것은 아니며 오히려 추구될 만한 것일 따름이다. 그러나 추구된 결과에 대해서도 생각해야 한다. 만약 신뢰할 만한 모터, 고도의 선명성을 가진 이미지, 혹은 최고 수확량의 곡물 변종을 획득하는 것이 문제일 때, 그것이 그다지 힘들지 않다면 인간들에 대한 작용과 관련된 전환은 결코 당연하지 않다. 그때 추구되어야만 하고 효율적인 수단들을 결정해야만 하는 것에 대한 결정은 더 힘들고 더 불확실하다. 어떤 어른을 형성해야만 하는가? 어떤 유형의 현존을 가능하게 해야 하는가?

그런 질문들에 대한 대답은 인간이 될 수 있고 되어야만 하는 것에 대한 어떤 생각, 즉 전문적인 육성과 관련된 능력들의 사용이 너무나 넘쳐나는 어떤 삶의 다차원적 잠재성들을 현실화할 수 있는 것에 대한 생각을 함축하고 있다.

사물 제작에서 이끌어낸 모델에서 인간 육성까지의 무의식적인 전환은 그 자체로 어떤 기능(혹은 기능들의 묶음)에의 합치를 향해 이끌어갈 우려가 있다. 그 기능이 훼손하는 특징은 성공과 실패의 외관상의 평가에 의해 가려져 있다.

그러므로 육성(또는 "규제")의 모든 활동의 궁극적인 질문은 바로 우리가 실현하길 바랄 수 있는 인간의 관념이 무엇인지를 아는 것이다. 다시 말하면, 우리가 아이들 속에서뿐만 아니라 모든 인간 존재 속에서도 자기 현존의 어려움과 더불어 포착될, 존중해야 하는 것에 대한 결정이기도 하다. 그것은 분명히 그가 되어야 할 또 그래야 할 임무를 가지고 있는 것과는 구별되는 요청들에 따라 조정되는 어떤 수단과는 다른 것으로 나타나도록 하기 위해서이다.

물론 우리는 그의 노동에 의해 필요를 조달할 수 있는 그의 미래의 능력을 가장 잘 보장하기 위해 신경써야 한다. 처음에는 그것이, 비록 폭이 넓을지라도, 어떤 전문화의 필요성 때문에 점차적으로 집중될 어떤 능력을 그에게 제공할 때만 그렇게 될 수 있을 것이다.

그러나 가능성들의 지평을 희생시키면서까지 그러한 목표를 바랄 수는 없다. 그 가능성들은 기회들을 구성하는데, 모든 개인은 인간으로 태어났다는 그 이유 때문에 항상 모험이기는 하지만 운명이 아닌 어떤 삶의 경계를 표시하는 경우들에 따라 그 기회들을 포착하고 선택할 수 있다.

그러므로 잠재성들과 선택 능력의 보존은 교육 활동의 더욱 모호한 또 다른 측면이다. 보다 일반적으로는 관계들의 장으로의 개입의 측면이다. 그것은 인간 속에서 고유한 존엄성뿐만 아니라, 설사 노동 시장이라고 할지라도 "시장에서의" 어떤 가치를 가지고 있는 것으로 드러나는 것을 존중한다.

육성, 그것도 사회 활동으로서의 육성은 상황이 그것을 허용하는 한에서 스스로 선택하고, 모호하고 암시적으로나마 자기 자신의 삶을 계획할 수 있게 해주는 각자의 능력이 궁극적인 목표이다. 거기에, 공동체들 자체에 의한 다양한 수준의 공동체들의 결정에의 참여의 토대 위에 그러한 전망들을 위치지울 때만 논리적이라는 점을 덧붙여야만 한다. 다음을 기억하자. 그 참여가, 그것의 역사와 발전의 전망 속에서 어떤 문화적 공동체를 기초짓는 것에 의거해서 기호들과 상징들의 교환을 조건짓는 방식들과 순환들에의 입문에 중요성과 의미를 부여하도록 해준다.

아무튼 그때 미래의 엔지니어, 조립공, 교수 또는 기계공만이 아니라 사람을 육성하려는 야심에는 우려할 만한 점이 있다.

그러한 걱정은 그 전망들이 효율성의 추구에 잘못 통합되는 것과 관련된다. 우리의 직업들은 바로 그 효율성 주변에 바짝 모여들어 있는 상태이다. 효율성은 평가되고 비교, 게다가 측정을 야기한다. 그 때문에 아주 분명한 목표들과 기준에 맞춰진 노정들이 필요하고, 모든 기준 체계는 발전을 명확히 할 뿐만 아니라 그것을 수량화할 수 있도록 만든다. 시간 속에서 전개되는 과정들이 문제일 때, 그것들은 다소 성급하고, 그 성급함은 실행되고 있는 실천들과 방법들의 효율성의 기호이다. 그러한 관점에서 "겪은" 것의 개별화 자체는 "아주 잘 고려된" 최소한의 혼란과 더불어 목표에 도달하기 위해 가장 효과적인 수단으로 나타날 수도 있다.

효율성에 대한 관심이 절박하다. 그래서 그것은 또한 억압적으로 느껴질 수도 있다. 그것에 잃어버린 시간보다 더 불쾌한 것은 없다. 그런데 교육에 있어 최고의 미덕은 인내임을, 즉 타자들의 존재 방식의 "두께" 속에서 그들에 대해 가지는 장기적인 관심임을 모두가 알고 있다. 그 타자들의 존재 방식은 사람들이 그들이기를 원하는 바 또는 사람들이 되고자 하는 바로 환원될 수 없다. 아마도 우선은 자기 시간을 잃는 법을 배워야만 하고 또 여유를 갖고 사는 법을 배워야 할 것이다.

어눌한 말투 때문에 우리에게는 당연해 보이는 지상 명령과 내 말의 부조화가 더 두드러져 보인다. 하지만 그렇게 귀기울이는 인내는 존중의 표시이며, 또한 타자에 대한, 그의 어려움에 대한, 그의 진행 과정에 대한 관심의 표시이다.

그러니 독자 여러분이 그런 미덕을 결여하고 있지 않은 것은 분명하다. 이 시대를 역행하는 고찰에 자신의 소중한 시간을 배려해 준 것에 대해 감사드리고 싶다.

보주

*1. 합치conformation는 어떤 정상 모형에의 준거를 도입한다. 육성은 그 정상 모형으로 인도되어야 한다.

옮긴이의 글

프랑스 노老 철학 교수의 평생의 철학적 사색이 담겨 있다고 해도 과언이 아닐, 다소 장황해 보이는 철학 서적을 철학에 대한 관심이 점차적으로 희박해져 가는 한국 사회에 소개하려는 역자의 야심(?)은 참으로 어리석은 듯하다. 아니, 솔직히 무모한 노력인 것 같다.

거의 대부분의 한국인은 '철학관'을 배회할지언정 위태로운 지적 줄타기인 '철학'에 대한 관심은 없다. 소위 교양있는 인텔리들도 더 이상 철학을 지적 유희거리로 삼길 포기한 듯하다. 그나마 죽어가는 철학의 영토를 지키려는 자들도 사상의 유행을 좇기에 급급해 보인다.

아무튼, 제대로 이해하지는 못할지라도 유명한 서구 철학자들의 심오한 텍스트는 여전히 서가의 장식적 가치가 있다. 하지만 도대체 얼마나 많은 사람들이 장구한 역사를 가진 서구 철학의 발전의 최고봉에 있는 근현대 서양 철학서들을 이해할 수 있을 것인가? 우리의 지적 허영심은 그 깊이를 가늠하기 어렵다.

사실, 외국어에 대한 깊이 있는 이해와 서양 철학에 대한 해박한 지식 없이 소위 유명한 오늘날의 서양 철학자들의 책을 소화해 내기 쉽지 않다는 것은 너무도 자명한 사실이다. 그러면, 대단한 철학자의 사색을 뒤따라가기 위해 그 철학자들의 책에 대한 번역서, 또 기초적으로 요구되는 철학적 사색을 돕는 책이 필요함은 언급할 필요도 없을 것이다. 사실, 모든 이가 탁월한 서양 철학자의 책을 강독할 필요는 없을 것이다. 비록 동서양의 위대한 철학자의 깊이 있는 사색의 여정을 뒤따라가 보는 것이 삶에 대한 진지한 사유에 진정으로 도움이 된다고 할지라도 말이다.

솔직히 말해서, 각자의 철학적 사유의 훈련 정도에 따라 여러 수준의 철학 서적이 필요할 것이다. 하지만 우리 나라에는 다양한 철학 서적이 존재하지 않는다. 아니, 유명한 철학자의 이해하기 어려운 서적들의 서투른 번역서만이 그나마 서점에서 명맥을 유지할 수 있는 것이 현실이다.

그런데 어려운 철학책일수록 번역의 오류 가능성도 높다. 그렇다면, 철학에 관심이 있는 사람들이 처음부터 대단한 철학자의 탁월한 철학서의 오류 가능성이 높은 번역서의 강독부터 시작한다면, 철학서 강독을 금방 포기하게 될 일이다.

이번에 역자가 한국 독자에게 전혀 알려져 있지 않은 저자, 프랑크 텡랭 교수의 『불확실한 인간』을 소개하기로 마음먹은 가장 큰 이유는 다음과 같다. 즉 이 철학서는 이른바 대단한 철학자의 난해한 철학서가 아니라, 대학 강단에서 학생을 가르치며 평생 동안 성실하게 철학 연구에 종사해 온, 동시대의 한 프랑스 명예 교수의 철학서라는 것이다.

따라서 철학적 사색에 관심이 있는 사람은 이 철학서의 강독을 통해 다음 세 가지 이점을 얻을 수 있을 것이다. 우선, 문제의 시사성이다. 동시대를 살아가고 있는 교수의 사색이라 시간적 거리 없는 철학적 사색이 가능하다는 것이다. 둘째로, 강독의 손쉬움이다. 구름 위를 나는 신선과 같은 탁월한 스승의 책이 아니기에 물론 단번에 쉽게 이해되지는 않는다고 할지라도 — 일단 번역서라는 것을 감안해야 하니까 — 천천히 음미하면서 읽어 나가면 저자의 사색을 뒤따라가기가 그다지 어렵지 않다. 프랑스 대학에서는 철학 교양 서적으로 분류되고 있는 책이기도 하다. 셋째로, 이중적 글쓰기의 묘미이다. 즉 서양 철학사의 맥락을 벗어나지 않으면서 저자가 인간에 대한 사색을 펼쳐 보이기 때문에, 철학과 학생의 경우 저자가 소개하는 철학자들의 사색에 대한 독창적인 해석을 맛볼 수 있고, 제도권 철학의 범주 내에 있지 않는 독자의 경우 한 철학자의 인간에 대한 흥미로운 철학적 사색을 뒤따라가 볼 수 있겠다. 다시 말하면, 기존의 유명한 서양 철학자들에 대한 해설서이기도 하지만, 철학자로서의 저자 자신의 사유의 기록서이기도 하다.

따라서 이 철학서는 철학책 읽기를 즐기는 독자에게 어렵지 않은 강독을 통해 근본적인 삶의 문제에 대한 철학적 사색의 물꼬를 틀 수 있는 기회를 안겨줄 것이다.

저자를 소개하면, 그는 프랑스 몽펠리에 3대학(일명 폴–발레리 대학)에서 철학 교수직을 역임했고, 현재는 동 대학의 명예 교수로 있으며, '기술, 상호 작용성과 표상에 대한 연구 · 분석 센터'의 책임자이기도 하다.

텡랭 교수는 특히 '인간'에 대한 사색을 자신의 철학의 중심에 두어 왔다고 입버릇처럼 말하곤 한다. 그의 말을 빌면, 그는 "자연과 인공적인 수단의 관계를 분석하면서 철학적 인간학을 완성하기 위해 노력해 왔고, 과학의 기초와 연관된 '근대' 합리성의 출현 및 데카르트, 갈릴레이, 홉스 시대의 새로운 정치 철학의 출현에 관심을 가져왔으며, 현대의 기술 발전을 통해 인간에 대한 새로운 조명을 시도했다. 즉 세계 내 인간의 현존 방식, 그로부터 귀결하는 도덕적이고 정치적인 결과들에 대해 각별한 관심을 가져왔다."

그의 출판된 저서들로는 『야만인』(Payot, 1968), 『어떤 미개 소녀에 대한 이야기』(Ducros, 1971), 『인간학적 차이 : 자연과 인위적 수단과의 관계에 대한 시론』(Aubier-Montaigne, 1977), 『고전 시대의 자연권, 시민법 그리고 통치권』(PUF. 1988), 『문제의 기술과학』(Champ Vallon, 1990) 그리고 이번에 번역된 『불확실한 인간』(PUF, 1997)이 있다.

그 외에 저자의 책임 아래 출간된 저서들이 여럿 있다. 『토마스 홉스 — 시민 사회, 그것의 재료와 형태 그리고 그것의 권력에 관해서』(Librairie Droz-Genève, 1980), 『17세기에서부터 현재까지의 홉스의 언급』(Librairie Droz-Genève, 1982), 『삶』(Vrin, 1989), 『자연 체계와 인공 체계』(Champs Vallon, 1991), 『생물학적 질서, 테크놀러지의 질서』(Champs Vallon, 1994), 『"새로운 과학," 베이컨에서 콩도르세까지의 기술적 모델들과 정치적 사유』(Champs Vallon, 1998)가 그것들이다.

그리고 기타 무수한 소논문들 가운데 1999년 『자연에 반대하는 도시』에 실린 「새로운 자연관과 새로운 책임성의 형태」와 1999년 『정치 철학』10호에 실린 「학교와 테크놀러지」 등이 있다.

여기서 텡랭 교수의 『불확실한 인간』에 대한 소개는 생략하기로 한다. 역자의 요구로 저자가 한국인 독자를 위해 직접 써준 "한국인 독자를 위한 서문"을 보는 것으로 독자는 충분히 이 책의 대략적인 개요를 이해할 수 있을 것으로 본다.

『불확실한 인간』은 1997년 프랑스 대학 출판부에 간행된 *L'homme aléatoire*를 번역한 것이다. 역서는 원서와 몇 가지 점에서 차이를 보인다.

첫째, 원서에는 없는 "한국인 독자를 위한 서문"이 원서의 서문 앞에 삽입되어 있고, 둘째, 역자의 요구에 의해 저자가 제공한 보충 주가 장 말미에 더해졌다. 셋째, 필요한 경우에 역자의 주가 첨가되었다. 결국, 어떤 의미에서 역서가 원서보다 더 풍부하다고 볼 수도 있겠다. 넷째, 저자의 독특한 만연체 글쓰기를 역자가 의도적으로 간결하게 변형시킨 부분이 많다. 그것은 한국어와 프랑스어의 문법적 간격을 메워 역서를 좀더 이해하기 쉽게 만들려는 역자의 의도된 계산 때문이었다. 어차피 번역은 제2의 창조가 아닌가! 아무튼 텡랭 교수께는 죄송한 일이지만, 원서의 만연체의 묘미를 역서에는 제대로 맛볼 수 없게 되었다.

역자는 힘든 번역 과정의 두 가지 큰 장애물을 두 사람 덕분에 그럭저럭 극복할 수 있었다. 우선, 역자의 서투른 불어 실력은 역자가 발송한 질문지에 대한 저자의 상세하고 성실한 답변 덕분에 메울 수 있었다. 하지만 역자의 심정은 솔직히 두렵다. 저자의 철학적 사색이 역자의 서투른 번역으로 제대로 전달되지 않는 우를 범하지 않을까 하는 염려 때문이다. 또 역자의 서투른 한국어 실력은 정인진씨의 성실한 강독의 도움으로 보충할 수 있었다. 프랑크 텡랭 교수님과 정인진씨에게 무엇보다도 큰 감사를 표하고 싶다.

그리고 이 번역서 출판을 쾌히 승낙해 주신 울력 출판사의 강동호 사장님께도 진심으로 감사드리고, 마지막으로 역자의 서투름에도 불구하고 이 역서를 선택하고 인내심을 가지고 관대하게 끝까지 읽어 주신 독자 여러분께 감사의 마음을 전한다.

2002. 4. 2.

프랑스 릴에서 이경신